权威·前沿·原创

皮书系列为

“十二五”“十三五”国家重点图书出版规划项目

中国社会科学院创新工程学术出版项目

陕西省社会科学院／编

陕西社会发展报告（2017）

ANNUAL REPORT ON SOCIETY OF SHAANXI
(2017)

主　编／任宗哲　白宽犁　牛　昉

社会科学文献出版社
SOCIAL SCIENCES ACADEMIC PRESS (CHINA)

图书在版编目（CIP）数据

陕西社会发展报告. 2017/任宗哲，白宽犁，牛昉主编. --北京：社会科学文献出版社，2017.1
（陕西蓝皮书）
ISBN 978-7-5201-0142-4

Ⅰ. ①陕… Ⅱ. ①任… ②白… ③牛… Ⅲ. ①社会发展-研究报告-陕西-2017 Ⅳ. ①D674.1

中国版本图书馆 CIP 数据核字（2016）第 308291 号

陕西蓝皮书
陕西社会发展报告（2017）

主　　编 / 任宗哲　白宽犁　牛　昉

出 版 人 / 谢寿光
项目统筹 / 高振华
责任编辑 / 高　启　高振华

出　　版 / 社会科学文献出版社 · 皮书出版分社（010）59367127
地址：北京市北三环中路甲 29 号院华龙大厦　邮编：100029
网址：www.ssap.com.cn
发　　行 / 市场营销中心（010）59367081　59367018
印　　装 / 北京季蜂印刷有限公司

规　　格 / 开　本：787mm × 1092mm　1/16
印　张：25.25　字　数：417 千字
版　　次 / 2017 年 1 月第 1 版　2017 年 1 月第 1 次印刷
书　　号 / ISBN 978-7-5201-0142-4
定　　价 / 69.00 元

皮书序列号 / PSN B-2009-136-2/5

本书如有印装质量问题，请与读者服务中心（010-59367028）联系

主编简介

任宗哲 经济学博士，二级教授，博士生导师。现任陕西省社会科学院党组书记、院长，研究领域为公共管理、公共经济学。出版《中国地方政府研究》《公共服务城乡均等化供给》等多部著作。发表学术论文100余篇。曾荣获国家级教学成果奖二等奖、陕西省人民政府教学成果奖特等奖；陕西省政府哲学社会科学优秀成果一等奖2项、省部级三等奖4项。兼任陕西省社会科学界联合会第四届委员会副主席等。

白宽犁 陕西省社会科学院副院长，研究员。研究领域为马克思主义中国化、思想政治教育工作、宣传思想文化工作、社会治理等。在各类报刊上发表理论文章100余篇，编辑出版著作20余部，承担国家社科基金项目1项，其他项目20余项。兼任陕西省社会科学信息学会会长。

牛　昉 陕西省社会科学院社会学研究所所长、研究员，院学术委员会委员。研究方向为社会政策、社会舆情、农村社会学。主持参与完成《退耕还林还草参与式评估研究》等国家社科基金项目，以及陕西省社科规划和省软科学项目等多项课题的研究。出版《退耕还林还草参与式评估研究》等著作，发表学术论文、调研报告百余篇。从2014年起担任年度“陕西社会发展报告”的执行主编。兼任陕西省人口学会副会长，陕西省社会学会副会长、秘书长。

摘　要

《陕西社会发展报告（2017）》是由陕西省社会科学院社会学研究所会同马克思主义研究所、政治与法律研究所组织院内外科研院所、高等院校和政府相关部门的研究人员共同撰写完成。本书通过对“十三五”规划开局之年的回顾与总结，在展示陕西社会建设各领域取得一系列成就的同时，也分析和梳理了面临的诸多问题与困难，为今后的发展探求行之有效的应对策略；同时，也试图将公众对国家治理、文化建设、发展理念等的态度、希冀以及新常态下社会心态的变化与趋向都能够纳入相关决策的视野之中。

本书由“总报告”“年度热点”“民意调查”“专题报告”“区域报告”五大板块构成。全书以全面贯彻落实党的十八届三中、四中和五中全会关于社会建设的重大改革举措，以及依法治国总体部署为主线，围绕陕西实现“追赶超越”进程中的热点难点议题，从不同维度进行分析和探讨，以系统性、前瞻性的眼光提出并阐述应对的策略和举措。全书以“总报告”为统领，既突出了创新型陕西建设、全面从严治党、“一带一路”及精准扶贫等热点议题，也涵盖了“医养结合”养老服务、残疾人服务、农民工工伤保险、农村贫困儿童、全面两孩政策实施等多个领域；“年度热点”和“民意调查”聚焦2016年我国和陕西社会热点焦点事件、社会心态以及公众对“延安精神”和“五大发展理念”认知、评价与建议，获取陕西公众对经济社会发展中诸多问题的看法和感知，反映社会公众对当前党和政府重大决策的态度与回应；“区域报告”对关中地区农村文化娱乐活动、陕南移民搬迁、延安社会治理创新实践进行了深入调查研究。这些调查和研究报告，将为2017年陕西社会建设从政策措施、工作指向和推进策略等方面提供参考。

目　录

Ⅰ　总报告

Ⅱ　年度热点

Ⅲ　民意调查

Ⅳ 专题报告

Ⅴ　区域报告

皮书数据库阅读使用指南

总 报 告

General Report

B.1
2016 ~2017年陕西社会形势分析与展望

杨红娟*

摘　要： 2016年是“十三五”规划的开局之年，陕西积极适应经济发展新常态，坚持创新、协调、绿色、开放、共享的发展理念，按照陕西“十三五”规划，全民促进社会事业全面发展，民生福祉不断提升，社会形势基本稳定。展望2017年，陕西需要面对问题，贯彻“五个扎实”精神，全面深化社会体制改革，构建共享共建的社会治理格局。

关键词： 扶贫解困　社会信用　健康陕西　公共服务均等化

---

* 杨红娟，陕西省社会科学院社会学研究所副研究员。

2016年是“十三五”规划的开局之年，陕西积极适应经济发展新常态，坚持创新、协调、绿色、开放、共享的发展理念，贯彻“五个扎实”精神，按照陕西“十三五”规划，全民促进社会事业全面发展，民生福祉不断提升，社会形势基本稳定，实现“十三五”开好头、起好步，推动陕西经济社会发展向着全面建成小康社会的目标迈进。

一　2016年陕西社会发展基本状况分析

（一）财政支持民生持续增加，城乡居民收入水平稳定增长

2016年，陕西财政收入增速放缓，但用于民生的财政投入持续增加，重点支持精准扶贫、精准脱贫项目。上半年，全省财政民生支出占全省财政支出达82.92%。其中公共安全、科学技术、社会保障、医疗卫生、城乡社区事务、住房保障等支出，均保持了16%以上的增长，为教育、医疗卫生、社会保障等民生福祉提升提供了坚实的基础。

城乡居民收入继续增长。陕西调查总队发布的数据显示，2016年上半年，陕西人均可支配收入9411元（全国11886元），居民可支配收入实际增速为7.0%，高于全国平均实际增速0.5个百分点。其中，农村居民人均纯收入4763元，实际增长7.2%；城镇居民人均可支配收入14154元，实际增长5.7%。城乡收入差距进一步缩小。农村居民人均纯收入增速快于城镇居民1.5个百分点，城乡居民收入比为2.97，比上年同期缩小0.04。

调查显示，工资性收入和转移性收入较快增长是居民增收的主要动力。2016年，最低工资水平和各项社会保障待遇水平得到提高。按照相关规定，陕西最低工资标准根据1~4类工资区每月上调200~220元，非全日制小时最低工资标准上涨2.00~2.20元。根据陕西职工平均工资增长情况和经济社会发展实际，调整基本养老保险和工伤保险待遇。社会基本养老保险通过定额调整，与缴费年限和水平挂钩，以及适当向高龄退休早、养老金水平偏低人员倾斜的原则，体现社会公平，整体提高离退休职工的养老金水平；调整工伤保险待遇，伤残津贴每月最低达到2218.50元；提高低保标准，全省农村低保最低

限定保障标准提高到 3015 元/人年，城市低保在各地现行保障标准基础上，提高不低于 15 元/人月。

（二）以制度推进扶贫帮困精准发力，促进弱势群体共享发展

2016 年，陕西发布了贯彻落实《中共中央国务院关于打赢脱贫攻坚战的决定》的实施意见，明确脱贫攻坚的目标任务，各级党政“一把手”自觉担当脱贫攻坚第一责任人责任，各级扶贫开发领导小组全部更名为脱贫攻坚领导小组，促进扶贫帮困呈现党委领导、政府负责、部门协同、社会参与的新格局。为此，陕西梳理明确了包括民政、残联、教育、卫生、社会保障、就业等省级部门制订“N”系列脱贫攻坚措施，把易地搬迁脱贫、产业就业脱贫、教育脱贫、生态保护脱贫、社会保障兜底脱贫等“五个一批”，作为未来 5 年陕西打赢脱贫攻坚战的基本路径，形成了易地搬迁、产业就业、教育脱贫、健康脱贫等配套政策，“1 + N”脱贫相关政策体系已经形成。一是于 2016 年初统一部署，把全省年度 130. 6 万人脱贫任务分解落实到市县，并把全省财政资金落实到县。在精准识别的基础上，建档立卡，统一建立了贫困户信息手册，并明确脱贫户的帮扶责任人。二是精准施策，产业扶贫成为扶贫攻坚的重点，创新探索推行“政府 + 龙头企业 + 贫困户”模式，全省已有各地企业与合作社合作带动 3. 76 万个家庭 13 万人脱贫致富，在 47 个县（市）设立了贷款风险补偿金，开展贷款担保，促进贫困户创业就业；通过建档立卡、贫困户搬迁、筹措新标准，启动集中安置点建设项目 320 个，促进异地移民搬迁脱贫。三是开展社会保障兜底试点。对建档立卡贫困家庭中丧失劳动力、缺乏自我发展能力者进行提高救助水平，促使其消除绝对贫困，确定西安市周至县、宝鸡市凤翔县、榆林市榆阳区、安康市宁陕县为全省农村低保兜底保障试点县区。实现低保、养老等保障政策对符合条件的农村贫困人口全覆盖。四是稳步推进资助贫困生免费入学的教育救助、提高贫困人口医疗保险报销比例的健康扶贫等，帮助贫困人口兜底脱贫。全省脱贫攻坚各项工作稳步推进，贫困人口脱贫路径更加清晰，措施更具针对性，扶贫步伐明显加快，取得了明显实效，得到了广大人民群众的认可。对 2016 年各地脱贫攻坚工作情况进行了全面督查，结果显示，绝大多数贫困户和非贫困户认可被确定的贫困户和干部帮扶，对驻村扶贫工作队和第一书记的扶贫工作满意，其中有 85. 7% 得到

了政府无偿资金扶持，31.8%使用了扶贫贷款，大部分贫困户和贫困村都表示当年计划脱贫。

加强对困难残疾人、困境儿童的社会支持，弱势群体福祉提升。全面建立困难残疾人生活补贴和重度残疾人护理补贴制度，并明确“两项补贴”不计入城乡最低生活保障家庭收入范围。推进实施“民康计划”，解决了贫困残障人配置假肢的经费，2015年至2016年7月共为贫困残障人配置假肢278具，助听器330台，轮椅571辆，充分发挥了福彩公益金“助残济困”的积极作用。在榆林市榆阳区、安康市石泉县开展第二批困境儿童分类保障制度试点，对事实无人抚养儿童、受艾滋病影响的儿童、父母服刑或戒毒期间的儿童、贫困家庭患重病和罕见病儿童分类保障制度试点模式，根据不同儿童群体需求，分层次统筹推进，分类型设置标准，分标准实施保障；同时投资资助建设5个县级儿童福利机构，适度提高孤儿保障标准，建立孤儿基本生活养育标准自然增长机制。全面提升陕西困境儿童福利水平。

（三）公共服务和政策不断完善，社会事业全面进步

2016年，陕西省、市、县三级政府工作部门权力和责任事项的权责清单和公共服务事项清单在陕西省统一发布，全面推进权责清单事项流程再造，为“网上办事”奠定良好基础。公共服务和政策不断完善，人民生活质量不断提升。

1. 教育发展亮点频呈

2016年，陕西省进一步深化教育改革，优化教育结构，促进基础教育均衡发展，颁布《关于进一步推进义务教育均衡发展全面提升基础教育整体水平的意见》，为全省基础教育改革发展做了顶层设计，明确了实现路径。进一步明确均衡发展的目标任务，提出要城乡教育一体化，全面落实面试就近入学，解决“择校热”和“大班额”问题，对贫困、留守学生等特殊群体进行精准帮扶。正式实施13年免费教育，除9年义务教育之外，还包括1年幼儿教育和公办普通高中免收学费，提高基础教育保障水平。全面改善贫困地区义务教育薄弱学校的基本办学条件。扩大普惠性学前教育资源，支持企业继续办好幼儿园，各地通过建立企业、政府、家庭合理分担成本机制，多渠道筹措资金。鼓励政府接收符合当地学前教育布点要求、达到基本办园条件的企办园，

积极开展普惠性幼儿园认定。逐步提高普惠性幼儿园在幼儿园总量中的比重，促进学前教育的普及化。优化整合中等职业教育资源，有40所技工院校撤并，有18所转型。

2. 医疗卫生体制改革取得新进展

2016年，医改进入深水区和攻坚期，陕西省出台《陕西省深化医药卫生体制综合改革试点方案》，医疗、医药、医保“三医”同时发力，突出重点领域和关键环节，增强改革创新力度，强化改革整体性、系统性和协同性，加快建立起具有公益性可持续的运行新机制。统筹城乡基本医疗保险制度，建立统一的城乡居民基本医疗保险制度，逐步提高城乡居民基本医疗保障政府补助标准，2016年提高到440元；破除以药补医机制，全面实行药品（不含中药饮片）零差率销售，并采取重点品种监控、处方点评、药品负面清单等综合措施，切断医院、医务人员与药品间的利益链；建立医疗服务价格动态调整机制，合理调整服务价格，降低医用设备检查治疗费、检验费，提高诊查费、护理费、手术费、治疗费等医务人员的工作费用，提升医务人员的工作积极性；推广医疗集团和医疗联合体模式，由省级医院牵头组建医疗集团，组建医疗集团或医疗联合体，实现三级医院门诊与社区医疗资源联动，充分发挥优质医疗资源效能；建立医疗合理新秩序，实行全科医生制度，推行家庭签约服务，实现不同等级医疗机构双向转诊，打造15分钟医疗服务圈；鼓励社会力量参与医疗卫生领域建设，对社会资本出资新建、参与改制等多种形式投资医疗行业实行“非禁即入”，在技术培训、提升业务和管理能力、科研立项等方面提供优质服务，并将民营医疗机构纳入统一的医疗质量控制与评价范围，健全非公立医疗机构退出机制。宝鸡的公立医院综合改革，特别是“两放开一搞活”的人事分配制度改革，以及基本公共卫生服务券制度，以市场化的方法引入竞争机制，提高了服务水平，成效显著，医院就医条件不断改善，吸引和留住了一批优秀人才，老百姓看病贵、看病难的问题得到了缓解。

3. 养老服务业呈现新的突破

2016年，养老服务和产业得到重点关注，扶持政策体系日趋完善。一是全面开展养老产业的示范建设，全省遴选50个城市社区居家养老服务站点和50个农村互助幸福院进行标准化设置与建设，并资助新建城乡社区老年日间照料和养老服务机构（农村幸福院）；二是整合社会力量，积极鼓励民间资本进入养老服务业和养老产业，培育为老年服务民间社团和专业团体等社会组织，为老人提供家政、娱乐、休闲等社会服务；三是培育扶持养老产业集团和园区建设，建立辐射全省的老年人用品用具专业市场，促进养老产业的全面发展；四是提高养老服务的现代技术应用，拟建立全省为老服务“一码通”，养老服务信息网络平台；五是发布《关于推进医疗卫生与养老服务相结合实施意见》，在医养结合服务机构许可工作中打造“无障碍”审批环境，通过养老优惠政策和社会办医政策的互融，鼓励“在医养老”和“在老设医”的医养结合机构发展，扩大医养结合养老服务资源；六是《陕西省居家养老服务条例（草案)》公开征集意见。明确了家庭责任以及政府、乡（镇、街）和社区职责，特别是省、市、县（区、市）各级人民政府在居家养老服务中应当履行的职责，包括建立与居家养老服务需求相适应的经费保障机制，城市规划中养老设施规划、购买养老服务、社区养老服务激励以及对为老服务人才的扶持政策等，为居家养老服务发展提供制度保障。

4. 社会保障事业建设呈现新局面

深入推进机关事业单位养老保险制度改革，全省各市出台工作方案，完成数据采集36.5万人，参保登记12.6万人，部分在职人员参保缴费和退休人员待遇发放；并认真谋划，强化措施，积极推进全民参保登记工作，开发出全民参保登记信息系统，完成省公安厅提供的全省户籍人口数据比对。西安市全面完成全民参保登记，宝鸡入库率达97.04%，对未参保人员进行入户调查，这两个市已赶超全国水平，全民参保登记工作顺利进展为推进社会保险全覆盖，实现建立更加公平可持续的社会保障制度奠定了坚实的基础。

5. 就业形势持续稳定

2016年受到经济运行下行压力加大的影响，陕西多方面促进就业，以创业促就业，大力推动创业担保贷款，截至6月底，全省累计发放贷款427.11亿元，直接扶持创业53.69万人，带动就业182.71万人；开展“春风行动”，为有需求的农村劳动力提供有效的技能培训、政策咨询、岗位信息、职业指导和职业介绍，以及创业培训和资金扶持；全省农村外出从业劳动力为522.2万人，同比增加21.1万人，增长4.2%，农村外出从业劳动力增长较快，创历年同期最高水平；开展“2016年陕西省高校毕业生就业服务月活动”，促进大学生就业，截至5月，全省36万名应届高校毕业生已签约24.3万人，签约率

67.16%，同比增长2.95%，高于上年同期水平；大力开展扶贫就业，对贫困劳动力进行分类培训、扶持劳动力转移就业等。统计局发布的数据显示，上半年，陕西城镇新增就业23.12万人，农村劳动力转移就业597.3万人，基本达到年初的就业预期。全省就业形势在“新常态”下持续稳定。

6.保障性住房管理提高内涵

以廉租房、经适房、公租房、限价房和商品住房为主的“五位一体”住房供应体系基本形成，实现了对中等以下收入的城镇居民、外来务工人员和新就业职工住房困难群体的全覆盖，惠及了民生，稳定了房价。2016年，陕西明确了“十三五”保障性住房建设任务，实施以棚户区改造为重点的保障性安居工程建设，逐步扩大棚户区改造范围，促进全省年度保障性安居工程目标任务的完成，制定《陕西省保障性安居工程建设管理工作奖励办法》。完成《2015～2017年陕西省城镇棚户区危旧房改造实施计划及租赁型保障房配套基础设施建设计划》编制，2016年的28万套棚改任务和项目全部落实，并对前期建成的项目，加快分配入住；为促进项目严格执行规划和标准规范，对棚改项目规划专项督查，不回避问题，加大整改力度。全面开展保障性住房小区“和谐社区·幸福家园”创建活动，提高保障性住房精细化管理水平，提升物业管理水平，保障困难家庭的住房品质。

（四）社会治理创新进一步深化，社会安全形势稳定

1.加强基层组织建设

通过“开展自查整改、完善规章制度、落实村务公开、对两委班子加大培训力度、加强督导检查”五项机制，综合整治软弱涣散基层党组织，确保村级自治组织运行制度化、规范化、科学化。推行社区公共服务综合信息平台建设项目试点。确定了15个区（县、市）作为“四社联动”示范点，省财政安排1500万元省级福彩公益金支持推进社区公共服务综合信息平台建设，以“互联网+”模式，融合移动互联网、物联网等新一代信息技术，依托手机服务终端、广播电视网络机顶盒、品牌商家线上服务等方式，打造智慧社区，提供便民利民服务，方便快捷地满足群众服务需求，提升社区治理水平。

2.继续深化社会组织改革

一是完成与行政机关脱钩的147家全省性行业协会商会试点，其中省发改

委 26 家、省国资委 5 家、省商务厅 61 家、省工信厅 34 家、省住建厅 20 家、省农业厅 1 家，并对全面推行行业协会商会与行政机关脱钩进行部署。同时对省级直接登记的行业协会商会负责人进行业务培训，提升社会组织自我管理的能力。二是加强社会组织监管，对社会组织进行财务抽检，防止社会组织出现非法集资、违规营利、内部运作不规范、行业价格垄断等违规违法现象，促进社会组织规范化建设。三是发布民政系统购买社会组织服务指导目录，其中包括基本公共服务事项、社会管理服务事项、中介服务及其他公共服务事项等 54 项服务项目及内容，从而规范了陕西购买社会组织服务，提高公共服务质量和效率。

3. 大力推动陕西社会信用体系建设

一是提升陕西省公共信用信息平台的服务能力，将公共信用信息平台、企业信用信息公示系统和各行业信息系统互联互通，专项清理名存实亡企业，搭建起集基础性、社会性、经济性、安全性为一体的公共服务信息平台，推动形成企业自治、行业自律、社会监督、政府监管的共治格局，为信用监管打牢基础。二是制定实施《陕西省违法失信“黑名单”信息共享和联合惩戒办法》，被列入“黑名单”的法人及其他组织、自然人在获得荣誉、政府政策和资金支持、上市融资、新增项目和用地审批等方面受到限制。西安市公布了 100 名“失信人”名单，对违法失信主体将实施联合惩戒，在乘坐高等级交通工具等高消费方面实施限制，建立起长效的失信人惩戒机制。三是明确在各行业建立起信用评价机制，为信用优良企业申报政府专项扶持资金（贷款贴息）。四是制定实施全省乳制品及白酒生产企业实行食品安全信用等级评定标准，公开发布了 460 家药品和医疗器械、食用油肉制品等生产企业信用等级评定结果，依照信用等级分类监管；建立旅游企业、从业人员诚信记录制度和退出机制。这一系列举措着力解决在目前工作中存在的信用信息开放共享不足、信息服务推广应用不够、信用监督与奖惩机制不健全等方面的问题。

4. 全省安全形势基本稳定

全省各级公安机关开展以“三打击，两整治，一摸排”为主要内容的为期一年的“2016 秦盾”行动，提升见警率和管事率，确保陕西在春节、“五一”、中秋等重大节日的安全保障；打击各类电信网络新型违法犯罪行为，2016 年 1 ~ 7 月共破获各类电信网络新型违法犯罪案件 1762 起，同比增长

326.96%。针对农村交通事故多发问题，推进生命防护工程和交通管理信息化两大基础工程，解决农村道路交通安全工作中存在的问题和困难，提升农村道路交通安全工作水平。2016年，陕西着重提升企业本质安全水平。针对安全生产存在的主要问题，全省在建筑、煤矿、非煤矿山、危险化学品、烟花爆竹等高危企业开展“企业安全生产主体责任落实年”活动，落实企业安全生产责任到人，2016年1～6月，全省有6873家企业开展“企业安全生产主体责任落实年”活动，有5435家建立健全“一个能力、十项制度”，并针对问题开展执法检查和督办2376次，取得了初步成效，全省安全生产形势基本稳定，重点监测的煤矿安全事故统计显示，2016年1～7月，全省煤矿累计发生事故9起，死亡25人，事故数量同比减少3起。

二　陕西社会发展面临的问题与挑战

“十三五”时期是全面建成小康社会的关键时期，但对于陕西同步合格实现全面小康，长期积累的深层次矛盾和结构性问题将依然存在。如期实现全面小康的目标，面临着诸多困难与挑战。

（一）提高收入特别是农村居民收入依然是陕西改善民生的重大问题

长期以来，收入水平较低，贫困问题一直是长期以来陕西面临的严峻问题。尽管经过近年来的努力，陕西城乡居民收入持续增长，“十二五”时期，城乡居民收入保持两位数增长，城镇居民人均可支配收入年均增长达到11.5%，农民人均纯收入达到14.2%的较高水平，但总体来说，总体收入水平较低的状况并未得到实质性改变。特别是面临经济发展的新常态，从2014年开始，城乡居民收入增速开始放缓，2015年陕西农村居民人均纯收入比上年增长9.5%，城镇居民人均可支配收入比上年增长8.4%；2016年上半年，全省人均可支配收入同比增长8.6%，与陕西省“十三五”规划所要求的“居民人均可支配收入赶超全国平均水平，年均增长10%左右”的目标存在较大差距。同时，收入增速不均衡的问题依然十分突出，2011～2015年，城镇居民可支配收入最高的杨凌示范区与最低的汉中市的差距进一步拉大到3000多元，农民年人均纯收入最高的杨凌示范区与最低的商洛市从相差5202元扩大到8046元，差距进一步拉大。而城乡居民收入差距虽然有所缩小，2010年全省城乡居民收入比为3.82∶1，到2015年收入比为3.39∶1，但改善不明显。“十三五”时期，经济发展放缓，就业困难增大，外出务工人员返乡人数逐渐增多，薪酬增加幅度减小，陕西人理财观念和能力不强等因素的共同存在，使得陕西提高居民收入，赶超全国城乡居民收入平均水平的难度加大。

（二）脱贫解困形势依然严峻

“十三五”时期是我国脱贫的攻坚阶段，陕西提出“现行标准下的农村贫困人口实现脱贫、贫困县全部摘帽”的目标。陕西作为全国传统的国家连片特困区，扶贫开发取得很大成效，但截至2014年底，陕西贫困程度仍然较为严重，有贫困人口350万人，规模排在全国第9位，贫困发生率13.0%，排在全国第7位。特别是近两年受多重因素影响，陕西经济增长明显趋缓，由于贫困地区在资源禀赋、产业结构、科学技术发展水平等方面的脆弱性，竞争力持续下降，使贫困发生和返贫的风险增大。《陕西农村贫困现状及住户贫困的动态变化测度》的研究显示，2014年陕西50个扶贫重点县的GDP总量占全省GDP总量仅为21.3%，比2010年低4.4个百分点，贫困县经济总量同全省经济总量的差距在逐渐拉大；2014年扶贫重点县农民人均纯收入较全省农村低601元，而2010年为503元，差距有所增大；研究也发现，在贫困人口收入状况改善的同时，2013年和2014年的教育程度、健康状况和贫困发生率要显著高于2011年和2012年。因此，要在短时间内全面脱贫，时间依然紧迫，形势依然非常严峻。

（三）新形势下就业供需压力进一步加大

就业供需压力依然是最主要的问题。一方面就业需求群体扩大，大学应届毕业生共有约36万人，相比上年增加9%，为全国增幅最大的省份；全省农村外出从业劳动力为522.2万人，同比增加21.1万人，增长4.2%；2016年要积极推进供给侧结构性改革，统筹推进“去产能”和“三个专项行动”，淘汰“僵尸企业”、高污染企业和产能过剩领域无竞争力企业，在这一过程中，会出现一些分流人员需要市场吸纳，同时一些隐形失业会转化为显性失业，较多职工面临二次就业。另一方面就业岗位总体有所减少，采矿业、制造业从业人员数同比分别减少 0.45 万人和 1.72 万人，电力、燃气、水的生产和供应业同比增加 1.32 万人，涉及去产能的行业同比从业人员减少 2 万多人。分析显示，2016 年上半年相关部门预测，全省人力资源市场求职人数同比增长 10.6%，远高于岗位投放 4.15% 的增长率。而招工难与就业难并存造成就业的结构性压力，传统的优质岗位如制造加工业、能源等大型国企需求减少，企业提供的工资对毕业生吸引力不强使得大学生就业的稳定性受到影响。

（四）户籍改革的推进对基本公共服务均等化要求更加迫切

2015 年，陕西进行了户籍制度改革，取消城乡二元户籍，统一城乡户口登记制度，全面实施居住证制度，在身份上消除了城乡居民的差别。同时也提出“稳步推进义务教育、就业服务、基本养老、基本医疗卫生、住房保障等城镇基本公共服务覆盖全部常住人口”。可见，户籍改革不仅是“一纸之变”，其重点更在于剥离其附着的权益差距，缩小乃至消除城乡差别，实现基本公共资源分配和公共服务、福利待遇的均等化。虽然陕西省初步建立了基本公共服务的制度框架，人民群众上学、看病、养老等难点问题得到有效缓解。但总体上依然存在基本公共服务供给规模和质量难以满足居民日益增长的公共服务需求，城乡基本公共服务差距较大的问题。虽然实现了 13 年的免费教育，但与城市相比，小城镇乃至农村的教育资源在基础设施、教育理念、教育能力等方面存在显著差距；基层医疗机构基础薄弱，改善不足，专业技术人员匮乏等影响基层医疗水平的提高；农村优质的教育、医疗资源明显不足，影响了农村的基本公共服务总体发展水平；基本养老保险的待遇差别较大，养老服务供给不足更加严重。这些问题在户籍改革后都被提到议事日程上来，若不能得到很好的解决，将影响户籍改革“红利”的发挥，会降低公众对改革的期待和满意度。

三　2017年陕西社会发展展望与对策

2016 年，国家提出了创新、协调、绿色、开放和共享的发展新理念，陕西以这五大发展理念为指导，出台颁布了经济社会发展总体规划和社会福利、社会保障、扶贫、医疗卫生等一系列社会发展的专题规划，更加明确了陕西经济社会发展的目标，改革的方向与路径，陕西站在了新的历史起点，将进一步释放社会创新和改革发展的活力，促进人民群众共享社会发展成果。展望2017年的陕西社会发展，全面深化的社会体制改革将进一步提升公共服务效能，陕西人民的获得感将会进一步加强，人民群众的生活会得到进一步保障和改善，社会形势会更加和谐稳定。

（一）针对扶贫攻坚中存在的问题，科学谋划

2020年消灭贫困是我国政府对人民的承诺与责任，作为主要的贫困程度较为严重、覆盖面较大的陕西，实现“现行标准下农村贫困人口全部脱贫”任务艰巨，要全面合格建成小康社会，需聚焦各方之力推动扶贫攻坚将成为社会发展的重点，扶贫开发将进入快车道。但在实践中也存在诸多问题，特别是上下合力不够，政府重视与贫困群众积极性不高，有些干部急于求成；缺乏精细化规划与制度设计，缺少差异性思维，导致盲目跟风；对扶贫中开发风险预估不足，缺乏相关的机制应对问题；政府包办，社会扶贫不足，特别是产业扶贫贪大求猛、脱离市场和实际需求以及效能不足等问题都减损人民群众对政府的公信力，更让群众对脱贫丧失信心。对此，要制定科学、精细的扶贫规划，细致分析各地存在的优势与问题，把符合各地实际条件的、具有当地特色的扶贫规划作为重点和关键；加强建立完善的扶贫制度，动员社会、市场等力量积极参与，有效规避市场风险，积极应对挑战；统筹实施分类扶贫政策，针对各种贫困群体或贫困户的具体实际，根据具体条件和潜能，适配不同的措施；发挥贫困主体的脱贫积极性，以扶贫政策和扶贫过程的公开透明、公众对扶贫政策的知晓和准确理解，提升贫困群体自主运用扶贫政策和解困的能力；完善扶贫主体、贫困主体以及相关各利益方参与的扶贫绩效贫困监测机制，及时发现问题，促进扶贫工作有序推进，真正解决贫困群体的问题。

（二）整合力量，促进“健康陕西”建设

2016年召开的全国卫生与健康大会，提出“要把人民健康放在优先发展

的战略地位”，作为衡量全面建成小康社会的重要标志之一，并对“健康中国”建设做出全面部署，陕西将“健康陕西”作为陕西社会建设的重要组成部分。2016年，陕西启动“健康城市”建设，全面加强健康教育与健康促进工作。为此，要以整合的思路，以健康和健康公平作为政策制定和实施的关键，促进陕西人民健康福祉的提升。一是进行理念整合，融合卫生与健康的理念，树立“大卫生”“大健康”并重的观念，“将健康融入所有政策”，由以治病为中心向以人民健康为中心转变，为全体人民群众的全生命周期提供健康服务。二是机制整合，改变健康仅仅是卫生职能部门的事情，明确卫生、社会保障、环保、体育、食品安全、公共安全、民政养老甚至扶贫等都具有促进全民健康的职责，需要建立各部门协作机制，使健康服务覆盖所有年龄阶段、所有人群；整合社会力量参与“健康陕西”建设，鼓励公共和私营部门合作，营造自主自律的健康环境，发展健康服务和健康产业，提供基本的公共健康服务和个性化健康服务；发展“互联网+健康”的建设。通过大数据和互联网技术，以安全为先、保护隐私为原则，建设互联互通的国家、省、市、县四级人口健康信息平台，促进基础数据的开放融合、共建共享；建立医保联网异地结算，推进网上预约分诊、检查检验结果共享互认等便民、惠民服务；实行科学的健康教育，提高全民的健康观念和健康素养。

（三）进一步完善更加公平、可持续的社会保障体系

伴随着经济改革开放，中国经历了世界社会保障史上全面而深刻的制度变革，建立了覆盖全民的社会保障制度。但社会保障的渐进性，公平性不足与效率不高等问题日益显现，与新的共享发展理念相悖。特别是在当前扶贫攻坚阶段，以社会保障托底的扶贫成为重要路径，社会保障被不当使用的风险和不理性的期待，可能损害其本身的共济性追求，福利刚性增长与政府财力增长减缓的矛盾凸显。这些问题可能会损害社会保障的本质特性和制度的公信力。“十三五”时期，陕西要以公平为价值取向，适应经济社会发展的新形势和社会需求，推进和完善社会保障制度的可持续发展。一是建立适应现代多种用工形式和多种企业所有制以及人口流动性的社会保险制度，促进社会保险的可及性。二是要整合基本的社会保险制度，构建合理的责任政府、个人、企业等分担机制，提高基本社会保险的统筹层次，促进基本养老和医疗保险制度的共济

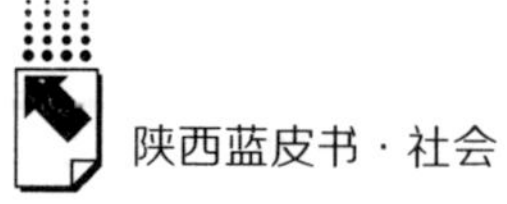

性和科学性，弥合碎片化和待遇差距。三是要优化城乡均等的社会救助制度保障，细化贫困类别，分类救助与专项救助精准化，真正发挥社会救助的“救急难”和“托底层”的作用。

（四）创新体制，构建共享共建的社会治理格局

近年来，在社会治理体系和能力建设的背景下，陕西各地进行了一系列适应本土社会改革的探索。一是对于如延安的“一联三化”“圣地先锋”等承载的基层网格治理模式改革、宝鸡的公立医院法人治理结构改革、西安的“大学区管理制”改革等都成为基层实践的经验，需要及时梳理陕西各地的实践经验，分析其实用性，形成包括具有陕西特色社会治理主体培育、基层公共服务供给、利益表达与协调等机制在内的制度框架。二是陕西户籍制度改革对于破解城乡二元的社会结构走出了重要一步，还需要通过调整经济社会发展政策，引导促进人口向主要城镇聚居，更需要城乡基本公共服务均等化。因此要在人口基本的数据共享基础上，加快社会政策融合，有限解决流动人口的民生问题，降低社会运行成本，使人口结构这一社会基础结构与经济社会发展相协调。三是在政府主导下，要壮大市场和社会力量，以共建共享为目标，共同促进陕西社会发展。在公共服务中，要更加明确政府、市场、社会组织以及个人家庭的责任，使基本的和个性化的社会服务需求都能得到有效满足，并通过对社会组织的培育，发挥其反映诉求、调节公共冲突的作用；将社会志愿服务进行整合，促进社会团结与融合，达成社会共建的共识，实现社会共享的目标。

年度热点

Annual Hotspots

B.2
陕西创新型省份建设研究报告

唐　震*

摘　要： 陕西建设创新型省份进入了一个关键时期。“十三五”时期，陕西把率先建成创新型省份与实现全省经济转型密切结合，不仅成为应对经济新常态的重大举措，而且是陕西进入中等发达省份之初保持良好发展势头的强有力支撑。创新是引领发展的第一动力，居五大发展理念之首。陕西创新型省份建设推力强劲，亮点居多，在技术创新、管理创新、体制创新等领域变化显著。在创新型省份建设进入倒计时阶段，尤其要抓好政府推动向市场引导的转换，注重全省市场经济体制的培育，既突出省内发达地区快速发展、突破发展，又全面抓好全省创新领域的协调发展和共享发展。

关键词： 陕西　创新型省份建设　经济体制改革　科技创新

* 唐震，陕西省社会科学院中国马克思主义研究所研究员。

创新是引领发展的第一动力，居五大发展理念之首。党的十八大以来，创新成为应对经济新常态的新举措和助力调结构、促转型的新抓手。陕西省面对经济下行压力前所未有的严峻形势，以习近平总书记系列重要讲话精神和来陕视察所做的重要指示为指导，万众一心，埋头苦干，在追赶超越的征途上奋进，经济增速逐季回升，创新迈上新步伐。随着“十三五”时期的到来，陕西省进一步提出要把创新作为第一动力，在全国率先建成创新型省份。2016年5月，习近平总书记在全国科技创新大会、两院院士大会、中国科协第九次全国代表大会上发表重要讲话，强调实现“两个一百年”奋斗目标，实现中华民族伟大复兴的中国梦，必须坚持走中国特色自主创新道路，面向世界科技前沿、面向经济主战场、面向国家重大需求，加快各领域科技创新，掌握全球科技竞争先机。这些讲话，为陕西省贯彻“五大发展理念”，让创新驱动发力，着力完成创新型省份建设目标提供了强大的精神动力和政治保障。

一　陕西创新型省份建设概况

2014年6月7日，陕西省人民政府颁发《陕西省创新型省份建设工作方案》（陕政发〔2014〕18号）指出，为认真贯彻落实党的十八大和十八届二中、三中全会精神，深入实施创新驱动发展战略，积极推进科技与经济紧密结合，确保到2017年将陕西省基本建成创新型省份，为全面实现“三个陕西”的奋斗目标提供有力支撑，特制订创新型省份建设工作方案。当年12月30日，陕西省人民政府办公厅又印发了《陕西省全面提升企业创新能力行动方案》，为深化科技体制改革，深入实施创新驱动发展战略，推进陕西创新型省份建设，进一步强化企业技术创新主体地位，提升企业创新能力，增强企业核心竞争力，加快产业结构调整和转型升级，推动全省经济发展方式转变，提供了依据。此后的2015年省政府工作报告随即提出“紧紧围绕结构调整方向实施创新驱动战略，努力构建以企业为主体的创新体系”，着力建构企业主体地位。

进入2016年，全省创新型省份建设步伐加快，省政府工作报告将“率先建成”作为关键词，提出要“把创新作为第一动力，在全国率先建成创新型省份”。以实施创新型省份、西安全面创新改革试验区、西安高新区自主创新示范区建设三大国家战略任务为契机，发挥科技创新引领作用，加快政府职能从研发管理向创新服务转变步伐，强化企业创新主体地位，支持创建国家实验室，加强知识产权保护和应用，推动企业、高校、科研院所协同创新，实施“中国制造 2025”和“互联网 +”行动计划，促进科技成果尽快转化，构建具有陕西特色、体现创新引领的现代产业体系。预计到 2020 年，陕西科技进步贡献率提高到 60%，进入中国著名品牌的数量大幅提升。至此，陕西创新型省份建设进入倒计时。

纵观近年来全省上下在技术创新、管理创新和制度创新等领域中的新变化，创新型省份建设呈现几个突出亮点。

（一）创新投入保持增速，宏观创新政策稳中有升

陕西是科技资源大省，正如习近平总书记视察陕西时所强调的，陕西是科教大省，是我国重要的国防工业基地，科教资源富集，创新综合实力雄厚，要把这些资源充分挖掘好、利用好、滋养好。推动科技和经济紧密结合，创新成果和产业发展紧密对接，努力在创新驱动发展方面走在前列。这些优势资源和前期基础，使得陕西历来重视科技资源的开发、利用与转化。2008 ~ 2014 年，在全省地方财政科学技术支出统计中，科技支出占地方财政支出的比重基本保持在 1% 上下（见表 1），2013 年和 2014 年在全国经济进入新常态、陕西经济受到经济下行压力严重逼迫的形势下，用于创新前沿领域的科技支出仍能够保持与以往支出持平甚至略高的态势，说明省政府强力支持科技创新的意愿强烈，相关领域宏观政策也保持持续向好、稳中有升的势态。

表 1　2008 ~ 2014 年全省地方财政科学技术支出情况

单位：亿元，%

年份	财政科学技术支出	比上年增长	占地方财政支出的比重
2008	17.14	28.87	1.20
2009	20.84	21.59	1.13
2010	25.25	21.16	1.14
2011	29.01	14.89	0.99
2012	34.94	20.44	1.05
2013	38.02	8.82	1.04
2014	44.86	17.99	1.13

资料来源：《2014 年陕西省科技经费投入统计公报》。

统计公报显示，2014 年，全省共投入研究与开发（R&D）经费 366.77 亿元，比上年增加 24 亿元，虽然较全省 GDP 增幅低了 2 个百分点，但仍表现出 7% 的增长空间；研发投入强度（研究与开发经费同地区生产总值之比）虽然比上年回落了 0.04 个百分点，但仍保持 2.07% 的增幅。按研究与开发人员（全时工作量）计算的人均经费支出达 37.76 万元，比上年增加 1.1 万元。充分体现了陕西在科技创新领域的投入政策具有持续向好的特点。

（二）原创型成果不断增多，创新能力全面提升

“十二五”期间，陕西省基础研究领域取得了一批具有世界影响的重大原创成果，共获得国家自然科学奖 14 项。自“十二五”规划以来，陕西科技与产业创新加快发展，创新能力显著增强，共有 164 项科技成果获得国家科学技术奖励，2015 年获奖数居全国第 4 位；获得国家自然科学二等奖 4 项，占授奖项目总数的 9.52%，居全国第 3 位；万人科技论文数居全国第 4 位；科技活动产出指数居全国第 5 位；全省技术合同交易额突破 722 亿元，居全国第 4 位；科技进步贡献率达到 55.8%；创新型省份建设取得重要进展。

在高新技术产业发展方面，高新技术产业实现新跨越，攻克了装备制造、能源化工、电子信息、新材料、3D 打印等领域关键技术，研制出一批重大装备；农业科技创新为粮食安全提供保障，技术创新硕果累累，取得了一批具有世界影响的原创成果。

（三）企业创新主体地位凸显，以研发活动为载体的创新驱动面不断增大

陕西省统计部门测算显示，2015 年，规模以上工业企业研发经费中的企业资金为 130.7 亿元，比上年增长 4.3%，占全部规模以上工业企业研发经费的 75.8%，占据主导地位；政府资金为 40.9 亿元，比上年增长 21.1%，占全部规模以上工业企业研发经费的 23.7%（见图 1）。规模以上工业企业研发经费占全社会研发经费的比重为 43.9%，比上年提高了 0.1 个百分点。

从企业与政府在创新领域中的项目占比看，企业自选项目增长较快，政府部门项目占比下降。2015 年，规模以上工业企业共实施研发项目 4054 项，其中企业自选项目为 3211 项，比上年增长 17.8%，占比为 79.2%，比上年提高

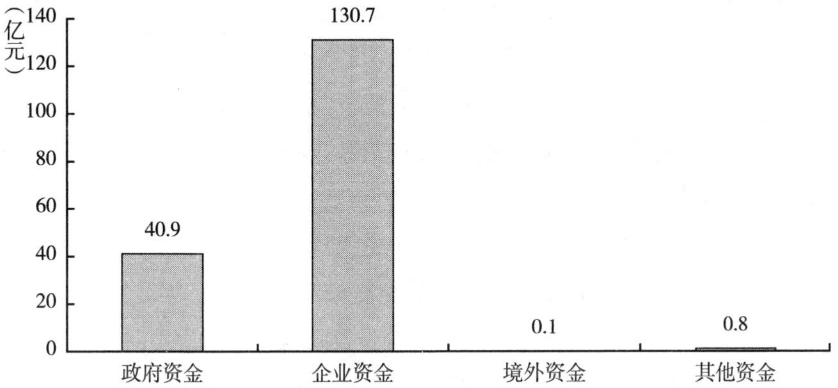

图 1　2015 年规模以上工业 R&D 经费组成

资料来源：陕西省统计局，http://www.shaanxitj.gov.cn/site/1/html/126/131/138/13919.htm。

6.6 个百分点；政府部门项目占 11.5%，比上年下降 4 个百分点。

另据统计部门分析，陕西省规模以上工业企业研发活动覆盖面比往年大大增加，2015 年参与研发活动企业数增长率接近 20%。全省 5413 家规上工业企业中有 868 家企业开展了研发活动，比上年增长 13.0%（见表 2），所占比重为 16.0%，比上年提高 0.9 个百分点。超过半数的大型企业开展了研发活动，研发企业覆盖面高达 61.1%。

表 2　2014～2015 年规模以上工业企业研发活动

单位：家，%

企业类型	2014 年	2015 年	增长
总　　计	768	868	13.0
大型企业	108	127	17.6
中型企业	178	188	5.6
小微企业	482	553	14.7

资料来源：陕西省统计局。

（四）科技创新服务体系建设步伐加快，大市场助推创新领域大融合

为加大创新环节对接能力和科技资源整合力度，加快推进科技成果应用与

转化，“十二五”规划以来，陕西省创新领域加快搭建省、市两级科技资源大市场，极大地推动省内外科技资源共享与成果转化。由西安市科技局与西安高新区共建的科技大市场，自2011年成立至今，先后在技术交易、设备共享、技术市场、人才创业、政策咨询、知识产权、法律咨询等11大类中提供了130多项科技服务。目前，已在西安科技大市场中汇聚高校、科研院所和军工单位900多家，录入科技资源信息的行业专家达1.7万人、技术成果7300多项、科技企业7700多家，累计入库共享设备8233台。

与此同时，科技创新主体之间的新型合作模式也在探索中不断深化。2015年初，由西安科技大市场、西安市留学人员与专家服务中心等12家技术孵化与转移机构联合成立了国内第一个技术经理人社团组织——西安技术经理人协会。据悉，在这种新型模式运作之下，技术以及专利的使用率由此前的1%提高到了50%。

（五）科技体制改革取得新进展，管理创新、制度创新出现新局面

1. 科技体制改革取得新进展

“十一五”规划末期批准的国家《关中—天水经济区发展规划》，对以陕西为依托的大关中地区的一个重要定位是“建设以西安为中心的统筹科技资源改革示范基地”。经过多年探索，陕西统筹科技资源相关举措已经初见成效，统筹科技资源改革也催生诸多创新链形成，深化科技资源改革已经成为陕西创新型省份建设的引领与保障。2016年7月28日，省委十二届九次全会把实施创新驱动作为提升质量效益的根本途径，开启了建设科技强省的新征程。目前，已经建成了全国领先的综合性科技创新服务平台——陕西省科技资源统筹中心。科技与金融结合试点工作为科技中小企业排忧解难；“一带一路”科技国际合作在装备制造、现代农业等领域展开，高新区已成为引领全省科技发展的重要力量。随着“十三五”规划的逐步推进，全省科技创新工作将紧紧围绕“四大战略”重点向前推进，一是继续深化科技体制改革，让“双轮驱动”释放活力；二是强力提升自主创新能力，加快科技成果转移转化；三是加强产学研、军民融合，促进创新—产业双向互动；四是营造良好创新创业生态，打造新引擎，激活新动力。

2. 全省科技创新体系建设全面进入实施阶段

正在着力推进的体系建设有：推广“一张清单”“四链互动”“四抓一转”

工作进行全要素全链条配置；依靠“两个围绕”，以围绕产业部署创新和创新部署产业加大创新与产业对接力度；发挥“三个作用”，即人才团队核心、企业创新主体、园区平台承载的作用；抓好“四个示范”，即产学研结合、创新创业、军民融合和县域创新示范；形成“五个保障”，即统筹平台、知识产权、科技中介、创新政策和科技金融保障；构建“六大体系”，即原始创新体系、产业创新体系、区域创新体系、创新人才体系、创新服务体系和科技政策体系；实施“九新工程”，即资源统筹新格局、创新主体新动能、创新体系新架构、园区联动新机制、军民融合新突破、成果转化新通道、创新创业新环境、创新人才新引擎和政策机制新供给工程。随着创新体系建设不断完善，全省管理创新、制度创新全面进入新阶段。

二　陕西建设创新型省份存在的问题

分析创新型省份建设，必须依据创新型省份建设理论。时至今日，关于在一个独立的省域区划内如何建设创新型地区尚未有比较成熟的理论。然而，一个省域和一个国家和地区除了在主权、国体等方面的差别之外，在区域发展的诸多领域又具有近似的性质，因此从创新型区域建设的外延看亦可借鉴业已成熟的关于“创新型国家”建设的部分理论作为参考。

当前，学术界对创新型国家的定位有四个指标是最基本的：一是创新投入高，研究与开发（R&D）投入占 GDP 的比例一般在 2% 以上；二是自主创新能力强，对外技术依存度指标通常在 30% 以下；三是科技进步贡献率在 70% 以上；四是创新产出高，目前世界上公认的 20 个左右创新型国家所拥有的发明专利数量占全世界总数的绝大部分。以此为参照，即使创新型省份在指标数量上比创新型国家略低，但从创新型省份应该涉及的创新体系架构上看则是一致的。依据这四条来看，陕西目前在资源占比方面优势明显，在创新投入、自主创新能力等方面正在不断上升，但在科技贡献率、创新产出率等领域还有不少差距，需要以“追赶超越”的速度加快步伐。

需要指出，上述学界关于创新型区域问题的研究，主要以量化分析和统计指标为衡量标准。然而，从创新型区域的形成和发展来看，任何一个地区创新能力的形成，均是其生产力发展到一定程度之后的产物。因此，关于陕

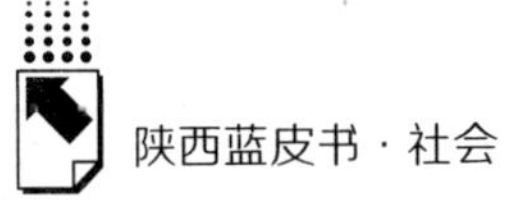

西创新型省份建设问题的讨论，从更深层次观察也许能够提供更多的借鉴视角。

（一）创新型省份建设处在政府推动和引领阶段，如何实现向市场引导和创新主体的自主创新过度是关注的焦点

自实施创新型省份建设方案以来，全省各级政府热情踊跃，创新势头高涨，各种创新活动、创新平台建设等纷纷出台。有以国家高新区、国家农业科技园区、国家经济开发区、国家创新型城市试点、国家可持续发展实验区为载体吸引创新企业与创新人才的；有以创新型城市建设为抓手，加速创新驱动发展战略规划按部就班实施的；有以推进农业“193”、工业“222”科技工程及科技型企业“333”行动计划，以科技特派员、农业“星创天地”、创新平台建设、科技服务年为抓手，在重大关键技术攻关领域寻求突破的；有以县级领导包抓本地，开展科技服务年活动、建立“保姆式”服务责任制的；有以绿色循环发展为目标推动科技创新发展的。显而易见，这些关于创新发展的举措背后，都有一只政府强有力的手在推动。针对创新型省份建设而言，政府推动既是优势，也是隐忧。从快速发展看，其推动可以立见成效；但从创新体系的体制机制形成及发挥作用看，这里显然存在着一个推动力的转换问题。换言之，政府推动起来的创新体系，如何交给市场去运营是在新时期构建创新型省份必须思考的重大问题。

从国际国内的经验看，创新主要有两个抓手：一是自上而下的政府行为，主要是为了实施区域发展战略，发展区域经济，在政府主导下，针对创新主体、创新过程和创新结果等环节做出组织和制度安排，从而构建起一套完整的创新体系。二是自下而上的企业行为，出发点是企业利润或效益。主要是通过市场体系的完善，让企业在市场行为的驱使下，为了得到利润最大化而做出最大限度的创新绩效。陕西建设创新型省份的目的，正如《陕西省创新型省份建设工作方案》所指出的，在于“一是强化市场导向。发挥市场配置资源的决定性作用，由市场引导创新链、产业链、金融链紧密融合，提高区域创新体系整体效能，培育新的增长点，形成创新驱动发展的新动力。二是突出企业主体。强化企业技术创新主体地位，激发企业配置创新要素和其他要素的积极性、创造性，健全人才向基层流动、在一线创业的激励机制，引导各类创新要

素向企业集聚，增强企业技术创新能力”。鉴于这两个目的，陕西创新型省份建设过程必然有一个推动力的转换问题。

曾提出“创新”概念的奥地利经济学家约瑟夫·熊彼特指出，推动经济发展的力量，有内部和外部两种。外部力量是指自然条件、社会环境、外来资本、工商业政策以及战争等突发事件，但这些并非主要力量；内部力量是指社会的时尚、人民的爱好、生产要素数量或质量的变化等，尤其是生产技术的革新和生产方法的变革，才是主要的推动力。这就是说，创新作为一个系统工程，它的不断出“新”是要融入一种新的生产方式之中才会有持久的驱动力的。所以，把发展动力转变为创新驱动，与其说是构建一个全新的科技创新体系，不如说是在更大的范围内创造一种新的社会生产方式。

（二）创新型省份建设要把重点投在先进生产力的发掘和引领上

在创新型省份建设中，切忌“撒胡椒面”或“拾到篮子里的都是菜”。创新的关键在于发现什么是“新”。从发展的角度看，“新”就是对先进生产力的另一种称谓。因此，创新就是发现和聚集先进生产力。陕西构建创新型省份，从内涵上讲就是要构建以先进生产力为支撑，以政策、体制、环境为保障的，形成全社会服从、服务于先进生产力的政治、经济、文化等大循环系统，旨在建成全省整合创新要素所构成的社会网络体系。

先进生产力并不是一个绝对不变的“质”，它往往以时代要求为动力形成某种物质力量进而反过来引领时代发展，并表现为创造新的经济效益或社会效益的生产要素与人力资源。正因为如此，先进生产力总是不断地更替，不断地出“新”。瓦特发明的蒸汽机在他那个时代是最先进的生产工具，甚至直到20世纪初，它仍然是世界上最重要的原动机之一，但与后来出现的内燃机和汽轮机相比，抑或与今天自动化的机器相比，它则是落后的生产力。

从上述意义上看，陕西创新型省份建设，政府的第一重任就是发现和汇聚先进生产力，与先进生产力绑定在一起，或者说，政府就是先进生产力的代表。

目前，各地在主抓创新驱动建设的过程中，工作重点并不是很突出。一是基本还是浮在面上，凡是与创新或者与科技有关的，事无巨细，一律抓起。二是重科技资源的统筹而轻于梳理。实际上，统筹科技资源解决的是科技壁垒问题，相对而言，对先进生产力的梳理其实更优先于统筹问题。如果梳理不清楚，统筹的对象就不清楚，统筹在整体上就缺乏全局重点和有效抓手。三是缺乏对陕西生产力发展阶段的定性分析。以陕西处在工业化中期阶段这一特征为前提，什么是陕西创新领域最先进的生产力的问题就十分明显了，陕西工业领域中的技术创新等也就有了明确的目标和方向。

（三）创新型省份建设的根本在于加快推进经济体制改革

创新驱动融入陕西市场经济体系大循环是关键。目前，中国特色社会主义已经进入了进一步完善和全面建设社会主义市场经济体制的新阶段，相比较而言，陕西从西部欠发达省份刚刚进入中等发达省份行列，在市场经济的发达程度上与东部地区还有较大差距，而“创新”又是和经济发达程度尤其是市场经济的发达程度紧密相关的。显然，在这一背景下要率先建成创新型省份，其艰难程度可想而知。

近年来，陕西所有制结构的优化程度有所改善，国有、集体企业相对数量有所减少，私营企业法人单位迅速增加，基本单位的活力显著增强。统计显示，2011 年初，陕西国有企业为 5080 家，集体企业为 5566 家，国有企业和集体企业的总量占全省企业法人总量的 8.88%。到 2016 年初，陕西国有企业为 5333 家，仅比五年前增加了 253 家；集体企业 4731 家，比五年前减少了 835 家，国有企业和集体企业的总量在全省企业法人中的占比仅为 3.82%，较五年前降低了 5.06 个百分点。

此外，2016 年初，全省共有私营法人企业 12.79 万家，占全省企业法人总量的 48.5%，这一占比较 2011 年同期提高 19.50 个百分点。从企业的控股情况看，2016 年初，全省共有私人控股企业 22.25 万家，占全省企业法人总数的 84.4%，这一占比较 2011 年同期提高 19.1 个百分点。私营企业行业分布广泛，不但在传统的制造业、批发零售贸易餐饮业、交通运输和社会服务业中占据重要地位，而且逐渐渗透到科技、教育、文化、卫生、体育等行业中，除党政机关、政协组织、基层群众组织、自治组织外，几乎涉足国民经济的各个门类。2016 年一季度，陕西非公有制经济实现增加值为 2079.81 亿元，同比增长 9.3%，增速较上年同期提高 1.7 个百分点，高于全省 GDP 增速 1.7 个百分点；其增加值占全省 GDP 比重的 54.0%，较上年同期提高 0.7 个百分点。其中第一、第二、第三产业分别实现非公增加值 89.72 亿元、926.05 亿元和

1064.05 亿元，同比分别增长 4.9%、11.5% 和 7.5%。第一、第二、第三产业增速较上年同期均有所提高。[①] 表明陕西非公企业覆盖面以及涉及领域都有较大改观。

应该指出，总体看来，陕西省经济体制活力还有待进一步发掘。省统计局发布的陕西省第一季度非公有制经济状况显示，民间投资动力不足，投资热情呈下降趋势。一季度，全省民间投资同比下降 7.8%。民间投资占全省固定资产投资的比重为 43.1%，比上年同期回落 9.2 个百分点。民间投资增速的大幅回落，反映出民间投资缺乏信心、市场活力不足、体制运行不畅。这一状况，不仅反映出陕西省民间资本创新的信心与动力不足，而且对全省创新型省份建设进度必然带来较大影响。

（四）创新型省份建设全省发展不平衡

各地区创新发展进度不一将阻滞整体建设步伐。主要表现为全省三大片区研发投入差距较大，创新能力发展不平衡。统计显示，2015 年关中地区研发经费为 147.21 亿元，比上年增长 13.6%；比规模以上工业企业增速高出 6.2 个百分点，占比为 85.3%，比上年提高 4.6 个百分点。陕北地区研发经费为 7.65 亿元，比上年增长 8.4%；陕南地区研发经费为 12.61 亿元，比上年减少了 7.4%（见表 3）。

表 3　2015 年全省分地区规模以上工业企业研发经费情况

单位：亿元，%

地区	研发经费	增速	投入强度
全省	172.60	7.4	0.88
西安	92.48	9.1	2.20
铜川	0.26	-20.4	0.05
宝鸡	29.31	3.1	1.52
咸阳	7.62	19.4	0.25
渭南	17.12	6.5	1.05
延安	5.18	15.5	0.29
榆林	2.47	-4.0	0.12

① 资料来源：陕西省统计局，http://www.shaanxitj.gov.cn/site/1/html/126/131/138/13725.htm。

续表

地区	研发经费	增速	投入强度
汉中	10.27	-14.4	0.99
安康	0.77	124.9	0.09
商洛	1.57	24.0	0.22
杨凌示范区	0.42	28.4	0.41
省直单位	5.13	38.2	0.28

资料来源：陕西省统计局。

另外，受城乡二元结构影响，城乡之间创新的方向、方式以及投入力度差异较大，尤其是在创新链的延伸、产城融合、城乡融合等方面仍存在城乡割据的局面。

（五）创新型省份建设有赖于强大的金融支持

建设一个强大的全面支撑创新领域的融资体系刻不容缓。科技企业抗风险能力弱，科技企业成果转化周期长，投资回收期缓慢，在以民间资本为主体的创业资本仍然处于补充地位的情况下，如何构建创新融资平台，是构建创新型省份的重要环节。根据对陕西省统计部门调查比较，在创新领域赖以发展的资金、人才、信息、合作伙伴等因素中，陕西省企业家对资金、费用的渴求尤为强烈（见表4）。

表4　企业创新影响因素权重比较

单位：%

排序	阻碍企业创新的主要因素		陕西		江苏			
			全部	工业	全部	工业	建筑业	服务业
1	资金	缺乏企业或集团内部资金支持	14.2	14.8	11.4	11.2	13.9	11.6
		缺乏风险投资支持	8.9	9	7.2	8.0	8.0	6.1
		缺乏银行贷款等其他外部资金支持	17.9	22.4	11.3	11.2	12.2	11.5
2	费用	创新费用方面成本过高	18.1	21.7	17.8	20.0	20.9	14.5
3	人才	缺乏人才或人才流失	28.9	29.8	21.8	24.5	34	17.4
4	信息	缺乏技术方面的信息	16.8	18.7	15.6	17.9	21.3	12.1
		缺乏市场方面的信息	13.1	12.3	8.7	9.4	9.1	7.8

续表

排序	阻碍企业创新的主要因素		陕西		江苏			
			全部	工业	全部	工业	建筑业	服务业
5	合作伙伴	很难找到合适的创新合作伙伴	7.1	6.6	7.4	7.5	8.15	7.2
6	竞争对手	市场已被竞争对手占领	4.0	2.9	3.8	2.8	2.4	5.2
7	不确定性	不能确定创新产品的市场需求	12.1	13.1	16.1	15.9	16.5	16.4
8	模仿度	创新成果易被对手低成本模仿	4.8	5.5	7.0	9.1	7.04	3.8
9	意愿	暂时没有进行创新的必要	17.4	14.2	19	14.7	9.5	25.8

排序	阻碍企业创新的主要因素		全国				北京		
			全部	工业	建筑业	服务业	工业	建筑业	服务业
1	资金	缺乏企业或集团内部资金支持	10.5	10.5	14.8	10.3	9.4	14	11.7
		缺乏风险投资支持	6.6	7.1	7.4	5.9	4.3	5.8	7.3
		缺乏银行贷款等其他外部资金支持	12.3	14.2	10.8	9.5	7.9	7.0	8.4
2	费用	创新费用方面成本过高	16.1	19.2	20.3	11.4	22.1	15.3	17.5
3	人才	缺乏人才或人才流失	22.4	24.6	33.3	18.7	29.3	29.7	26.1
4	信息	缺乏技术方面的信息	14.1	16.5	19.3	10.3	16.4	16.2	12.2
		缺乏市场方面的信息	9.3	9.2	9.1	9.4	10.6	9.2	11.7
5	合作伙伴	很难找到合适的创新合作伙伴	6.2	6.4	7.5	5.9	5.8	7.1	8.9
6	竞争对手	市场已被竞争对手占领	3.1	2.6	2.6	4.0	2.7	2.5	4.5
7	不确定性	不能确定创新产品的市场需求	12.2	12.8	12.9	11.3	19.6	12.4	12.6
8	模仿度	创新成果易被对手低成本模仿	5.6	6.7	6.5	3.8	11.5	8.0	5.5
9	意愿	暂时没有进行创新的必要	18.3	14.6	13.1	23.9	18.9	17.2	23.9

资料来源：陕西省统计局。

正是在创新与金融的关系如此密切、如此紧要的前提下，陕西已经关注到这一问题。省政府在2016年工作报告中提出，2016年主要任务之一就是要围绕市场化目标健全要素配置体系。其中涉及创新领域金融支持的举措十分具体得力，包括改革科技成果使用、处置、收益管理办法，积极培育综合性专利运营企业，探索科技贷款风险补偿和知识产权质押融资模式，发挥省科技资源统筹中心平台作用，充分释放创新要素活力。加强政府债务管理，整合财政专项资金，创新投入方式，通过设立产业发展基金、推行股权投资、搞好以奖代补、开展风险补偿、完善财政贴息和政府购买服务，吸引更多社会资本投向产业。支持各类金融机构在陕发展，健全地方金融体系，争取两家民营银行获批，探索建立政府、银行和担保机构合作机制，积极发展金融租赁和消费金融，支持企业上市融资或发行债券，提升金融服务实体经济能力。

三　陕西加快创新型省份建设的对策

创新型省份建设主要依靠技术制度创新建设、管理制度创新建设和观念创新建设等方面的综合建构，达到全省进入创新驱动的新阶段和新体制。严格来讲，公平公正的社会制度体系、自由开放的技术创新原则和思想鲜明的观念创新精神都是建设创新型省份的重要保障，是提升区域经济发展和综合实力的重要战略基础。创新型省份的体制模式的构建与完善是建设创新型省份的关键环节，科学合理的体制机制必然会带动一系列创新活力和要素加以涌现。

（一）全面梳理陕西省先进生产力，树立全新管理理念

“创新”是生产力中最前沿的工作，是生产力的先行先试者，创新成果往往是先进生产力的代表，是对先进生产力的开发和应用。经过近40年的改革开放，陕西生产力获得了飞速发展，国民经济走上了新的台阶。要抓好创新工作，首先要找准陕西先进的生产力要素和领域，把它们作为创新政策、谋篇布局的主抓区域。当前最先要做的就是全面梳理和辨别陕西省先进的生产力领域和要素，这既是制定创新政策的前提，也是推进创新的出发点。中科院院士何祚庥曾指出，先进生产力也有真假，真先进生产力在激发新体制的光芒，假先进生产力在暴露旧体制的黑幕，所以要学会辨别，要建立相应的制度安排，如果假作真时真亦假，就会真假难辨，新旧不分，就会造成重大损失，就乱套了。

（二）制定专项创新激励的省域政策，形成创新体制机制

近年来，陕西省已出台了《陕西省促进科技成果转化条例》（2010年修正

本）、《陕西省科学技术普及条例》（2010 年修正本）、《陕西省高新技术产业发展条例》（2010）、《陕西省人民政府办公厅关于“十二五”科技统筹创新工程的实施意见》（2011）、《陕西省推动产业技术创新战略联盟构建与发展实施办法的通知》（2011）、《陕西省科技资源开放共享平台建设管理办法》（2012）、《陕西省科学技术进步条例》（2012）、《陕西省科学技术成果奖励办法》（2015）、《陕西省科学技术奖励办法实施细则》（2015）、《陕西省人民政府关于大力推进大众创业万众创新工作的实施意见》（2016）等专项激励政策。这些政策规章，在不同领域、不同侧面、不同环节方面对陕西省创新工作均有涉及，但显然又不是专门针对创新工作进行综合激励而制定的政策。从实践上看，创新工作不同于其他工作，它是集政治、经济、文化、社会等领域各种相关要素、相互联动的一种综合体制，是一个系统功能与系统内部合作关系的联动机制；它既以前面那些条例为基础和支撑，又高于前面那些专项条例。为了加快对创新工作的指导和激励，应在上述政策法规的基础上抓紧梳理，整合归一，形成指导陕西省推进创新工作的全面规章。

（三）重点抓好对市场失灵领域的创新引导

科技创新机制、科技进步机制等并不是市场竞争机制自然而然的衍生物，而是根据科技产业的内在规律与特点，通过对省域发展战略进行制度创新和科技政策的综合运用。就“创新”动力而言，自主创新的市场导向是十分明确的，但在具体运行过程中，由于诸多中间环节对市场导向的掣肘，创新导向也会发生偏离市场需求的情况，导致创新市场失灵。换句话说，对于市场正常发挥机制的领域，正因为机制是正常的，只要做好保障就可以了，而对于那些容易造成陕西省市场失灵的领域，站在省域甚至国家经济社会发展综合效益最大化的角度考虑，恰恰是应该关注的重点。因此，对于在市场机制不能充分发挥作用的公共科技领域，政府应当发挥主导作用；要结合企业的市场化动机从创新规律出发，引导企业追求利润最大化与省域综合利益最大化紧密结合；做好非市场化领域的制度创新。

（四）加大对集群创新的政策和制度支持

产业集群一直是区域经济发展所关注的重点领域。从创新的角度来看，产业集群的优势除了过去已经证明了的外部性优势和知识溢出外，还包括近年来人们刚刚认识到的与创新相关的收益。换句话说，产业集群本身就是很好的创新平台。由于集群是一个命运共同体，所以集群的各个成员也会集中关注产业集群的升级和持续竞争力的开发，其创新活力自不待言。这里的问题是，产业集群正因为它是集群，它的成败则不仅仅是个别人或者个别企业的事，而是一个产业甚至与之相关产业链的事情。这就要求政府对这个群体的创新给予高度关注。近年来，产业集群已经成为陕西省区域经济发展的重要发动机，各个地市以及部分区（县、市）都有容纳产业集群的开发区，产业集群已覆盖了大部分传统产业、高技术产业和文化创意产业等新兴产业领域，政府在促进产业集群升级方面的最好支持，就是从全省乃至全国产业布局和发展战略出发对产业集群创新平台的扶持和支持，通过研究陕西省产业集群特征、创新平台治理模式和创新平台功能定位的匹配模式，能够较好地把握陕西省产业集群的种群特征，形成关于产业集群创新的引导机制。

（五）推进政、产、学、研结合，形成陕西省创新资源整合优势

资源整合是政府头等责任。陕西省作为中等发达省份，还存在着市场不完全、信息不充分和不对称等问题，而要在“十三五”的5年之内成为创新型省份，只有加大资源整合才是快捷路径。众所周知，陕西省的资源优势十分明显，但资源整合优势却未能充分显现。因此，政府应在政、产、学、研结合方面发挥引领作用，促进创新资源的共享与合作，实现创新资源高效配置，促进陕西省以及国家创新系统中知识和信息的高效生产和流动。

（六）着力构建以创新为核心的社会化服务体系

与经济社会发展最紧密的创新是科技创新，科技创新是一切创新的龙头；但同时，围绕科技创新却有一系列的创新服务需要加紧建设。一是围绕创新基本要素如科学知识、技术、市场信息、政策信息、产业基础等推进研究与开发服务，二是围绕主体要素如企业家、技术专家、政府工作人员等推进人才服务，三是围绕体制要素如制度、机制、法制等推进制度保障，四是围绕投入要素如资金、设备、劳务等推进管理与协调服务，五是围绕环境要素如市场环境、投资环境、文化环境等推进社会共识，营造全社会自主创新的公共环境和良好氛围。

（七）建立政府与市场互动的长效机制

针对创新而言，政府与市场是一种既有分工又有合作的关系，既不能把一

切推给市场做甩手掌柜，又不能包办一切取代市场机制。建设创新型省份，也是对政府职能转换提出的新要求和新目标。创新型省份建设并非一劳永逸之举，而是要形成一个可持续的推进陕西省创新发展的过程机制和体制系统。这里最关键的问题就是要形成政府与市场互动的长效机制。一是要使政府由全能型向有限型和服务型转变，改变身份，转变职能；二是要做好创新基础工作，在政府财政体制的设计、政府引导基金的设立、意识形态的支持、政府间权力的分配等方面做到科学化、明晰化，既要把握政府调控引导的区域创新综合效益，又要落实创新主体的微观经济效益；三是建立政府与市场协调沟通机制，加大行业协会与企业家协会建设，推进政府与业界代表的常规沟通渠道建设。

（八）充分利用国际资源，积极参与国际科技活动

要改变改革开放以来重“硬件”轻“软件”、重“引资”轻“技术”的局面，从以利用外国资本资源为重点转移到以利用外国知识和技术资源为重点的轨道上来；要防止吸收外国直接投资和基于消耗本省资源的表面繁荣现象，加强国际科技合作与交流，加快形成国际化研发体系，全面提升国际合作层次、规模和水平。通过与国外合作交流，提升陕西省创新人员的技术学习能力。就政府层面而言，一是研究制定跨国并购国际创新资源的总体规划，加强陕西省利用国际资源的国际评估与评价体系，探索跨国并购获取国际创新资源的政策与路径；二是加快创建陕西省国际学术组织，积极布局在海外设立研发机构；三是提高研究机构对外开放力度，加强重大国际合作项目策划与组织，加大陕西省与国外创新创业人才的交流。真正使陕西省从科技资源大省转变为科技资源创新和利用强省。

（九）加强对政府自主创新工作的考核及权重

科技创新和科技进步是国家行为和政府责任，为了使这种责任落到实处，可以增加与创新有关的政府部门的指标考核工作，并增加其在考核指标中的权重，借以增强政府相关部门的创新意识和责任意识。在这些指标中，创新政策落实情况、创新成果及转化情况、创新能力建设情况、区域创新体系建设情况、创新环境与上年相比的改善状况、创新对地区生产总值贡献率等则是重中之重。

B.3
陕西全面从严治党研究报告

郭兴全*

摘　要：　协调推进“四个全面”战略布局成为新一届党中央治国理政的最大亮点。陕西省委历任领导牢固树立“四个意识”，始终在思想上、政治上、行动上与党中央保持高度一致，结合陕西省党的建设实际，把延安精神作为全面从严治党的精神力量，坚持道德高线和纪律底线从严管理干部，出台“三项机制”把全面从严治党不断向基层延伸，在推进全面从严治党方面措施得力、成效显著。

关键词：　全面从严治党　从严管理干部　高压反腐

党的十八大以来，以习近平同志为核心的党中央，以加强作风建设为突破口，以反腐倡廉建设为重点，把全面从严治党作为“四个全面”战略布局的重要组成部分，作为实现“两个一百年”奋斗目标和中华民族伟大复兴中国梦的根本政治保障，协调推进“四个全面”战略布局成为新一届党中央治国理政的最大亮点。全面从严治党，是我们党针对党的各级组织、党员领导干部和广大党员中存在的影响党的先进性、纯洁性等突出问题，全面加强党的“五大建设”，抓住关键少数，将管全党、治全党覆盖到党的建设各个领域、各个方面、各个部门。陕西省委历任领导牢固树立“四个意识”，始终在思想上、政治上、行动上与党中央保持高度一致，结合陕西省党的建设实际，在推进全面从严治党方面措施得力、成效显著。

---

* 郭兴全，陕西省社会科学院政治与法律研究所研究员

一　陕西全面从严治党的主要举措

（一）把延安精神作为全面从严治党的精神力量

陕西延安是革命圣地，是延安精神的发祥地。延安精神是中国共产党弥足珍贵的精神财富，自诞生之日起就成为陕西干部取之不竭的根和血脉。2015年初春，习近平同志赴延安考察调研时明确要求，在新的历史条件下，全面从严治党要继续从延安精神中汲取力量。2015 年 10 月，陕西省委和人民日报社联合在北京举办全面从严治党与延安精神研讨会，时任陕西省委书记赵正永指出，推进全面从严治党要从延安精神中汲取理想信念的力量、追求真理的力量、人民至上的力量、矢志奋斗的力量，加快建设富裕陕西、和谐陕西、美丽陕西。2016 年 4 月，娄勤俭上任省委书记伊始就赴延安调研指出，我们要自觉从延安精神中汲取力量，主动向党中央看齐，坚决与党同心同德，把全心全意为人民服务的根本宗旨作为我们行动的指南，坚持真理、修正错误，始终做到人民至上。5 月 20 日，娄勤俭同志在全省“两学一做”学习教育弘扬延安精神专题党课上授课时强调指出，全面从严治党要严格党内生活，弘扬延安整风精神，各级党员领导干部要在为人民服务中为全体党员树立标杆、当好表率，以实际行动推进全面从严治党向基层延伸。针对经济新常态下出现一些干部“为官不为”的现象，娄勤俭同志强调，要加快建立健全符合陕西实际的激励、容错和能上能下三项机制，为各级领导干部和全体党员在全省追赶超越的伟大实践中营造风清气正、心齐气顺的政治、社会环境。

（二）坚持道德高线和纪律底线从严管理干部

2016 年 1 月，党中央新修订后的《中国共产党廉洁自律准则》（以下简称《准则》）和《中国共产党纪律处分条例》（以下简称《条例》）正式实施。《准则》和《条例》是以习近平同志为核心的党中央推进全面从严治党、加强党风廉政建设和严明党的纪律的重大举措。省委中心组以把纪律和规矩挺在前面的鲜明态度，带头学习，带头落实《准则》和《条例》，从小事小节做起，注重规范言行。省直机关工委创新形式、丰富载体，组织“学《准则》守

《条例》做表率”主题教育活动，把学习《党章》《准则》《条例》知识竞赛和网上答题活动作为年度教育活动的重要内容，以考督学，以考促学，有力地推动了以党章党规为主要内容的学习宣传贯彻活动。在《党章》《准则》《条例》知识竞赛和网上答题活动中，省直机关共有102个单位的303名选手参加知识竞赛，有3.4万多名党员、6.4万余人次参加网上答题活动，省直机关工委决定对省纪委等18家获得知识竞赛团体奖的单位和杨国钦等79名获得网上答题满分的个人给予通报表彰。全省各地各级党组织和广大党员干部厉行纪严于法、纪在法前，认真学习贯彻《准则》和《条例》，凡是《准则》倡导的，就积极践行、主动去做，凡是《条例》禁止的，就时刻警醒、坚决不干。

（三）深入开展“两学一做”，推动全面从严治党

党的集中教育是我们党加强自身建设的有效方式和优良传统，是全党范围经常性教育的继续和深化。从2013年6月起至2014年10月，陕西分两批在全省11.97万个党组织的254.6万名党员中开展了群众路线教育实践活动。2015年4月至2016年初，全省开展了“三严三实”专题教育。从2016年4月起，开展“两学一做”学习教育，是加强党的思想政治建设、推动全面从严治党的重要部署，是中央推动党内教育从“关键少数”向全体党员拓展、从集中性教育向经常性教育延伸、从侧重被动要求向强调主动实践转变的重要举措，成为改革开放以来我们党进行的第10次集中学习教育。

陕西省委制定《在全省党员中开展“学党章党规、学系列讲话，做合格党员”学习教育实施方案》，“两学一做”学习教育覆盖全省10.6万个党支部和259万名党员。在“两学一做”学习教育中，陕西省委要求每一个党员都要认真学习《党章》和习近平总书记系列重要讲话，“学”要带着问题学，“做”要针对问题改，时刻牢记党员身份和入党誓言，自觉对党忠诚、为人民服务，切实发挥好先锋模范作用。针对不同领域、不同行业，要区分工作性质和业务特点，既提出了各具特色、符合实际的目标要求，防止“一锅煮”，更鼓励基层探索和创造，让基层有更多自主权、有足够灵活性，确保每一名党员无论在什么岗位、什么地方、什么时候都能发挥先锋模范作用。省委书记娄勤俭带头给全省400多名党员领导干部讲党课，省委副书记、省长胡和平给紫阳县全县正科级以上党员领导干部讲党课，强调“两学一做”学习教育的最终

成果要体现在推动改革发展的实效上，省委常委也分头到各自党建联系点、扶贫联系点、分管领域基层党组织或所在党支部讲党课，紧密结合自身学习思考和工作实践，畅谈学习体会和认识。全省各级党组织负责人普遍开展讲党课活动，有力地推动了“两学一做”学习教育向纵深发展。党支部是党的最基层单位，坚持“一把钥匙开一把锁”，结合支部实际开展活动，用好“三会一课”等日常教育形式，更好地发挥战斗堡垒作用。

（四）出台“三项机制”，推动全面从严治党向纵深发展

党的十八大以来，党中央把全面从严治党作为治国理政和推动改革发展的核心要求，强调“全面从严治党是推进党的建设新的伟大工程的必然要求”，开启了管党治党的新境界。全面从严治党，就要不断推进党的建设制度改革，加强制度建设，落实制度治党要求。党的十八大以来，党中央通过两轮清理，有效解决了党内法规制度中存在的一系列突出问题，维护了党内法规制度之间的配套协调统一，对于党内法规制度的遵守和执行奠定了坚实基础。同时，我们党不断加强党内生活制度、党的干部人事制度、反腐败制度等基本制度建设，形成了涵盖党的领导制度、组织制度、工作制度、监督制度等方面的开放型制度体系。

陕西省委同样高度重视思想建党与制度治党的紧密结合，始终坚持用党的创新理论、最新成果武装党员头脑，对思想教育和从严管理干部的成功经验及时升华并固化为制度，力求形成长效机制，从而不断推进从严教育管理党员干部制度体系愈加严密、愈加成熟。陕西出台的“三项机制”融激励和约束于一体，自成体系。鼓励激励机制，主要针对干部干事创业内生动力不足的突出问题，充分发挥激励机制作用，运用精神鼓励、物质奖励和任用激励等手段，让能干事、干成事的干部受到褒奖、获得重用。容错纠错机制，主要针对干部干事创业不敢担当的突出问题，立足现有一些教育、挽救措施和保护干部的做法和经验，注重抓早抓小，防范在先，让敢担当、敢创新的干部没有后顾之忧、有干事的平台。能上能下机制，主要针对干部干事创业压力不够的问题，明确了不称职、不担当的干部下得服气的硬约束和明标准，用严格的程序使干部下得稳妥，让不适应、不作为的干部受惩戒、让位子。三项机制的出台，着眼于当前和长远、治标与治本相结合，进一步构建起以激励约束制度建设为核

心的长效机制，体现了干部管理严中有爱、宽严相济、刚柔并重的理念和导向，是对陕西省党建制度改革的一次再深化。

（五）落实“八项规定”精神，驰而不息纠正“四风”

2012年12月，中共中央政治局出台“八项规定”，随后进行的在全党范围开展的群众路线教育活动严反“四风”，成为以习近平同志为核心的党中央治国理政的突破口。经过数年驰而不息的作风建设，全社会党风、政风、民风不断向好。陕西以贯彻落实中央“八项规定”精神为抓手，坚决纠正“四风”，不断加强党风政风建设。

2013年，按照中纪委要求，陕西省纪委大力开展对会员卡和商业预付卡专项清退活动，打响了新时期作风建设的第一枪。当年，全省22413名在职纪检监察干部（含职工）全部做出会员卡和商业预付卡“零持有”报告的承诺；全省7153个党政机关、804个人民团体、28450个事业单位的1171643名在职干部职工向本人所在单位报告会员卡和商业预付卡清退情况；45名省级领导干部全部填写清退情况报告单并向省党风廉政建设领导小组办公室作了反馈；对32件“三公”经费及会议费支出违规违纪重点问题进行督办；围绕重大节日期间易发多发的不正之风，及时下发相关文件，先后开展专项检查及明察暗访5次；对全省10起违反中央“八项规定”的典型案例予以公开通报。2013年，全省累计查处违反中央“八项规定”的问题235件，处理379人，给予党纪政纪处分160人（见表1）。①

表1　2013～2015年陕西作风建设成效汇总

单位：件，人

年份＼事项	问题件数	处理人数	党政纪处分人数
2013	235	379	160
2014	875	1235	748
2015	781	991	889

① 薛向群、冯晓荣、杨江伟：《惩防并举谱新篇——2013年全省党风廉政建设和反腐败工作综述》，《陕西日报》2014年2月9日。

2014 年，陕西全省各级纪检监察机关在坚持中深化，在深化中坚持，坚决纠正“四风”，抓好中央“八项规定”的落实，推动作风建设不断深入。全省共查处违反中央“八项规定”的问题 875 件，处理 1235 人，给予党纪政纪处分 748 人。与此同时，注重作风建设长效机制的完善和建立，抓住重要节点纠正节日期间不正之风。①

2015 年，陕西把落实中央“八项规定”精神，深化作风建设新常态作为全面从严治党的重中之重，各级纪检监察机关以“钉钉子”的精神持续发力，狠抓作风建设，抓住元旦、春节、五一、十一等重要时间节点，在全省各地各部门组织开展“五个一批”廉洁过节专项整治，突出重点查处违规配备使用公车、违规发放津补贴助、大办婚丧喜庆、公款吃喝和公款旅游等方面的突出问题。2015 年，全省查处违反中央“八项规定”的问题 781 件，处理 991 人，给予党纪政纪处分 889 人。②

（六）加大巡视力度，政治巡视成为新常态

巡视制度作为我国廉政制度铁笼的重要支柱，是维护党纪的重要手段，加强党内监督的重要形式，在发现腐败问题线索、震慑腐败分子方面有着独特的优势和作用。党的十八大以来，具有中国特色巡视制度不断完善，巡视成为全面从严治党的重要形式。陕西省纪委按照中央和省委对巡视工作的新要求，监督执纪问责更加聚焦本职，彰显了巡视工作“利剑”作用。2013 年，全省开展巡视监督的力度比前几年明显加大，全年先后开展了两轮大范围巡视，共巡视了 16 个市（县、区）、9 个单位，并对其中 6 个单位进行了一次巡视回访。两轮巡视共发现各类问题 117 个，移交违纪违法问题线索 26 件，涉及处级以上领导干部 16 人，其中 8 人已被立案查处。③ 2014 年，巡视力度不断加强，陕西省委巡视组先后巡视了 4 个市（区）、1 个厅局、18 个县（市、区）和 1 所高等院校，按照中央巡视领导小组的最新巡视

① 杨江伟：《聚焦主责主业　重拳惩治腐败——2014 年全省党风廉政建设和反腐败工作综述》，秦风网 · 陕西要闻，2015 年 2 月 10 日。

② 杨江伟：《强化监督执纪问责　落实全面从严治党——2015 年我省党风廉政建设和反腐败工作综述》，秦风网 · 陕西要闻，2016 年 2 月 2 日。

③ 薛向群、冯晓荣、杨江伟：《惩防并举谱新篇——2013 年全省党风廉政建设和反腐败工作综述》，《陕西日报》2014 年 2 月 9 日。

精神，共发现“四个着力”方面的问题287个，领导干部问题线索246件。[①] 2015年，陕西省巡视力度进一步加大，全年共派出40个组次，先后进行了四轮巡视，巡视了78个地区、单位，并对4个县（区、市）落实巡视问题的整改情况进行了一次全面回访，还对14个地区和单位存在的巡视整改情况和移交问题线索办理情况进行督查督办。2015年仅前三轮巡视，省委各个巡视组累计受理来信3722件，接待来访7216人次，发现问题629个，移交违纪违法问题线索281件。[②]

进入2016年，根据省委统一部署，陕西省2016年第一轮专项巡视对省发改委、省工信厅、省民委（省宗教局）、省公安厅、省司法厅等18个省直单位及横山县、佳县、略阳县6个县（区、市）开展巡视。7月初，第一轮12个巡视组分别向被巡视单位公开反馈情况，对巡视发现的问题线索提出了初步处理意见。随后，省委巡视组启动了第二轮巡视，12个巡视组对省文化厅、省文联组、省审计厅等17个省直单位和陕西延长石油（集团）责任有限公司、陕西延安石油天然气有限责任公司、陕西煤业化工集团有限责任公司、陕西旅游集团有限公司等14个国有企业共计31个单位展开巡视。省委巡视工作领导小组坚持问题导向，突出政治巡视的“七个重点”，聚焦“三大问题”，与时俱进落实政治巡视新要求，切实把政治巡视要求贯彻到底。在进行政治巡视的同时，省委巡视组强调，要尽快制定出台全省开展巡察工作的指导意见，建立健全市县巡察机构，加快推进市县巡察工作，推动全面从严治党要求落实到基层。按照省委对巡视工作的部署，第二轮巡视认真落实政治巡视要求，突出巡视工作重点，紧盯“三大问题”，瞄准“关键少数”，增强政治巡视的针对性；同时，依纪依规巡视，规范巡视权限、程序、方式和线索处置，增强政治巡视的规范性；不断强化成果运用，把巡视整改贯穿巡视工作全过程，不断提升巡视整改的政治效果和社会效果。在加大巡视力度的同时，勾出了《中共陕西省委关于印发〈中国共产党巡视工作条例〉实施办法》（以下简称《办法》），使巡视工作机制更加完善。《办法》明确提出，

---

① 董渺、张蕾：《打磨巡视“利剑”发挥震慑作用——2014年全省巡视工作综述》，《陕西日报》2015年2月11日。

② 董渺、杨江伟：《锻造“利剑”助力全面从严治党——2015年我省巡视工作综述》，《陕西日报》2016年2月3日。

省委实行巡视制度，建立专职巡视机构，对省委管理的地方、部门、企事业单位党组织进行巡视监督，实现巡视全覆盖。巡视工作被纳入全省党的建设总体布局，坚持和完善省委负主体责任，省委巡视工作领导小组组织领导，省委巡视机构具体实施，有关部门、单位和被巡视党组织支持配合的领导体制和工作机制。

（七）探索开展巡视巡察工作，将巡视触角延伸至市县基层

推动党内监督向基层延伸，落实习近平提出“探索市县巡察”要求，各地把开展巡察工作作为落实全面从严治党主体责任的具体化，积极探索、勇于实践。近年来，陕西省委认真落实“把全面从严治党向基层延伸”的要求，积极探索在市县两级开展巡视巡察工作，在全国走在前列。目前，陕西巡视巡察全覆盖格局已基本建成，巡视巡察的触角延伸至市县基层，巡视巡察在全面从严治党中的利剑作用得到充分发挥，形成有力威慑，取得了良好效果。[①] 一是加强巡察组织领导。各市都成立了以市委常委、纪委书记任组长的巡视工作领导小组，下设办公室，核定了人员编制，明确了巡视人员级别、组成方式等。二是规范巡察工作程序。各市结合各自实际情况，建立健全一系列的巡视工作制度，从制度、纪律层面全力保障巡察工作顺利开展。三是突出巡察工作重点。紧盯“党的领导弱化、党的建设缺失、全面从严治党不力”等问题，紧抓“三个重点”，突出政治巡察，聚焦从严治党、依规管党，通过巡察监督唤醒绝大部分人的党章意识、规矩意识。四是创新巡察方式方法。西安市各巡视组严格依据《巡视工作条例》，定期向市委巡视办和巡视领导小组汇报工作进展情况。巡察发现的问题，巡视组向被巡视单位主要领导及班子反馈，要求主要领导切实担负起第一责任人的责任，落实好“一岗双责”。延安市巡察工作采取听取工作汇报和专题汇报，对领导班子及其成员民主测评，召开座谈会，列席被巡察单位有关会议，与领导班子成员及其他干部群众个别谈话，调阅、复制有关文件档案、会计资料、会议记录等资料，对下属单位及服务对象走访调研，受理干部群众信访举报等方式进行。五是科学处置问题线索。西安

① 中共陕西省纪委办公厅：《陕西省在市县两级积极探索开展巡视巡察工作》，《陕西纪检监察信息（工作动态）》第37期，2016年4月29日。

市紧盯“农林水及扶贫项目”，紧盯重点人、重点事和重点问题，分阶段、分重点组织开展调查和专项检查。延安市实行问题线索台账管理、移交签收、整改销号制度，对巡察发现的问题、受理的信访举报、涉嫌违纪问题，交由市纪委核查处置；属于违法犯罪的，交由司法机关依法处置；对一般性违规问题，交由相关党委纪检组织核查处置；对属于工作制度缺陷、管理漏洞，未造成不良影响或损失的问题，交由相关党委查漏补缺、完善提高。六是注重巡察成果运用。西安市坚持立行立改，对巡视中发现的问题，按照干部管理权限和职责分工分类处置。延安市充分运用监督执纪“四种形态”，惩前毖后、治病救人，铜川市、商洛市已启动首轮巡视。

（八）以治标为主，不断加大纪律审查的力度

十八大以来，我们党的反腐倡廉建设实践，坚持“以治标为主，为治本赢得时间”的治标优先反腐败策略，“零容忍”高压反腐，打虎拍蝇加猎狐，高压反腐常态化，依纪依法查处了周永康、徐才厚、郭伯雄、令计划、苏荣等严重违纪违法案件，在全社会形成了强大震慑，充分体现了以习近平同志为核心的党中央从严治党、高压反腐的坚强决心和鲜明态度。

陕西推进反腐倡廉建设的重心也与中央的高压反腐保持了高度的一致。2013 年，全省各级纪检监察机关共受理信访举报 31931 件（次），同比增长 69.97%；初核 10960 件，同比增长 29.17%；立案 6728 件，同比增长 33.72%；给予党纪政纪处分 7422 人，同比增长 33.13%，其中市厅级干部 16 人，县处级干部 178 人，移送司法机关 204 人；挽回经济损失1.04 亿元。[①] 2014 年，全省各级纪检监察机关受理信访举报 34891 件（次），同比增长 9.3%；线索处置，其中初核 16695 件，立案 9678 件，结案 9513 件，给予党纪政纪处分 10595 人，其中厅局级干部 32 人，县处级干部 350 人。移送司法机关343 人。[②] 2015 年，全省各级纪检监察机关共受理信访举报 35627 件次，初核 21021 件次、同比增长 25.9%，初核率达 65%；立案

① 薛向群、冯晓荣、杨江伟：《惩防并举谱新篇——2013 年全省党风廉政建设和反腐败工作综述》，《陕西日报》2014 年 2 月 9 日。

② 杨江伟：《聚焦主责主业重拳惩治腐败——2014 年全省党风廉政建设和反腐败工作综述》，秦风网·陕西要闻，2015 年 2 月 10 日。

13516 件，同比增长 39.7%；给予党纪政纪处分 14407 人，同比增长 36%（见表 2）。①

表 2　2013～2015 年陕西惩治腐败问题汇总表

单位：件

年份＼项目	受理信访举报	初核	立案	结案	给予党纪政纪处分	移送司法机关
2013	31931	10960	6728	—	7422	204
2014	34891	16695	9678	9513	10595	343
2015	35627	21021	13516	—	14407	—

实施精准扶贫成为全面建成小康社会的一大举措，但是在扶贫领域也出现了一些不容忽视腐败问题。自 2015 年以来，陕西省纪委聚焦扶贫领域，以全省 56 个贫困县为重点，强化监督执纪问责，先后查处扶贫领域腐败问题 1524 起，处分 1967 人。② 同时，陕西省充分发挥反腐败协调小组作用，促进重大违纪违法案件查处。近年来，陕西省把反腐败作为履行全面从严治党责任的重要抓手，不断完善反腐败组织协调机制，强化协作配合、线索移送、责任追究，在重大违纪违法案件查处和追逃追赃工作中形成合力，先后查办重大腐败案件 16 起，追回外逃人员 7 名，取得了良好的政治效果、社会效果和法纪效果。

（九）把自身建设作为全面从严治党的根本保障

陕西省纪委坚决落实十八大以来中央“打铁还需自身硬，信任不能代替监督”的要求，认真解决“谁来监督监督者”的问题，及时在全省各级纪检监察机关组建干部监督机构，明确监督责任。为进一步发挥监督作用，规范监督工作，日前，陕西省纪委、省监察厅在广泛吸收全国兄弟省份监督工作经验的基础上，结合陕西纪检监察干部队伍实际，研究制定了《陕西省纪检监察干部监督暂行办法》（以下简称《办法》）。③《办法》的下发，使纪检监察干

① 杨江伟：《强化监督执纪问责落实全面从严治党——2015 年我省党风廉政建设和反腐败工作综述》，秦风网·陕西要闻，2016 年 2 月 2 日。

② 雷智、叱骁峰：《加大力度　加快速度　加紧进度——陕西省纪检监察机关严查扶贫领域腐败问题》，《中国纪检监察报》2016 年 8 月 29 日。

③ 纪检监察干部监督室：《纪检监察干部监督暂行办法》，秦风网，2016 年 7 月 7 日。

部监督工作更加有规可依，为切实加强对纪检监察干部的监督、打造一支忠诚、干净、担当的纪检监察干部队伍奠定了基础。

《办法》全文共分五章二十七条，明确规定了监督责任、监督方式和监督要求，主要有以下特点。一是强调了监督的全覆盖。将全省纪检监察机关、机构及其工作人员纳入监督范围，不留死角和空白。二是明晰了各级监督责任。《办法》对纪检监察机关领导班子，纪委书记和班子成员，纪检监察机关内设、派驻、巡视机构负责人，纪律审查专案组组长和专项工作组组长的监督职责、任务分别列举，一一做出规定，突出了监督的主体责任。强化责任落实，把各级带队伍、做表率的教育监督管理责任落到每一位领导干部的肩上。三是突出了干部监督机构的作用。《办法》对纪检监察干部监督机构开展监督的领导体制、职责内容、工作方式等进行了规范，对全省各级纪检监察机关干部监督机构的设立予以明确，并按照“三转”要求进一步规范了干部监督机构监督检查、综合协调、信息汇总、纪律审查、责任追究的工作职责。四是强化了监督措施的针对性和可操作性。《办法》对干部监督的方式方法进行了规范，明确了线索处置、纪律审查、谈话函询、约谈提醒、开展巡察、抽查个人报告事项、廉政情况回复和回应舆论监督八种监督方式。建立反映纪检监察干部问题线索归口管理、分级负责、报告备案、规范处置的工作制度；对纪律审查的重点内容、谈话函询的前提条件、约谈提醒的具体做法等做出规定；提出了一些探索性的工作方式，如责任追究、开展巡察等。五是体现了监督工作的政策把握。《办法》对开展纪检监察干部监督提出了落实“四种形态”，标本兼治、注重预防，开展警示教育等六个方面的工作要求，力求使严管实效在管理预防上得以深化，充分发挥治本的功效。特别是针对纪检监察干部担负执纪监督任务，容易得罪人而招致报复、诬告等情况，提出要履行好保护职责，努力为纪检监察干部执纪监督创造良好氛围。

作为自身建设的另一个重要方面，如何在换届之年，避免“带病提拔”成为全面从严治党的重之重。陕西省委要求把落实中央《关于防止干部“带病提拔”的意见》作为基本遵循，专门召开常委会专题研究换届纪律。省委组织部负责人专门就省市县换届工作进行答记者问，强调严格执行中央“九个严禁、九个一律”要求，在换届工作中加强自身建设。

二　陕西全面从严治党的主要特点

（一）把全面从严治党向基层延伸

加强对党员的学习教育是我们党进行党的建设的一项重要内容，也是不断提高党员素质，保持党的先进性和纯洁性，提高党的执政能力的重要途径。我们党不仅对党员进行持续不断的日常教育，还会针对党在一个时期的中心任务和党的建设面临的突出问题确定一个主题，集中一段时间，分阶段、分批次开展，进行集中教育。陕西开展“两学一做”学习教育，既突出集中教育的基本特点，又把“两学一做”学习教育作为一项主题明确的日常教育。省委强调各级党员领导干部要有问题意识，突出解决问题，把“两学一做”学习教育作为推动全面从严治党向基层延伸的重要举措，依托“三会一课”等党的组织生活制度，充分发挥各个党支部自我净化、自我提高的主动性，硬化党员精神上的“钙”。在“两学一做”学习教育中，陕西各个基层党组织注重联系实际，强化问题导向，把“学要到位、做要具体”作为一项基本要求，不断夯实基层党的建设。

（二）把“四种形态”作为监督执纪的基本遵循

在高压反腐进入第四个年头之际，社会上出现了各种误解，一些怪论甚嚣尘上。面对包括“特赦”在内的各种议论和误解，2015 年 9 月，王岐山同志在福建调研时首次提出把监督执纪“四种形态”作为全面从严治党的具体路径。在 2016 年初召开的中央纪委十八届六次全会上，王岐山又一次强调：“让咬耳朵、扯袖子，红红脸、出出汗成为常态，党纪轻处分、组织调整成为大多数，重处分、重大职务调整的是少数，而严重违纪涉嫌违法立案审查的只能是极少数。”监督执纪“四种形态”的提出，廓清了不少模糊认识，成为提升党风廉政建设和反腐败斗争精准度的科学选择，是开展监督执纪问责的行动指南，具有很强的思想性、针对性和指导性。自 2015 年以来，陕西省纪检监察机关充分运用“四种形态”的第一种形态，共谈话函询 708 人，其中厅局级正职55人、副职54人。[①] 陕西省纪委认真践行“四种形态”，尽显了对全面从严治党的责任担当。

（三）把净化政治生态作为全面从严治党的首要任务

近年来，习近平总书记在多个场合提到政治生态问题。所谓政治生态，尽管其表现形式多种多样，但实际上集中反映的是一个地方政治生活状况和政治发展环境的优劣，是一个地方党风、政风、社会风气的综合体现。[②] 党的十八届六中全会召开，标志严肃党内政治生活进入新的阶段。近年来，陕西不仅通过积极开展群众路线教育实践活动、“三严三实”专题教育和“两学一做”学习教育，还不断营造“亲”“清”的政商关系，把从严管理干部与激励约束干部敢于担当、勇于有机结合在一起，经过几年的努力，目前全省各级党员领导干部和全体党员正本清源的意识明显增强了，“四风”蔓延的态势得到有效遏制，党员领导干部为民服务的意识不断强化，干部队伍总体形象进一步改善，有效净化了政治生态和社会风气。

（四）夯实全面从严治党的责任

党风廉政建设从责任制、监督责任到全面从严治党的主体责任，层层加码，不断深化，是十八大以来党中央推进全面从严治党经验的总结。陕西省委带头落实主体责任，督促指导各级党组织落实好主体责任，省委常委班子成员切实履行“一岗双责”，抓好分管领域党风廉政建设工作。陕西纪检监察机关把落实《问责条例》、严格责任追究作为全面从严治党的有效抓手层层传导压力。抓好党风廉政建设责任年度考核，对落实“两个责任”不力的问题，各级实施责任追究633人，省纪委公开曝光案例12起。各市县（区、市）还结合实际制定了党风廉政建设主体责任清单和责任追究制度，通过严格问责倒逼责任落实。[③]

---

① 李翔宇、刘洁、叱骁峰：《陕西省纪委运用“四种形态”推进全面从严治党今年查处局处级干部318人》，《中国纪检监察报》2015年12月8日。

② 杨绍华：《着力净化政治生态》，《光明日报》2015年5月3日。

③ 杨江伟：《强化监督执纪问责　落实全面从严治党——2015年我省党风廉政建设和反腐败工作综述》，秦风网·陕西要闻，2016年2月2日。

三　陕西全面从严治党展望

2016 年 10 月，党的十八届六中全会以全面从严治党作为会议主题。会议研究制定新形势下党内政治生活若干准则，修订了《中国共产党党内监督条例（试行)》。当前，陕西正处于追赶超越的关键时期，加强党内监督，重塑政治生态，促进廉洁发展进入一个全新的时期。随着“十三五”规划的深入推进，陕西省委坚持有利于形成正确导向、有利于调动干部积极性、有利于营造良好政治生态，全力推动鼓励激励、容错纠错、能上能下“三项机制”落地生根，向作为和担当要效益求发展。在换届之际，陕西不断夯实“两个责任”，严格执行中央“九个严禁、九个一律”要求，防止“带病提拔”。在全面从严治党不断深入推进中，陕西层层传导压力，持续深化作风建设、推进反腐败斗争，推动全面从严治党向基层延伸、向纵深发展，为实现“十三五”目标奠定风清气正的政治生态。

B.4

陕西推进法治政府建设面临的形势与对策建议*

刘 源**

摘 要： 2016年是陕西省法治政府建设的“十三五”开局之年，陕西省委、省政府认真贯彻党中央十八届四中全会精神，认真落实《法治政府建设实施纲要（2015～2020年）》，认真制定陕西省法治政府建设“十三五”规划，有效推进行政立法、行政复议、行政应诉、规范性文件备案审查、政府普法宣传和依法行政考核等工作，并进一步统筹谋划和具体落实下一步工作方案，力争实现到2020年基本建成法治政府的目标。

关键词： 法治政府 行政立法 行政复议

2016年是法治政府建设“十三五”的开局之年，中央专门印发了《法治政府建设实施纲要（2015～2020年）》（以下简称《纲要》）作为全国法治政府建设的指导性文件。陕西省委、省政府认真贯彻党的十八届三中、四中和五中全会的决定，学习领会《纲要》的精神，结合陕西省情做好省法治政府建设“十三五”规划，认真落实《纲要》内容，有效推动法治陕西建设，为陕西全面建成小康社会保驾护航。

一 2016年陕西法治政府建设的主要工作

2016年，陕西省委、省政府围绕《纲要》内容，以省法治政府建设“十

---

* 本文系国家社会科学基金项目（项目编号：13XFX020）的阶段性成果。

** 刘源，陕西省社会科学院中国马克思主义研究所副研究员

三五”规划的制定为抓手，结合本省实际，认真抓好《纲要》内容的落实，主要做好以下工作。

（一）认真编制《陕西省法治政府建设规划（2016～2020年）》

从去年年底到现在，陕西省人民政府根据党的十八届四中、五中全会以及《纲要》的精神，一直认真细致做好《陕西省法治政府建设规划（2016～2020年）》（以下简称《规划》）的编制工作。《规划》是“十三五”时期陕西法治政府建设的纲领性文件和根本保障。《规划》（征求意见稿）从大局出发，将法治政府建设服务于陕西全面落实“四个全面的”战略部署中，与陕西实现“五大发展理念”紧密结合，明确政府在全面深化改革中的目标定位，加强法治政府建设对陕西改革发展的保驾护航。《规划》（征求意见稿）立足陕西，认真总结以往陕西法治政府建设的成绩与经验，深刻分析经济新常态下陕西法治政府建设所面临的机遇与挑战，从法治政府建设的实体与程序、具体行政行为和抽象行政行为的规范、事前事中事后对政府权力的监督等方面进行通盘谋划，针对行政首长出庭应诉、政府信息公开、行政执法、规范性文件备案审查等重点领域改革精心设计，因此《规划》的科学编制和落实将对“三个陕西”建设提供强力的法治保障。

（二）充分发挥行政立法服务地方经济社会发展的作用

2016年，陕西省积极加强行政立法规划及落实，先后出台了《陕西省民用运输机场管理办法》《陕西省基础测绘管理办法》《陕西省商品条码管理办法》，正在抓紧制定《陕西省建筑节能条例》《陕西省军事设施保护条例》《陕西省城镇社区居务公开民主管理办法》《陕西省流动人口服务管理办法》《陕西省价格争议调解处理办法》《陕西省地质灾害防治条例》《陕西省工程建设活动引发地质灾害防治管理办法》《陕西省控制性详细规划管理办法》《陕西省价格争议调解处理办法》《陕西省企业信用监督管理办法》《陕西省石峁遗址保护条例》《陕西省实施〈自然灾害救助条例〉办法》《陕西省疫苗流通和预防接种管理实施办法》《陕西省人工影响天气管理办法》《陕西省人民调解员管理办法》《陕西省实施〈军人抚恤优待条例〉办法》《陕西省取水许可和水资源费征收管理办法》《陕西省公路隧道安全保护办法》《陕西省居家养老服务条例》《陕西省电信设施建设和保护规定》《陕西省城市社区居务公开民主管理办法》《陕西省企业信用监督管理办法》《陕西省实施〈疫苗流通和预防接种管理条例〉办法》《陕西省促进科技成果转化条例》《陕西省废旧干线公路管理办法》等立法，积极服务地方经济社会发展。

（三）加强对依法行政的考核

根据法治政府建设的要求和全省依法治理的目标，陕西省委、省政府每年都进行相应的考核，以考核促建设。2016 年 4 月 28 日，省委办公厅、省政府办公厅联合下发了《各市（区）和省直部门 2016 年度目标责任考核指标》，进一步创新各市（区）和省直部门“依法治理”考核内容和评价要点，主要聚焦依法行政的各项规定（如《行政许可法》《行政处罚法》《行政强制法》）等内容，通过扣分的方式问责各市（区）和省直部门。

（四）有效推进行政复议和行政应诉

2015 年，陕西省行政复议和行政应诉工作做了以下几个方面的工作。

1. 行政复议案件

2015 年，陕西省各级行政复议机关共收到行政复议申请 2496 件，申请人总数 4145 人。其中，受理 2005 件，占 80.33%；不予受理或作其他处理 491 件，占 19.67%。

（1）从被申请人构成来看，其中乡（镇）政府为被申请人的有 60 件，占 2.4%；县级政府部门为被申请人的有 856 件，占 34.29%；县级政府为被申请人的有 135 件，占 5.41%；市级政府部门为被申请人的有 1075 件，占 43.07%；市级政府为被申请人的有 91 件，占 3.65%；省政府部门为被申请人的有 42 件，占 1.68%；省政府为被申请人的有 46 件，占 1.84%；其他组织为被申请人的有 191 件，占 7.65%。

（2）从行政复议机关的情况来看，县级政府部门办理 8 件，占 0.32%；县级政府办理 381 件，占 15.26%；市级政府部门办理 535 件，占 21.43%；市级政府办理 1267 件，占 50.76%；省政府部门办理 115 件，占 4.61%；省政府办理 190 件，占 7.61%。

（3）从行政复议案件涉及的领域看，其中土地类案件共 637 件，占

25.52%；公安类共609件，占24.4%；劳动和社会保障类209件，占8.37%。

（4）从案件涉及的事项看，其中行政处罚类案件582件，占23.32%；行政强制类88件，占3.53%；行政征收类121件，占4.85%；行政许可类40件，占1.6%；行政确权类186件，占7.45%；行政确认类206件，占8.25%；政府信息公开类724件，占29%；举报投诉处理类141件，占5.65%；行政不作为类211件，占8.45%；其他197件，占7.89%。

（5）从行政复议案件审理结果，在2015年审理的2142件（包括2015年受理的2005件和上年结转的137件）行政复议案件中，已审结1981件，占92.48%；未审结161件，占7.52%。在已审结的案件中，驳回223件，占11.26%；维持756件，占38.16%；确认违法101件，占5.1%；撤销191件，占9.64%；变更7件，占0.35%；责令被申请人履行法定职责52件，占2.62%；调解9件，占0.45%；终止604件，占30.49%；作其他处理的38件，占1.92%。

2.行政应诉案件

2015年，陕西省共发生行政应诉案件2485件。

（1）从被告的构成来看，乡（镇）政府为被告的有95件，占3.82%；县级政府部门为被告的有480件，占19.32%；县级政府为被告的有417件，占16.78%；市级政府部门为被告的有842件，占33.88%；市级政府为被告的有236件，占9.5%；省级政府部门为被告的有253件，占10.18%；省政府为被告的有41件，占1.65%；其他组织为被告的有121件，占4.87%。

（2）从一审结案情况看，在陕西省各级人民法院审理的2647件（包括2015年发生的2485件和上年结转的162件）行政案件中，一审结案的有2169件，占81.94%；未审结的478件，占18.06%。在一审审结案件中，判决驳回诉讼请求573件，占26.42%；改变262件，占12.08%；确认合法或有效的198件，占9.13%；确认协议有效或履行3件，占0.14%；解除协议或确认无效0件；赔偿2件，占0.09%；驳回赔偿请求6件，占0.28%；裁定驳回起诉552件，占25.45%；撤诉470件，占21.67%；移送71件，占3.27%；终结6件，占0.28%；其他19件，占0.88%；一审调解7件，占0.32%。①

① 《陕西省2015年度行政复议、行政应诉案件统计分析报告》，http://www.sxzffz.gov.cn/News_View.asp?NewsID=9561。

3. 推进行政负责人出庭应诉

2015 年 5 月，新的《行政诉讼法》颁布以来，省法制办积极调研行政负责人出庭应诉情况，各地市认真落实这一规定，宝鸡市和榆林市出台相应的“行政负责人出庭应诉”制度规范，各市县（区、市）先后报道相应的案例，如榆林市、旬阳、蓝田、丹凤、乾县、绥德、南郑和商南等，为全省出台相应的制度规范做准备。

（五）进一步加强规范性文件的备案审查和“三统一”

（1）在规范性文件的备案审查方面，陕西省专门出台了《陕西省规范性文件监督管理办法》，建立了九项制度。一是规范性文件检查通报制度，二是省政府规范性文件监督管理专用章使用制度，三是规范性文件网络查询制度，四是规范性文件统计报告制度，五是规范性文件举报投诉制度，六是规范性文件监督管理示范带动制度，七是规范性文件的联审制度，八是“两次审查”“三级把关”的审查工作程序制度，九是规范性文件五年有效期制度。

（2）形成了行之有效的工作方法和制度，一是坚持“逢文必审”，落实制定审核制度；二是落实“有件必备”的严格备案审查制度；三是严格落实规范性文件有效期制度，定期清理、公布规范性文件效力清单。

目前，在省内基本建成一个四级政府、三级备案的规范性文件监督管理工作机制。落实两次全会精神，推进规范性文件“三统一”。省政府先后印发了《关于推行规范性文件“三统一”制度的通知》和《陕西省推行规范性文件“三统一”制度工作实施方案》，2015 年是县级，2016 年是市级，2017 年是省级，使规范性文件“三统一”制度成为陕西省规范性文件监督管理工作一项强有力的抓手。

（六）加强领导学法和政府法律顾问制度

2016 年，省及各地市政府加强领导集体学法，其中省政府分别围绕知识产权保护与创新型省份建设、农村土地权利制度改革有关法规政策、贯彻落实《法治政府建设实施纲要（2015 ~ 2020 年）》的重点和难点进行了三次领导集体学习。同时，为加强政府依法决策的保障，省及各市县（市、区）出台相应的“法律顾问”制度，聘请法律专业学者和实务界人士担任政府法律顾问。

（七）落实政府“七五”普法工作

为做好陕西省“七五”普法工作，陕西省委对普法工作领导小组进一步调整，成立了由省委常委、省委政法委书记祝列克任组长，由安东、杜航伟、千军昌任副组长的中共陕西省委普法工作领导小组，承担的主要职责是：认真贯彻落实中央关于全面依法治国及省委法治陕西建设工作的方针、政策和决定，在省委的领导下，组织指导全省普法工作；研究全省普法工作的重大问题，向省委提出意见和建议；制定并组织实施普法工作的总体目标、长远规划以及年度计划；督查全省普法工作的进展情况，协调解决工作中出现的重大问题，总结推广交流经验，推动普法工作深入开展；组织领导普法考核验收工作。领导小组办公室设在司法厅，负责全省日常普法工作，办公室主任由省司法厅厅长乌永陶兼任。

（八）以权责清单推进“放管服”改革

2016年，省政府印发了《陕西省2016年依法行政工作要点》，继续推进简政放权，在2016年年底前，市、县两级政府向社会公布“权力清单”和“责任清单”，形成省、市、县三级政府工作部门“权责清单”。同时，为了深入推进“放管服”改革工作，消除不利于激发市场内生动力和社会创造力的制度性障碍，为稳增长、促改革、调结构、惠民生提供服务、保障和支撑，根据国家发改委和省政府要求，省发改委自5月初开始，集中力量对2016年4月30日前制定印发的所有政策性文件进行了全面清理。经过清理，认定继续有效的文件103件，修改后重新发布的6件，宣布失效的198件。对宣布失效的198件政策性文件于2016年7月12日发文废止，并向社会公布。对决定修改后重新发布的6件政策性文件，相关职能处室正在抓紧时间修改，待修改完善后按程序重新发布。对继续有效的103件政策性文件，除2件涉密文件外，在省发改委网站向社会公开。

二　陕西法治政府建设面临的新形势

法治政府建设是法治陕西建设的重中之重，对法治陕西的建设起着重要的引领作用，在今后五年中将面临许多新的挑战。

（一）法治政府基本建设的目标宏伟而紧迫

党的十八大把法治政府基本建成确立为到2020年全面建成小康社会的重要目标之一，《法治政府建设实施纲要（2015～2020年）》明确了法治政府建设的总体目标：到2020年基本建成职能科学、权责法定、执法严明、公开公正、廉洁高效、守法诚信的法治政府。陕西省要用五年的时间实现这一目标，必须制定好规划，严抓落实，既要形成系统完备的制度，更要在公务人员中形成法治的观念，形成法治的工作作风。

（二）城镇化推进基层法治政府建设

陕西省随着城镇化的进一步推进，市场经济在县乡的快速发展，县乡政府在自然和社会资源配置中发挥重要作用而形成的权力与利益的纠纷呈上升趋势，行政复议和行政诉讼案件增多，加之公民法治意识的提升，对县乡政府权力的监督意识也在提升，县乡法治政府的建设是依法行政的重点领域。

（三）行政诉讼法律制度的变革对法治政府建设提出新的要求

新《行政诉讼法》采取的立案登记制度、行政负责人出庭应诉制度、受案范围等一系列改革，以及中央出台的《检察机关提起公益诉讼试点方案》，使陕西省的行政诉讼案件增加，主要集中在土地、公安和环境领域，涉及更多的是行政处罚和政府信息公开。可以看到，社会更多关注行政权力在重要社会资源和环境领域的责任担当，更关注政府的执法及过程的公正。

（四）农村基层普法任重而道远

法治在中国的实现，从地域上来讲，领头的是城市，但基础和根源仍在农村。2016年，省社科院课题组深入陕西省部分农村地区围绕法治建设开展调研，通过与县乡干部深入座谈并调阅相关资料发现，随着依法治国进程的深入推进，特别是农业现代化、新型城镇化和新农村建设加速推进，农村地区各种经济、社会关系日趋复杂，社会矛盾高发，迫切需要强化法治加以协调规范。与法制建设需求形成鲜明对比的是，当前农村群体法治观念仍然薄弱，基层法治资源严重不足，法治人才非常匮乏，加强农村法治建设迫在眉睫。

1. “信访不信法”问题突出

一些涉农纠纷当事人抓住部分领导怕访、息访的心理，无理缠访，而部分领导宁愿“花钱息访”，也不去依法解决，促使涉农纠纷中“信访不信法”现象增加。

2. 专业人才严重匮乏

县（区、市）司法局和乡（镇）司法所人员老化；公安一线人才青黄不接，治安执法更多依赖协警，但协警并无执法权，使治安案件很难在第一时间快速解决。贫困地区案源偏少、标的小，难以吸引优秀法律人才。

3. 财政投入严重不足

陕西一些贫困县自身财政收入有限，主要依靠上级政府的财政转移支付，其中用于法律援助工作的经费缺口很大，不能确保所有符合条件的涉农纠纷都能获得法律援助。针对涉农纠纷中受到侵害但无法获得有效赔偿的当事人，缺乏有效的司法救助。

4. 农村基层干部法治观念薄弱

农业现代化和新型城镇化必然使“三农”领域的很多方面面临改革，如何在法治的轨道上推进改革，巩固改革成果，如何在改革中同步提高农村群众的法治观念和法治水平，对农村基层干部的法治领导能力提出了更高的挑战。

三　陕西法治政府建设的对策建议

“十三五”时期是陕西法治政府建设的关键时期，有效推进这项工作，对实现陕西全面建成健康社会发挥至关重要的作用。

（一）进一步完善《规划》的相关建议

在《规划》（征求意见稿）中，作为应邀参加《规划》论证会的专家学者，笔者建议在以下方面做进一步的完善。

第一，进一步完善对“指导思想”的表述，增加“马克思列宁主义”“毛泽东思想”“习近平总书记系列重要讲话精神”“五中全会精神”“政府”等内容；将“中国特色的社会主义法治体系”修改为“中国特色社会主义法治体系”；将“法治建设”修改为“法治政府建设”。修改的依据主要是党的十八届四中全会和五中全会决定的内容。修改后的表述如下：“以马克思列宁主义、毛泽东思想、邓小平理论、‘三个代表’重要思想、科学发展观为指导，深入贯彻习近平总书记系列重要讲话精神，按照‘四个全面’的战略部署，认真贯彻落实党的十八大和十八届三中、四中和五中全会精神，紧紧围绕建设中国特色社会主义法治体系、建设社会主义法治国家的总目标，坚持在党中央、国务院和省委的领导下，把法治政府建设与全面深化改革结合起来，全面推进政府依法决策、科学立法、严格执法和法治能力建设，为建设‘三个陕西’提供有力法治保障。”

第二，建议将“完善我省起草地方性法规”从第7条中删除，并入第9条。理由是：政府立法专指政府制定规章的活动。

第三，针对人民法院的司法建议，建议构建常态的研究机制，使其合理建议落实在法治政府建设之中。因为在促进依法行政中，司法通过其特有的机制和功能发挥着对行政法治重要的保障作用，通过个案审理提出的改善行政法治的建议是推动法治政府建设的重要因素。

第四，建议在规范性文件备案审查阶段，构建行政相对人针对规范性文件提出异议的审查机制，用机制使行政相对人在这一阶段对规范性文件的监督和相应备案审查落到实处，并与行政复议法和行政诉讼法相关规定衔接。

第五，应尽快出台法治政府建设指标体系，以此为基础制定科学的法治政府考核指标。同时建议年度的法治考核指标体系应当保持与法律规定的一致性，既要在年度考核中反映当年法治政府建设的重点，也要重视对法治政府建设常规的全面考核，以避免政府法治建设中“某一方面年度过关思想”的存在，形成今年重视下一年不重视的现象。另外，第36条中把“法治建设”改为“法治政府建设”，以保持用语统一。

第六，建议在规划中附上具体的项目列表，明确完成的时间，使规划的内容更清晰明了，便于今后的落实。规划对应法治政府建设5个方面的要求，系统阐述了10个方面的内容，但如果能通过项目列表的形式反映出来，就能够更清晰地展现“十三五”期间法治政府建设的具体抓手、最终成果和时间表，便于在今后的工作中具体落实。

（二）对依法行政考核标准的建议

通过对 2016 年依法行政考核标准的分析，笔者有以下几点建议。

1. 应当把政府信息公开的内容列入考核中

政府信息公开是加强行政程序法治建设的重要内容，包括行政行为的事前、事中和事后公开，除涉及国家机密、商业秘密和个人隐私外，应当一律向行政相对人和社会公开，行政相对人可以通过参与行政程序维护自己的合法权益，社会民众可以通过公开的行政程序，监督行政主体依法行使行政权力，促进法治政府建设。

2. 加强对行政裁量行为的考核

政府的行为不仅要合法，而且要合理。在现实中，很多政府部门在具体执法过程中，出于行政管理的需要，在法定的范围内拥有一定的自由裁量权，为了保证这项权力不被滥用，应当通过民主的方式制定裁量标准，执行并完善裁量标准。

3. 考核应当与陕西省党政干部容错纠错机制相衔接

政府依法高效服务社会是法治政府建设的目标。在现实中，政府也会出错，针对这种情况，一方面要通过考核做到“三个区分开”，另一方面也要促使政府在错后及时纠正以避免或减少对社会造成的损失。

（三）进一步完善行政立法以防止部门利益法制化

1. 进一步扩大民众参与立法以广泛听取民意

尽管对不同内容的立法，民众的参与度是不同的（现实中有些立法的专业性很强且与民众利益的直接相关性小，使民众的参与度小），但行政立法的民主化是防止部门利益法制化的有效途径。为了提高民众的参与度，一方面可以将专业性很强的立法，在征求意见稿中附以民众可以理解的通俗文稿，以方便民众的理解和参与；另一方面可以走进相关立法涉及的民众中，通过各种方式收集意见，使立法受到大多数人的关注。此外，要加强对意见采纳的反馈工作。

2. 通过授权标准规范行政立法

在对授权标准的确定方法方面，一是应在授权法中规定一个明确的标准；

二是可以通过司法解释缩小立法权力委任。这主要针对在法律没有明确标准或范围授权行政立法时，通过解释明确授权法的正当范围；三是可以要求行政机关自己制定标准，限制立法权力的行使。鉴于立法机关受到时间、技术以及未来情况不能预见等条件的限制，往往不能制定标准，或者由于政治理由不愿制定标准，在这种情况下，可以要求行政机关自己制定标准限制行政机关行使权力。从省行政立法的层面来讲，在这种情况下，省法制办可以根据法律的规定来明确相关行政立法的标准。

（四）加强陕西农村基层政府法治建设

针对这些问题，建议从以下方面强化农村法治建设。

1. 加大政府购买公共法律服务

加大政府向基层法律服务社会组织购买力度，将农村法治建设的任务形成项目打包，按照招标法和政府购买法律规范面向社会招标，加强项目验收。

2. 增加政府法治建设财政预算

根据上一年度政府财政支出情况，确定下一年度政府财政预算。保障法律援助财政经费，实现应援尽援。建立司法救助基金，发挥政府对涉农纠纷受害方帮扶作用。

3. 创新农村法治宣传方式

围绕近年来在依法成功解决在农村影响较大的信访案件，通过电影、电视、广播、网络、手机、微信、微博等各种新旧媒体向社会宣传，使农民群众明辨是非，树立日常生活的权利自我保护意识和风险防范意识，掌握运用法律途径解决社会纠纷的路径和方法。利用新旧媒体融合，设置法治咨询热线，及时解答农村群众的法律问题。

4. 抓住“两个关键少数”

加强基层领导干部法治培训和对依法行政的考核，重点监督重大农村社会纠纷的处理、涉农资金的审计、重大村务事项等方面，要树立法治思维和法治观念。加强信访案件中无理缠访者的说服、教育和依法处理，引导农民增强法治意识，有效解决“信访不信法”问题。

5. 加大基层法治人才队伍建设力度

根据基层法律援助案件的数量，合理增加法律援助机构的人员编制；通过人事代理制度和执法权资质考试充实一线执法力量。

6. 出台《涉农纠纷调解指导方案》

涉农纠纷大部分通过调解的方式得到化解，但调解不是和稀泥，需要依法调解。调解需要技巧，需要针对农村的特点、农民的心理和案件的环境制定科学的调解方案，选择合适的调解人和调解场所。调解不是无原则适用，需要把握调解的时机，当调则调。制定《涉农纠纷调解指导方案》，可以进一步规范和引导人民调解委员会，发挥行政复议和诉讼中的调解作用，在发挥调解化解纠纷作用的同时，引导农民法治观念的树立。

B.5
“一带一路”背景下陕西对外开放度研究报告

纪丽娟*

摘　要：　开放型经济作为国际经济发展最新态势，必然要求以提高贸易便利度和资本自由流动程度为根本，以实现更高效的生产要素国际市场的配置效率。丝绸之路经济带更是发展开放型经济的先导。陕西省与中西部其他省份相比，其外资依存度、旅游开放度水平比较接近，但外贸依存度指标却相距甚远。通过量化比较发现，陕西贸易结构不平衡、外资利用方式单一、企业跨境业务低迷以及服务贸易比重过低等因素的存在，致使其开放度水平总体不高、对外经济合作开放度较低、开放领域过窄发展动力不足。鉴于此，可从增强开放意识、构建全方位开放新机制、整合发展载体、加快发展服务贸易等方面，共同打造对外开放新格局。

关键词：　开放型经济　对外贸易依存度　外资依存度　对外开放度

党的十八大报告指出，全面提高开放型经济水平，适应经济全球化新形势，必须实行更加积极主动的开放战略，完善互利共赢、多元平衡、安全高效的开放型经济体系。并且以“五个而且”来统领提升开放的内涵与外延，强调开放是综合全方位的协同发展，不仅包括对外贸易、跨境投资、国际金融、国际合作、境外援助和全球治理等，而且要求这些领域形成协同效应，形成合

* 纪丽娟，西安市行政学院副教授。

力，促进国内经济社会健康可持续发展，提升国际竞争力和国际地位；强调中西部地区对外开放的战略布局重点，不仅是沿海、沿江、沿边地区的对外开放，也是中西部地区的对外开放，进一步推进内陆开放型经济，与沿海、沿江、沿边地区的对外开放相得益彰；强调开放的整体布局、开放的质量和开放与改革的有机融合，不仅是土地、资金、人力等要素的开放，也是空间和时间上的开放；不仅有规模和数量的扩大，还要更加注重效益和质量；开放型经济不仅与完善社会主义市场经济体制紧密相连，而且与改革密不可分，一起成为转变经济发展方式的强大动力。

当前，我国改革已进入攻坚期和深水区，发展处于转型期和换挡期，需要通过更高水平的对外开放，进一步促进国内体制改革，为我国经济长远发展再造一个“开放红利期”。深化开放型经济体制改革，构建开放型经济新体制，不仅是国家战略发展的需要，同时也是像陕西这样典型的内陆省份战略发展的必然选择。

一　陕西开放型经济的现状特征

改革开放以来，我国逐步将对外开放政策向中西部地区拓展。陕西从1982年8月开通西安至香港直航包机，从1983年开始利用外资，1984年成立西安海关，1991年国家一级民用西安咸阳国际机场投入营运。口岸的开放，为陕西对外开放创造了便利的条件。

1. 对外贸易增长快速，但外贸开放度低

（1）贸易规模的比较。

陕西对外贸易总额经过2011年的短期徘徊后在2013年突破了200亿美元，实现了历史发展上的新飞跃。2015年进出口总额达到了295.27亿美元，是2000年13.10亿美元的22.5倍。纵观其发展历程，陕西对外贸易占全国对外贸易总额的比重长期不到1%（见表1）。将陕西置于“丝绸之路经济带”上，与西北和西南其他5省份中的重庆、四川、广西、云南、新疆进行比较，更有针对性和说服力。同期，该5省份进出口额分别是2000年的41.7倍、19.6倍、25.2倍、13.5倍、8.7倍。

表1　2010～2015年陕西对外贸易情况

单位：亿美元，%

外贸总额	2010年	2011年	2012年	2013年	2014年	2015年
陕西	120.81	146.23	147.99	201.27	274.10	295.27
占全国比重	0.40	0.40	0.38	0.48	0.64	0.77

（2）外贸依存度的比较。对外贸易依存度是判断一国（地区）经济对外开放程度及其对国际市场依赖程度的重要指标，体现了一国（地区）参与国际分工及经济全球化的广度和深度。

陕西在进出口总值增长的同时，其对外贸易依存度呈现波状态势。即从2000年的9.82%经过7年的平稳过渡，在2008年显著下降至7.91%，于2012年出现了谷底6.44%，到2014年出现回升。综观其他5个省份，总体呈现稳步上升态势。尤其是重庆最为显著，从2000年的9.30%猛增到2014年的41.10%（见表2）。

表2　2002～2015年全国及西部6省份外贸依存度比较

单位：%

外贸依存度	全国	陕西	重庆	四川	云南	广西	新疆
2002	42.70	8.17	7.53	7.59	8.26	8.19	13.94
2003	51.89	8.90	9.45	8.74	8.64	9.35	20.93
2004	59.76	9.49	11.86	8.91	10.05	10.31	21.11
2005	63.22	9.53	11.47	8.76	11.19	10.41	24.98
2006	65.17	9.01	12.63	10.17	12.46	11.01	23.83
2007	62.78	9.10	13.72	10.41	14.10	11.82	29.60
2008	57.29	7.91	11.41	12.19	11.71	13.09	36.89
2009	44.19	7.03	8.07	11.67	8.91	12.55	22.28
2010	50.24	8.08	10.61	12.88	12.58	12.55	21.33
2011	49.99	7.55	18.84	14.66	11.64	12.87	22.30
2012	46.83	6.44	26.44	15.59	12.81	14.23	21.03
2013	45.40	7.65	33.10	15.00	13.44	13.92	19.75
2014	41.53	9.52	41.10	15.06	14.14	15.83	18.28
2015	36.31	10.43	29.36	10.60	11.44	19.52	13.50

2. 对外经济合作提高快，但开放水平不高

近 5 年来陕西对外经济合作领域的发展增长较快，由 2009 年的 6.19 亿美元增长到 2015 年的 22.04 亿美元。但与丝绸之路经济带建设的迅猛发展相比，还存在不少差距。通过陕西与新疆在中亚地区的境外投资企业进行对比，根据商务部网站公布的资料，到 2015 年 3 月，陕西和新疆在中亚地区的境外投资企业分别为 11 家和 245 家。①

陕西企业在中亚地区开展经济合作的领域主要集中在重型卡车和建材设备方面，更多的是属于市场调研阶段的前期探索性工作。从事矿业开发和石油炼制的企业仅为 2 家，更未涉及石油天然气产品的开发和汽车、机电产品的进一步业务往来（见表 3）。

表 3　陕西在中亚地区的境外投资企业分布

国家	重型卡车	市场调研	矿业开发	石油炼制	市政工程	建材设备
哈萨克斯坦	1	1	—	—	—	—
吉尔吉斯斯坦	—	2	1	1	1	1
乌兹别克斯坦	1	1	—	—	—	1
塔吉克斯坦	—	—	—	—	—	—
俄罗斯	—	—	—	—	—	—

新疆在中亚地区开展的外经活动涉及行业门类不但范围宽，而且从业企业数量众多。不但涉及传统的生活消费领域、资源型开发行业，而且涉及电子商务、国际贸易咨询等新型服务业，这些新型服务业所占比重高达 27.3%；石油天然气产品的开发占比 5.3%，汽车行业占比 6.9%，机械设备占比 17.6%，建材占比 18.8%，农副产品 8.6%（见表 4）。由此可见陕西在对外经济合作方面存在着不小差距。

3. 旅游开放逐步深入，但创汇能力依然较小

旅游开放度的水平，一直是一个国家或地区对外开放的重要标志之一，同

① 根据商务部公布的陕西和新疆在中亚地区开展经合业务的企业基础资料，进行行业分类整理所得。

表4　新疆在中亚地区的境外投资企业分布

国家	建材	机械设备	农副产品	啤酒纯净水	餐饮	电子商务平台
哈萨克斯坦	24	12	9	3	3	3
吉尔吉斯斯坦	7	6	1	2	2	1
乌兹别克斯坦	8	3	4	2	2	1
塔吉克斯坦	7	8	5	1	1	—
俄罗斯	—	1	2	—	—	—

国家	国际贸易咨询服务	石油天然气产品	汽车	机电产品	油气电厂开发	物流仓储	矿产开发
哈萨克斯坦	30	6	10	7	2	2	3
吉尔吉斯斯坦	5	3	1	2	1	—	9
乌兹别克斯坦	22	2	3	2	2	—	—
塔吉克斯坦	4	2	3	2	2	—	1
俄罗斯	1	—	—	—	—	—	—

时旅游业是第三产业的重要组成部分，在很大程度上影响第三产业的规模。陕西旅游外汇收入虽然从2009年的7.71亿美元增长到2015年的16.1亿美元，但创汇能力依然较弱，增长幅度有限。自2010年起，稍高于全国旅游开放度平均水平，与其他5个省份相比较为靠前，2015年落后于云南和广西（见表5）。

表5　2010～2015年全国及西部省份旅游开放度情况

单位：%

全国及西部省份	2010年	2011年	2012年	2013年	2014年	2015年
全国	1.79	1.53	1.34	1.46	1.14	2.13
陕西	1.86	1.92	2.01	2.15	1.35	1.42
重庆	1.65	1.73	1.70	1.47	1.24	1.25
四川	0.39	0.54	0.63	0.50	0.50	0.62
云南	3.10	2.44	2.90	3.01	2.67	2.98
广西	1.61	1.70	1.78	1.82	1.78	1.87
新疆	1.41	1.34	1.31	1.16	0.80	0.93

陕西省旅游资源丰富，历史文化遗产众多，但2010～2015年旅游开放度水平不超过2.2%，旅游开放度与陕西在国际旅游业的地位相比还有一定差

距，说明陕西的旅游业发展仍有很大的提升空间。

4. 吸引外资增速较快，但外资开放度仍待提高

自2009年以来，陕西外商直接投资增长势头迅猛。从2009年的15.11亿美元增至2015年的46.21亿美元。陕西近年来外资开放度逐渐超过全国平均水平，但同时也应看到，陕西与重庆在外资利用上的差距（见表6）。

表6　2010～2015年全国及西部省份外资开放度情况

单位：%

全国及西部省份	2010年	2011年	2012年	2013年	2014年	2015年
全国	1.78	1.58	1.36	1.27	1.16	1.19
陕西	1.22	1.22	1.28	1.30	1.44	1.63
重庆	5.42	6.79	5.80	1.99	1.82	1.54
四川	2.41	2.93	2.61	0.40	0.37	0.35
云南	1.25	1.26	1.34	1.31	1.29	1.39
广西	0.65	0.56	0.36	0.3	0.39	0.66
新疆	0.30	0.33	0.34	0.35	0.28	0.31

总之，从与全国比较分析来看，整体上陕西的外资依存度、旅游开放度与全国平均水平比较接近；而陕西外贸依存度指标与全国平均水平相差甚远。由于外资额和旅游外汇收入远远低于进出口额，因此外贸依存度指标在反映经济开放度中所起的作用更大。由此可见，陕西开放型经济发展在整体上严重滞后。

二　陕西发展开放型经济存在的问题及原因

近年来，陕西省开放型经济发展迅速，但与“丝路经济带”上的其他省份相比，差距依然显著存在。

1. 贸易结构不平衡长期存在，导致经济开放度水平总体不高

长期以来，在衡量陕西开放型经济的三个指标（贸易依存度、外资开放度和外经开放度）中，贸易依存度占比一直较多，影响着陕西经济开放的水平和质量，而贸易结构不平衡严重影响了陕西经济开放度的提高。贸易结构不平衡，首先表现为各地市进出口贸易发展的不均衡。比如，西安市的进出口贸易长期占全省贸易总额的85%左右，而咸阳、宝鸡等地的占比长期在3%左右徘徊。这就导致地区间发展对外贸易能力的不平衡。其次，贸易产品结构不平衡。在进出口总额中，商品贸易占比过大，服务贸易占比不到10%，不利于出口结构的优化。再次，对外贸易地区分布结构不平衡。陕西的外贸市场主要集中在美国、德国、日本、新加坡、澳大利亚、韩国、印度和荷兰8个国家以及中国的香港和台湾地区，这些贸易占据陕西55%左右的出口市场和75.4%的进口市场。而对于大洋洲、拉丁美洲、非洲等新兴市场贸易比重较少，这种相对集中的市场格局势必导致陕西外贸抵御市场风险能力较弱，制约了陕西外贸的发展。

2. 外资利用方式单一，导致外资利用低效

近年来，一方面陕西招商引资力度和规模在逐年增长，另一方面外资利用效率却不高。究其原因，外资利用方式的单一是导致外资利用低效的重要影响因素。陕西对外资的利用方式还仅限于外商独资、合资合作，而境外上市、股权参入、投资公司等方式甚少。第一产业利用外资亟待提速，第二产业中装备制造业利用外资水平仍需提升，第三产业外资应用领域不宽。且外资利用领域大多集中在城市基础设施、公共设施和房地产领域，新型现代服务业及生产性服务业还没有实现突破，尤其是研发设计、金融、咨询、现代物流等领域更应加大外资的利用力度。同时，各市招商引资成果参差不齐，好的地区多年都远远地走在前列，而差的地方连续多年没有大的改观。

3. 企业跨境业务低迷，导致对外经济合作开放度持续不高

在对陕西全省有进出口业务的2472家企业进行分类分析后不难发现，国有企业占12.97%、私营企业占21.12%，而外资企业的比例高达65.91%，且其中外商独资企业占比更是达到51.78%。由此可见，陕西的本土企业参与国际市场分工的积极性并不高。在出口产品中仅以化工、机电产品、纺织品和农产品为主，产品技术含量不高，缺乏自主知识产权，缺乏自主营销网络，在产业链国际化竞争中处于弱势的地位未见改观。影响企业开展跨境业务的因素众多，其中综合型人才的匮乏是制约陕西企业国际化进程的重要制约因素。尤其是针对中亚地区跨境业务的开展，语言沟通的障碍在很大程度上制约着企业前期的市场调研和决策行为。再加之中亚地区较高的政治风险变数，海外投资保障措施没有及时配套跟进等，其结果增加了企业在这些地区开展跨境业务的影子成本，致使外经开放度持续徘徊在较低水平。

4. 服务贸易比重过低，导致经济开放领域过窄发展动力不足

由于长期以来陕西货物贸易占比过多，作为开放型经济重要表征的服务贸易占比始终过少，尤其是生产性服务业发展亦为缓慢，这与陕西所承载的“丝绸之路经济带”开放新高地的定位要求相差甚远。无论出口还是进口，陕西服务贸易都以传统的旅游、运输等行业作为支撑，主要属于资源型和劳动密集型产业，而技术知识密集型服务如金融、计算机和信息服务等部门对陕西服务贸易的贡献微弱。总体而言，陕西的服务贸易仍以传统的落后方式增长。与此同时，这些传统服务部门如运输部门的比较优势在逐步减弱。随着货物贸易的迅猛发展，运输服务需求量不断增加，陕西运输部门尤其是航空运输在质量和价格方面与欧美一些大运输公司相比还有较大差距。尤其是高附加值服务出口增长比较迟缓，其中咨询服务、计算机和信息服务、广告宣传、金融服务、专有权利使用费和特许费增长缓慢，导致开放领域收窄，后续发展动力不足。

三 促进陕西开放型经济发展的举措与思路

陕西开放型经济的新发展，首先需要新常态下开放的意识和思维，认识并接受世界开放格局变革的必然性，客观面对陕西存在的问题和短板，置开放于发展的首位，进而提升陕西自身的综合竞争力。

1. 增强构建开放型经济新体制的意识

开放型经济是陕西省转型升级的重要动力，也是实现跨越追赶的重要突破口。对于构建开放型经济体制这一新鲜事物，陕西应该摒弃旧有思维模式。当前全球化迈向“升级版”，中国经济“新常态”的实质就是要从过去追求数量向讲求质量转变，开放型经济体制的构建成为中国可持续发展的新动力。建议陕西应将目标着眼于开放型经济体制的布局，不应停留在怎样加大外向型经济发展的旧有模式中。当前需要的创新发展首先是思维的创新。必须在创新驱动中加快开放型经济体系建设，实施更加积极主动的开放战略，加快转变对外经济发展方式，推动开放型经济朝着优化结构、拓展深度、提高效益的方向转变，释放改革红利，为转型发展提供强有力的支撑。

2. 坚持“引进来”和“走出去”相结合，构建全方位开放新格局

在经济开放发展过程中，“引进来”固然重要，但“走出去”在培育本土企业国际竞争力提升方面有着不可忽视的重要作用。从贸易商品结构合理度和贸易方式来看，提高外资利用率以促进陕西产业结构升级，优化出口商品结构。实施积极的“走出去”战略，支持有实力的企业到境外投资，开发国内、省内紧缺资源；鼓励有条件的企业在投资环境适宜的国家和地区设立陕西工业园区，进行集群式发展；鼓励企业到境外设立研发机构，利用国际智力资源增强自主创新能力；确定一批优势出口的龙头企业和产品进行重点扶持，优先安排信贷资金和财政贴息资金进行技术改造，提高出口产品的竞争力。从国际市场需求、国内发展状况结合陕西在电力、路桥、机械装备、油气勘探等领域的优势，扩大对外工程承包，拓展国际劳务市场，扩大劳务输出规模，提高劳务合作效益。尤其是在国家大力推进装备制造走出去和“丝绸之路经济带”沿线国家的需求中，陕西应该加强产业组织的协调，研究规划更多的产业政策支持，加快培育陕西的跨国公司，力争形成一批具有一定国际影响力的跨国经营企业，力促“走出去”战略给陕西营造出新的对外开放格局。

3. 整合海关特殊监管区，搭建全方位开放新载体

坚持以海关特殊监管区为龙头，以特色优势产业为支撑，整合陕西口岸贸易平台，加快项目和产业集聚，增强海关特殊监管区的吸引力、承载力和辐射力，使开放型经济成为陕西省经济发展新的增长极。充分发挥空港新城、西安出口加工区（包括A区和B区）、保税物流中心、铁路集装箱中心站和公路码头功能，把陕西建设成西部内陆港口连接海外，承接东部产业转移，参与全球产业分工，进入国际国内经济循环的绿色通道，实现“港口后移、就地办单、海铁联运、无缝对接”的先进物流模式。积极整合空港新城、国际港务区、出口加工区等海关特殊监管区口岸贸易平台，鼓励更多的企业入驻出口加工区，推动加工贸易聚集发展。依托铁路、公路、航空三大枢纽，突出装备制造业、现代农业、现代服务业等产业优势，在优化现有商贸布局的基础上，进一步提升出口产业的国际竞争力。

4. 积极开拓国际贸易新市场，打造对外开放新势态

从贸易市场的合理度来看，应警惕市场的过度集中给陕西外贸发展带来的不利影响。在保持对欧美主要市场出口总额的基础上，应加强同俄罗斯及东盟、非洲、拉美、大洋洲等国家和地区建立良好的贸易合作伙伴关系，进一步拓展国际市场，实现出口市场多元化，以分散贸易风险。与此同时，努力实现境外企业属地化，实现跨国经营、跨国发展，提高企业的国际竞争力。陕西要努力从资源性产品向加工型产品转变，从粗加工产品向精加工产品转变，从低附加值产品向高附加值产品转变，形成一批在新兴经济体市场中竞争力强的支柱产品和品牌产品。作为内陆省份的陕西，应看到陕西省具有承东启西、连接南北的区位优势。而陕西作为“丝绸之路”的新起点，需要协调关中、陕南、陕北对外贸易的发展，加强道路连通，开展国际联运，发展陕西旅游贸易，合理发挥陕西地理环境的相对优势。

5. 加快推进服务贸易发展壮大，创新开放型经济发展新动力

生产的国际化带动了服务的国际化，成为新一轮经济增长的重要影响因素。对于服务贸易长期滞后于货物贸易的陕西而言，稳步推进消费需求结构升级，加快发展服务贸易是打造开放型经济新优势的重要举措。通过包装营销“西洽会”“农高会”“欧亚论坛”“旅游商品博览会”“文博会”，使之成为国内一流、国际知名的品牌会展；通过大力开发历史文化、革命文化、山水文化、民俗文化、宗教文化、休闲文化旅游产品，进一步提升陕西旅游业创汇能力；按照积极推进新兴服务贸易出口与扩大传统劳动密集型服务贸易出口相结合的原则，精心打造服务贸易产业链，重点扩大工程承包、设计咨询、技术转让、金融保险、国际运输、教育培训、信息技术、民族文化等服务贸易出口；充分利用外资企业在新型服务贸易部门的示范作用，通过人员培训和产业前后向关联等途径实现技术外溢效应，提高陕西服务企业的技术水平和管理手段，进一步优化服务贸易结构。通过建设西安高新技术产业开发区、西安经济技术开发区、西安出口加工区等重点集聚区，依托陕西省制造业优势发展服务贸易，从而为陕西开放型经济的飞跃发展提供新的发展动力。

总之，“丝绸之路经济带”本身就是一种开放型经济，它不仅是对外开放，也是对内开放，更是经济、文化、教育、科技等综合领域的开放。陕西应结合自身的综合优势，更好地研究开放政策并付诸措施，更高效地实现经济发展方式的积极转变。

B.6
陕西实施精准扶贫的难点与对策研究

薛金慧*

摘　要：　精准扶贫是针对当前新形势下扶贫工作呈现的新特点而产生的一种新的脱贫方式。精准扶贫工作的高位推进，标志着以习近平同志为核心的党中央扶贫思路和扶贫战略的重大调整，标志着中国实现全面小康社会驶入了快车道。近年来，陕西省委、省政府深入贯彻习总书记重要讲话精神，高度重视扶贫开发工作，把精准扶贫纳入全省经济社会改革发展全局，针对当前精准扶贫存在的制约因素和难点问题，需要进一步完善政策措施。

关键词：　陕西　精准扶贫　脱贫

贫困问题一直是制约中国经济社会发展的瓶颈，随着国家经济快速增长，贫困形式也发生了变化，消除贫困的难度越来越大。从全国整体上来看，进入新世纪以来，一方面全国由过去的普遍贫困向西部地区集中；另一方面扶贫对象逐渐由集中走向分散，扶贫范围逐渐由较大范围的市、县转变为乡、村、户。基于此，2013 年习近平总书记在湖南考察时提出了精准扶贫的思路，2014 年中央制定了精准扶贫的规划，推动了精准扶贫由理论到实践的转变。精准扶贫是针对当前新形势下扶贫工作呈现的新特点而产生的一种新的脱贫方式。与粗放的脱贫方式比较，精准扶贫在贫困地区和贫困人口的识别、帮扶和管理方面更加精细化。它的实施和推进，标志着以习近平为总书记的党中央扶贫思路和

* 薛金慧，陕西省社会科学院政治与法律研究所助理研究员。

扶贫战略的重大调整，标志着中国实现全面小康社会驶入了快车道。近年来，陕西省委、省政府深入贯彻习总书记重要讲话精神，高度重视扶贫开发工作，把精准扶贫纳入全省经济社会改革发展全局。虽然成绩突出，但也存在不少问题，针对当前精准扶贫存在的制约因素和难点问题，需要进一步改进政策措施。

一　陕西实施精准扶贫面临的现实障碍和制约因素

自从1994年我国实施“八七”扶贫攻坚计划以来，扶贫开发工作根据不同时期各自的特点，先后历经不同发展阶段，走到今天的精准扶贫阶段，取得了一系列显著成效。应该说，当前的扶贫开发工作重心已经由全国性扶贫转移到以西部地区为主的扶贫。而作为西部重要省份的陕西，在推进扶贫开发工作中既有难得的发展机遇，也面临着很多的现实障碍和制约因素。系统分析具体的现实障碍和制约因素，是陕西实施正确精准扶贫战略的关键环节。

（一）贫困区域自然灾害频繁，基础设施薄弱

自然灾害频繁、基础设施薄弱，一直以来是陕西扶贫开发工作的制约因素。从地形上来看，陕西属于内陆省份，地处黄河中游和黄土高原的中部，国土面积20.56万平方公里，占全国总面积的2.1%。陕西又是一个高原和山地居多的省份，高原和山地比例占全省总面积的81%，远远高于全国59%的平均水平。

从灾害程度上来看，陕西属于自然灾害多发省份，自然灾害发生频率远远高于全国平均水平。一是水土流失严重。以陕北黄土高原地区为例，富县以北地区的水土流失是全国最严重的地区之一。近年来，陕西的水土流失面积占整个西北地区水土流失面积的67%，而西北地区的水土流失面积将近10亿亩，占到全国的一半以上。二是洪涝灾害严重。其中以陕南地区居多，仅2015年上半年，全省发生的冰雹、洪涝等自然灾害就有100多次，范围波及全省各个地市的75个县（市）600多个乡（镇），共造成200多万人次受灾，307万公顷农作物受灾，3100户的8400间房屋倒塌或者损坏，导致的经济损失共27亿元，其中农业损失就有16亿元。三是旱灾发生频率偏高。陕西特殊的地形造就了陕南多雨陕北多旱、雨量分布极其不均的状况。陕北地区是我国著名的干

旱地区，常年干旱少雨，水资源奇缺，且土地贫瘠，不利于农业耕作。

从基础设施建设上看，交通、能源、通信等基础设施薄弱也是导致陕西贫困地区发展滞后和脱贫人口重新返贫的重要原因。一般来说，基础设施建设与经济发展是密切相关的，它是保证经济持续快速发展的必要条件，基础设施与地区贫困有很大的因果关系。当前，贫困地区特别是农村贫困地区基础设施投入严重不足，交通不便、通信不畅、能源供给不足等等问题突出。陕西的基础设施建设近年来发展迅速，2016 年 1 ~ 8 月，实际完成投资 3351.23 亿元，较上年增长 28.3%。但区域发展不平衡的问题依然存在，如陕南地区基础设施建设虽然发展迅速，但整体上与其他区域相比还有较大的差距。

（二）贫困投入不足，人口素质较低

公共设施和扶贫投入是决定扶贫进程和效果的主要推动力。当前阶段，虽然从全国范围来看，贫困人口的总数在不断下降，但从西部地区来看，贫困人口的比重却在逐年上升。中东部地区贫困人口下降速度最快，西部地区贫困人口下降速度缓慢并向山区和民族地区集中，东部、中部、西部地区之间的差距越发明显。中东部地区贫困人口下降速度快的原因除经济增长速度快以外，扶贫投入力度大也是一个重要原因。而作为西部落后省份的陕西，由于生态环境资源质量差，自然灾害发生频繁，基础设施少，条件差，居民农业生产生活得不到保障，必然导致贫困人口增加。

在资金投入方面，基层的贫困区域如县（市）、乡（镇）基本不具备筹措扶贫资金的能力，扶贫资金只能来自省级财政的支持，且这种支持对扶贫的需求是很微薄的。由于西部贫困地区国家扶贫重点县特殊的自然、经济和社会发展条件，贫困地区面临扶贫投入的强大约束，这是陕西实施精准扶贫战略面临的一个非常现实的问题。

除了资金投入外，人口素质低下也是精准扶贫面临的最大障碍之一。陕西特殊的地形地貌和经济社会发展状况，决定了陕南山区和陕北偏远地区教育落后，人口素质低下，文盲半文盲占劳动力主体地位。贫困人口素质不高导致的直接结果，就是劳动力在农业生产技术的运用和推广、生产方式的调整、农业资源的开发、对经济机会的把握和实际工作中的创新等方面面临一系列难以克服的困难和障碍。

（三）贫困地区经济发展落后，扶贫难度大

扶贫开发工作进入攻坚阶段，较之前的粗放式扶贫，扶贫难度大增。对于陕西来说，贫困区域一般都是山区、高原或者土地贫瘠之地，发展受限，使扶贫难度徒增。例如，陕南的商洛市，因地理环境所限，全市基本上处于山区地段，经济社会发展状况非常落后。截至 2015 年底，全市的贫困发生率为 22.90%，虽然经过两年的发展，贫困发生率已经由 2013 年的 33.21% 下降了 10.31 个百分点，成绩相当突出。但与全省相比，贫困发生率依然处于一个较高的水平。

总体来说，陕西的贫困地区在农业生产条件、社会服务、基础设施建设和产业建设方面，发展都比较滞后，脱贫成本高，难度大。其中，贫困区域所形成的广种薄收、粗放管理、单一经营、靠天吃饭是贫困产生和加剧的重要原因。究其根源，陕西的贫困地区属于多种因素构成的综合性贫困，即生产力水平低、生产方式落后、社会发育程度低、社会保障不足、人口综合素质偏低等因素共同构成的贫困。目前，陕西集中连片特困地区覆盖 43 个县（市）和 50 个国家重点扶贫开发工作重点县（市），两者共计 56 个县（市），占到全省县（市）的一半多。

从经济和社会发展状况来看，这些贫困地区发展还相对落后，导致扶贫难度较大。以全省集中连片特困县（市）最多的安康市为例，安康市地处川陕两省交界处，全市下辖 1 区 9 县（市）161 个乡（镇），16386 个村民小组。全市总面积 23534.5 平方公里，常住人口 263.07 万人，其中城镇常住人口 95 万人。按照陕西省确立的农民年均纯收入 2500 元的省级贫困标准，全市有 100.5 万贫困人口，1269 个贫困村，其中 22.6 万户 88 万人口居住在自然条件恶劣、生态环境脆弱、基础设施落后的中高山区，有 80% 的贫困人口集中在偏远的中高山地区，分布上呈现大集中、小分散的特性，需要进行异地搬迁安置。贫困人口分布分散而且范围较广，使脱贫难度加大。

二　近年来陕西精准扶贫的系列成就

精准扶贫是扶贫开发工作进入攻坚阶段、扶贫开发在新时期面临新特点的

条件下中央对扶贫战略做出的重要调整，是现阶段实现全面小康社会的重要战略举措。近年来，陕西一直把扶贫开发工作作为工作重心来抓，高位推进，结合陕西具体省情，采取了一系列有力措施，成绩突出。

（一）脱贫成效比较显著

2010 年，根据陕西确立的农民年均纯收入 2500 元的省级贫困标准来计算，全省贫困人口共计 756 万人，贫困的发生率占到 27.4%，远远高于全国 12.7% 的平均水平。基于此，2011 年，国家开始实施新一轮的扶贫开发，陕西抢抓机遇，不断改革创新，使扶贫开发工作在几年时间里取得了显著成效。

几年来，陕西实施了陕南陕北避灾生态扶贫移民搬迁工程等一系列扶贫举措，使贫困地区民众收入增速始终高于全省 5 个百分点以上，减少省级扶贫标准下贫困人口 613.3 万人，贫困发生率由 2010 年的 27.4% 下降到 2015 年的 10.7%。国家统计局陕西调查总队对陕西农村贫困监测调查显示，2015 年陕西农村贫困人口比 2014 年减少了 62 万人，贫困人口总数降为 288 万人；贫困发生率比 2014 年下降了 2.3 个百分点（见表 1）。

表 1　2010～2015 年陕西农村贫困人口状况

单位：万人，%

年份	贫困人口	减贫人口	贫困发生率
2010	756		27.4
2011	592	164	21.4
2012	483	109	17.5
2013	410	73	15.1
2014	350	60	13.0
2015	288	62	10.7

从收入增长的角度来看，2015 年陕西贫困地区人均可支配收入同比增长 10.5%，为 7692 元；家庭经营净收入 2699 元，增长 7.9%；财产净收入 105 元，增长 16.3%；转移净收入 1759 元，增长 14.1%。连片特困地区的农村居民人均工资性收入 3278 元，增长 10.2%；经营净收入 2547 元，增长 5.8%；财产净收入 101 元，增长 10.3%；转移净收入 1780 元，增长 16.6%。国家扶

贫开发工作重点县人均可支配收入 7624 元，增长 13.0%；经营净收入 2548 元，增长 9.6%；财产净收入 104 元，增长 13.7%；转移净收入 1725 元，增长 13.1%。

2016 年，陕西省全面调整了省级扶贫标准，将之前的农民年均纯收入 2500 元标准调整为 3150 元。同时，全省还将计划脱贫 130.07 万人。目前全省有 70 多个县（市）启动建设集中安置点 1032 个，计划实施异地搬迁 60.7 万人，其中建档立卡贫困人口 28 万人。当地将继续完善政策体系，持续推进异地搬迁脱贫，大力扶持产业就业脱贫，全面实施教育扶贫脱贫，组织开展医疗救助脱贫。

（二）扶贫政策措施得力

2016 年是“十三五”规划的开局之年，根据陕西省委、省政府《贯彻落实中共中央国务院关于打赢脱贫攻坚战决定的实施意见》（陕发〔2015〕20 号），省各部委先后根据本部门工作实际下发扶贫工作实施意见。截至 9 月底，已经有近 20 项措施先后出台。

省林业厅下发《陕西省林业精准脱贫实施方案》（陕林计发〔2016〕148 号），目标在于充分发挥林业生态脱贫和林业产业增收作用，切实做好林业精准脱贫工作。省农业厅下发《陕西省农业产业扶贫政策措施》（陕农业发〔2016〕32 号），进一步加大农业产业精准扶贫力度，大力发展多元富民产业，培育与贫困户建立利益联结机制的市场经营主体，千方百计增加贫困地区农民收入，加快贫困地区脱贫致富步伐，确保至 2020 年集中连片特困地区贫困户全面脱贫，农民收入达到全省平均水平，并且形成每个村发展 1 ~2 个农业主导产业，每个贫困家庭掌握 1 ~2 门生产技术的良好局面；省发改委和省扶贫办联合下发《关于开展光伏扶贫工作的实施意见》，目标是在 2020 年以前，将列入国家光伏扶贫工程重点实施范围的 18 个县，以建档立卡贫困村为单位，以贫困户为受益对象，借鉴国家和陕西省前期试点的经验，大力实施光伏扶贫工程，力争使纳入光伏扶贫的贫困户年增收 3000 元以上，其他光照资源较好的市县可因地制宜地自行组织开展光伏扶贫工程；省工商联、省扶贫办、省光彩会和省慈善协会联合下发《关于推进“万企帮万村”精准扶贫行动的实施意见》（陕联发〔2016〕8 号），以秦巴山区、六盘山区、白于山区和黄河沿岸土石山区为主战场，以民营企业为帮扶方，以建档立卡的贫困村为帮扶对象，以签约结对、村企共建为主要形式，按照“六个精准”“五个一批”的要求，广泛号召、动员民营企业参与，帮助贫困村加快脱贫进程；省广电局下发《陕西省“广电扶贫·宽带乡村”政策措施》确保在2017年底，实现全省建档立卡贫困户70%以上接入有线电视，80%以上贫困村的互联网热点覆盖，2020年基本实现贫困户有线电视，贫困村互联网热点全覆盖；省环保厅和省扶贫办共同研究制定了《陕西省环境保护脱贫实施方案》（陕环发〔2016〕20号），2016年全省环境保护脱贫工作主要围绕农村环境综合整治工作开展，重点支持农村饮用水水源地保护、农村生活垃圾治理、农村生活污水处理、畜禽养殖污染治理四大类项目内容；省教育厅和省扶贫办印发《陕西省教育扶贫实施方案》的通知（陕教财〔2016〕29号），要求各级教育部门和扶贫部门要把加强教育扶贫作为“十三五”期间全省教育系统和扶贫系统的首要政治任务，作为基本实现教育现代化的难点、重点和突破口，以农村地区、贫困地区、革命老区教育为主战场，以省政府确定的建档立卡贫困家庭就学子女为重点对象，举全省教育和扶贫之力，协调各项工作任务，统筹各级教育事业发展，加快实施教育扶贫工程，让贫困家庭子女都能够接受公平有质量的教育，阻断贫困代际传递；省商务厅和省扶贫办印发《陕西省电商扶贫政策措施的通知》（陕商函〔2016〕305号），提出要建设县、乡、村三级电子商务服务体系；省水利厅印发《陕西省水利扶贫行动政策措施》的通知（陕水发〔2016〕10号），要在贫困地区大力发展水利设施建设；省扶贫办和省发改委联合印发《陕西省“十三五”易地扶贫搬迁工作实施方案》（陕扶办发〔2016〕17号），提出在“十三五”期间对全省235万名建档立卡贫困人口和其他确需同步搬迁的农户实施异地搬迁，确保到2020年搬迁对象生产生活条件明显改善，居民收入和基本公共服务水平明显提升，迁出区生态环境明显改善，与全省人民同步迈入全面小康社会；省卫生计生委印发《陕西省健康扶贫实施方案》（陕卫规划发〔2016〕48号），提高贫困地区医疗保障水平，实行县域内农村贫困人口先诊疗后付费的结算机制，为农村贫困人口开展签约服务，实施贫困人口大病分类救治，建立三级医院一对一帮扶贫困县（市）医院机制等；省国土资源厅印发《陕西省国土资源厅支持脱贫攻坚政策意见》（陕国土资发〔2016〕20号）；省国资委印发《陕西省省属企业产业扶贫实施方案》（陕国资发〔2016〕104号），“十三五”期间省属42户企业均要建设一个扶贫示范项目，要加大资金投入力度，原则上要拿出企业1%的资本金参与扶贫开发产业项目，引导、带动和影响全社会力量共同参与扶贫产业开发建设；省科技厅印发《陕西省科技扶贫脱贫攻坚专项行动实施方案》（陕科农发〔2016〕75号），提出在柞水、佳县、紫阳开展科技创新驱动县域经济发展示范县建设；省民政厅、省扶贫办联合下发《关于推进“社会力量参与精准扶贫”行动的实施意见》（陕民联发〔2016〕35号），提出依托“社会力量参与精准扶贫行动”协调平台，由民政、扶贫等部门联合行动，对列入建档立卡的贫困村（户）进行全面摸底核查。

（三）扶贫保障手段多元

精准扶贫是一项系统工程，需要各方协调互动共同参与完成。因此，陕西在实施精准扶贫的过程中，逐步完善保障措施，使保障手段日趋多元化。一方面统筹协调，注重衔接。当前，省扶贫办、省民政厅、省农业厅、省发改委、省教育厅、省商务厅等各个部门，都从自身工作的实际出发制定了扶贫措施，此外，帮扶组织和第三方社工机构也积极参与其中，按照职能分工落实各项任务，各个行政部门统筹社会资源；各级扶贫部门要做好帮扶村（户）摸底、对接和核查工作；第三方社工机构要周密设计方案，精心组织实施。形成多方参与的良性互动局面。另一方面搭建平台，提供支持。例如，在“陕西社会组织信息网”建立“社会力量参与精准扶贫行动”信息管理平台，为帮扶组织提供政策、信息、筹资等方面的支持，协调解决在帮扶过程中遇到的困难和问题，为帮扶组织提供准确的供需信息，推进扶贫资源的有效对接。再如，充分运用互联网技术，通过主流媒体和自媒体平台，准确记录并及时公布本次行动的内容、捐赠款额及受益人数等，宣传行动成效和先进事迹。通过现场观摩、经验交流等形式，推广好做法、好经验，讲好扶贫故事，传播扶贫声音，营造扶贫济困的浓厚社会氛围，带动更多社会力量投入扶贫攻坚战。

三　陕西实施精准扶贫存在的问题和难点

国家统计局发布的《2015年国民经济和社会发展统计公报》显示，2015年我国农村贫困人口从上一年的7017万人减少到5575万，减少1442万人，

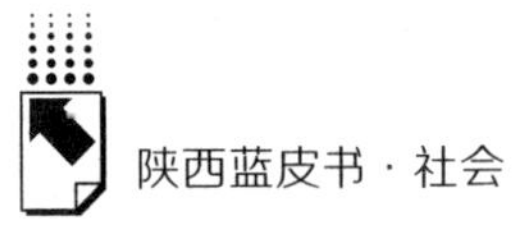

贫困发生率从上一年的7.2%下降到5.7%。与全国平均水平相比较，陕西10.7%的贫困率还处于较高的水平。固然，陕西贫困人口多、面临的现实障碍和困难也多，但是，从工作层面来看，在具体实施精准扶贫的过程中，还存在某些突出的矛盾和问题，需要进一步改进。

（一）脱贫对象不精准

精准识别是精准扶贫过程的前提和基础环节，是关系精准扶贫成效的关键所在，因此需要各方高度重视。但是在当前的扶贫开发工作中，还存在对贫困对象识别不精准的状况。造成这种局面的原因，除了政府工作人员的主观能力外，客观的机制不健全也是一个重要的原因。当前没有建立动态的精准识别机制，还存在贫困认定对象狭窄的问题。精准识别要求无一遗漏地把贫困人群都纳入其中，但目前还没有建立科学完善的贫困人口识别体系，也没有进行过有关贫困人口的普查。对贫困人口的判定，皆来自农民年均纯收入2500元的贫困标准。虽然省级扶贫标准现在已调整为3150元。即使这样的标准，也存在标准偏低，在某种程度上没有真实反映农村现实的状况，从而将应该受到帮困的人没有被纳入进来，导致农村扶贫战略的全面性程度较低，应该扶贫而没有得到扶贫的贫困人口比例甚大，加剧了扶贫开发战略层面的不公平。

（二）精准扶贫管理机制不完善

1.精准扶贫资金使用管理不完善

当前，对精准扶贫资金投入是以政府主导的投入机制为主，投入渠道单一，地方投入不足，供需矛盾突出，没有形成多元化的突出重点的投入机制。在资金管理使用方面，存在多部门、多层次管理的局面，致使资金的使用方向带有明显的不同部门和地方不同管理层的利益目标。因为不同的投资主体和利益目标有不同的投资重点，所以造成了资金使用上的分散性，难以形成合力，无法把扶贫资金整合集中到扶贫工作的总体目标上来。

2.精准扶贫管理工作机制不完善

目前，陕西省没有形成有效的分工合作机制，各级政府的协调互动不够。精准扶贫是一个多方协调互动共同参与的系统工程，单靠某一方的努力，是根本不可能完成的。但目前还存在各个部门协调分工不够的状况，省级部门在扶贫工作中虽然发挥着总负责的作用，但在项目安排等方面参与程度不够，县级部门在具体落实过程中，把更多的精力放在了跑资金和项目上，在项目的选择上动员群众参与不够，在项目执行时工作不细致，管理监督跟不上。

3. 精准扶贫的监督评价机制不完善

一方面没有建立有效的内部监督机构，另一方面也缺乏公众强有力的外部监督和来自第三方的监督，因此无法对扶贫资金使用、项目管理和扶贫工作的绩效进行有效的监督，也没有建立精准扶贫项目的效果评价和资金使用效益的检测体系，监管还只停留在事后的监督上，事前和事中的监管不及时。同时，在精准扶贫的考核上，仅仅把贫困人口的减少作为衡量指标，忽视了中长期的考核机制。

（三）精准扶贫产业不突出

在精准扶贫项目的选择上，没有根据地方特色来突出优势，选择有效的产业项目。地方政府往往只强调生产性项目的建设，而对提高农民生活的项目不够重视。目前扶贫项目的安排难以协调政府发展经济目标和贫困人口脱贫致富目标的矛盾，难以协调区域发展需要和贫困群体摆脱贫困需要的矛盾。对贫困县（市）的扶贫规划和项目安排往往是从上到下，这更多地反映了贫困县（市）政府壮大财力和经济发展的迫切要求，贫困人口的脱贫需要难以真实体现。这从另一方面更多地反映了政府发展经济所需项目的优先进行排序，而不是从贫困群体的脱贫需要来考虑优先顺序。

在产业选择上，重工业项目，轻农业项目，由于农业利益低，而工业项目更能促进贫困地区的资源开发和经济发展，所以注重工业项目的建设。在项目的选择上，没有结合当地的实际情况，发挥优势特色，有一定的盲目性。

（四）贫困户自主参与不积极

当前，在精准扶贫过程中还遇到的一个难题是贫困户自身的因素。从主体的角度来看，贫困者在精准扶贫过程中主动参与和自我发展意识不足，往往是被动服从。一般来说，贫困农村都缺乏自我发展的潜力，贫困人口特别是农村贫困人口和受益群众要么等政府和外部力量的救助和馈赠，要么是被动地参与由他人代为组织和实施的农村扶贫活动，从而造成该地区的贫困群众在发展中的被动局面。此外，贫困户大多是文盲半文盲或者老、弱、病、残人群，由于自身文化素质和身体素质的局限，在对国家政策的领悟、新技术的运用和实践技能等方面都存在一定的不足。这也在一定程度上导致贫困户的自主参与性不高。

从客体的角度看，政府在精准扶贫中对贫困人口的发动和组织不力，重视被动服从，忽视对贫困人口自我发展能力的培养。反贫困似乎是政府的事情，贫困人口的参与积极性和脱贫的主动性缺乏，处于被动接受的地位。形成了贫困人口在经济生活中对政府和基层行政组织的依赖，这种对政府强烈依赖的意识，弱化了其参与的热情。

四　陕西继续推进精准扶贫的对策建议

（一）加快异地扶贫搬迁

异地扶贫搬迁的扶贫方式也称为是自愿移民扶贫开发模式，指的是扶贫客体——贫困户因其居住地的地理环境恶劣，不适宜人类生存，需要在农户自愿的前提下帮助其迁出原来的居住地，在迁入地开发自然资源、发展农业生产或非农创收活动，以实现脱贫致富的一种扶贫模式。这是当前发展中国家实施反贫困战略实施的基本模式之一。异地扶贫搬迁的扶贫模式优点在于，一方面通过移民搬迁和异地安置，能够从根本上改变居住在恶劣环境中贫困农户的生产和生活环境，从而彻底解决脱贫问题，而且不容易返贫；另一方面由于生产和生活条件的改善，贫困群众搬迁后的生活满意程度较高。当然，这样的扶贫模式也存在缺点，那就是资金需求量大，很难实现每个贫困户的愿望，也有搬迁居民与当地群众存在土地矛盾的问题。具体到陕西来说，就是要加快陕南、陕北特别是陕南移民搬迁安置工程建设。该工程建设，要以绝对贫困户为主要对象，以异地开发解决贫困户的温饱问题为中心，由各级政府有组织、有重点、分期分批实施扶贫搬迁，帮助贫困群众摆脱困境，发展生产。并相应解决扶贫搬迁中的移民自愿、资金来源、土地供给、利益保障、社区整合等多方面问题，总结出具有特色的、可推广的移民搬迁运作模式。

（二）加快贫困地区产业发展

加强特色资源和产业开发的扶贫模式也是精准扶贫的重点工作之一。其目的就是通过确立主导产业、建立生产基地，提供优惠政策，扶持龙头企业，探讨运行机制，实现贫困户和企业双赢的目的，最终实现和带动贫困户脱贫致富。产业开发有助于贫困地区形成特色产业和结构调整。一是有助于贫困地区培育有规模、上档次、具备特色的优势农产品基地。二是因势利导，有助于贫困地区开发旅游等产业。一般来说，贫困地区虽然经济不发达，但多数地区的优势就是生态资源良好，风景秀丽，可以根据地区特色因地制宜。三是有助于增加农民收入。

实施产业发展的扶贫模式，关键是要培育以专业合作社为主体的贫困地区农民新型合作组织，发展各种农业社会化服务组织，鼓励龙头企业与农民建立紧密型利益联合机制，着力提高产业化、组织化程度，规范实施生产经营、科技推广、金融信贷和社会服务职能。建立以商业性金融和合作性金融为主体的金融支持体系，进一步加大信贷资金的投入力度和规模，重点支持能够带动贫困人口增加收入的种植业、畜牧业和农产品加工业、旅游业、水电等基础设施，以及陕南的药材业等，可以在科学规划、合理布局、因地制宜、突出重点和倾斜投入的基础上，大量发展特色产业，依托产业规模经营和技术升级，形成发展链条，从而帮助贫困人口脱贫致富。

（三）完善农村社会保障体系

精准扶贫是一项系统工程，除了尽可能发展经济以外，还应该建立综合保障体系，让社会保障兜底精准扶贫，才能最终保障每一位困难群众的生产生活。一方面是建立农村最低生活保障制度，保证失地农民和农村老、弱、病、残者的生活需要。同时，应该根据地区差别对处于绝对贫困与相对贫困的农村特困户建立低保制度。另一方面是建立农村养老保障制度。农民的养老保障问题是解决当前农村贫困的基础工作和以人为本的新农村建设的根本体现。

建立与社会保障体系配套的社会援助制度，从制度和政策层面上支持、鼓励社会力量对贫困地区的援助行为，鼓励更多的个人、企业和社会组织捐款，组建针对贫困地区的扶贫基金，使捐助扶贫事业的组织和个人可以获得免税待

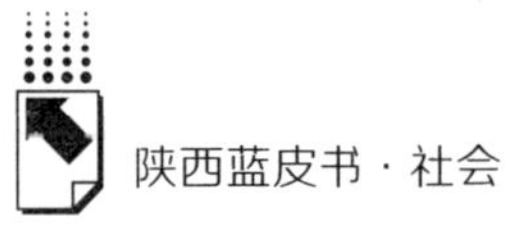

遇，逐步打破公益资源的行政垄断，使社会力量与政府部门有同等的机会竞争实施公共项目，从而提高扶贫资源的使用效率。

（四）激发群众参与的积极性

精准扶贫中群众的参与包括两方面内容，一是社会非贫困群体以各种形式广泛参与到农村精准扶贫实践中来，无论是在物质生活方面还是精神文化方面的扶贫，都积极吸纳，从而形成全社会扶贫的良好氛围。二是贫困人口的广泛参与，贫困问题的最终解决，靠的就是贫困主体即贫困人口的自身努力。

贫困人口是精准扶贫工作的主体。这里的主体，包括两层含义，一个是受益主体，精准扶贫最终是让该群体实现温饱，走向小康；二是参与主体，不管国家政策制定的多么完善，政府工作多么得力，群众不参与，达到预期效果必然是空谈。首先，要相信群众，不要总认为群众素质低目光短浅，包办代替、强迫命令，即使愿望是好的，但结果有时候也会适得其反。推进国家现代化进程，民主管理是关键，所谓民主管理就是用严格的程序保证结果公正，最终赢得群众的支持。具体来说，就是要把资源的决策权、使用权和控制权完全交给农民，由农民决定实施什么项目、由谁来实施，并由农民来掌握、控制项目的实施，实现农民的自我组织、自主管理和自我服务，政府则主要负责监督、支持和服务。其次，要保证贫困户的代表能够参与到具体的决策当中，一般来说，贫困户都处于弱势地位，他们的要求有时候很容易被忽视，因此在扶贫规划的制定和实施过程中，必须有贫困农户的代表参与其中。最后，从贫困户自身来说，也要有自主意识，脱贫是一项系统工程，外部因素固然重要，但最终还是要靠自身自立自强。

（五）加强精准扶贫的监督机制

将扶贫监督作为扶贫工作的必要环节和重要组成部分，确立行政监督机构，可以适当培育民间监督力量，拓宽民间监督渠道，建立行政监督和民众监督相结合的监督机制。首先，强化精准扶贫的资金监督。严格扶贫资金的使用范围和管理要求，杜绝挤占、挪用、截留扶贫资金的行为。严格扶贫资金的专户管理和县级财政报账制管理、封闭运行、专款专用、专人管理、转账核算，杜绝擅自掉项、截留、挪用、骗取和贪污扶贫资金的违纪违法行为。其次，强化精准扶贫的项目监督。强化项目的立项、设计、可行性研究等前期评估工作，管理和检测项目的实施，评估项目完成后的情况和可持续管理情况。最后，强化精准扶贫的责任追究。扶贫监管应该贯穿于扶贫资金分配、拨付、使用，扶贫项目立项、审批、实施、检测、验收的全过程，各级监管部门要建立健全资金项目实施单位负责人为项目法人的责任制，通过强化对项目法人合理有效的约束，加强扶贫项目管理，无论哪个环节出现问题，一定严肃追究项目法人及直接责任人的责任。

B.7
新媒体环境下陕西政府传播及舆论引导*

田丽丽**

摘　要：　新媒体环境下，社会舆论呈现活跃、复杂态势，加强政府传播能力、有效引导社会舆论尤为重要。陕西政府在努力做好政府传播工作的同时，也存在着诸如政务新媒体运营模式粗放、舆情回应不到位等问题。对此，本文提出要从制度建设、理念提升、话语体系转换等几个方面提升政府传播效率、扩大政府传播扩散力。

关键词：　陕西　传播　新媒体

近年来，互联网及移动通信技术快速发展，信息传播速度越来越快，方式越来越多样化，自媒体已经成为一种新的信息传播方式，颠覆了传统社会话语格局。随着社会公众话语权逐步扩大，人们越发热衷于针砭时政、参与公共话题讨论，社会舆论处于一个开放的时空场域和剧烈争锋的境遇之中，呈现出前所未有的活跃状态。在此形势下，如何向公众提供全面及时的政务信息和社会信息，如何回应舆论引导舆论、避免陷入“塔西佗陷阱”，是政府面临的重要课题。党的十八大提出，要构建和发展现代传播体系，提高传播能力，“提高党和政府的传播能力”被提到了前所未有的高度。只有提高传播能力，政府才能及时有效传播政府各项政策信息，通过政民互动把握瞬息万变的社会动

---

* 本文系陕西省社会科学院2016年青年课题成果之一（16QN16）。

** 田丽丽，陕西省社会科学院社会学研究所助理研究员。

向；只有提高传播能力，政府才能在国际上有效宣传我国的对外政策，赢得良好的国际舆论环境。作为地方政府，陕西省政府只有提高传播能力，才能实现政府与社会的良性互动，更好的服务社会公众，更好的讲述陕西故事、传播陕西声音、展现陕西形象，“为全省追赶超越提供强大舆论支撑和精神动力”。

一　陕西在政府传播中所做的努力与成效

政府传播是指“政府利用大众传播媒介进行的信息传播，或政府面对大众进行的传播”。政府传播的目的在于为大众提供信息服务，协调公共关系，从而化解舆论危机、宣传自身形象、完成舆论引导。近年来，陕西省政府在依靠主流媒体宣传的同时，拓展新媒体传播渠道，在政府传播方面做出了很大努力。

（一）主流媒体传播有力，有效引领社会舆论凝聚陕西“追赶超越”共识

加强主流媒体传播力建设，弘扬主流价值，是提高政府传播力、增强社会感召力的一项重要内容。主流媒体的宣传工作，主要有以下几个环节。

1. 围绕重大决策、重点任务创新主题报道

政府传播的目的之一，就是通过宣传报道，使广大民众知悉、了解党和政府出台的重大决策、重点工作和任务，这是舆论引导的重要手段，也是主流媒体服务大局的基本方式。从 2015 年年底到 2016 年 7 月，陕西省围绕“追赶超越”的定位和“五个扎实”要求，组织策划了“追赶超越”的报道主题，陆续推出《追赶超越地市巨变》《追赶超越新陕西 · 新春走基层》《追赶超越新陕西 · 落实五个扎实》等 10 多个系列报道，累计制作相关报道 200 多条，形成了强大的报道声势；《陕西日报》连续发文解读陕西经济发展现状，如《追赶超越再向前当前陕西经济社会发展综述》《扭住发展第一要务新理念引领新常态》，深入解读了陕西省面对当前经济环境所采取的各项政策措施，增强了人们对陕西“追赶超越”的信心，在全省营造了良好的舆论氛围，进一步彰显了主流媒体的责任和担当。

2. 推出典型宣传传播正能量

善于发现、宣传、推广先进典型，运用典型宣传示效应范引导带动一般干

部群众，凝心聚力引领社会风尚，是增强党的宣传成效、提高政府传播力的主要方法之一。一直以来，陕西高度重视先进典型报道，2015 年广泛开展“三秦楷模”“时代楷模”“道德模范”等宣传报道，大力宣传各行各业涌现出的先进典型；2016 年广泛开展“好人”推荐评选活动、展示“美德少年”事迹，以专题报道的形式贴近生活、贴近实际，用生动鲜活的人物、故事，弘扬主旋律，激励全社会形成积极向上的良好氛围，收到了良好的传播效果。

3. 开展重大新闻行动

大型新闻行动是主流媒体提升舆论引导力的重要途径，是实现传播效益最大化和最优化的重要方式。省委宣传部围绕重大宣传主题，积极组织新闻媒体实施大型新闻行动，彰显了主流媒体强大的舆论引导力。如“纪念长征胜利‘红色记忆’陕西行大型采访活动”，有效地实现了主题报道活动化新闻宣传互动化，取得了良好的传播效果，在广大观众中引起了很大反响。

（二）政务新媒体发展迅速，形成多元化传播渠道

近年来，以政务微博、微信为主体的政府信息传播活动日益活跃，“两微一端”成为陕西政务新媒体发展新模式。

自 2011 年开始，在中央政府的主导下，在陕西省政府和网信部门的推动下，作为陕西省首个政务微博——“@陕西发布”在腾讯微博正式上线。为了扩展沟通平台，方便政策咨询，“@陕西发布”官方微博和省政府各部门政务微博共同组成“陕西发布”政务微博群，涵盖省民政厅、省商务厅、省教育厅、省公安厅、省人社厅、省卫生厅等多家单位，重点向网民发布重要民生信息和各部门的重要活动等，成为政府与公众沟通的有效平台。截至 2016 年 8 月底，“@陕西发布”共发布微博 15428 篇，粉丝总数达 111 万人。与此同时，各地市政务微博发展也势头强劲。其中，商洛市政府联合全市 40 多家政务微博单位共同构建商洛微博发布厅，形成广覆盖、具规模的微博矩阵；西安市在 2016 年 8 月发布的《2016 上半年〈人民日报〉政务指数微博影响力报告》中，在全国 159320 个政务微博中排名第 3 位，“@西安发布”“@西安公安”跻身全国百强，并与“@西安旅游局”“@西铁资讯”分别跻身各领域全国 20 强。可以说，经过 4 年的发展，政府利用微博拓展传播手段起到了良好成效，陕西政务微博涵盖的部门更加多元化，行业覆盖面更加广泛，并且活跃

度、时效性、服务性也在不断提升，受到网民肯定。

从2014年开始，政务微信崭露头角，从省级部门到基层政府，陕西政务微信公众号不断涌现，使得政府与公众互动性有较大提升。陕西政务微信经历了2014年的初创期、2015年的摸索期，如今已经进入增长期。据统计，截至2016年初，陕西省政务民生类微信约3021个，在全国排名第8位；政务类微信约800个，并且仍在以较快的速度增加。在陕西省政务微信矩阵中，省级账号大约有48个，比例达到6%；西安、咸阳政务公众号各约120个，占比为15%；渭南政务公众号为96个，占比12%；宝鸡政务公众号为88个，占比11%。在2016年上半年，陕西省政务微信账号共发文105939篇，总阅读数达到8500万人次，点赞数为821263次。政务微信的应用，使政府信息的发布更加"接地气"，大大缩小了政府和公众的心理距离，在使用过程中提高了政府传播能力。

除了政务微博、微信外，移动电子政务APP因其业务流小、快、多的高效果办公模式也受到政府关注并开始开发，2016年年初，"陕西检查"新闻客户端上线，实现了全省11个地市、109个县（区、市）检察院门户网站的新媒体化，"陕西检查"设有5个栏目、9个互动板块，纳入日常的申诉、举报、行贿档案查询、阅卷预约等事情，民众通过"手指尖的活动"就可以预约办理相关业务。

（三）重视政府门户网站建设，增强了政务公开力度与传播实效

近年来，陕西非常重视门户网站建设，陕西省政府办公厅印发了《关于加强政府网站信息内容建设的实施意见》，把网站管理纳入主办单位的考核之中，并要求对于网民的咨询建议，相关部门要在7个工作日内反馈处理意见。

1. 通过门户网站建设，陕西省政府进一步完善了信息发布机制

2015年，印发了《2015年政府信息公开工作要点分解细化方案》，重新修订了《陕西省人民政府办公厅政府信息公开指南》，明确了政府信息公开的领域，并制定出依申请公开答复办理的流程图。同时，督促各级政府、各工作部门在信息公开上要注重时效性，在与网民互动上注重回应性等，推动了信息公开的制度化。西安市出台了《政府网站信息内容建设的实施意见》，强化信息发布各环节；铜川市印发了《关于建立重要政策解读机制的通知》，并坚持

每周五上午召开政务信息及网站建设推进会；商洛市建立了政府信息报送、审核、发布日记录、周汇总和月通报机制。

2. 通过门户网站建设，政府与网民的互动性进一步提升

陕西省人民政府网站通过“政务要闻”“政府文件”“政府公告”“政民互动”“热点专题”“重点领域信息”“在线访谈”“政策解读”等一系列专栏，及时将政府各类信息公布在网上，方便人们查询、了解。铜川市政府对网民留言办理工作，执行“135”工作机制，即1个工作日内回应，3个工作日内办理，5个工作日内回复，确保网民留言事事查清楚、件件有回音；商洛市通过政府门户网站“我要留言”“在线交流”“网上评议”等互动交流平台，受理并回应群众来信667件；杨凌示范区建立“魅力杨凌”客户端，为广大网友提供新闻政务服务和互动体验平台的做法收到较好效果。

3. 通过门户网站建设，陕西省权威发布和政策解读力度得到增强

政府门户网站定期邀请政府机构、企事业单位领导参与“在线访谈”，为公众解读政策，答疑解惑。2015年，陕西省共制作播出了“在线访谈”206期，其中省政府门户网站制作播出35期。省政府门户网站通过“政策解读”栏目对相关政策进行专栏讲解，如对《陕西省农村扶贫开发条例》《西安市分级诊疗制度》等群众普遍关心的重要政策进行解读。除此以外，省政府门户网站还针对省内重要时事、社会经济发展等情况进行“专题解读”，如“两会专题”“‘十二五’陕西成绩单”“‘一路一带’上的陕西听省长给你讲两年的变化”等。

政府门户网站建设，即促进了政府与网民的信息交流，又向社会公众展示了政府的工作成效，便于人们了解政府的“工作清单”“权力清单”，使政府信息的传播更加有力，民意反映渠道更加通畅。

（四）积极开展对外宣传工作，充分展示开放陕西新形象

近年来，陕西对外开放程度日益提高，对外宣传工作的领域也在不断扩展。

2015年，《关于进一步做好对外文化工作加强国际传播能力建设的实施意见》与《陕西建设丝绸之路经济带新起点对外宣传工作方案》相继出台，举办了“丝路寻梦人文陕西”中外媒体采访、“全球商报媒体高层陕西行”、“一

带一路上的陕西”等大型采访活动，中外记者近距离感受到丝绸之路新起点的活力与生机，陕西在世界上的名片更加响亮。

2016年，以“开放的中国：迈向世界的陕西”为主题的外交部陕西全球推介会在北京隆重举行；“国风·秦韵陕西传统文化周”在香港国际会展中心精彩启幕；秦始皇陵兵马俑展先后在美国芝加哥、日本福冈开幕，使国外观众更好地了解秦文化；在哈萨克斯坦国家博物馆举办了“丝路起点灿烂文明——陕西文化遗产”图片展；启动“中意文化交流项目”，在意大利历史文化名城蒂沃利市举办的“中国文化周”；大型原创杂技剧《丝路彩虹》在吉尔吉斯斯坦首都比什凯克连续演出。一系列对外宣传活动，使陕西与世界的联系更加紧密，陕西文化得以在世界舞台传播，陕西形象得到进一步推介。

二　政府传播中存在的主要问题

新媒体环境下，陕西政府传播的理念与形式都在不断发展与创新，传播的影响力持续扩大，但同时也存在以下几点问题。

（一）政务新媒体运营管理粗放，体制机制不健全

相对于较为稳定的政府信息公开机制，陕西省政务新媒体在运营管理上还不够精细，没有形成成熟的运作机制。主要原因是在政务新媒体账号开设大潮下，部分微博、微信的开设属于“跟风”行为，而相应的团队建设、运营机制建设没有跟上步伐，因此信息的发布内容只是简单粘贴新闻，语气公式化、信息表达形式单一等问题还广泛存在。一些政务微博、微信还存在信息发布不规律、不及时的情况，或短时间内连发多条，或长时间一条不发的现象时有发生。例如，陕西新媒体监测统计显示，2016年8月第四周与第三周相比，活跃度排名前30的政务微信公众号，在发文数量上减少了56篇，阅读总量下降8万多；平均阅读数减少了1万多；点赞总数也减少了3000多个，头条阅读量少了10万多。也就是说，还没有形成关于政务新媒体如何保持稳定、持续运营的制度规定。此外，在政务微博、微信公众号的运营中，也没有完善的信息审核发布机制、考评机制、舆情回应机制，这就导致在关键时刻可能会出现问题。例如，2015年6月，陕西榆林子州县公安局交警大队“@子州交警”

微博发布批评质疑中国50年代“土地改革运动”的言论，在网上引发争论，对政务形象造成了不利的影响。

（二）基层政府存在“睡眠网站”，没有形成自上而下的有效传播网络

作为传播主体，部分基层政府在政务公开方面存在不及时的情况。部分政府网站处于“睡眠”状态。建立政府门户网站的初衷，一是在于及时向社会公众公开政府信息，将政府的重大决策、重要活动及社会主流价值传播出去；二是要增强政府与公众的互动，回应社会关切，服务群众需求。目前，陕西省开通的政府网站共2757个，在实际运行中，大部分网站在内容设计上能够兼具灵活性和权威性，真正成为为民服务的窗口，受到民众的欢迎。然而，也有部分基层政府忽视网站的后期维护与运行，导致网站存在不能及时更新信息、便民互动窗口无人回复的“睡眠”“僵尸”现象。截至2016年7月，陕西省“西乡县国土资源局”网站首页长时间没有更新，部分咨询留言超过半年未得到回复；“中国略阳电子政务频道”、“米脂县人力资源网”多个栏目为空白；“商南林业网”“柞水县环境保护局”网站长期无法访问；“宁强县文化旅游网站”最新栏目更新时间为2016年2月17日，图片新闻更新静止于2015年3月10日。“睡眠网站”的出现，根源在于相关政府负责人缺乏服务民众的意识与理念，还没有认识到网络信息时代，“缄默不语”已经违背了网站创立的初衷，如不及时整改，不仅会让公众不满，还会损害政府部门的权威和公信。

（三）舆情回应不到位，缺乏沟通引导技巧

在传播过程中，政府不仅要及时公开政务信息、宣传各项方针政策，更要认真倾听公众诉求，回复社会关切，这是新形势下政府做好传播工作、畅通服务渠道的“最后一公里”，因此舆情回应是政府传播过程中一个至关重要的环节。人民网《2016年全国政务舆情回应指数评估报告》显示，西部省份在舆情回应方面同东部省份存在一定差距。结合陕西省实际情况，可以将这种差距概括为以下三个方面。一是回应问题、解决问题的诚意不到位。虽然陕西省在舆情回应上做了很多努力，如规定政府门户网站上的网友留言要七日内回复等，但一些相关部门工作并没有做实。在政府门户网站的互动栏目中，依然存

在涉事部门应付差事，甚至在回复中弄虚作假。二是回应效果不到位，回复网友问题语气过于公式化。从当前陕西政务微博、微信的运行来看，互动性不佳是其发展中主要存在的短板，主要表现为活跃度不够、被动型互动居多，或提出开放性问题供网友回复评论，而主动转发或评论其他用户相关博文的互动较少。三是发声力度不到位，由于存有“多说多错、少说少错”心理，不少部门不敢或不愿发声。2015 年末到 2016 年初，陕西省在 4 个月内连续 5 只大熊猫感染犬瘟死亡，作为主管部门的陕西林业厅，并没有通过政务微平台发声和回应，对此不断有网友在微博上呼吁相关部门该发声时要发声。

（四）“官方发布”话语体系与民众话语相分离，阻碍了信息有效传播

在自媒体时代，无论是政府召开新闻发布会、接受媒体采访，还是通过微博、微信、网站发布政务信息、回应网民关切，都离不开“说话”。但是，由于传统传播习惯使然，加之在网络环境下公众话语权的日益放大，导致官方话语体系与民众话语体系逐渐相分离，二者在表达方式、表达内容上都有所差异。如在面对社会重大问题或热点事件时，官方话语通常侧重宏大描述、官方叙事，以“领导高度重视、相关部门如何处置事故”为主要内容，而普通网民更乐于微观阐释、平民传播；从政务微博、微信中发布的消息看，内容上以政府政策、文件、活动居多，内容严肃，语气“僵硬”，忽略了受众的情感需求与心理特点。要知道，当前政府传播的受众是以青年群体为主，这部分群体拒绝官本位、拒绝权威主义，更不喜欢一成不变的套路化，对“新闻联播式的报道”更是不感兴趣。所以，用老式的、官方的、套路化的方式发布信息，在语言上、文风上、情感上都与民众话语相距甚远，易于使网民产生抵触心理，降低对政府决策的认同感，为信息的有效传播、舆论的有效引导制造阻碍。

三　提升政府传播能力与舆论引导力的对策建议

在新媒体环境下，要提高政府传播力，还需要从以下几个方面做出努力。

（一）加强制度建设，推动陕西政务新媒体走良性发展轨道，提升政府传播扩散力

政府门户网站、政务新媒体的运营，要保证有专门的队伍切实担当起信息策划、发布、回应、监管的职责；及时出台陕西政务新媒体运营的各项规章制度，如《陕西省政务微博管理办法》《陕西省政务人员使用微博客管理办法》等。具体来讲，一是完善信息发布审核机制，确保导向正确、服务到位，保证公众号管理人员不得发布有损政府形象的信息。二是稳定信息发布节奏。一般来讲，政务微博、微信要稳定运行，首先需要稳定信息的发布频率，做到日发布量均匀规律，同时要根据用户的活跃期来调整信息发布的节奏，也就是要对陕西本土微博、微信用户每天评论和转发的高峰时段进行预判，做到将政务信息的发布节奏与用户活跃时段保持一致，让粉丝形成读取政务信息的心理惯性，从而提升传播效果。三是建立考核指标，完善考评机制，如从发布信息的数量、内容原创性、粉丝量、评论等方面进行综合考评，做到有章可循、有条不紊。四是健全舆情回应的激励机制，加强宣传部门与各职能部门的协调联动，做好舆情回应引导，解答网友疑问、疏导舆论情绪，使回应及时有效，促使陕西政务新媒体走上重服务、重质量、重解决实际问题的良性发展轨道。

（二）深入公共服务内涵，进一步发挥门户网站信息公开功能，提升政府传播效率

1. 增加政府网站的服务窗口

在政府网站栏目设计上，丰富的政策性、宣传性板块必不可少，也在政府传播中起到了一定的效果。但是政府政策传播、信息公开的最终目的，是为了宣传政府形象，塑造政府公信力，建立良好的政民关系。因此，政府网站应该设置更多的公共服务窗口，一是拓展网上办公业务，发展电子服务；二是及时处理网民留言，将政府的服务功能做实做深，让网站真正成为政民沟通的桥梁。

2. 及时公开政府信息

要在网站运行和维护上下功夫，尤其是在地方基层政府门户网站在，主动

将政府各类信息及时公开，在信息发布实效上走在商业网站前面，从而增强政府传播的权威性、时效性。在发布重要政策时，注重做好同步解读工作，把政策出台的背景、目的、内容用简单、通俗、生动的语言表达清楚，综合运用图表、数据等多种表现方式进行答疑解惑，使政府网站更加“接地气”、聚人气，提升政府传播的效果。

3. 设立访问数据统计窗口

访问量是网站监测受众的重要数据，也是政府传播能力的直接体现，政府网站设立访问数据统计窗口，既能掌握政府网站访问量，又能把握网民的关注点，对督促政府网站建设、促进政府传播具有积极作用。

（三）信息发布文本凸显人文关怀，打破官话话语与民众话语的壁垒

平等、尊重是对话的前提，要获得互动的良好效果，一是持有平等协商的态度。随着公民意识的增强，今天的公众已经不是被动的被告知客体，而是舆论的主要参与者，因此应当把他们看成是平等的沟通主体，政府在沟通过程中要积极主动，为对话制造更多的机会，使大众传媒在舆论引导过程中广听民意，扩大共识基础。二是在信息发布的文本中，要体现出人文关怀，使人们透过文稿，感受到温度，使交流有效、效果持久；领导干部的发言、讲话，要以民本意识为基础，贴近民生，去除官话、套话，多一些网络语言、多一些娓娓道来，拉近与民众的距离；三是组建专职的信息发布团队，多吸纳年轻人参与，用轻松活泼的语言风格带动官方发布话语风格的转换。

（四）提升舆情回应理念和手法，提高舆论引导针对性

一是政务舆情的回应要“迅疾”，根据 2016 年 8 月国务院办公厅印发的《国务院办公厅关于在政务公开工作中进一步做好政务舆情回应的通知》，对涉及特别重大、重大突发事件的政务舆情，最迟要在 24 小时内发声，对其他政务舆情应在 48 小时内给予回应，这就要求陕西省要将“7 个工作日内反馈意见”提速为“48 小时”以内。反应迅速、及时回应，这是面对政务舆情的第一步。二是舆情回应要直接面对舆情核心问题、诚意挖掘真相、使舆情回应

有力度有温度，因为在新媒体时代，任何真相都无法“捂住”，诚意解决，不给流言传播空间，才能获得公众信任。三是用更多的方式回应舆情。要综合运用传统媒体、政务新媒体、门户网站互动平台、新闻发布会、部门第一负责人走到前台等多种方式来回应舆情诉求，使传统媒体深厚的专业积淀、公信力与新媒体的效率、多角度展现相结合，使官方的权威声音在社会上获得广泛传播。

民意调查

Survey on Public Opinion

B.8

2016年社会热点、焦点事件：陕西公众问卷调查分析报告

陕西省社会科学院课题组*

摘 要： 2016年是“十三五”规划开局之年，也是社会发展的关键之年。本报告从社会舆情的视角，对陕西公众关注和讨论的热点、焦点议题进行了汇总分析，收集整理年度社会“流行词”，反映公众对其的认知与评价。调查结果显示，公众对本年度各类社会事件的关注度呈现明显的差异性。中国女排荣获奥运冠军、杭州G20峰会、严打电信诈骗犯罪等社会影响较大的事件引起广泛关注。在社会流行词中，“女排精神”“一带一路”排在前列。在陕西主要社会事件和活动的社会影响中，“落实城乡居民大病保险制度”排在首位。通过这些热点、焦点事件等反映出陕西公众对未来社会发展的思考、期

* 课题组成员：江波，陕西省社会科学院社会学研究所研究员；谢雨锋，陕西省社会科学院社会学研究所副研究员；吴南，陕西省社会科学院社会学研究所副研究员。

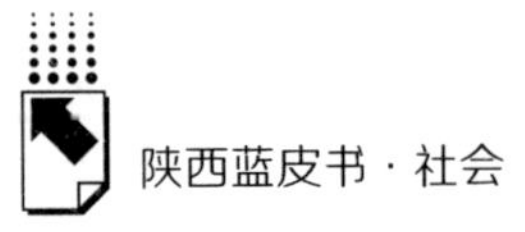

待与展望。

关键词： 陕西 社会热点 社会焦点 流行词

2016年，我国开始谋划“十三五”时期经济社会发展的大布局。在这一年中，站在更高发展水平之上的中国，面对世界经济不景气、地区局势复杂多变的大环境，以及我国在转变经济发展模式，调整产业结构所带来的变化，实现了经济社会发展总体运行平稳，稳中有进、稳中有好的发展势头。无论是“十三五”发展规划的要点还是出台的各项社会政策以及发生的各类社会事件，都与我们的工作、学习和生活密切相关。这些社会事件和社会现象，哪些会成为陕西公众关注和讨论的热点、焦点议题？哪些又值得我们展望和期待？为了解陕西社会公众对2016年省内外社会热点、焦点事件的认知与评价，揭示到底哪些话语成为年度社会“流行词”，透过这些热点、焦点事件公众对未来社会发展又有哪些期待？为此，我们采用问卷调查的方式，对年龄在20~70岁的公众进行了专项调查，以下报告依据本次调查的数据分析完成（见表1和表2）。

表1 2016年受访者对主要社会事件、社会现象的关注度（均值）

社会事件/现象	样本数(人)	均值	标准差	排序
中国女排荣获奥运冠军	534	4.14	1.050	1
严打电信诈骗犯罪	534	4.04	1.090	2
巴西里约奥运会	534	3.94	1.116	3
“南海仲裁案”结果公布	534	3.72	1.247	4
全面实施一对夫妇生两孩政策	534	3.60	1.116	5
西安高铁与东部高铁网连通	534	3.54	1.176	6
杭州G20峰会	534	3.48	1.100	7
天宫二号空间实验室成功发射	534	3.43	1.179	8
纪念中国共产党诞辰95周年	534	3.40	1.163	9
纪念红军长征胜利80周年	534	3.37	1.153	10
美国大选	534	3.07	1.291	11
习近平在哲学社会科学工作座谈会上的讲话	534	3.06	1.196	12

表 2　2016 年受访者对主要社会事件、社会现象的关注比例

单位：%

社会热点事件/现象	非常关注	比较关注	基本关注	不太关注	不关注
中国女排荣获奥运冠军	47.8	30.9	12.9	4.9	3.6
严打电信诈骗犯罪	45.5	26.0	19.5	5.4	3.6
巴西里约奥运会	38.6	33.3	16.9	6.4	4.9
"南海仲裁案"结果公布	35.0	27.5	19.5	10.7	7.3
全面实施一对夫妇生两孩政策	25.1	31.1	27.3	12.2	4.3
西安高铁与东部高铁网连通	24.4	31.1	26.4	11.0	7.1
杭州 G20 峰会	19.7	31.5	31.8	11.4	5.6
天宫二号空间实验室成功发射	20.4	30.5	28.5	12.5	8.1
纪念中国共产党诞辰 95 周年	20.2	27.2	33.5	11.0	8.1
纪念红军长征胜利 80 周年	19.3	27.0	32.2	14.6	6.9
美国大选	15.9	24.2	26.8	17.8	15.4
习近平在哲学社会科学工作座谈会上的讲话	13.9	22.1	31.6	21.3	11.0

一　对社会事件的关注度

2016 年，是“十三五”规划的开局之年。这一年对公众来说的确留下了太多的记忆和思考。在这不平凡的一年里，究竟哪些事件对公众产生了更为重要的影响，这正是我们首先要了解的。为此，我们选取了 2016 年 1～10 月发生的 12 项社会热点、焦点事件，对每项事件的测量采用 5 级量表方法获取公众的评价结果。即 5 分表示“非常关注”，依次递减，1 分表示“不关注”，排除回答“说不清”及“拒答”等不确定指标后进行统计分析。调查结果显示，整体来说，公众对各类社会事件的关注度不甚一致，呈现出较大的差异性。尤其对“南海仲裁案结果公布”“台湾雄三飞弹误射”“法国恐怖袭击事件”等社会事件，公众的关注程度存在显著差异。

（一）高度关注女排奥运夺冠，全社会再次聚焦“女排精神”

自20世纪80年代中国女排夺得七连冠后，国人对中国女排始终持有特殊、深刻的情结。尤其是其逆境中爆发和团结奋斗的精神，更超越了体育层面，重新定义了民族精神，成为国人顽强拼搏、永不言弃、坚持不懈、自强不息的时代楷模。正因此，当中国女排再次登顶世界之巅，即刻吸引了全中国观众的目光。调查数据表明，在问卷列出的12项社会热点、焦点事件中，“中国女排荣获奥运冠军”以4.14分居榜首，获得最高关注度。表示“非常关注”（47.8%）、“比较关注”（30.9%）和“基本关注”（12.9%）的受访者比例合计高达91.6%。认为“女排精神”既是时代的标签，更是对“更快、更高、更强”奥运精神的再次展现和诠释，它将激励人们在推进民族复兴的伟大征程中振奋精神，同心共筑“中国梦”。与此相关联，对“里约奥运会”，受访者的关注度居第3位，逾七成（71.9%）的受访者表示“非常关注”（38.6%）或“比较关注”（33.3%）。

（二）切实关注严打电信诈骗，对网络治理寄予厚望

近年来，利用信息技术的电信诈骗和网络诈骗活动日益猖獗。这不仅造成人民群众利益损害的显性危害，也造成了扰乱社会秩序、破坏社会信任、增加社会运行成本的隐性危害。因此，因电信诈骗引发的社会事件导致社会舆论持续发酵，防范和打击电信诈骗已成为社会关注的焦点。调查结果显示，受访者对“严打电信诈骗犯罪”的关注度居第2位，表示“非常关注”（45.5%）、“比较关注”（26.0%）和“基本关注”（19.5%）的受访者比例高达91.0%，明确表示“不太关注”和“不关注”的受访者比例分别仅占5.4%和3.6%。用5级量表赋值方法进行测量，公众对这一事件关注度的总体得分也高达4.04分，处于“比较关注”和“非常关注”之间偏向“非常关注”的位置。这一结果表明，公众对严打电信诈骗举措持有很高的关注度。多数受访者认为，电信网络诈骗作为一种新型犯罪具有很大的社会危害性，既影响到一些政府职能部门正常工作的开展，也成为影响社会运行的巨大毒瘤。不断发生的电信网络诈骗犯罪活动，也在提醒我们，补齐监管漏洞和短板，完善相关法律法规和加大惩罚与执法力度已刻不容缓。

（三）持续关注国际议题，“南海仲裁案”和“杭州 G20峰会”引发热议

2016 年，国际社会热点增多，多样化、多极化发展特征更加明确。在诸多热点、焦点问题中，“南海仲裁案”和“二十国集团领导人杭州峰会”无疑最受中外社会、媒体和公众关注。对于南海冲裁案结果，公众不仅坚决支持国家“不接受、不参与、不承认”的严正立场，也对菲律宾以及这出闹剧背后西方国家的险恶用心保持警惕，认定该事件进一步增强了中华民族的凝聚力。本次调查数据表明，受访者对“南海仲裁案”的关注度居第 4 位，逾八成（82.0%）受访者对“南海仲裁案”结果公布表示“非常关注”（35.0%）、“比较关注”（27.5%）和“基本关注”（19.5%），表示“不太关注”和“不关注”的受访者比例分别占 10.7% 和 7.3%。用 5 级量表赋值方法进行测量的总体得分也高达 3.72 分，显示出人们对事关国家领土安全的国际热点持续高度关注，也提醒人们要清醒地看到，我们的发展环境并不太平，国际社会不太稳定，在促进国内发展的同时，也要具有国际视角和思维，严防借用地区冲突搅乱我们的发展进程。以“构建创新、活力、联动、包容的世界经济”为主题的“杭州 G20 峰会”，不仅是中国在全球经济变革和推进全球化中发挥重要作用的一个契机，更进一步展现出负责任大国的风范，代表发展中国家发声，借助开展“一带一路”战略，设立亚投行等与更多国家良性互动，实现与其他国家的互利共赢。调查数据表明，高达 83.0% 的受访者“非常关注”（19.7%）、“比较关注”（31.5%）和“基本关注”（31.8%）这一国际盛事，表示“不关注”的仅占 5.6%。此外，不少公众对其他国际议题也给予了一定关注，其中有 65.3% 的受访者对“法国系列恐怖袭击事件”表示“非常关注”（13.3%）、“比较关注”（23.2%）和“基本关注”（28.8%），有 20.8% 的受访者表示“不太关注”；对“美国大选”表示“非常关注”（15.9%）、“比较关注”（24.2%）和“基本关注”（26.8%）的受访者比例也达到了 66.9%。

（四）深度关注习近平总书记在哲学社会科学工作座谈会上讲话，对软实力建设充满期待

2016 年 5 月 17 日，习近平总书记在哲学社会科学工作座谈会上发表重要

讲话，讲话核心思想不仅明晰了哲学社会科学在国家发展中的定位，也表明了哲学社会科学发展水平是一个国家综合国力的重要体现。讲话一经发布就引发社会各界热议，特别是在哲学社会科学界引起了强烈共鸣，开展了热烈讨论。社会公众认为，习近平总书记的讲话精神既提升了思考问题的高度，开阔了观察世界的视野，也折射出当前哲学社会科学发展的现状。调查结果显示，有67.6%的受访者对“习近平总书记在哲学社会科学工作座谈会上的讲话”表示“非常关注”（13.9%）、“比较关注”（22.1%）和“基本关注”（31.6%），尤其是哲学社会科学工作者纷纷表示，要按照习近平总书记“不忘本来、吸收外来、面向未来”的要求，加快构建具有继承性、民族性、原创性、时代性、系统性、专业性的中国特色哲学社会科学体系，不负时代、不辱使命。

（五）热切关注红色文化和长征精神，呼唤传承红色基因，为实现中国梦凝聚强大动力

2016年既是中国共产党诞辰95周年，也是红军长征胜利80周年。习近平总书记指出，在我们党带领人民进行革命和建设的进程中，形成了许多伟大的革命精神，留下了许多宝贵的物质载体，它们既是对中国优秀传统文化和中华民族精神的丰富和发展，也是孕育形成社会主义核心价值观的根脉源泉。因此，在新形势下，培育和弘扬社会主义核心价值观，必须深入发掘红色资源、红色传统的时代价值，进一步传承红色基因，为广大党员干部和人民群众的精神家园建设提供源源不断的精神养分，为协调推进“四个全面”、实现中国梦凝聚强大动力、筑牢精神支柱。调查结果显示，当问及您关注“纪念中国共产党诞辰95周年”和“纪念红军长征胜利80周年”这一活动时，有80.0%左右的受访者明确表示关注。其中，80.9%的受访者选择“非常关注”（20.2%）、“比较关注”（27.2%）和“基本关注”（33.5%），明确表示“不太关注”（11.0%）和“不关注”（8.1%）的受访者比例不足两成；有78.5%的受访者表示“非常关注”（19.3%）、“比较关注”（27.0%）和“基本关注”（32.2%）“纪念红军长征胜利80周年”，仅有6.9%的受访者选择“不关注”。可见，“纪念中国共产党诞辰95周年”和“纪念红军长征胜利80周年”获得了相当数量受访者的关注。这表明，在当今社会，这些

红色文化依然是我们宝贵的社会财富，不忘初心，自觉地将这一优势与正在进行的改革发展事业相结合，与日常生活相结合，大力运用红色资源、红色传统、红色基因培育和弘扬社会主义核心价值观，使党的宝贵精神财富彰显新的时代价值。

（六）重点关注社会发展成就，期待分享人口红利和科学成果

调查结果显示，对于“全面实施一对夫妇生两孩政策”“西安高铁与东部高铁网连通”“天宫二号空间实验室成功发射”等社会政策和发展成就，公众也给予重点关注，分别排在第5位、第6位和第8位。其中，有56.2%的受访者表示“非常关注”（25.1%）和“比较关注”（31.1%）“全面实施一对夫妇生两孩政策”，认为这项政策的放开，对促进人口均衡发展、完善人口发展战略和应对人口老龄化具有重要意义。用5级量表赋值方法进行测量，公众对这一政策的关注度总体得分达到3.60分，处于“基本关注”和“比较关注”之间偏向“比较关注”的位置。有55.5%的受访者表示“非常关注”（24.4%）和“比较关注”（31.1%）“西安高铁与东部高铁网连通”。在不少受访者看来，陕西高铁线路首次实现与东部高铁网互联互通，连片成网，将进一步凸显高铁的集合效应，拉动陕西经济社会快速发展。同样，对“天宫二号空间实验室成功发射”这一重要科技事件表示“非常关注”（20.4%）和“比较关注”（30.5%）的受访者比例为50.9%，超过半数，28.5%的受访者表示“基本关注”，明确表示“不关注”的受访者比例不足一成（8.1%）。可见，天宫二号已成为一个象征，证明我国通过几十年的繁荣发展，综合国力已有显著提升，而且，对提振民族自信，增强民族凝聚力更具有重要意义。

需要特别指出的是，由于2016年问卷调查执行时间较早，所以，“神舟十一号成功发射”“十八届六中全会召开”“洪秀柱率团访问大陆”“菲律宾总统访华”“江西宜春市丰城发电厂车在建项目施工平台坍塌特大重大事故”等重要的政治、社会事件并没有被纳入调查视野，也无法测量公众对它们的关注度。

在问卷设计和调查访问过程中，笔者还以“除上述事件外，您还关注了

哪些事件”为题，对公众进行进一步追问，经整理、归纳发现，公众还关注诸如涉及经济、文化、体育、外交等领域的社会事件、社会现象或社会议题（见表3）

表3　调查涉及的其他问题

◆白银杀人事件	◆供给侧改革	◆扶贫政策	◆蔡英文上台和台湾问题
◆西安三号地铁开通	◆三星手机爆炸	◆朝韩问题	◆甘肃因贫困杀害儿女
◆精准扶贫	◆电商	◆房产限购	◆毛泽东逝世40周年
◆七一讲话	◆校园暴力	◆部署“萨德”	◆年轻人抑郁自杀
◆英国脱欧	◆户籍制度改革	◆医患纠纷	◆小升初择校
◆惩治腐败	◆手机实名制	◆中秋晚会	◆乌镇互联网峰会
◆习近平访英	◆儿童假疫苗事件	◆工匠精神	◆丝绸之路电影节
◆空气污染	◆网约车改革	◆直播文化	◆人民币加入SDR
◆交通堵塞	◆出租车收费	◆留守儿童	◆甘肃辞退患病女教师
◆五大战区成立	◆老龄化社会	◆残奥会	◆支付宝提现收费
◆学生入学难	◆涨工资	◆网络暴力	◆孙中山诞辰

二　对社会“流行词”的认定

社会“流行词语”作为浓缩社会发展记忆、寓意社会事件/事物的表现形式，不仅折射出2016年社会发展和社会生活的热点、焦点，也呈现出公众对年度重要事件、活动、政策和社会现象的解读与思考。透过这些社会“流行词语”可勾勒社情民意，认知和凝聚社会共识，推动社会的良性发展。为了解公众对2016年社会“流行词语”的关注度与思考，在问卷设计中选取了在社会上传播面较广、影响力较大的23个社会“流行词语”，请受访者给出判断。调查结果见表4。

在所列出的23个年度社会“流行词”中，“女排精神”以45.8%的最高提及率受到人们高度追捧和点赞。这不仅显示出社会公众对“女排精神”的高度关注，更彰显其强大的社会感召力和影响力，体现出以“无私奉献精神、团结协作精神、艰苦创业精神、自强不息精神”为特征的“女排精神”，已经

表4　2016 年受访者对社会“流行词”的认定（多选）

单位：人，%

社会流行词	样本量	百分比	排序
女排精神	244	45.8	1
一带一路	225	42.2	2
滴滴优步	211	39.6	3
两学一做	189	35.5	4
洪荒之力	180	33.8	5
G20	175	32.8	6
电信诈骗	164	30.8	7
精准扶贫	143	26.8	8
西安地铁三号线	115	21.6	9
高铁	109	20.5	10
南海仲裁	107	20.1	11
奥运	104	19.5	12
高压反腐	94	17.6	13
微信	90	16.9	14
长征精神	64	12.0	15
电商	57	10.7	16
南方洪灾	47	8.8	17
依法治国	46	8.6	18
深化改革	38	7.1	19
移民搬迁	34	6.4	20
供给侧	30	5.6	21
“五大”发展理念	26	4.9	22
治理创新	23	4.3	23
其他	15	2.8	24
合计	2530	474.7	

注：由于本题为多项选择设置，故百分比之和大于100%。

成为中华民族面貌和时代精神的集中体现。不少受访者表示，应学习女排精神、践行女排精神、继承和发扬女排精神，在建设小康社会，实现“中国梦”的进程中为国家、社会贡献自己的力量。

居第 2 位的是“一带一路”，42.2% 的受访者选择了该选项。这项彰显人类社会共同理想和美好追求的发展战略一经提出，即在国际和国内受到高度关注，连续两年被公众纳入年度社会热词而排在前列，足见其巨大的影响力。多数受访者认为，“一带一路”是新常态背景下中国的发展战略，既是基于中国本身的发展，也是基于地区和世界的发展。社会公众期待透过“一带一路”战略的实施，陕西能自觉拓展国内国外的发展空间，加快“三个陕西”建设。

“滴滴优步”被受访者排在第3位，有39.6%的受访者选择了该项。这种基于现代信息技术发展而来的公共交通服务运行模式，作为新生事物，从公众不接受到完全接受的出行理念，从对传统出租车行业的强烈冲击到理性认识双方扮演的社会角色和发挥的社会功能，从公众对其认知度由低到高的发展历程，从不合法到合法化，从社会影响到经济影响，从顶层设计到地方新规，有关网约车的议题几乎贯穿了整个2016年，不断成为社会、公众和媒体关注的焦点并持续发酵。这表明，以出租车为主要运营力量的传统公共交通服务模式已无法完全满足公众的出行需求，急需改革，而公众在呼唤网约车的同时也期待相关部门完善政策、法规，使网约车真正融入城市公共服务系统并成为城市公共服务的主要力量。

“两学一做”居受访者关注的社会热词第4位，35.5%的受访者给予了关注，显示出公众对党中央通过这一举措解决党员队伍在思想、组织、作风、纪律等方面存在的问题，以及对保持发展党的先进性和纯洁性的高度认同。

2016年公众认为值得关注的社会“流行词语”还包括“洪荒之力”“G20”“电信诈骗”“精准扶贫”等，提及率分别为33.8%、32.8%、30.8%和26.8%。不少受访者认为，虽然“洪荒之力”出自我国游泳队员傅园慧之口，但它能在瞬间受到社会公众的回应，成为公众社会生活中表述和引用的高频词，既反映出公众对个性化表达的认同和赞誉，对乐观、健康心态的追求，也反映出社会的包容性愈来愈强。“G20”从专用政治词语演变为社会大众热议的流行词语，不仅反映出杭州G20峰会在国内产生的强大影响力，也反映了公众对中国在峰会上展现的责任担当和大国形象给予高度认同，折射出对中国未来发展的自信。“电信诈骗”之所以引发社会的高度关注，不单是其新型、隐秘、动态和多变的犯罪方式，更因为它所带来的社会危害性，已成为社会公害，社会和公众不仅强烈谴责这种犯罪行为，更期待国家相关部门能加强治理，加大执法力度，减少或消除此类犯罪活动。“精准扶贫”作为我国对扶贫对象实施精确识别、精确帮扶、精确管理新的治贫方式，2016年来一直是各级政府和部门的工作重点和重要议题，在社会上也引发了各阶层的关注和思考。

此外，也有不少受访者认为，“西安地铁三号线”（21.6%）、“高铁”（20.5%）、“南海仲裁”（20.1%）、“奥运”（19.5%）和“高压反腐”（17.6%）等也映射出2016年社会发展的焦点，这一结果显然同公众更关注与切身利益、直接利益关联性强的社会现象有关，也和公众对国家安全和干部队伍建设持续关注并报以更高期待有关。

总体来看，上述社会流行词语涉及2016年社会政治、经济、文化、体育等不同领域，记录了2016年出现的新事物、新概念和新状况，全景式呈现了2016年社会生态，在一定程度上反映了社会需求和公众思想认识的客观状态。公众对具体领域或行业流行词的关注，是公众对社会需求的真切感受与表达。

三　对主要国内社会事件/活动影响力的评价

2016年发生的社会事件，无论是国际政治事件还是重大体育事件，无论是国内经济领域的事件还是文化领域的事件，无论是对现实有影响的历史事件还是现代事件，均在公众中间产生了不同程度的影响。对这些事件的评价，可以透视公众在新的社会发展背景下，对国家的发展政策和举措、革命历史、传统精神文化，以及新的社会现象等议题的感知和思索。在对2016年主要社会事件/活动的社会影响分别进行评价时，列出了具有代表性的8项社会事件/活动，分别以“影响很大”、“影响较大”、“影响不大”和“没有影响”四类评价进行表示。在统计分析中，我们将“影响很大”赋值为4分，“影响较大”赋值为3分，“影响不大”赋值为2分，“没有影响”赋值为1分，从而获得2016年主要社会事件/活动的社会影响加权比例，并据此对各项进行排序（见表5）。

调查结果表明，在所列出的8项主要社会事件/活动中，社会综合影响力居首位的是备受全国瞩目、受到广泛赞扬的“中国女排荣获奥运冠军”。认为“中国女排荣获奥运冠军”对社会“影响很大”（43.0%）和“影响较大”（42.4%）的受访者比例高达85.4%，而明确认为这一事件对社会“没有影响”

表 5　2016 年受访者对 8 项社会事件/活动影响力的看法

单位：%

社会事件/活动	影响很大	影响较大	影响不大	没有影响	加权比例	排序
中国女排荣获奥运冠军	43.0	42.4	12.4	2.3	32.6	1
严打电信诈骗犯罪	43.5	38.5	15.9	2.1	32.3	2
杭州 G20 峰会	42.4	35.8	18.1	3.7	31.7	3
网约车在我国合法化	35.0	42.7	16.9	5.4	30.7	4
国家加强供给侧改革	25.1	42.9	27.0	5.1	28.8	5
纪念中国共产党诞辰 95 周年	21.2	43.3	29.0	6.5	27.9	6
纪念红军长征胜利 80 周年	19.7	41.5	28.8	10.0	27.1	7
纪念唐山大地震 40 周年	12.0	42.1	35.8	10.1	25.6	8

的受访者比例仅占 2.3%。可见，中国女排夺冠在陕西引发了强烈的情感共鸣，女排受到社会各界和媒体的重点关注，“女排精神”再次被人们热议。诚如许多受访者所言，女排夺冠是里约奥运会分量最重的冠军，“女排精神”给予我们的不仅是一种感动，更是一种民族的凝聚力，为祖国的强大感到光荣和自豪。也有不少受访者表示，有了这种精神，就有了持续前行的动能。我们国家正处在一个新的发展时期，中国人民正在为实现伟大的中国梦、追求中华民族伟大复兴而努力，我们要弘扬“女排精神”，践行“女排精神”，在每个人的岗位上做出自己的贡献。

被公众排在第 2 位的是“严打电信诈骗犯罪”。有 82.0% 的受访者认为这一举措对整顿社会秩序、保障社会生活“影响很大”（43.5%）或“影响较大”（38.5%），仅有 2.1% 的受访者认为“没有影响”。受访者对相关部门的这一举措表示支持和肯定。近年来，电信诈骗案件在我国呈高发态势，已成为影响社会稳定和群众安全感的突出犯罪问题。国家开展严厉打击电信网络新型违法犯罪的专项行动，期待能有效遏制此类违法犯罪发展蔓延势头，消除负面影响。

有近八成的受访者认为“杭州 G20 峰会”和“网约车在我国合法化”也是 2016 年有较大影响力的社会大事件。其中，有 42.4% 的受访者认为杭州 G20 峰会“影响很大”，35.8% 的认为“影响较大”累计高达 78.2%。值得注意的是，有 18.1% 的受访者认为 G20 峰会是高端的国际盛会，不用普通人操心，与公众生活的距离较远，故其“影响不大”。有35.0%的受访者认为“网约车在我国合法化”对完善公共服务体系和加强公共交通治理“影响很大”，认为“影响较大”的受访者比例占42.7%，累计也高达77.7%。许多受访者认为，中国成为第一个宣布网约车合法化的国家，其释放出来的政策善意不仅为网约车企业带来直接利好，而且其背后所体现出来的改革精神，也将有利于互联网金融、手游和电商等新兴经济业态的发展。

此外，“国家加强供给侧改革”“纪念中国共产党诞辰95周年”“纪念红军长征胜利80周年”等也是公众认为社会影响较大的事件/活动，对上述选项，受访者认为“影响很大”或“影响较大”的比例均在60.0%以上。特别是“国家加强供给侧改革”，有25.1%的受访者认为这一改革举措对提高供给体系质量和效率，增强经济持续增长动力“影响很大”，认为“影响较大”的占42.9%。

认为“纪念唐山大地震40周年”“影响不大”的比例相对较高，占35.8%，认为“没有影响”的有10.1%。这一结果与唐山大地震发生的时间、地点或空间有关，故公众认为其社会影响力有限。

四　对陕西热点事件/活动影响程度的评价

为更好地反映2016年陕西主要社会事件/活动的社会影响，课题组列出了2016年涉及陕西社会政策、公共服务、基础设施建设、对外交流和精准扶贫等领域的12项社会事件/活动，请公众进行评价。对2016年陕西发生的主要社会事件/活动造成的社会影响评价，是将“影响很大”“影响较大”“影响不大”“没有影响”四类评价分别赋值4分、3分、2分和1分，从而得到公众对2016年陕西主要社会事件/活动的综合加权比例，并据此对各项事件进行排序。

分析结果显示，公众对陕西2016年主要社会事件/活动按照影响力强弱排序依次为“落实城乡居民大病保险制度”“西安地铁三号线开通”“全面实行居民电、水、气阶梯价格”“对贫困家庭子女从学前到就业‘一条龙’帮扶”“加强‘米字形’高铁网建设”“全面实施一对夫妇生两孩政策”“国务院正式批复陕西自贸区”“开展‘两学一做’学习教育活动”“推动优质医疗资源下沉”“打造丝绸之路经济带关中城镇群”“欧洲多国家在西安设立签证中心”“陕南移民搬迁精准扶贫”（见表6）。

表6　受访者对陕西热点事件/活动影响程度的认识

单位：%

社会事件/活动	影响很大	影响较大	影响不大	没有影响	加权比例	排序
落实城乡居民大病保险制度	45.7	38.0	13.9	2.4	32.7	1
西安地铁三号线开通	43.1	36.5	16.7	3.7	31.9	2
全面实行居民电、水、气阶梯价格	35.2	45.7	17.2	1.9	31.4	3
对贫困家庭子女从学前到就业“一条龙”帮扶	38.5	40.5	17.4	3.6	31.4	4
加强“米字形”高铁网建设	35.1	42.8	19.7	2.4	31.1	5
全面实施一对夫妇生两孩政策	30.5	46.4	19.3	3.8	30.4	6
国务院正式批复陕西自贸区	32.6	42.7	18.9	5.8	30.2	7
开展“两学一做”学习教育活动	29.1	42.8	22.0	6.2	29.5	8
推动优质医疗资源下沉	26.2	45.5	23.4	4.9	29.3	9
打造丝绸之路经济带关中城镇群	25.5	44.2	23.6	6.7	28.9	10
欧洲多国家在西安设立签证中心	21.2	43.9	27.6	7.3	27.9	11
陕南移民搬迁精准扶贫	21.4	42.7	26.6	9.4	27.6	12

调查结果显示，“落实城乡居民大病保险制度”被受访者排在首位，社会综合影响力为32.7%，有83.7%的受访者认为这一政策对公众生活“影响很大”（45.7%）或“影响较大”（38.0%）。受访者认为，这一政策的贯彻落实，对减轻人民群众大病医疗费用负担，解决农民因病致贫、因病返贫问题，健全农村多层次医疗保障体系，有效提高重特大疾病保障水平，都将产生积极影响。

调查发现，多数受访者认为，“西安地铁三号线开通”“全面实行居民电、水、气阶梯价格”“对贫困家庭子女从学前到就业‘一条龙’帮扶”三件社会事件/社会政策对陕西经济社会发展的影响力度比较大。受访者认为“影响很大”或“影响较大”的比例占80.0%左右，分别为79.6%、80.9%和79.0%。

此外，“加强‘米字形’高铁网建设”“全面实施一对夫妇生两孩政策”“国务院正式批复陕西自贸区”三件社会事件/活动的影响力度也获得相当数量受访者的肯定，认为“影响很大”或“影响较大”的比例分别为77.9%、76.9%和75.3%。

2016年，公众认为对陕西社会经济发展具有较大影响力度前10位的社会事件/活动还有“开展‘两学一做’学习教育活动”“推动优质医疗资源下沉”“打造丝绸之路经济带关中城镇群”三件，受访者认为它们“影响很大”或“影响较大”的比例分别为71.9%、71.7%和69.7%。

2016年是不平凡的一年，是“十三五”规划的开局之年。随着“四个全面”战略布局的提出和“五大发展理念”的贯彻落实，以新发展理念引领发展实践，全面推进改革开放、加快全面小康社会建设的新格局已经形成。2017年，将是更加充满希望、催人奋进的一年。在新的一年，陕西省将在“四个全面”战略布局下，坚持“五位一体”的发展思路，围绕实践“中国梦”、全面建成小康社会，深化改革开放，实施“三个陕西”建设，拓展经济社会发展空间、提升对外开放水平、创新社会治理体系和改善民生等领域取得更大更多的成绩。

B.9

陕西2016年社会心态调查分析报告

陕西省社会科学院课题组*

摘　要：　社会心态是体现社情民意和公众情绪的重要标志。本报告对陕西公众2016年的社会心态进行了调查和分析。调查结果显示，大多数公众当前的社会心态积极向上。具体来看，“自豪感”、“社会认同”和“社会凝聚力”等均获得了公众较高认同。多数受访者对自己的生活状况持乐观评价，这在一定程度上折射出公众对陕西近年来社会经济发展成效的肯定。在自我心态整体评价上，多数公众的心理状态呈现乐观态势，具有较多的愉悦感、生活充实感和自信心。在未来发展预期和信心方面，八成公众对陕西社会经济发展充满信心。在优化社会心态建设上，“大力发展经济”、“提高实际收入”位于前列。同时，公众还提出了其他相关建议。

关键词：　社会心态　陕西公众　正向评价

党的十八大报告提出，要培育自尊自信、理性平和、积极向上的社会心态，对社会心态的培育已逐渐上升至国家战略的层面。社会心态是公众对公共议题关注程度、社会情绪、社会共识和社会价值观等社会感受的总和，是公众对宏观环境和自身心理感受的综合反映。了解社会心态不仅对洞察社情民意、

---

* 课题组成员：谢雨锋，陕西省社会科学院社会学研究所副研究员；吴南，陕西省社会科学院社会学研究所副研究员；江波，陕西省社会科学院社会学研究所研究员。

社会热点以及社会情绪至关重要，而且对正确把握社会经济发展、引导社会心理健康发展也具有重要作用。关注陕西公众的社会心态不仅能在一定程度上感知公众对其所生活地区的归属感，也是反映其自身幸福感的有效指标。基于上述思考，课题组以问卷调查的方式从多个维度、不同面向对 2016 年陕西公众社会心态进行了调查和分析。

一　对当前社会心态的基本判断

（一）整体评价

调查结果显示，当问及“您对当前陕西社会心态的整体评价”时，有 60.8% 的公众认为当前陕西社会心态“非常积极”（16.9%）和“比较积极”（43.9%），持“基本可以”评价的受访者比例占到 35.8%；相比之下，只有 3.4% 的受访者认为陕西社会心态“比较消极”（2.3%）和“非常消极”（1.1%）（见图 1）。用 5 级量表赋值方法测量并取平均值获得陕西公众社会心态的总体得分为 3.73 分（标准差 0.805），处于“基本可以”和“比较积极”之间偏向“比较积极”的水平。可见，当前陕西社会心态总体处于正向积极的水平，公众的正面情绪大大高于负面情绪。党的十八大以来党中央系列治国理政的思想和实践，从提出“中国梦”为中国未来发展描述愿景、推进“四个全面”战略布局、出台“五大发展理念”，以及从系列民生政策落地到改革发展稳定、内政外交国防、治党治国治军全方位推进，都彰显了中国道路、中国理论和中国制度的价值优势和实践效果。这些在给公众带来实惠的同时，也获得了公众较高的认同和支持。

（二）具体评价

我国正处在社会转型时期，人们的思想观念更加多元，利益关系更加复杂，各种社会矛盾相互交织，这些新情况、新变化都对公众的社会心态产生了重要的影响。为进一步了解现阶段陕西公众社会心态的主要表现，课题组选取自豪感、社会认同、社会凝聚力、社会责任感、理想信念、社会融合感、区位优越感、社会公平感和社会信任感等九项评价指标作为切入点进行考察。在具

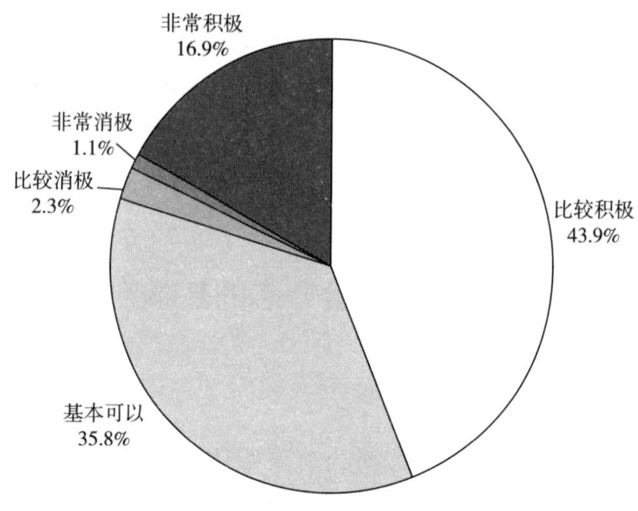

图1　公众对社会受访者心态的基本判断

体调查设计中，使用5级量表测量，并以打分形式对回答进行量化。即以5分表示最高，以3分表示基本认可，以1分表示最低，排除回答“说不清”，之后获得统计结果（见表1和表2）。

表1　受访者对陕西社会心态诸方面的评价

单位：人

选项	样本数	均值	标准差	排序
自豪感	531	3.56	0.918	1
社会认同	533	3.54	0.895	2
社会凝聚力	533	3.51	0.898	3
社会责任感	533	3.49	0.949	4
理想信念	533	3.47	0.964	5
社会融合感	533	3.37	0.976	6
区位优越感	533	3.29	1.011	7
社会公平感	533	3.26	1.003	8
社会信任感	533	3.24	1.011	9

表2　受访者对陕西社会心态诸方面的评价

单位：%

选项	5	4	3	2	1
社会凝聚力	12.8	37.1	41.1	6.0	3.0
自豪感	15.4	36.9	38.2	7.1	2.4
社会认同	13.7	37.7	39.6	6.6	2.4
社会责任感	14.8	33.4	40.5	8.1	3.2
理想信念	15.4	31.7	40.3	9.6	3.0
社会公平感	10.9	28.3	42.4	12.8	5.6
社会信任感	11.4	26.5	42.6	14.1	5.4
社会融合感	12.8	31.5	39.0	13.5	3.2
区位优越感	11.8	29.5	39.6	14.3	4.8

注：表头中5、4、3、2、1分别表示各个选项的5个评价级别。

调查结果显示，从整体来看，公众对9项表征陕西公众精神气质、心理情绪和价值取向的评价指标打分均在3.2分以上，处于“基本好”和“较好”之间偏向“较好”的位置。显示出，随着近年来作为古丝绸之路起点和新欧亚大陆桥重要节点的陕西再次成为世界聚焦点，将迎来了新的发展机遇。由此，陕西公众社会心态也发生了向好的变化，社会心态更加积极、乐观和进取。具体来看，“自豪感”“社会认同”“社会凝聚力”“社会责任感”“理想信念”均获得了公众较高认同。其中，公众对“自豪感”的评价最高，平均分值达到了3.56分（标准差0.918），有52.3%的受访者认为陕西公众当前的自豪感“很强”（15.4%）或“比较强”（36.9%）；有38.2%的人认为“基本强”；明确认为“不强”（2.4%）的受访者比例很低；对“社会认同”和“社会凝聚力”公众给予的平均分值分别为3.54分（标准差0.895）和3.51分（标准差0.898），认为陕西公众“社会认同”和“社会凝聚力”表现“很好”或“比较好”的受访者比例占50%左右，分别为51.4%和49.9%；有41.1%的受访者认为“社会凝聚力”“基本尚可”，39.6%的人认为“社会认同”“基本尚可”。相对而言，受访者对陕西的“社会公平感”和“社会信任感”的评价则略低，分别为3.26分（标准差1.003）和3.24分（标准差1.011），处于“基本好”和“比较好”之间略偏向“比较好”的位置；有

18.4%的受访者对“社会公平感”持有看法，19.5%的人对“社会信任感”评价不高。由此可见，对正处于加快发展的陕西社会而言，在营造社会公平环境、塑造社会信任体系的制度安排和社会政策举措方面，距老百姓的需求和期待尚存在一定差距。

（三）质性评价

社会心态有着复杂的、内在的发生演化机制，既是由一系列制度安排和社会结构所形成的社会因素决定的，也是由个人对社会环境的主观感受和主观评价的个体心理因素决定的。为此，在问卷设计和调查访问过程中，我们以“请用三个关键词或一句话描述您今年的精神/心理状态”为题，对公众进行了开放式提问，经整理、合并后获得表3的内容。

表3　受访者对社会心态调查提出的关键词（一句话）

积极评价	◆总体上满意	◆总体上感觉较好	◆遇到事不着急，还行
	◆自信、阳光	◆有希望，有目标	◆悠闲快乐地过自己想过的生活
	◆追求幸福	◆一切良好，工作顺利	◆状态良好，愉悦、愉快
	◆对生活还算满意	◆挺好，跳舞，休闲	◆阴雨绵绵，但心情依旧美丽
	◆专注	◆心情一般，心态较好	◆生活幸福，精神状态良好
	◆勇往直前	◆幸福指数提高	◆还行，心情舒畅、良好
	◆正能量	◆痛并快乐着	◆努力做更好的自己
	◆舒适，适应	◆有压力但也是动力	◆压力和快乐并存
	◆休闲	◆生活向前看，满足	◆平淡，平静，平缓，平和
	◆生活稳步提高	◆满意，乐观，满怀信心	◆心理状态活力四射
	◆拼搏、向上	◆寻找自己想要的生活状态	◆能保持现在的生活质量就满足
	◆忙得井然有序	◆还可以，想更加努力赚钱	◆心理状态良好
	◆幸福感较强	◆儿女都孝顺，心情比较好	◆生活挺开心
	◆兴奋	◆不忘初心，奋斗如一	◆平静地做自己，力求进步
	◆身体好	◆昂扬进取、振奋	◆精神和心里都比去年好很多
	◆从容	◆愉悦、愉快、悠然自得	◆心态积极，心理状态良好
	◆安逸、安静	◆平静，平和，平常心	◆安稳，安全，安宁，安定
	◆信心满满	◆满足，满意	◆美满，美好
	◆感激，感动	◆上升期	◆给力
	◆爱国	◆阳光	◆能力要求越来越高

续表

消极评价	◆自卑 ◆抑郁 ◆消极 ◆无聊 ◆生活节奏太快 ◆彷徨 ◆迷茫	◆有较大压力 ◆心有余而力不足 ◆心情一般,心累 ◆想法太多,常常发呆 ◆情绪忽高忽低 ◆疲劳,疲惫 ◆焦躁、焦虑、焦急	◆糟心,乱糟糟 ◆压力较小,但提不起兴趣 ◆心情较为烦躁 ◆低迷、低落、低谷、低沉 ◆生活一般 ◆起起落落,七上八下 ◆总体说比较一般

二　积极社会心态发生的基础

（一）日常生活

调查结果显示，当问及“整体上，您对自己目前生活状况的评价”这一问题时，有57.1%的受访者对自己目前的生活状况表示“很满意”（15.9%）或“比较满意”（41.2%）；对生活持“基本满意”的受访者比例占32.8%；对生活表示“不太满意”的人只占6.0%；持“不满意”和“说不清”的占比分别为2.1%和2.0%（见图2）。用5级量表赋值方法测量并求取平均值得到的结果，陕西公众对当前生活状况的总体评分为3.64分（标准差0.897），

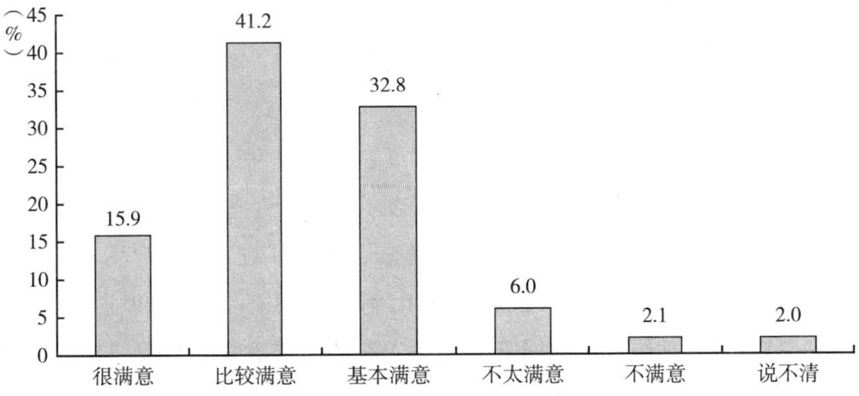

图2　受访者对自己目前生活状况的满意度情况

处于“基本满意”和“比较满意”之间偏向“比较满意”的位置。这一结果表明大部分陕西公众对自己的生活状况持积极乐观态度。这在一定程度上表现出公众对陕西近年来社会经济发展成效的肯定。对该问题的进一步分析发现，文化程度为初中及以下的受访者对当前生活状况的满意度评价最高，大学本科及以上受访者次之（见表4）。

表4　不同学历受访者对自己目前生活状况的满意度情况

单位：%

选项	初中及以下	高中、中专、技校	大专	大学本科及以上
很满意	26.2	14.9	10.3	11.6
较满意	31.0	33.1	22.4	41.0
基本满意	33.3	43.8	62.9	37.3
不太满意	4.8	5.8	2.6	4.8
不满意	4.7	2.4	1.8	5.3

注：卡方检验，卡方值 =32.705；P 值 =0.001。

从对具体生活的评价来看，对“心理调适能力”的回答，有60.9%的受访者表示“心理调适能力”“很强”（23.6%）和“比较强”（37.3%），许多受访者认为，观念决定心态，心态决定行为。在当前社会发展背景下，只有主动适应新常态，才能保持良好的心理状态，安排好各项事务。对“生活自信心”的回答，有56.4%的受访者表示“很强”（19.5%）或“比较强”（36.9%），表示“基本可以”的受访者比例占35.6%，只有8%的受访者表示“不太强”（5.6%）和“不强”（2.4%）。不少受访者认为，信心源自生活，自信心是人们日常生活中做好每一件事必不可少的心理状态。对“发展机会”的回答，有51.7%的受访者表示发展机会“很多”（17.2%）和“比较多”（34.5%），有33.1%的人认为“基本可以”。受访者表示，在新常态下，催生多种所有制经济相生相伴、共存共赢、竞相发展的热潮，一些新技术、新产品、新业态、新商业模式大量涌现，为各阶层的人群平等发展提供了机会和渠道。相比之下，对“精神/心理压力”的回答，有54.3%的受访者认为当前“精神/心理压力”“很大”（18.7%）和“比较大”（35.6%）。在受访者看来，社会的急速发展变化，对每个人都带来“精神/心理压力”。在各类生活事件中，如过度的升学压力、工作压力、生活经济压力、亲人的生离死别、感情受挫等都给人们带来较大“精神/心理压力”。因此，人们要适应环境变化，及时、积极地调整自我心态与行为。对“社会地位”的回答，有25.7%的人认为社会地位“很高”（4.9%）和“比较高”（20.8%）（见表5）。之所以出现这样的结果，主要是因为不同群体的主观评价标准存在差异。有受访者表示，在社会中的“地位”并不取决于你从事何种职业，从本质上讲，取决于一个人拥有的资源和权力。

表5　受访者对生活发展诸方面的评价

单位：%

选项	5	4	3	2	1
发展机会	17.2	34.5	33.1	8.6	6.6
精神/心理压力	18.7	35.6	30.1	11.1	4.5
心理调适能力	23.6	37.3	33.9	4.3	0.9
生活负担	18.7	26.6	37.6	12.2	4.9
社会地位	4.9	20.8	54.9	13.9	5.5
生活节奏	18.7	28.1	41.8	9.2	2.2
生活自信心	19.5	36.9	35.6	5.6	2.4

注：表头中5、4、3、2、1分别表示各个选项的5个评价等级。

（二）心理感受

美好社会应该是人人都得到自由而全面发展的幸福社会，社会成员在其中充满安全感、自由感、尊严感、参与感、认同感和成就感。这种价值理想应当成为衡量加强和创新社会治理实际效果的基本评价尺度。调查结果显示，对于自我心态的整体评价，有71.9%的受访者对自己目前的心态持“非常乐观”（26.1%）和“比较乐观”（45.8%）的评价，只有3.7%的人对自我心态持“比较悲观”（2.6%）和“非常悲观”（1.1%）的评价；持“基本乐观”评价的占24.4%。用5级量表赋值方法测量并求取平均值得到的结果为，陕西公众对自我心态的总体评分为3.73分（标准差0.805），处于“基本乐观”和“比较乐观”之间偏向“比较乐观”的位置。这表明，大部分陕西公众对自己当前的心态持积极、乐观的评价（见图3）。

调查数据表明，有53.3%的受访者表示生活“愉悦感”“很强”（15.5%）或“比较强”（37.8%），36.9%的受访者持“基本可以”的评价。有受访者

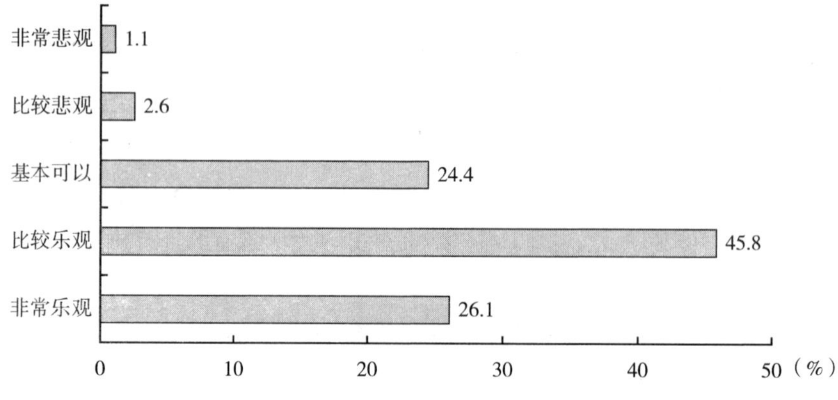

图3　受访者对自我心态的评价

表示，我们正生活在一个美好的时代，在各种正能量的影响下，感觉生活挺美好的，穷有穷开心，富有富愉快。也有受访者表示，目前社会在不断进步，虽然还存在贫富差距、社会不公等现象，但更需要自己积极调整心态，只有先改善自己，才能调整心态改变自己对社会的态度。其中，对“归属感”和“安全感”表示“很强”和“比较强”的受访者比例分别为46.7%和48.7%，相对而言，有27.1%的受访者认为日常生活中的“失落感”“很强”（8.4%）和“比较强”（18.7%）。究其原因，部分受访者认为，大多数情况是因为理想与现实差距太大而产生失落感；认为“孤独感”“很强”（12.5%）和“比较强”（22.7%）的受访者比例只占了35.2%（见表6）。

表6　受访者对近年来自身生活感受的评价

单位：%

选项	5	4	3	2	1
愉悦感	15.5	37.8	36.9	6.4	3.4
孤独感	12.5	22.7	40.3	16.5	8.0
参与感	13.1	29.6	41.8	11.8	3.7
获得感	10.5	30.5	42.1	12.2	4.7
失落感	8.4	18.7	42.5	21.5	8.9
归属感	11.6	35.1	38.6	11.3	3.4
安全感	15.9	32.8	37.6	8.8	4.9

注：表头中5、4、3、2、1分别表示各个选项的5个评价等级。

在调查中，课题组以陕西居民日常心理作为影响其社会心态的自变量，将日常心理分解为积极情感和消极情感进行测量。在统计过程中，将“经常”“偶尔”“很少”“从未”4个评价等级分别进行加权赋分，“经常”为4分，“偶尔”为3分，“很少”为2分，“从未”为1分，从而获得陕西公众日常心理状态的表现状况。调查结果显示，有56.0%的受访者表示，大部分时间都能保持“心态乐观，很放松”，有46.4%的受访者表示经常“感到生活在创新的时代”，有41.6%的人对生活“拥有自信，满足感强”。总体上看，公众的积极情绪占有主导位置。在消极情感选项中，仅有15.4%的人表示经常“对任何事情不感兴趣”，有20.6%的人表示在生活中经常会感到“精神压力大，紧张不安”。调查结果反映出，多数公众的心理状态呈现较积极的态度，具有较乐观的愉悦感、生活充实感和自信心。这些心理体验是构成公众社会心态的重要因素。当然，我们也注意到，也有一些居民由于学习、工作、生活压力大等方面的原因，出现了压力过大和不良情绪等心理问题，这是建设小康社会中必须予以关注的社会现象（见表7）。

表7　受访者对近年来生活具体状况的态度

单位：%

选项	经常	偶尔	很少	从未
心态乐观，很放松	56.0	35.2	7.9	0.9
对任何事情不感兴趣	15.4	45.3	32.4	6.9
拥有自信，满足感强	41.6	39.7	16.9	1.8
感到无聊/忧郁	17.0	41.2	31.3	10.5
热心参与社会活动	27.2	37.4	30.9	4.5
精神压力大，紧张不安	20.6	40.8	29.8	8.8
感到生活在创新的时代	46.4	33.6	15.7	4.3

（三）经济社会发展

1. 对经济社会发展状况的整体评价

调查结果显示，当问及“整体上，您对当前陕西经济社会发展状况的评价”这一问题时，有47.0%的受访者对当前陕西经济社会发展状况持“很满意”（13.1%）和“比较满意”（33.9%）的态度，有43.6%的受访者持“基本满意”评价；对陕西经济社会发展表示“不太满意”的人只占4.5%；没有人持“不满意”的评价。另有4.9%的受访者表示“说不清”（见图4）。这表明，多数受访者对陕西经济社会发展状况给予积极的评价。这也从另一个侧面表明，陕西省委、省政府以贯彻落实习近平总书记去年视察陕西时提出的“五个扎实”要求为统领，努力实施稳中有为、提质增效战略，审时度势，强力出台实施了一系列行之有效的“稳增长”政策措施，使得陕西省经济增速逐季回升。“十二五”期间，陕西省地区生产总值年均增长11%，经济增速继续居全国第一方阵。人均生产总值突破8000美元，达到中等收入国家的水平。

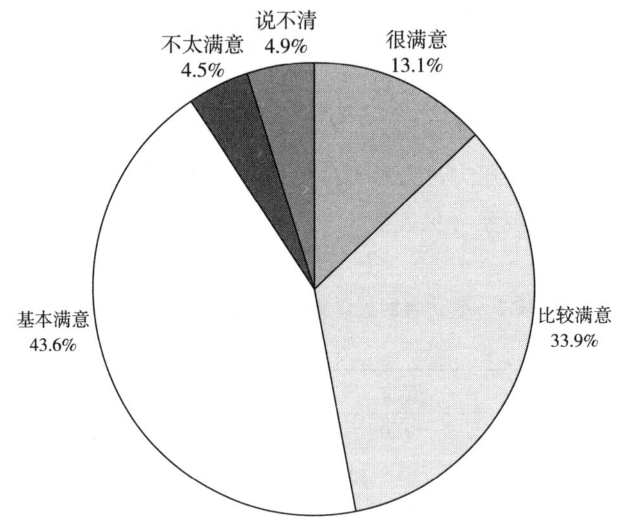

图4　受访者对当前陕西经济社会发展的评价

2. 对经济社会发展重要领域的评价

个体的心理感受与其对所在区域社会经济发展的满意度紧密相连。陕西社会经济发展的整体状况会直接影响公众对心态的评价。调查结果表明，公众对陕西经济社会发展满意度指标呈现对“信息化建设”“党的建设”“思想解放”充分肯定，而对“居民收入”“医疗改革”“食品药品安全”不太满意的特点。在17项陕西经济社会发展满意度指标中，评价较高的是“信息化建设”（3.59分）、“党的建设”（3.53分）、“思想解放”（3.36分）、“防止和惩治腐败”（3.36分）和“改革创新”（3.35分）（见表8）。其中，有54.6%的受访者对“信息化建设”表示“很满意”（15.7%）和“比较满意”（39.1%）；对“党的建设”表示“很满意”（14.2%）和“比较满意”（39.5%）的受访者比例占53.7%。这说明，陕西近几年把信息化建设作为创新的重要任务，提出加快工业化和信息化深度融合、强基固本抓党的建设和加大开放力度，释放社会活力等方面的政策和举措卓有成效。相比之下，公众对“社会风气”（3.15分）、“居民收入”（3.15分）、“医疗改革”（3.12分）和“食品药品安全”（2.92分）评价不太高。尤其是“食品药品安全”，公众给出了最低的评价，其平均分值未达到基本满意水平，表示“很满意”（7.3%）和“比较满意”（21.7%）的受访者比例仅为29.0%（见表9）。这一调查结果再次提醒人们，食品安全形势依然严峻，人民群众热切期盼吃得更放心、吃得更健康。

表8　受访者对陕西社会发展诸方面的评价

单位：人

选项	样本数	均值	标准差	排序
信息化建设	534	3.59	0.908	1
党的建设	534	3.53	0.954	2
思想解放	534	3.36	0.956	3
防止和惩治腐败	534	3.36	1.069	4
改革创新	534	3.35	0.939	5
经济发展	534	3.34	1.006	6
文化建设/服务	534	3.30	1.012	7
依法治理	534	3.30	0.986	8
生态建设	534	3.28	1.053	9
国企改革	534	3.21	1.021	10
政府形象	534	3.20	0.931	11
社会治安	534	3.19	0.983	12
社会保障	534	3.18	1.006	13
社会风气	534	3.15	0.967	14
居民收入	534	3.15	1.007	15
医疗改革	534	3.12	1.033	16
食品药品安全	534	2.92	1.092	17

表 9　受访者对陕西社会发展诸方面表现的满意度

单位：%

选项	很满意	比较满意	基本满意	不太满意	不满意
居民收入	7.9	27.3	44.9	11.6	8.2
政府形象	6.2	31.5	44.2	12.7	5.4
改革创新	9.9	33.8	41.9	10.3	4.1
思想解放	10.3	34.3	41.4	9.2	4.9
社会治安	6.4	33.9	39.1	13.9	6.7
社会保障	7.9	30.9	39.5	15.0	6.7
社会风气	7.5	27.3	43.3	16.5	5.4
经济发展	11.8	31.9	40.4	10.1	5.8
医疗改革	8.8	26.6	38.8	19.1	6.7
文化建设/服务	9.9	34.9	36.5	12.7	6.0
食品药品安全	7.3	21.7	39.3	19.3	12.4
生态建设	11.2	31.8	37.5	12.2	7.3
依法治理	13.3	34.1	35.4	9.7	7.5
防止和惩治腐败	9.7	33.7	38.4	13.1	5.1
信息化建设	15.7	39.1	36.3	6.7	2.2
党的建设	14.2	39.5	34.6	8.1	3.6
国企改革	9.8	28.7	41.9	12.5	7.1

三　对未来发展的预期

对社会心态的测度与公众对未来社会发展趋势的判断有很强的关联性。课题组在问卷中列出了 11 种与社会心态相关性强的社会现象/状态请公众进行评价。调查结果显示，有 58.6% 的受访者认为“社会稳定”会“越来越好”，认为“越来越差”的受访者仅占 10.5%。多数受访者认为，社会稳定是经济社会发展的基础和条件，没有社会稳定何谈发展。有 53.8% 的受访者认为，改革与开放从来就不是各行其是的两条路，始终是保持经济社会持续稳定健康发展的双引擎。随着陕西找准定位，主动融入“一带一路”发展战略大格局，因此，陕西的“社会开放度”会“越来越好”，而认为“越来越差”的只占 11.2%。另外，认为陕西“社会道德水平”“社会和谐”“社会公平”都会变得“越来越好”的受访者分别为44.4%、42.5%和40.6%。值得注意的是，有38.8%的受访者认为“贫富差距”会“越来越差”，希望政府能重视日益凸显的贫富差距问题，运用制度性设计、法律和经济手段防止贫富差距日益扩大，使社会全体成员都能够分享到经济社会发展的成果，走向共同富裕的道路（见表10）。

表10 受访者对社会现象发展趋势的评价

单位：%

选项	越来越好	越来越差	和现在差不多	说不清
社会稳定	58.6	10.5	25.3	5.6
社会公平	40.6	19.1	29.8	10.5
社会道德水平	44.4	18.9	30.0	6.7
社会诚信	35.6	23.2	34.5	6.7
干群关系	24.9	22.7	37.8	14.6
贫富差距	22.7	38.8	28.0	10.5
社会担当	27.9	21.7	37.1	13.3
社会和谐	42.5	14.0	33.0	10.5
社会情绪	27.7	21.0	33.5	17.8
阶层间不一致	21.3	27.2	31.8	19.7
社会开放度	53.8	11.2	23.0	12.0

四　对未来发展的信心

调查结果显示，当问及“您对个人未来发展的信心如何”，有80.4%的受访者表示对个人未来的发展“很有信心”（43.0%）和“较有信心”（37.4%），总体信心度分值达到了4.22分（5分最高）。仅有1.3%的受访者表示“没有信心”，另有17.7%的受访者表示对未来发展“信心一般”（见图5）。调查还发现，对未来陕西经济社会发展的信心，有44.6%的人表示“很有信心”，35.6%的人表示“较有信心”，两者累计占比达到80.2%；相比之下，仅有1.9%的受访者表示“没有信心”（见图6）。这一结果，不仅彰显公众对陕西社会经济发展充满信心，同时也反映出人们对陕西未来发展持有很高的期待，以及他们追求美好生活的强烈渴望和自信。

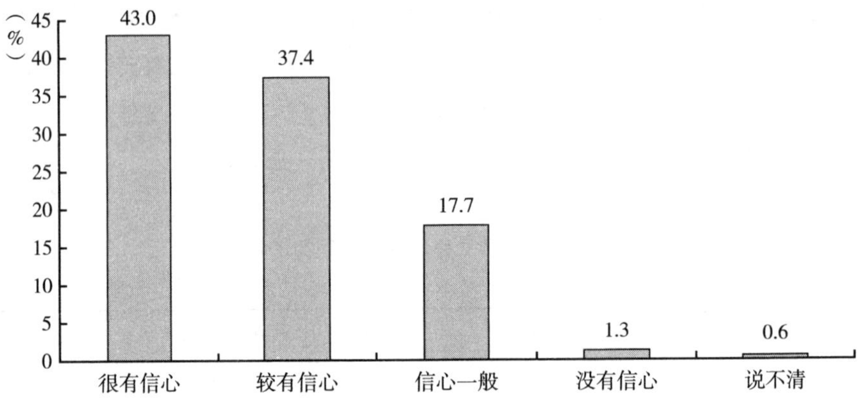

图5　受访者对个人未来发展的信心

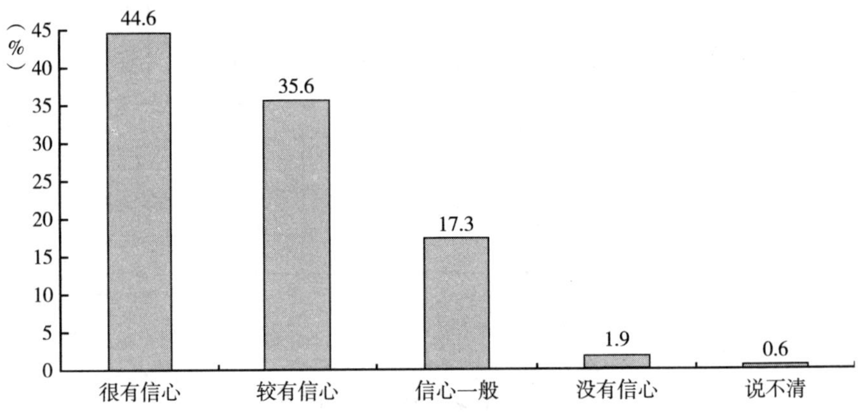

图6　受访者对陕西经济社会发展的信心

五　对优化社会心态建设的建议

调查结果显示，当被问及“您对优化社会心态建设的建议”这一问题时，在可以多选的情况下，受访者选择率最高的是“大力发展经济”（54.8%）。公众认为，陕西要同步进入小康社会，必须牢牢把握经济发展主动权，采取更加有为、更加有力、更加有效的政策措施，尽更大的力气培育陕西省经济发展新动力，大力发展经济，确保新常态下陕西省各项经济指标“逆势”上扬。

选择率居第2位的是“提高实际收入”，有49.5%的受访者选择这一项。在不少受访者看来，只有提高居民收入水平，缩小城乡居民收入差距，稳步扩大消费需求，才能有利于促进陕西省经济又好又快地发展。选择率居第3位的是“改善中低收入群体状况”（39.4%）。受访者认为这是政府需重点推进的政策，认为政府应将“以人为本”的理念贯穿于政策的制定和实施过程中，落实公平的政策观。通过实施分层次、多形式的就业、收入保障形式和举措，使得中低收入人群的生活状况得到较大改善。选择率居第4位的是“加强社会道德建设”（33.0%）。受访者认为，支撑社会进步、时代进步离不开道德建设。在经济高速增长、物质不断丰富的同时，精神文明建设、公民的道德修养也日益受到全社会的高度关注。此外，公众认为今后应加强的工作还有“促进就业和再就业”（29.6%）、“加强反腐倡廉”（25.7%）、“促进社会公平公正”（23.6%）、“缩小区域差距”（22.9%）、“加强社会治理创新”（21.6%）和“完善社区服务”（20.5%）等（见表11）。

表11　公众对优化社会心态建设的建议

单位：人，%

意见和建议	频次	所占比例	排序
大力发展经济	292	54.8	1
提高实际收入	264	49.5	2
改善中低收入群体状况	210	39.4	3
加强社会道德建设	176	33.0	4
促进就业和再就业	158	29.6	5
加强反腐倡廉	137	25.7	6
缩小行业差距	134	25.1	7
促进社会公平公正	126	23.6	8
缩小区域差距	122	22.9	9
弘扬优秀传统文化	116	21.8	10
加强社会治理创新	115	21.6	11
完善社区服务	109	20.5	12
深化改革开放	105	19.7	13
完善依法行政体制	84	15.8	14
加强理想信念教育	60	11.3	15
加强舆论正面引导	58	10.9	16
坚定文化自信	51	9.6	17

续表

意见和建议	频次	所占比例	排序
践行社会主义核心价值观	45	8.4	18
警惕西方文化渗透	18	3.4	19
其他	1	0.2	20
合　计	2381	446.7	

注：由于本题为多项选择题，故百分比之和大于100%。

课题组以“对于优化陕西社会心态及其建设，您还有哪些想法和建议？”为题，对公众进行了开放式提问，经整理、合并后的内容见表12。

表12　受访者对优化陕西社会心态提出的想法和建议

◆爱国精神建设	◆中年人压力大，优惠政策应增加
◆保持乐观积极向上的心态	◆不断完善中低收入群众的保障机制
◆不要面子工程	◆惩治腐败，加强民生，缩小贫富差距
◆充分发挥陕西在“一带一路”中区位优势	◆促进公平公正
◆促进和谐发展	◆促进就业和再就业
◆加强舆论正面引导	◆加强人文素质的发展
◆大力发展传统文化	◆促进再就业
◆大力发展经济，促进就业	◆大力开展基层文化建设活动
◆推进和加强法制陕西	◆对民众更关怀
◆发挥市场主体地位	◆发展独具地方特色的文化、经济产业
◆发展高科技企业，争取有千亿元收入企业	◆发展新经济模式
◆调整技术行业从业人员工资福利	◆多建运动场（所）
◆多开展全民活动	◆完善社会保障
◆加大宣传力度	◆加强理想信念教育
◆改善整体收入水平	◆各行各业趋于公平
◆严厉打击不正之风，扭转社会存在的坏风气	◆弘扬传统文化，避免文化流失
◆积极引进大型企业入主陕西	◆提高陕西民众的收入
◆加大对权力机构的监督	◆加大国际化建设，建设美丽陕西
◆加大教育资源投入	◆加大中华传统文化对人们心理的引导
◆加强本地文化与外地文化融合	◆加强陕西传统文化的再造
◆加强环境的综合治理	◆加强社会保障
◆加强社会诚信建设	◆加强社会治安，提倡文明用语
◆加强文化基础设施服务	◆加强与群众的联系
◆建议大力发展陕西文化	◆降低物价，提高工资
◆借“一带一路”东风，乘势而上	◆尽快解决医患问题，解决交通拥堵
◆加强社会治安管理	◆引导公众正能量心态
◆政府要采取实际行动改善民生	◆政府要走基层道路，体察民情
◆做到真正关注民众心态，不要纸上谈兵	◆做更多促进经济发展的事，提高人民生活水平

上述呈现的是2016年陕西公众社会心态的图景。社会心态是社会现实的折射。通过对这些“声音”和“表述”的分析发现，当前陕西社会心态总体上是正向、积极的水平。公众的个体生活感受、社会生活评价、社会经济发展评价和对个人及陕西未来发展的信心表达均以积极向上、乐观进取、健康和谐为主，但也暴露出部分居民的社会焦虑感增强，对社会公平感和社会信任感评价不高等问题。这表明，当前的社会治理既面临挑战也充满机遇。挑战在于公众社会心态多元、多样和多变，积极社会心态与消极社会心态交织在一起；机遇在于可以通过多种渠道和策略，回应不同社群的利益诉求、突出的问题和社会感受，积极施政作为，达成社会共治的新局面。

B.10

陕西公众对“延安精神”认知的调查分析报告

陕西省社会科学院课题组*

摘　要：“延安精神”在中国革命和建设中发挥了巨大的精神动力作用。本报告分析了陕西公众关于“延安精神”概念、核心内涵及其时代价值的理解、认知状况。公众主要从“延安精神”的代表性人物/群体、标志性地域及精神内涵等方面表达了他们心目中的“延安精神”。调查结果显示，公众对“延安精神”持有较高的知晓度，其中“白求恩精神”“整风精神”“南泥湾精神”更为人们所熟悉，“自力更生、艰苦奋斗”是最受公众认同的核心内涵。关于当前宣传“延安精神”的意义，提及率最高的是“实现中华民族伟大复兴”。多数公众认为坚持“实事求是”是践行“延安精神”的重要保障。同时，公众还就当前弘扬“延安精神”提出了具有针对性的建议。

关键词：延安精神　时代价值　陕西

“延安精神”是在我国特定的历史时期，中国共产党人及其领导的根据地军民在革命实践中表现出来的一种积极向上的精神风貌和优良作风。“延

---

* 课题组成员：张影舒，陕西省社会科学院社会学研究所助理研究员；谢雨锋，陕西省社会科学院社会学研究所副研究员；吴南，陕西省社会科学院社会学研究所副研究员；江波，陕西省社会科学院社会学研究所研究员。

安精神”既是中国共产党的传家宝，也是中华民族宝贵的精神财富，是中国优秀文化的重要组成部分。它在中国革命和建设中发挥了巨大的精神动力作用。在实现中华民族伟大复兴中国梦的今天，“延安精神”依然是重要的不可或缺的中国精神。正如习近平总书记所说，伟大的延安精神滋养了几代中国共产党人，始终是凝聚人心、战胜困难、开拓前进的强大精神力量。为了解陕西公众对“延安精神”概念、核心内涵及其时代价值的理解、认知，课题组采用问卷调查以偶遇抽样和配额抽样相结合的方式，对年龄在20~70岁的社会公众进行了专项调查。以下报告是依据本次调查的数据分析完成的。

一　对“延安精神”的联想

“延安精神”虽然是在特定的历史条件和社会环境下形成的，但它不仅属于过去，更属于现在和未来，不仅属于中国，也属于世界。为此，在问卷设计和调查访问过程中，首先以“提到‘延安精神’，您想到的是”为题，对公众进行了开放式提问，经整理、合并后获得如下发现，公众主要从“延安精神”的代表性人物/群体、标志性地域、重要时期、精神内涵和主要事件等方面表达了他们心目中的“延安精神”（见表1）。

表1　“延安精神”代表性人物/群体、标志性地域、特定时间段、精神内涵和主要事件

代表人物/群体	◆白求恩	◆毛泽东	◆周恩来	◆朱德	◆习近平
	◆彭德怀	◆习仲勋	◆红军战士	◆刘志丹	◆路遥
	◆老同志	◆老英雄	◆抗战老兵	◆人民	◆张思德
标志性地域	◆延安	◆清凉山	◆宝塔山	◆枣园	◆西柏坡
	◆陕西	◆南泥湾	◆红色景区	◆革命圣地	◆根据地
	◆革命根据地	◆凤凰山	◆抗大	◆黄河	◆杨家岭
	◆延安大学	◆八一办事处	◆陕北	◆黄土	◆窑洞
	◆延河	◆陕甘宁边区			
重要时期	◆革命时期	◆历史	◆抗战	◆抗日战争	◆红军
	◆红色革命	◆抗日	◆革命	◆红色政权	◆八年抗战
	◆八路军	◆129师	◆论持久战		

续表

精神内涵	◆解放思想　实事求是　民主集中制　民族精神　劳模精神　南泥湾精神　抗大精神　马哲　延安整风　爱党爱国　伟大精神 ◆红色文化　革命情怀　革命信仰　信心　信仰　信仰坚定　精神　坚定理想信念 ◆艰苦创业　自力更生　自强自立　自强不息　自己动手丰衣足食　小米加步枪　吃苦耐劳　艰苦奋斗　艰苦朴素　艰辛　简朴　节俭　节约　耐劳　朴实　勤俭　自强　勤劳 ◆开拓创新　思维创新　百花齐放　创业　大生产　追求　解放　胜利 ◆不怕牺牲　无私奉献　不屈不挠　反抗斗争　勇敢　责任　乐于奉献　舍己为人　磨炼　积极向上　乐观主义　乐观向上　团结奋斗　团结合作　团结统一 ◆群众路线　依靠群众　密切联系群众　为人民服务　勤廉为民　军民合一　军民鱼水情　星星之火 ◆党的建设　党风建设　建党伟业　廉政　清正廉洁　批评与自我批评　不忘历史　精兵简政　民主　务实　脚踏实地　发扬光大　奋发图强　坚持不懈　坚韧不拔　坚强刚毅　坚实　诚实守信　担当　传递　见义勇为
主要事件	◆瓦窑堡会议　◆红军会师　◆黄炎培座谈　◆中共七大　◆文艺座谈会 ◆大生产运动　◆西安事变　◆洛川会议　◆百团大战　◆延安保卫战
其　他	◆红色旅游　◆红色基因　◆红色文化　◆开荒扩土　◆纺车 ◆曾经的不易　◆腐败　◆当代文学作品　◆平凡的世界　◆陕商 ◆社会改革　◆石油　◆八荣八耻

二　对“延安精神”的知晓度和认知度

1. 对“延安精神”的知晓度

调查结果显示，当问及“您对延安精神的了解程度”这一问题时，有73.1%的受访者表示“很了解”（5.5%）、“比较了解”（22.3%）和“基本了解”（45.3%）；仅有极少数受访者表示“不了解”，占比为5.2%；值得注意的是，剩余21.7%的受访者表示“不太了解”（见图1）。这表明，虽然公众整体上对“延安精神”持有较高的知晓度，但也应看到，在对“延安精神”的宣传与教育方面仍存在缺乏系统性、针对性等薄弱点。

对该问题的差异分析发现，在年龄分层上，公众对“延安精神”的了解程度存在显著差别，年龄越小的受访者对“延安精神”的知晓度越低。60岁以上年龄组受访者对“延安精神”　“很了解”和“比较了解”的比例

（68.8%）分别高出20～30岁年龄组（21.6%）和31～40岁年龄组（18.0%）47.2个百分点和50.8个百分点，差距之大让人震惊（见表2）。可见，当前社会中的年轻群体对“延安精神”及其形成的历史背景还缺乏了解，不清楚“延安精神”历史性和现实性之间的联系。出现这样的结果，值得相关教育和宣传部门高度重视。

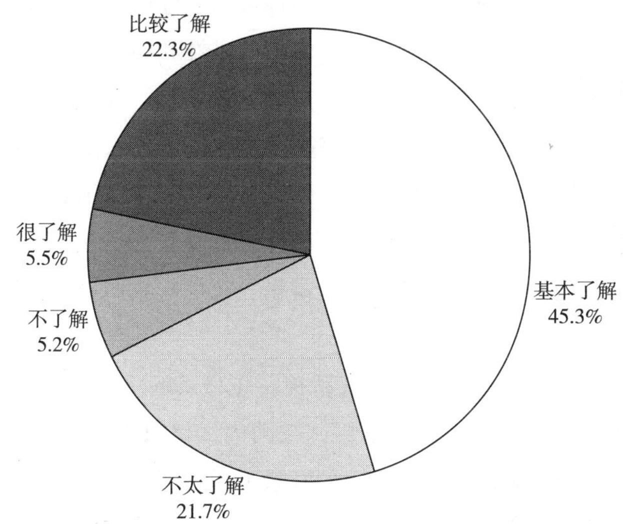

图1　公众对“延安精神”的了解程度

表2　各年龄段公众对“延安精神”的了解程度

选项	20～30岁	31～40岁	41～50岁	51～60岁	60岁以上
很了解	3.2	0.8	6.0	9.7	25.0
比较了解	18.4	17.2	25.0	29.0	43.8
基本了解	48.8	50.8	45.2	35.5	21.9
不太了解	23.2	24.2	21.4	22.6	6.3
不了解	6.4	7.0	2.4	3.2	3.0

2. 对“延安精神”的认知度

调查结果显示，当被问及“具体来看，您更熟悉哪种精神”时，在可以多选的情况下，受访者选择率最高的是“白求恩精神”，有42.0%的受访者提及此项。不少受访者表示，白求恩毫不利己专门利人、对技术精益求精和对信仰执着的精神正是当今时代的呼唤和要求，应主动学习和实践这种精神，做好本职工作，为国家建设做出贡献。

“整风精神”的提及率为35.2%（见表3）。受访者认为，延安整风和我们党近年来开展的“群众路线教育”、“三严三实”和“两学一做”等活动，尽管形式不尽相同，但内容实质和终极目标都是一致的，就是通过一系列活动的开展，加强党员干部思想教育，保持党的先进性和纯洁性，提高党在群众中的威信，赢得人民的信赖和拥护。

有32.7%的受访者选择了“南泥湾精神”。受访者认为，以自力更生、艰苦奋斗的创业精神，敢于征服困难的革命英雄主义和革命乐观主义精神为主要内容的南泥湾精神，是延安精神最显著的标志。尽管它是在特殊的历史环境下产生、形成的，但对当今物质生活已经富裕、充足的我们来说，依然具有学习意义和时代价值。

受访者选择率较高的还有“抗大精神”（23.5%），受访者表示，在我国面临复杂的周边环境和国际战略格局，在国内经济社会发展中不平衡、不协调、不可持续的矛盾和问题日益突出的背景下，践行以坚定正确的政治方向和艰苦奋斗的政治本色为主要内容的抗大精神，能带领我们应对重大挑战、抵御重大风险、克服重大阻力、解决重大矛盾。

表3　受访者对“延安精神”的认知度

单位：人，%

选项	受访者	所占比例	排序
白求恩精神	166	42.0	1
整风精神	139	35.2	2
南泥湾精神	129	32.7	3
抗大精神	93	23.5	4
张思德精神	64	16.2	5
延安县精神	47	11.9	6
劳模精神	46	11.6	7
合　计	684	173.2	

注：由于本题为多项选择，故百分比之和大于100%。

此外，“张思德精神”“延安县精神”“劳模精神”也获得不少受访者的关注，受访者的提及率依次为16.2%、11.9%和11.6%。受访者认为，心中有民，甘当人民“公仆”，全心全意为人民服务的“张思德精神”；务实为民、勇于担当、切实朴素、廉洁奉公的“延安县精神”和“劳模精神”，这些都是“延安精神”的重要组成部分，具有非常重要的现代感，需要大力弘扬。

三　对“延安精神”核心内涵的理解

“延安精神”是以中国共产党人为核心的中华民族优秀分子，在争取民族独立和人民解放的伟大斗争实践中形成的，是他们理想追求、精神风貌、思想品德、行为准则、工作作风的精华与结晶。这种社会精神，已经成为党的优良传统的重要组成部分。“延安精神”是一个博大精深的精神体系，涵盖极其丰富的内容，更具有超越时空的普遍意义。那么，在“延安精神”体系中，公众更关注哪些内涵？调查结果（见表4）。

表4　公众对“延安精神”的核心内涵的认定

单位：人，%

选项	受访者	所占比例	排序
自力更生,艰苦奋斗	320	80.0	1
实事求是	161	40.3	2
全心全意为人民服务	160	40.0	3
坚定理想信念	119	29.8	4
批评与自我批评	90	22.5	5
理论联系实际	84	21.0	6
责任担当	67	16.8	7
乐于奉献	51	12.8	8
不断开拓创新	46	11.5	9
以身作则	36	9.0	10
忠诚	32	8.0	11
合　计	1166	291.5	

注：由于本题为多项选择，故百分比之和大于100%。

对于“延安精神”的核心内涵，“自力更生，艰苦奋斗”最受关注，提及率达80.0%。可见，公众对以自力更生、艰苦奋斗为代表的“延安精神”高度认同。习近平总书记也强调，“自力更生、艰苦奋斗是我们共产党人的品质，是我们立党立国的根基，也是党员、干部立身立业的根基”。

“实事求是”（40.3%）和“全心全意为人民服务”（40.0%）分别列第2位和第3位，受访者认为“实事求是”是延安精神的灵魂和基石，是思想作风建设的核心，也是实现中国梦的根本途径，是我们党带领人民推动中国革命、建设和改革事业不断取得胜利的重要法宝。全面建成小康社会，实现中华民族伟大复兴的“中国梦”，离不开“延安精神”，离不开“实事求是”。许多受访者认为“全心全意为人民服务”也可以看成是“延安精神”的高度浓缩，它不仅是我党我军不懈奋斗的根本宗旨，也代表着社会个体如何看待工作以及看待事业的价值取向。

有29.8%的受访者认为，“延安精神”给我们最深刻的启迪是“坚定理想信念”，因为坚定的理想信念永远是战胜一切困难、经受任何考验的强大精神支柱。其他选择率较高的依次是“批评与自我批评”（22.5%）、“理论联系实际”（21.0%）、“责任担当”（16.8%）。受访者认为，这些精神要旨都是我们党特有的优良作风，是中国共产党人对待马克思主义的根本态度。在当前，我们不仅要继承这些优良传统，更要通过理论上的与时俱进和行动上的锐意进取将它们发扬光大。

此外，受访者认为“延安精神”的核心内涵还体现在“乐于奉献”（12.8%）、“不断开拓创新”（11.5%）、“以身作则”（9.0%）和“忠诚”（8.0%）。总体来看，尽管受访者对“延安精神”核心内涵的理解侧重点不同，但对“延安精神”思想体系主轴的认同度却高度一致，“延安精神”为一种道德情操和精神风貌，是贯穿于党的理论与思想中的精神气质，是内化在党的优良传统和作风中的灵魂。它是中国共产党人彻底的革命精神、升华了的民族精神，是中国共产党人领导争取民族独立、人民解放的时代精神，是展示中国共产党人形象的群体精神。

四　对当前弘扬“延安精神”意义的认定

“延安精神”是我们党的性质和宗旨的集中体现，是我们党优良传统和作风的集中体现，是中国共产党人崇高品德和伟大情怀的集中体现。实践证明，

“延安精神”具有凝聚人心、克敌制胜的强大精神动力和特有优势。在新的历史时期，在学习贯彻落实“四个全面”战略布局，推进全面建成小康社会进程中，弘扬“延安精神”具有怎样的现实价值和实践意义？课题组在调查中对此也予以了关注，结果见表5。

表5　受访者对当前弘扬“延安精神”意义的认定

单位：人，%

选　　项	受访者	所占比例	排序
实现中华民族伟大复兴	178	44.6	1
坚持创业精神艰苦奋斗	166	41.6	2
抵制腐朽糜烂思想侵入	151	37.8	3
联系和依靠人民群众	140	35.1	4
实事求是,理论联系实际	120	30.1	5
推进中国特色社会主义事业	120	30.1	6
防止思想信仰动摇	93	23.3	7
树立公仆意识	72	18.0	8
预防意识形态被侵蚀	67	16.8	9
坚定社会主义核心价值观	46	11.5	10
警惕“西化”“分化”图谋	10	2.5	11
合　计	1163	291.5	

注：由于本题为多项选择，故百分比之和大于100%。

调查数据显示，对于当前弘扬“延安精神”的意义，受访者提及率最高的是“实现中华民族伟大复兴”（44.6%），受访者认为，“延安精神”是社会主义核心价值体系的精髓，中国人民守护的精神家园。随着时代的发展，“延安精神”体现出与时俱进的历史与社会价值，能为实现全面建设小康社会、中华民族伟大复兴的“中国梦”提供强大的精神动力。

有41.6%的受访者认为，“坚持创业精神艰苦奋斗”是“延安精神”的典型代表，是任何时候也不会过时的。每一项成就、每一次胜利都离不开艰苦奋斗、自力更生。当前，只有继续保持奋发向上、勤俭创业的斗志，才能激励和凝聚广大群众，同甘共苦、共克时艰、同心同德、开拓前进。

受访者认为当前宣传“延安精神”的重要意义在于“抵制腐朽糜烂思想侵入”，有37.8%的受访者对此持赞同态度。在受访者看来，随着经济社会发生深刻的变化，人们的思想意识出现“多元、多样、多变”态势，一部分人精神上“缺钙”，得了“软骨病”。对此，更要以延安精神为镜子，用延安精神打扫思想灰尘，增强免疫力和抵抗力，自觉抵制各种腐朽思想的侵蚀。

有35.1%的受访者认为，当前弘扬“延安精神”的另一层重要意义是“联系和依靠人民群众”。许多受访者认为，“延安精神”最鲜明的内涵就是始终保持党同人民群众的血肉联系，不断从人民群众中汲取智慧和营养。因此，必须坚持群众路线，大力弘扬延安精神，始终保持党同人民群众的血肉联系，为实现“两个一百年”奋斗目标和中华民族伟大复兴的中国梦汲取力量。

另外，有不少受访者认为，当前宣传“延安精神”的重要意义主要体现在于“实事求是，理论联系实际”（30.1%）和“推进中国特色社会主义事业”（30.1%）。认为继承和发扬延安精神的优良作风，有助于坚定不移地走中国特色社会主义道路，并为全面建设小康社会、社会主义现代化建设和推进中国特色社会主义事业提供理论支撑和精神动力。

其他提及率较高的还有“防止思想信仰动摇”（23.3%）、“树立公仆意识”（18.0%）、“预防意识形态被侵蚀”（16.8%）和“坚定社会主义核心价值观”（11.5%）。也有2.5%的受访者认为弘扬的意义在于提醒我们保持政治上的清醒和坚定，“警惕‘西化’‘分化’图谋”。

五　受访者了解“延安精神”的渠道

调查数据显示，受访者在了解“延安精神”的渠道方面，“历史教科书”仍处于突出位置，有46.5%的受访者表示是通过相关“历史教科书”了解和学习“延安精神”的相关知识，足见“历史教科书”对传播“延安精神”起到了至关重要的引领和导向作用。

受访者了解“延安精神”比较多的两个主要渠道是“报纸杂志”和“影视作品”，分别有41.2%和40.7%的受访者选择了这两项。可见，以“报纸杂志”为代表的主流媒体依旧是倡导、弘扬“延安精神”的主力军，而近年来越来越多有关延安历史题材的“影视作品”在营造舆论声势方面也扮演着重要角色。此外，公众了解“延安精神”相关信息的另一个重要信息渠道是

“专题纪录片”，有32.9%的受访者选择此项。

然而，在其他领域影响强大的网络媒体在“延安精神”传播中却居于劣势地位，只有25.9%受访者回答通过“网络资讯”了解“延安精神”。这一结果提醒相关部门，需要关注和自觉运用新媒体讲好延安故事，书写“延安精神”。

除上述信息渠道外，公众了解“延安精神”的其他渠道还有“书籍”（21.1%）、“人际传播”（19.8%）、“实地参观”（19.6%）、“专题报告会”（15.8%）和“会议文件”（12.6%）。剩余0.8%的受访者选择了“其他”，如研讨会、朋友讲述等（见表6）。

表6　了解“延安精神”的主要渠道

单位：人，%

选项	受访者	所占比例	排序
历史教科书	185	46.5	1
报纸杂志	164	41.2	2
影视作品	162	40.7	3
专题纪录片	131	32.9	4
网络资讯	103	25.9	5
书籍	84	21.1	6
人际传播	79	19.8	7
实地参观	78	19.6	8
专题报告会	63	15.8	9
会议文件	50	12.6	10
其他	3	0.8	11
合　计	1102	276.9	

注：由于本题为多项选择，故百分比之和大于100%。

总体来看，“延安精神”当前的传播方式多样化特征比较突出。不过，在注重“历史教科书”“报纸杂志”“专题纪录片”等传统宣传手段的同时，也要与时俱进，加强利用网络媒体宣传“延安精神”，增强对各类网络媒体宣传“延安精神”的引导力、传播力和渗透力。

六　公众对“延安精神”时代意义的评价

当前，我国正处于发展的重要战略机遇期，也处于社会矛盾凸显期。在这个关键的历史节点上，该如何把握“延安精神”在当前社会处境下的社会价值和意义？为获取上述信息，课题组从对“延安精神”的认同度、“延安精神”的时代价值和社会作用，以及现代创新等四个维度进行了调查（见表7）。

表7　对“延安精神”时代意义的评价（均值）

单位：人

选项	受访者	均值	标准差
认同度	400	4.04	0.922
时代价值	400	3.82	0.985
社会作用	400	3.85	1.009
现代创新	400	3.81	1.046

调查数据显示，对于“延安精神”的认同度，有73.6%的受访者明确表示“很高”（36.3%）和“较高”（37.3%），相反，持“比较低”（2.8%）和“很低”（1.6%）的受访者比例只有4.4%，剩余22.0%的受访者选择“基本认同”（见表8）。在用5级量表赋值方法测量并取平均值之后，公众对“延安精神”的总体认同度得分为4.04分，处于“较高认同”和“高度认同”间偏向“高度认同”的位置。可见，公众对“延安精神”持有很高的认同度，也显示出延安精神并没有随着时光的流逝而过时。在今天，延安精神不仅具有不可磨灭的历史价值，更具有鲜明的时代价值。

表8　公众对“延安精神”时代意义的评价

单位：%

选项	5	4	3	2	1
认同度	36.3	37.3	22.0	2.8	1.6
时代价值	28.0	36.8	26.8	6.3	2.1
社会作用	31.0	34.8	24.8	7.4	2.0
现代创新	30.8	33.3	25.1	8.0	2.8

注：表头中5、4、3、2、1分别表示各选项的5个评价等级。

对于“延安精神”时代价值的认知，有64.8%的受访者认为“延安精神”在当前社会发展中的“时代价值”依然“非常明显”（28.0%）和“比较明显”（36.8%），有8.4%的受访者认为“不明显”或“已经过时”，另有26.8%的受访者认为“基本明显”。这表明，作为我们党和中华民族宝贵的精神财富“延安精神”，至今仍具重要的时代价值和现实意义。延安精神反映时代精神，时代精神又赋予它新的内涵，推动着“延安精神”的时代演化与发展。弘扬延安精神当代价值最根本的任务、最中心的环节就是促进社会主义核心价值体系建设，铸就中国特色社会主义的灵魂。

对于“延安精神”在当今社会中所起作用的评价，有65.8%的受访者认为“非常重要”（31.0%）和“比较重要”（34.8%），有24.8%的受访者认为“基本重要”。可见，在多数受访者心目中，“延安精神”更是一种社会精神，具有超越时空的普遍意义，在全面建设小康社会的伟大实践中，“延安精神”将继续发挥重要的指导作用。与此形成鲜明对照的是，认为“不太重要”的受访者比例只占7.4%，认为“不重要”的人也仅占2.0%。

对于“延安精神”在当今社会中是否有必要进行“现代创新”这个问题，受访者的看法趋向一致，认为“非常有必要”（30.8%）、“较有必要”（33.3%）和“有必要”（25.1%）的受访者比例高达89.2%，只有10.8%的受访者认为“不太有必要”（8.0%）和“没有必要”（2.8%）。许多受访者认为，延安精神其实一直就在不断创新，经历了重大的价值创新过程。在革命时期，它集成了井冈山精神、长征精神，延展为西柏坡精神；在社会主义建设与改革发展的新时期，产生了抗美援朝精神、大庆精神、“两弹一星”精神、改革开放精神、载人航天精神和抗震救灾精神，以及铁人精神、雷锋精神、焦裕禄精神和孔繁森精神等一系列富于新的时代内涵、表现新的精神风貌、适应新的时代使命的精神形态，实现着新的社会价值。

七　公众对现阶段弘扬“延安精神”的选择

“延安精神”作为一种意识、一种观念形态，随着社会发展和时代变迁，在原生形态的基础上不断得到延展和丰富，形成了一系列多元、多样的升级版或创新版的“延安精神”及其精神形态。那么，在现阶段更需要宣传和弘扬哪种精神形态呢？调查显示，当被问及“在现阶段更需要宣传和弘扬以下哪种精神”这一问题时，“延安精神”最受公众推崇，提及率为49.4%。大家认为，延安精神是党的光荣传统和伟大精神的重要组成部分，是中国共产党人奋斗历程的精神印记和恒久不变的精神家园。列在第2位和第3位的精神形态分别是“雷锋精神”和“改革开放精神”，受访者的选择率分别为35.6%和33.3%。受访者认为现阶段有必要宣传和弘扬“抗震救灾精神”（25.6%）和“两弹一星精神”（22.8%），分别居第4位和第5位。此外，“女排精神”“焦裕禄精神”“长征精神”“航天精神”和“井冈山精神”等精神形态也获得一定数量受访者的推举，提及率分别为18.8%、17.8%、17.3%、15.8%和14.8%。另有6.0%的受访者提及“北大荒精神”，5.5%的受访者提及“铁人精神”。还有5.0%的受访者认为宣传“奥运精神”也有必要（见表9）。

表9　受访者认为在现阶段更需要宣传和弘扬以下哪种精神

单位：人，%

选　项	受访者	所占比例	排序
延安精神	197	49.4	1
雷锋精神	142	35.6	2
改革开放精神	133	33.3	3
抗震救灾精神	102	25.6	4
两弹一星精神	91	22.8	5
女排精神	75	18.8	6
焦裕禄精神	71	17.8	7
长征精神	69	17.3	8
航天精神	63	15.8	9
井冈山精神	59	14.8	10
北大荒精神	24	6.0	11
铁人精神	22	5.5	12
奥运精神	20	5.0	13
合　计	1068	267.7	

注：由于本题为多项选择，故百分比之和大于100%。

八 受访者对现代人践行“延安精神”的判断

对于现代人应如何践行“延安精神”这一提问，调查数据显示，坚持“实事求是”被受访者列为首位，有47.0%的受访者选择这一选项，远高出第二个选项15.2个百分点。这说明作为“延安精神”核心内涵之一的“实事求是”最被公众认可，认为“实事求是”是党带领人民推动中国革命事业、建设事业和改革事业不断取得胜利的重要法宝。有不少受访者认为，现代人践行“延安精神”就要坚持“理论联系实际”、“不断开拓创新”和发扬“艰苦奋斗”精神等，这3个选项的受访者提及率分别为31.8%、31.3%和30.8%。另外，有25.8%的受访者选择“继承传统”，22.0%的受访者选择“将延安精神与自身信仰相结合”，21.8%的受访者选择“努力学习工作”，19.5%的受访者选择“脚踏实地”，18.3%的受访者选择“从严治党”，14.0%的受访者选择“推进依法治国”。受访者除做出上述回答外，一些受访者还提出了“与时俱进”“加强延安精神学习”“加强实践”“深化改革开放”等践行方式，其提及率分别为7.0%、4.3%、3.5%和3.3%（见表10）。

表10 受访者对现代人应如何践行“延安精神”的判断

单位：人，%

选　　项	受访者	所占比例	排序
实事求是	188	47.0	1
理论联系实际	127	31.8	2
不断开拓创新	125	31.3	3
艰苦奋斗	123	30.8	4
继承传统	103	25.8	5
将延安精神与自身信仰相结合	88	22.0	6
努力学习工作	87	21.8	7
脚踏实地	78	19.5	8
从严治党	73	18.3	9
推进依法治国	56	14.0	10
与时俱进	28	7.0	11

续表

选　　项	受访者	所占比例	排序
加强延安精神学习	17	4.3	12
加强实践	14	3.5	13
深化改革开放	13	3.3	14
合　计	1120	280.0	

注：由于本题为多项选择，故百分比之和大于100%。

九　受访者对陕西宣传“延安精神”的评价

调查结果显示，当问及“在宣传‘延安精神’方面，您认为陕西的表现如何?”这一问题时，认为“非常好”（6.0%）、“比较好”（35.8%）和“基本到位”（44.5%）的受访者比例达86.3%；而认为宣传工作做得“不太好”（9.5%）和“不好”（4.2%）的受访者比例只占13.8%（见图2）。进一步调查发现，对陕西媒体宣传“延安精神”比较好的方面，“专题报道”的提及率最高，有52.2%的受访者选择此项；其次是“及时热点报道”，受访者的选择

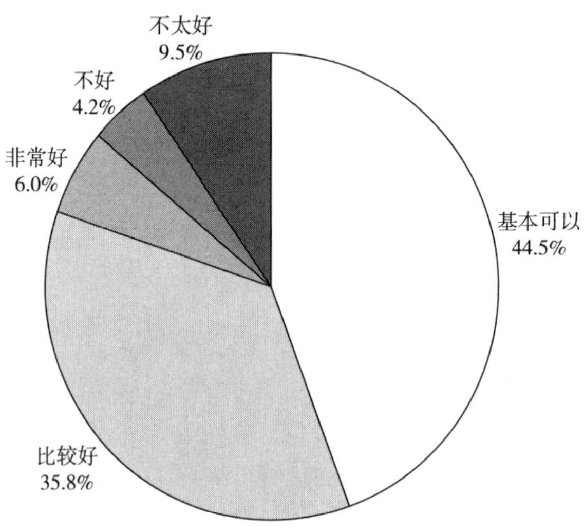

图2　受访者对陕西宣传“延安精神”的评价

率为47.8%。此外，有三成左右的受访者认为，陕西媒体通过"时事评论"（33.4%）和"深度报道"（30.1%）的形式宣传"延安精神"也取得了较好的效果（见表11）。

表11　受访者对陕西媒体宣传"延安精神"表现较好方面的认定

单位：人，%

选项	受访者	所占比例	排序
专题报道	203	52.2	1
及时热点报道	186	47.8	2
时事评论	130	33.4	3
深度报道	117	30.1	4
其他	3	0.8	5
合　计	639	164.3	

注：由于本题为多项选择，故百分比之和大于100%。

当然，也有部分受访者认为陕西媒体在宣传"延安精神"中，存在"深度和专题报道欠缺"（33.0%）、"精神内涵宣传不够"（30.0%）、"联系实际不强"（28.7%）、"报道时效性较弱"（26.4%）和"媒体整合性不够"（25.7%）等问题和不足，需要在今后的宣传工作中加以完善（见表12）。

表12　受访者对陕西媒体在宣传"延安精神"中存在问题的认定

单位：人，%

选项	受访者	所占比例	排序
深度和专题报道欠缺	131	33.0	1
精神内涵宣传不够	119	30.0	2
联系实际不强	114	28.7	3
报道时效性较弱	105	26.4	4
媒体整合性不够	102	25.7	5
敏感性不够强	90	22.7	6
报道频率较少较弱	68	17.1	7
议题设置能力较低	24	6.0	8
其他	1	0.3	9
合　计	754	189.9	

注：由于本题为多项选择，故百分比之和大于100%。

十　公众对今后完善宣传和弘扬“延安精神”的建议

公众对今后完善宣传和弘扬“延安精神”的建议见表13。

表13　完善宣传和弘扬“延安精神”的建议

宣传	◆政府重视 ◆应联系实际，更接地气 ◆深入宣传精神 ◆多报道正能量 ◆书籍、影视、新闻实时宣传应加强 ◆用革命先烈的事迹教育现代人 ◆鼓励去红色革命地亲身体验革命先辈当年奋斗的环境	◆从深度和广度出发，广泛宣传，大力弘扬 ◆加强媒体宣传，加强宣传力度、扩宽渠道 ◆提高报道频率，提高媒体报道的时效性 ◆加大网络宣传，微信宣传 ◆多开展社区宣传教育活动 ◆有关部门多看一些“延安精神”的纪录片
教育	◆从教育入手，从教育抓起 ◆从小事做起，从学生宣传 ◆应该在学校对学生多弘扬 ◆针对年轻一代，加强宣传教育 ◆教科书太单调	◆从小教育，从幼儿园开始讲 ◆教育年轻一代学习革命精神 ◆用革命先烈的事迹教育现代人 ◆走进校园，走进大型企业 ◆让中小学生多参加宣传“延安精神”的活动
践行	◆大力弘扬“延安精神” ◆政府有感召力，让人民信赖 ◆用“延安精神”考核干部队伍 ◆严惩腐败分子 ◆结合民生，多做实事 落在实处 ◆将“延安精神”发扬到经济、文化之中 ◆从领导干部抓起，以身作则起带头示范作用 ◆深入实地调查，成功再现“延安精神”更有说服力	◆从政府做起，起带头作用 ◆干部要带头 ◆联系实际 和实践相结合 ◆扎根基层，了解民情民需，走群众路线 ◆应当联系实际，具体化，更接地气 ◆将“延安精神”与自身生活相结合
继承与创新	◆饮水思源，不忘历史 ◆创新、跟进时代步伐 ◆创新发展方式 ◆不断开拓创新 ◆与时俱进，体现当代价值 ◆应加大创新，增加内涵 ◆增强活力 ◆充分发挥文化的力量	◆向老一辈学习 ◆发扬光大，永久流传 ◆保护延安景点 ◆保持时代性 ◆凸显其时代精神 ◆创新性的弘扬继承 ◆实事求是 ◆与时俱进

B.11

公众对践行"五大发展理念"态度与评价的调查分析报告

陕西省社会科学院课题组*

摘 要： 党的十八届五中全会提出了"创新、协调、绿色、开放、共享"五大发展理念。围绕这一主题，课题组就公众对"五大发展理念"的认知状况和基本心态进行了实证调研。研究发现，有七成公众对"五大发展理念"高度关注，九成多公众明确表示对贯彻、落实"五大发展理念"充满信心。

关键词： 五大发展理念 陕西

"创新、协调、绿色、开放、共享"五大发展理念，集中体现了我国"十三五"规划时期乃至今后更长时期的发展思路、发展方向和发展着力点。为了解公众对"五大发展理念"的认知和感受，提升和强化公众对"五大发展理念"的理解和认同，夯实自觉践行"五大发展理念"的社会基础。课题组针对"五大发展理念"公众认知、心态等对20~70岁公众开展问卷调查，在承担"西安市社会科学规划基金"资助项目的基础上对调研资料进行分析。

一 公众对践行"五大发展理念"的关注度与知晓度

"五大发展理念"提出以来，引起了社会各界的高度关注和持续热议。

---

* 本课题为"西安市社会科学规划基金"资助项目。课题组成员：吴南，陕西省社会科学院社会学研究所副研究员；谢雨锋，陕西省社会科学院社会学研究所副研究员；杨晖，西安市社会科学院社会学研究所研究员；江波，陕西省社会科学院社会学研究所研究员。

“五大发展理念”不单是引领实现“两个百年”奋斗目标、实现中华民族伟大复兴“中国梦”的重要指导思想，而且对人类文明进步也具有重大意义。那么，公众对此引发了怎样的关注？对其理解达到了何种程度？课题组进行了有关“五大发展理念”基本认知度的调查。

（一）七成公众对“五大发展理念”高度关注，对“绿色发展”“创新发展”更为关切

调查结果显示，对于理论和实践上都有新突破的“创新、协调、绿色、开放、共享”五大发展理念，受访者表示关注的合计比例达到69.8%。显示出大多数公众对今后实践“五大发展理念”、加快经济社会全面、协调、可持续发展充满期待（见图1）。

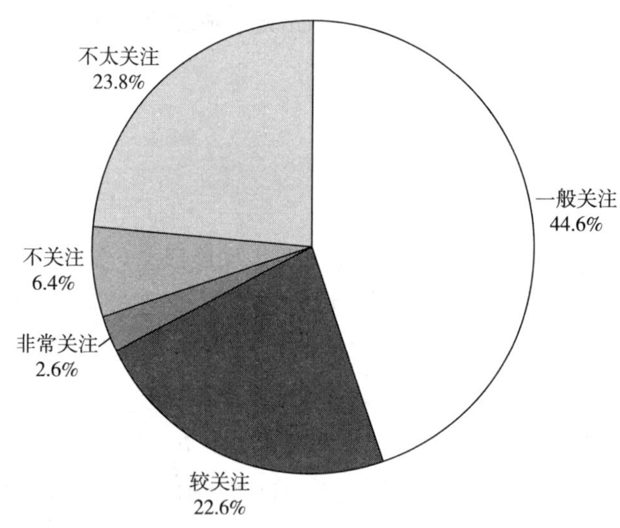

图1 受访者对“五大发展理念”的整体关注度

其中，“绿色发展”被置于最显著的位置，有50.5%的受访者表示“非常关注”（13.6%）和“比较关注”（36.9%），用5级量表赋值方法测量并取平均值获得公众对“绿色发展”的总体关注度得分为3.37分（标准差1.083），处于“基本关注”和“比较关注”间偏向“比较关注”的位置；明确表示“不关注”的受访者占6.0%。可见，饱受雾霾煎熬的各界公众强烈呼唤“绿

色发展”。其次是“创新发展”，有47.2%受访者表示“非常关注”（11.7%）和“比较关注”（35.5%）。作为实现“五位一体”总体布局下全面发展根本支撑和关键动力的“创新发展”受到公众高度聚焦（见表1和表2）。

表1　受访者对“五大发展理念”具体内容的评价

单位：人

选项	受访者	均值	标准差	排序
绿色发展	605	3.37	1.083	1
创新发展	605	3.34	1.027	2
协调发展	605	3.11	0.978	3
开放发展	605	3.06	1.043	4
共享发展	605	2.98	1.050	5

表2　受访者对“五大发展理念”具体内容的关注程度

单位：%

选项	非常关注	较关注	基本关注	不太关注	不关注
创新发展	11.7	35.5	32.2	15.9	4.6
协调发展	6.6	28.6	39.0	20.5	5.3
绿色发展	13.6	36.9	28.1	15.5	6.0
开放发展	8.4	26.0	35.5	23.6	6.4
共享发展	7.6	22.5	38.5	22.8	8.6

进一步分析发现，受访者因年龄和文化程度不同，对“创新发展”和“绿色发展”的关注度亦存在显著差异。从年龄分层来看，中青年受访者对“创新发展”的关注度高于老年受访者。而从对“绿色发展”的关注度来看，20~30岁年龄组受访者中，有55.6%的人表示“非常关注”（11.9%）或“比较关注”（43.7%）；31~40岁年龄组受访者中，表示“非常关注”（17.5%）或“比较关注”（36.7%）的受访者比例也达到54.2%。比较而言，51~60岁年龄组受访者中，有28.2%的人表示“不太关注”（15.5%）和“不关注”（12.7%）“绿色发展”。

从学历分层来看，受访者学历越高对“创新发展”的关注度越高。其中，有59.1%的本科及以上学历组的受访者表示“非常关注”（16.3%）或“比较关注”（42.8%）“创新发展”；而初中及以下学历组的受访者表示“不太关注”（24.5%）和“不关注”（4.1%）“创新发展”的比例为28.6%。同样，对“绿色发展”也呈现受访者学历越高关注度也越高的显著特点。有59.8%的本科及以上学历组的受访者表示“非常关注”（17.0%）和“比较关注”（42.8%）“绿色发展”；有52.4%的大专学历组受访者表示“非常关注”（14.3%）和“比较关注”（38.1%）“绿色发展”；相比之下，初中及以下学历组（27.6%）和高中/中专/技校学历组受访者（28.6%）表示“不太关注”或“不关注”“绿色发展”。

（二）八成多公众对“五大发展理念”了解或基本了解，对“创新发展”、“协调发展”和“绿色发展”知晓度更高

调查数据显示，对“五大发展理念”表示“很了解”（2.6%）、“比较了解”（18.7%）和“基本了解”（39.2%）的受访者累计比例达到60.5%。这表明公众对“五大发展理念”的整体知晓度比较高。调查还发现，有13.2%的受访者明确表示“不了解”，这也折射出对“五大发展理念”的宣传工作仍需加强和完善（见图2）。进一步观察、分析可以发现，公众对“创新发展”理念的了解程度最高，表示“很了解”（10.9%）、“比较了解”（33.9%）和“基本了解”（33.9%）的受访者比例高达78.7%；对“绿色发展”理念表示“很了解”（9.9%）、“比较了解”（33.4%）和“基本了解”（32.6%）的受访者比例为75.9%；“很了解”、“比较了解”和“基本了解”“协调发展”理念的比例为

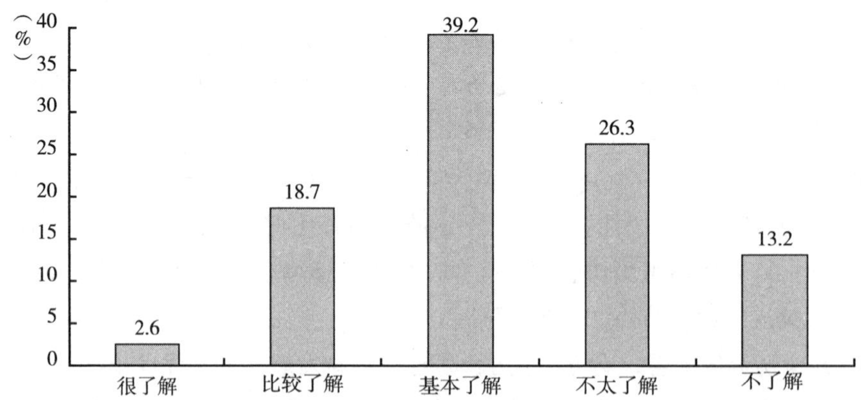

图2 受访者对“五大发展理念”的整体知晓度

71.0%，对“开放发展”和“共享发展”理念表示“很了解”“比较了解”“基本了解”的比例分别为67.5%和58.0%（见表3和表4）。可见，对“开放”、“共享发展”等新提法、新理念和新思路的系统宣传还需要予以重点关注。

表3　受访者对“五大发展理念”具体内容了解的评价

单位：人

选项	受访者	均值	标准差	排序
创新发展	605	3.28	1.057	1
绿色发展	605	3.22	1.064	2
协调发展	605	3.04	1.028	3
开放发展	605	2.97	1.114	4
共享发展	605	2.76	1.078	5

表4　受访者对“五大发展理念”具体内容了解的程度

单位：%

选项	很了解	比较了解	基本了解	不太了解	不了解
创新发展	10.9	33.9	33.9	14.5	6.8
协调发展	6.8	27.3	36.9	21.7	7.4
绿色发展	9.9	33.4	32.6	17.2	6.9
开放发展	7.9	25.1	34.5	20.8	11.6
共享发展	4.6	21.7	31.7	28.8	13.2

对该问题的差异分析发现，对“创新发展”了解程度最高的是20～30岁年龄组受访者，有53.0%的受访者表示“很了解”（18.5%）和“比较了解”（34.5%），表示“不了解”的仅占5.9%。相比之下，51～60岁的受访者表示“很了解”的仅占1.4%，表示“比较了解”的为29.6%。受访者学历越高对“创新发展”理念的了解程度也越高。

二　公众对提出和践行“五大发展理念”意义的理解

党的十八届五中全会准确把握我国经济社会发展大局大势，创造性地提出了“创新、协调、绿色、开放、共享”五大发展理念。它是指引我国未来发展的集中体现，也是改革开放30多年来我国发展经验的集中体现。那么，公众又是如何理解“五大发展理念”，他们对其意义又是如何解读的？对此，课题组设计了专项提问，结果如下。

（一）公众认定提出和践行“五大发展理念”对实现“中国梦”、构建新的发展模式、推进中国特色社会主义事业具有重大意义

调查结果显示，当问及“在当前经济社会发展背景下，您认为提出‘五大发展理念’的价值和意义”这一问题时，受访者的选择比较多元，显示出公众对“五大发展理念”内涵的多元诠释。其中，“促进实现‘中国梦’”提及率最高（40.7%），认同“五大发展理念”是引领国人实现“中国梦”的核心与灵魂。认为在我国发展面临多重挑战背景下提出“五大发展理念”，其价值意义在于“构建新的发展模式”的受访者提及率为37.9%。也有不少受访者认为“五大发展理念”是我国发展理念的突破和进步。因此，有超过三成的受访者认为其价值和意义分别是“推进中国特色社会主义事业”（35.5%）、“解决社会发展中的热点问题”（34.5%）、“适应和引领社会经济发展新常态”（31.2%）和“回应人民群众需求”（30.2%）（见表5）。

表5 受访者对提出“五大发展理念”意义的认定

单位：人，%

排序	价值与意义	人数	百分比
1	促进实现“中国梦”	246	40.7
2	构建新的发展模式	229	37.9
3	推进中国特色社会主义事业	215	35.5
4	解决社会发展中的热点问题	209	34.5
5	适应和引领社会经济发展新常态	189	31.2
6	回应人民群众需求	183	30.2
7	体现社会全面进步，发展价值目标	141	23.3
8	推进“四个全面”战略布局	133	22.0
9	解放思想、实事求是	120	19.8
10	提高国际地位和影响力	113	18.7
11	其他	13	2.1
	合　计	1791	296.0

注：由于本题为多项选择，故百分比之和大于100%。

对该问题的进一步分析发现，受访者文化程度不同，对提出“五大发展理念”价值与意义的理解存在较大差异，受访者文化程度高更看重提出“五大发展理念”意在“解决社会发展中的热点问题”和“提高国际地位和影响力”。

（二）公众高度认同“五大发展理念”的目标与价值，对操作化实践充满期待

为测量公众对提出和实现“五大发展理念”所持有的态度，课题组在问卷设计中从不同维度采用5级量表的赋值方法，以“非常认同”为5分，“非常不认同”为1分，依次加以计算求取均值，结果见表6。观察标准差的值，发现“目标性”“与现实社会契合性”“国际性”“操作性”等评价指标的离散程度比较大，可见整体来说公众对“五大发展理念”在上述方面的看法不尽一致。若以均值观察比较，公众在“认同度”指标上得分最高（3.59分），“目标性”（3.50分）次之，“实现的信心”（3.49分）和“与现实社会契合度”分列第3位和第4位，“操作化”指标得分最低（3.09分）。这表明，公众不仅对“五大发展理念”的重要性、引领性和指向性认同度高，对其与现实社会的契合关系、实现的信心、与自身的关联性和国际化视野均给予较高评价，对“五大发展理念”在现实社会经济发展中如何具体体现、落实，多数公众充满期待。

表6　受访者对提出和实现“五大发展理念”态度的评价

单位：人

选项	受访者	均值	标准差
目标性	605	3.50	1.077
与现实社会契合性	605	3.46	1.009
与自身需求关联性	605	3.37	0.976
认同度	605	3.59	0.997
实现的信心	605	3.49	0.986
社会凝聚力	605	3.32	0.983
国际性	605	3.36	1.016
操作性	605	3.09	1.009

经过比较分析可以发现，在“认同度”方面，受访者表示“非常认同”（20.5%）、“比较认同”（32.7%）和“基本认同”（34.7%）的比例高达87.9%，认为完整理解“五大发展理念”有助于在“十三五”时期开好局、起好步，从而推进经济社会良性发展；相反，明确表示“不认同”的受访者比例仅为2.5%。在评价“与现实社会契合性”方面，认为“五大发展理念”与社会发展契合度“非常强”（17.0%）、“比较强”（29.9%）和“基本强”（38.7%）的合计比例高达85.6%，多数公众认为，提出“五大发展理念”与引领经济发展新常态相适应，同实现“十三五”时期全面建成小康社会要求相契合，对今后社会经济发展将产生重要影响。在“目标性”方面，不少受访者认为，“五大发展理念”体现了客观决定性与主观能动性、实践目的性与尊重规律性的有机统一，有84.6%的受访者认为，其目标性“十分明确”（16.2%）、“比较明确”（39.5%）或“基本明确”（28.9%）。在“与自身需求关联性”方面，认为“五大发展理念”“与自身需求关联性”的合计比例达到81.8%，显示出大多数公众对实践“五大发展理念”充满期待，认为“五大发展理念”不仅是全社会发展的战略指南，也有助于公众个人获得感的提升。在“国际性”方面，认为“五大发展理念”具有“很强”（14.2%）、“较强”（29.3%）和“基本强”（38.7%）国际影响力的受访者比例达82.2%，认为它不仅是中国执政者勾画出的未来一段时间中国经济社会发展的“路线图”，也凸显出中国对世界经济发展审时度势的判断，对世界发展的庄严承诺。在“社会凝聚力”方面，认为提出和实现“五大发展理念”对增强社会凝聚力具有作用的合计比例为81.4%，表明“五大发展理念”有利于凝聚社会各阶层的智慧，加快经济社会全面、协调、可持续发展。在“实现的信心”方面，有86.8%的受访者对落实“五大发展理念”，实现社会经济发展新目标表示“很有信心”（14.7%）、“较有信心”（36.9%）和“基本有信心”（35.2%）；而明确表示“没有信心”的仅占4.1%。与上述诸方面持积极态度相比，部分被访者对如何推进“五大发展理念”的“操作化”议题存在一定考虑，有25.8%的受访者认为操作性“比较弱”（19.2%）和“很弱”（6.6%）（见表7）。这一结果表明，在推进和全面落实“五大发展理念”的过程中要更关注具体的实践策略、路径和方法。

表7　受访者对提出和实现“五大发展理念”的态度

单位：%

选项	5	4	3	2	1
目标性	16.2	39.5	28.9	8.4	6.9
与现实社会契合度	17.0	29.9	38.7	10.9	3.5
与自身需求关联性	12.7	32.4	36.7	15.7	2.5
认同度	20.5	32.7	34.7	9.6	2.5
实现的信心	14.7	36.9	35.2	9.1	4.1
社会凝聚力	12.2	29.4	39.8	15.2	3.3
国际性	14.2	29.3	38.7	13.9	4.0
操作化	7.8	25.8	40.7	19.2	6.6

注：表头中5、4、3、2、1分别表示各选项的5个等级。

三　公众对践行“五大发展理念”对经济社会和社会成员个体发展影响的判断

“五大发展理念”的提出，站在党和国家发展全局的高度，对经济发展新常态、新发展理念、供给侧结构性改革等重大问题进行全面、系统、深刻地阐释，为做好各项工作提供了重要依据和强大动力。践行“五大发展理念”将对经济社会发展和人民群众的生活产生怎样的影响？公众又是如何看待的？对此，课题组做了进一步调查。

（一）公众认为践行“五大发展理念”将对经济社会发展起到决定性作用，是全面建成“小康社会”的基石和成功保障

调查结果显示，当问及“您认为提出和践行‘五大发展理念’对经济社会发展的影响怎样”这一问题时，有69.6%的受访者认为影响“很大”（34.1%）和“比较大”（35.5%），另有16.9%的受访者认为“有一定影响”。多数受访者表示，深入领会和贯彻“五大发展理念”，从而实现以发展理念转变引领发展方式转变，以发展方式转变推动发展质量和效益提升（见图3）。通过对调研数据进行交叉分析发现，受访者的文化程度对其判断有一

定影响。其中，有 75.8% 的本科及以上学历组的受访者认为影响“很大”（39.5%）和“比较大”（36.3%）；相比而言，有 20.4% 的大专学历组的受访者认为影响“不太大”（4.1%）和“不大”（16.3%）。

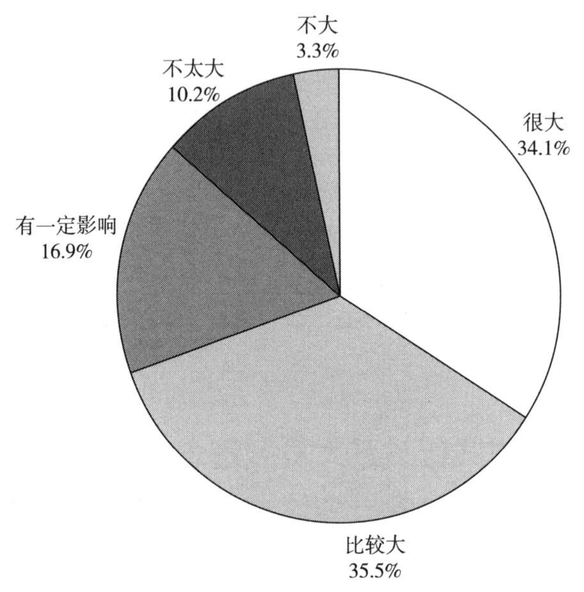

图 3　受访者对“五大发展理念”影响经济社会发展的认识

通过对数据的进一步分析，认为贯彻落实“五大发展理念”将对“提高经济增长速度”影响“很大”（13.6%）、“比较大”（42.8%）和“有一定影响”（34.9%）的合计比例高达91.3%，显示多数公众对“十三五”期间经济发展持乐观的心态。“提升公众生活水平/质量”和“提高公民素质和文明程度”也被高度关注，受访者认为“五大发展理念”对两者的影响“很大”“比较大”“有一定影响”的合计比例分别达 83.3% 和 82.0%。此外，有 51.1% 的受访者认为将对“改善和优化生态环境质量”带来重要影响（见表 8）。

（二）公众坚信践行“五大发展理念”将对提升个人获得感、社会信任感、生活自信心和增强社会发展信心带来积极影响

调查结果显示，“五大发展理念”对公众个人工作与生活的影响，63.9% 的受访者认为有“很大”（23.1%）和“比较大”（40.8%）的积极影响，

表 8　受访者对“五大发展理念”影响经济社会发展程度的评价

单位：%

影响方面	很大	比较大	有一定影响	不太大	不大
提高经济增长速度	13.6	42.8	34.9	6.9	1.8
提升公众生活水平/质量	10.1	35.9	37.3	13.6	3.1
提高公民素质和文明程度	11.1	32.6	38.3	15.2	2.8
改善和优化生态环境质量	13.6	37.5	33.2	13.1	2.6
促进城乡统筹协调发展	10.4	36.4	35.0	15.0	3.1
深化改革，扩大对外开放	12.1	30.2	39.5	14.2	4.0
增强社会治理和政府能力	9.3	32.4	37.5	15.9	5.0

有 21.9% 的受访者认为“有一定影响”，而认为影响“不大”的仅占 5.2%（见图 4）。用 5 级量表赋值方法测量并取平均值之后，“五大发展理念”对公众个体生活的总体影响得 3.67 分，处于“有一定影响”和影响“比较大”之间偏向“比较大”的位置。这结果表明，大多受访者认为，践行“五大发展理念”必将提升人民群众的工作与生活质量。

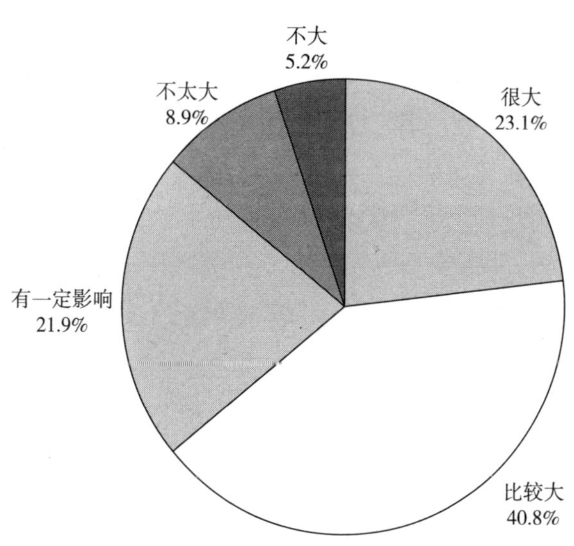

图 4　“五大发展理念”对公众生活的影响

调查结果还显示，有53.2%的受访者认为在全新发展理念的引领下，人们的“生活获得感”会有“很大提升”（13.9%）和“较大提升”（39.3%）。认为“社会信任感”“社会发展信心”“生活自信心”都会得到“很大增强”和“较大增强”的合计比例分别为46.9%、46.9%和45.4%（见表9）。可见，从个人层面来看，“五大发展理念”绘就了一幅“更好的教育、更稳定的工作、更满意的收入、更可靠的社会保障、更高水平的医疗卫生服务、更舒适的居住条件和更优美的环境”的美好生活蓝图，是全面建成小康社会的盛世图景。

表9　受访者对“五大发展理念”影响居民生活状况的评价

单位：%

影响方面	5	4	3	2	1
生活获得感	13.9	39.3	37.0	7.8	2.0
社会信任感	14.2	32.7	39.2	11.6	2.3
社会发展信心	14.2	32.7	39.2	11.6	2.3
生活自信心	11.7	33.7	41.8	10.7	2.0

四　公众对践行“五大发展理念”能力与脆弱性的评价

要全面贯彻党的十八大和十八届三中、四中、五中全会精神，坚持创新、协调、绿色、开放、共享五大发展理念，就要创新社会治理体系，提高社会治理能力。贯彻落实“五大发展理念”的相关能力是不能回避的现实议题。对此，公众又是如何看待和评价的，课题组也进行了对比调查。

（一）八成多公众认为相关职能部门具备践行“五大发展理念”的能力

调查结果显示，对于践行“五大发展理念”的能力，有59.9%的受访者认为“很强”（16.5%）和“比较强”（43.4%），25.7%的受访者给予“基本可以”的评价。将三项相加则看到，有高达85.6%的受访者相信各级政府职能部门有能力贯彻落实“五大发展理念”。相比之下，认为能力“不强”的受访者比例仅占7.2%。见图5。

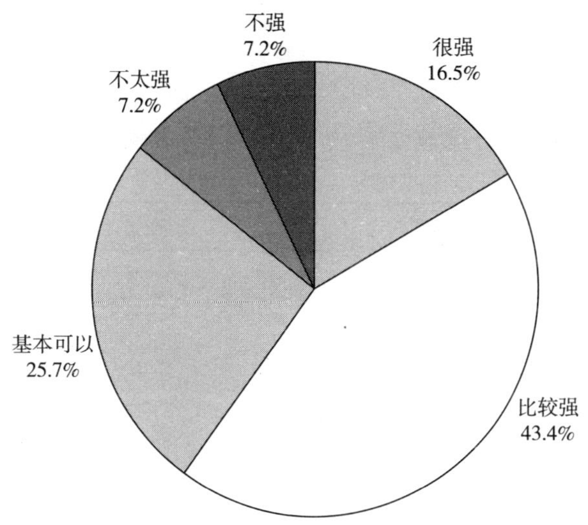

图5 受访者对贯彻落实“五大发展理念”能力的评价

（二）有效治理环境污染、进一步解放思想、缩小收入差距、提升公众素质是今后工作面临的主要挑战

贯彻落实“五大发展理念”需要有明晰的问题意识。在一定意义上甚至可以说，发展正是由问题倒逼而产生，在不断解决问题的过程中而深化发展的。对问题的清晰判断，可以增强更大的实践信心和动力，采取更有力的措施和办法。贯彻落实“五大发展理念”就要有强烈的问题意识，以重大问题为导向，抓住重大问题和关键问题进一步研究思考，找出答案，着力推动解决面临的一系列突出问题和挑战。那么，在贯彻落实“五大发展理念”方面将会面临哪些问题或挑战呢？

调查结果显示，在所列出的19个选项中，居首位的是“环境污染严重”，选择此项的受访者比例为46.6%；其次是“思想不够解放”，选择比例为37.0%。以下的选项按所占比例排序分别是“贫富差距拉大”“公众文明素养不高”“城乡发展不协调”“干部能力水平不高”“依法治理欠缺”“产业结构落后”“社会保障体系不健全”，其所占比例分别是30.7%、30.7%、27.6%、27.6%、27.4%、26.9%和26.8%（见表10）。另有少数受访者提及“信息化、智能化滞后”“群体间利益不平衡”“人口老龄化加快”和“贪污腐败”等。

表10　受访者对贯彻落实“五大发展理念”面临主要挑战的认定

单位：人，%

排序	选项	受访者	百分比
1	环境污染严重	282	46.6
2	思想不够解放	224	37.0
3	贫富差距拉大	186	30.7
4	公众文明素养不高	186	30.7
5	城乡发展不协调	167	27.6
6	干部能力水平不高	167	27.6
7	依法治理欠缺	166	27.4
8	产业结构落后	163	26.9
9	社会保障体系不健全	162	26.8
10	经济发展缓慢	155	25.6
11	公众参与不足	155	25.6
12	城市管理水平滞后	144	23.8
13	缺乏公平公正环境	131	21.7
14	对外开放水平较低	123	20.3
15	新型城镇化缓慢	114	18.8
16	信息化、智能化滞后	102	16.9
17	群体间利益不平衡	99	16.4
18	人口老龄化加快	86	14.2
19	贪污腐败	62	10.2
20	其他	3	0.5
	合　　计	2877	475.5

注：表头中5、4、3、2、1分别表示各选项的5个评价等级；由于本题为多项选择，故百分比之和大于100%。

五 优化社会保障体系、加强基础设施建设、全面推进反腐倡廉和完善依法治理体系成为公众关注的重点

在具有战略性、纲领性“五大发展理念”成为引领“十三五”时期我国发展全局根本思想保证的背景下，如何准确把握战略机遇期内涵的深刻变化，推进创新发展、协调发展、绿色发展、开放发展和共享发展？发展的着力点又该聚焦于哪些方面？调查结果显示，受访者对“完善社会保障体系”（39.7%）和“加强基础设施建设”（39.3%）的期待最高，之后为“全面推进反腐倡廉”（36.7%）和“完善依法治理体制”（33.2%）。另有不少受访者认为“完善现代市场体系”“提升职能部门能力”“治理环境卫生”等工作也不容忽视，提及率分别为29.4%、29.4%和27.9%。相对来说，受访者对“推进新型城镇化建设”（18.3%）、“增加文教投入”（16.0%）和“弘扬传统文化”（15.4%）的重要性期待较低（见表11）。可见，人们将关注的目光依然更多地投向经济民生建设与治理能力建设上。

表11 受访者对落实“五大发展理念”需加强工作领域的认定

单位：人，%

排序	选　项	人数	百分比
1	完善社会保障体系	240	39.7
2	加强基础设施建设	238	39.3
3	全面推进反腐倡廉	222	36.7
4	完善依法治理体制	201	33.2
5	完善现代市场体系	178	29.4
6	提升职能部门能力	178	29.4
7	治理环境卫生	169	27.9
8	缩小贫富差距	150	24.8
9	加快产业结构调整	141	23.3
10	推进收入分配改革	137	22.6
11	进一步解放思想	136	22.5
12	促进公平公正	133	22.0

续表

排序	选　项	人数	百分比
13	加大对外开放力度	131	21.7
14	优化投资环境	129	21.3
15	提高竞争软实力	127	21.0
16	推进新型城镇化建设	111	18.3
17	增加文教投入	97	16.0
18	弘扬传统文化	93	15.4
	合　计	2811	464.7

注：由于本题为多项选择，故百分比之和大于100%。

六　九成多公众明确表示对践行“五大发展理念”充满信心

公众对贯彻落实“五大发展理念”持有怎样的预期和信心？调查结果显示，有89.3%的受访者对贯彻落实“五大发展理念”及未来发展“充满信心”（47.6%）和“较有信心”（41.7%）（见图6）。通过对数据的交叉分析发现，受访者没有因性别、年龄、文化程度、职业和经济收入状况等不同而对贯彻落实“五大发展理念”的信心存在差异。这从另一个侧面折射出公众对未来发展充满信心，对未来的生活持有较高期待。

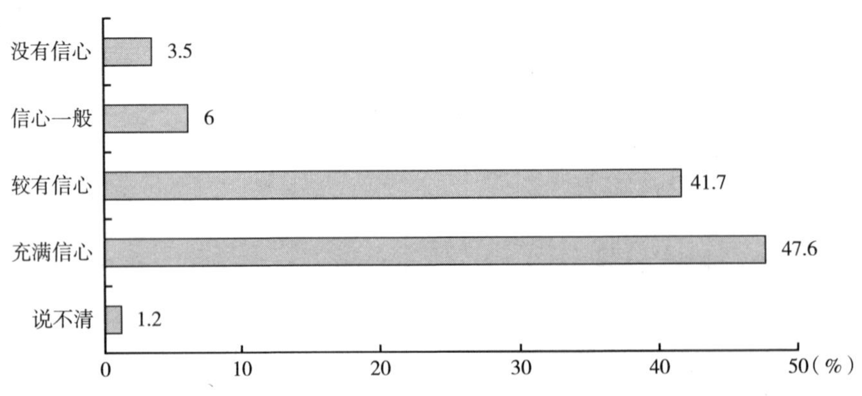

图6　受访者对陕西贯彻落实“五大发展理念”的信心

七 对策建议

在问卷设计和调查访问过程中，课题组以“对于如何贯彻落实‘五大发展理念’战略机遇加快发展，您还有哪些意见和建议”为题，对公众进行了开放式提问，经整理、合并后获得以下对策建议（见表12）。

表12 贯彻落实“五大发展理念”的对策建议

◆做实事,不讲官话、大话、空话	◆做好宣传,落到实处,切实有效
◆自觉执行,依法治理	◆政府机构改革,不要人浮于事
◆注重居民素质教育,保护传统文化	◆与“一带一路”发展接轨
◆坚持党的领导	◆注重解决医患矛盾
◆重在落实,讲究实施,	◆治理雾霾,关注民生
◆政府要多为百姓办实事	◆加快产业结构转型
◆实现社会公平	◆加强中国优良传统文化教育
◆增强环保观念,加大环保力度	◆应缩小贫富差距
◆增加更多的就业机会	◆应加强宣传,让更多人了解“五大发展理念”
◆应加强基础设施建设	◆完善现代市场体系
◆应提升职能部门能力	◆因地制宜
◆以民声、民生、环保为本	◆医药改革
◆要让百姓参与政府的落实	◆宣传,落实,改进,主动创新
◆完善社会保障体系,缩小城乡差距	◆完善法律制度,加大监察力度
◆听言观行,完善制度和落实是根本	◆推进生态文明建设
◆多学习先进区域经验,加快思想建设	◆提升对外开放水平
◆提高职能部门的能力和效率	◆推动政府透明工作,减少暗箱操作
◆加大宣传,提高居民的认同及理解	◆实事求是,付诸实践
◆“三农”问题	◆全面推进反腐倡廉
◆切实落实“五大理念”,不说空话	◆进一步优化投资环境
◆解决基层社会人员所面对的问题	◆进行特色建设,提高创新能力
◆落实户籍制度改革,加速城镇化建设	◆解放思想,改变固化的思想环境
◆加强国际交流与共享	◆既要发展经济,社会环境建设也不能落后
◆环境很重要,发展经济不能牺牲环境	◆关注最底层生活
◆给年轻人提供公平竞争的环境	◆多搭建新资源共享平台
◆让改革的风吹到农村来	◆多了解广大群众的心声,结合实际进行发展
◆多关注弱势群体,促进公平公正	◆调动群众的积极性,积极参与,共同发展

专题报告

Particular Reports

B.12
陕西“医养结合”养老服务发展现状与问题分析报告*

课题组**

摘　要： 近年来，我国确立的“医养结合”成为养老服务体系的新方向，陕西也在实践中对“医养结合”模式进行探索。本文通过对陕西“医养结合”现状进行问卷调查和实地走访，从人口老龄化特征、老年人需求与意愿以及养老服务体系现状分析了陕西“医养结合”发展的迫切性，梳理总结了陕西“医养结合”实践中的六种模式及其发展特征，陕西“医养结合”发展的困难与挑战，提出进一步推动陕西“医养结合”养老服务发展的对策建议。

* 本报告为2016年陕西省社会科学院重大课题（16SXZD10）成果。

** 课题组由陕西省社会科学院、陕西省老龄办、陕西省老年学会联合组成；主持人，刘春秀、米烈汉；报告执笔人，杨红娟，陕西省社会科学院社会学研究所；报告审核人，高建强，陕西省老年学会。

关键词： 陕西“医养结合” 实践模式 社会资本参与 人才建设

在快速少子老龄化、高龄化过程中，我国失能、部分失能老年人口大幅增加，健康养老服务需求日益强劲。为适应社会民生发展的迫切需求，在整合资源的视角下，“医养结合”成为养老服务体系的新方向。“医养结合”是指医疗卫生与养老服务相结合，是医疗资源与养老资源相结合的一种养老服务新模式。其中，“医”包括医疗服务、健康咨询服务、健康检查服务、疾病诊治和护理服务、大病康复服务以及临终关怀服务等，“养”包括生活照护服务、精神心理服务、文化活动服务等。“医养结合”是我国养老保障服务体系发展中总结出来的一种有利于养老服务资源效能最大化的服务模式。

通过对现有文献梳理发现，面对日趋严峻的人口老龄化形势，社会各界对于构建“医养结合”型健康养老模式的必要性和现实意义已经有了基本共识。认为“医养结合”不仅是深化医疗卫生体制改革，整合和统筹医养服务资源，提高资源使用效率的需要，也是改善老年人健康状况，提高老年人生活质量的需要，同时对缓解医院老人“压床”现象也具有重要的现实意义。

自 2013 年来，国家及其各部委颁布了 6 个重要文件鼓励“医养结合”，推动了“医养结合”养老服务发展。各地都进行了“医养结合”的诸多探索，形成了适应不同发展状态和需求的“医养结合”模式，取得良好的社会效应。同样，陕西各地的养老服务机构适应老年服务的新需求，进行多种形式的“医养结合”老年服务探索，形成了各自的特色，为陕西“医养结合”的发展进一步积累了经验。目前，陕西“医养结合”的状况到底如何，有哪些经验，还存在哪些问题，需要怎么应对，都迫切需要回答和解决。为此，陕西省老龄办、陕西省老年学会和陕西省社会科学院成立联合调查组对陕西“医养结合”现状和机构进行专题调研。对陕西省“医养结合”发展现状进行实地调查与评估，目的在于摸清陕西“医养结合”养老服务的基本状况，总结陕西已有的医养合作路径、发展模式以及经验模式，发现“医养结合”的需求与问题、挑战，分析问题和困难存在的原因。

本次研究采用问卷和访谈考察等形式进行了实地调研，获取全省 11 个市县（区）填答了问卷，还对 98 个养老和医疗机构进行问卷调查，并和西安市金宝美居家养老服务公司、碑林区第一爱心护理院、西安博瑞养老院负责人进行了访谈，本报告以调研数据和访谈资料为基础，分析了陕西“医养结合”的现状和问题，提出对健康老龄化背景下陕西“医养结合”发展的对策建议。

一　陕西“医养结合”发展的需求分析

在人口老龄化、空巢化、高龄化背景下，陕西老龄人口的养老需求十分旺盛。“医养结合”模式，能够提升老人的健康水平和独立性，通过其积累的技能与经验为家庭和社区做贡献，将会节省大量的照料成本和医疗开支，是促进健康老龄化的可行途径之一。

（一）陕西人口老龄化特征促使“医养结合”需求不断增加

十多年来，陕西老龄人口呈现加速增长态势，2015 年陕西省 65 岁及以上老年人口总量由 2010 年的 318.4 万人，增加到 2015 年的 383.4 万人，五年净增 65 万人。老年人口占常住人口的比重突破两位数，达到 10.11%，较 2010 年提高了 1.58 个百分点，比 2000 年提高了 4.21 个百分点，老龄化速度不断提高。

高龄化、空巢化和失能化的特征比较突出。统计数据显示，从老年人口结构看，全省 60 岁及以上的人口中，65 岁及以上人口占 63.79%；在 65 岁以上老年人口中，70 岁及以上的人口又占 62.25%，特别是 80 岁及以上的老年人口，占比由“十二五”初的 13.22% 上升到 2015 年的 16.05%，老年人口显得更老。本次调查显示，空巢老人占老年人口的 50%，失能老人占老年人口的 16.3%。

数据显示，在陕西各地市中，60 岁及以上老龄人口占总人口比例较高的分别为咸阳、汉中和铜川，老龄人口比例分别为 18.32%、16.90% 和 16.14%，列后三位的是西安、安康和延安（见图 1）。

调查数据显示，陕西各地市的老年人空巢率较高的地区分别为汉中、西安和咸阳三个市，其中，汉中的老年人空巢率超过了 60%，较低的分别为铜川和宝鸡两市（见图 2）。

调查数据显示，陕西各地市的老年人失能率较高的分别为商洛、渭南和西安三个市，较低的分别为延安、安康和榆林三个市。商洛老年人失能率最高，达到了 22.14%（见图 3）。

2015 年对陕西老年人的需求调查显示，年龄越大，老年人的失能率越高，特别是80岁及以上的老年人，是70～79岁老年人失能率的2.44倍，而70～79岁老年人与60～69岁老年人的失能率差别很小，仅相差0.51个百分点。

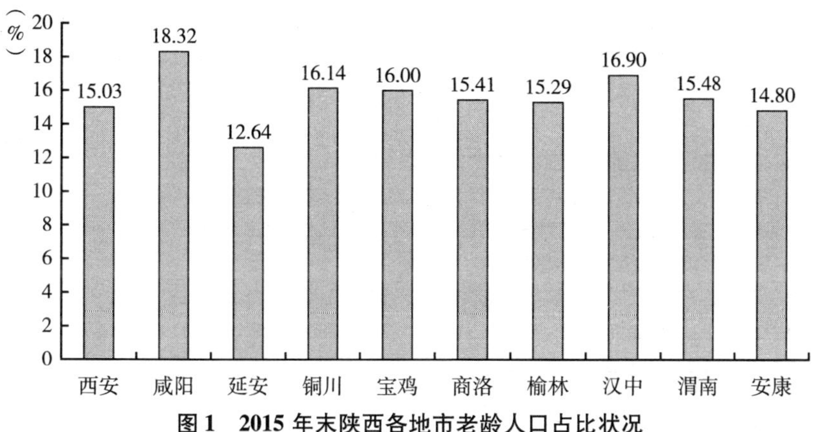

图1　2015年末陕西各地市老龄人口占比状况

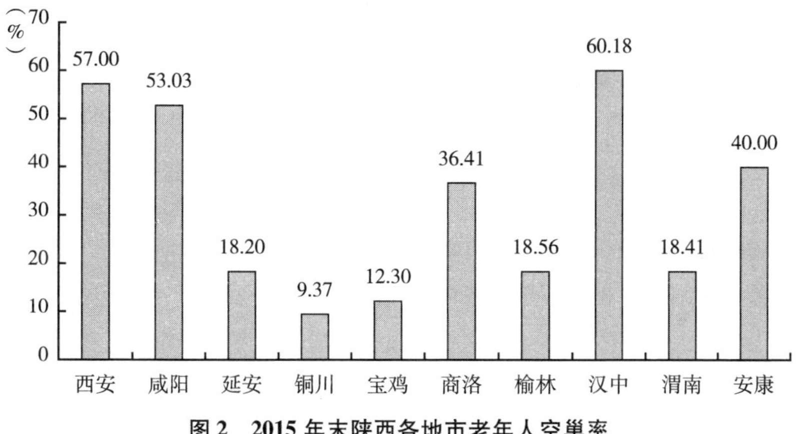

图2　2015年末陕西各地市老年人空巢率

老龄人口的发展特征使得养老需求必然呈现多样化趋势，为此，必须建立完善的社会养老服务体系以满足老年人多元的养老服务需求。特别是高龄失能老年人的大量存在，使得对老年人不仅需要日常照料更为细心、耐心，更需要有专业的医疗知识、素养和能力的人来护养。

（二）更多老年人愿意选择“医养结合”的养老机构

2015年对陕西老年人的需求调查显示，有47.3%的老年人更愿意选择有

“医养结合”的养老机构。

与身体状况的交叉分析显示，将近60%生活不能自理的老年人更倾向于选择“医养结合”模式的养老机构；与居住状况的交叉分析显示，有57.57%的老年人更倾向于选择“医养结合”模式的养老机构。可见，“医养结合”的养老机构对失能、半失能的老年人具有更迫切的需求。

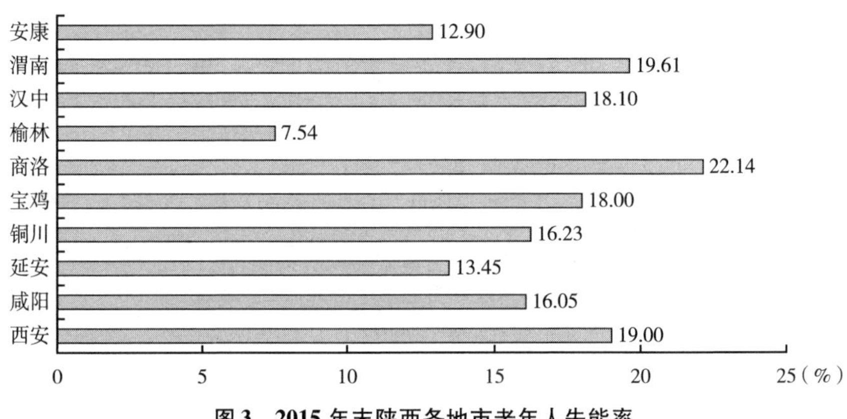

图3　2015年末陕西各地市老年人失能率

（三）养老服务难以满足老年人对养老和医疗的共同需求

经过一段时间的积极探索和有益尝试，陕西目前初步形成社会、社区、家庭三级服务相互结合、相互补充的多样化社会养老服务网络，主要包括居家养老、机构养老、社区日间照料等社会化养老服务模式。所谓机构养老主要是指由专业机构如老年公寓、老年医院、护理院和具有福利性质的福利院、敬老院等负责为老人提供照料与服务，其经营方式主要包括公建公办、公建民营、民建公助和民建民营等形式。但现有的养老机构存在活动设施少、条件差、资源共享困难等问题。现有的养老机构面向所有老年人，显得针对性不足，缺乏专业分类和精细化服务。因此，大多数老年人的需求难以得到满足。对陕西老年人需求调查显示，只有30.4%的老年人认为可以找到适合自己需求的养老机构。

二　陕西“医养结合”的实践模式

随着陕西人口老龄化的进程不断加快，为了适应老年人的实际需求，各地市出现了养老机构和医疗机构合作、医疗机构增加养老病房及养老机构加强医疗服务能力的提升等多种方式，为陕西“医养结合”的养老服务发展奠定了坚实的基础。陕西养老机构与医疗机构的合作，形成了三种模式，一是整合照料模式，即在某一机构中，医养全面结合，既有医疗护理功能，也有养老服务功能，比较典型的是西安市曲江老年公寓；二是联合运行模式，养老机构与医疗机构合作，建立了双向转诊制度，整合养老和医疗两方面的资源，由综合性医院提供医疗服务，养老机构提供康复护理和稳定期的恢复服务；三是支撑辐射模式，由社区养老服务中心与医疗机构和社区卫生服务机构合作，为居家的社区老人提供医疗保健服务。具体实践类型有以下几种。

（一）医疗机构或养老机构横向或纵向相互结合模式

一些具有区域影响力的医疗机构或养老机构通过横向或纵向的方式，实现“医养结合”。例如，养老机构设置相应的医务部、护理部等医疗设施，配备专业医护人员；或与当地医院或社区卫生服务中心合作，把医疗服务引入养老机构；或医疗机构进行结构和功能转型，成为医护型的养老院。很多区域性的养老机构实行这种模式。例如，西安碑林区政府与中铁一局中心医院合办的首家“医养结合”试点机构——碑林区第一爱心护理院，集医疗、养老、康复为一体，打破了传统养老机构和医疗机构分离状况，实现了健康养老与疾病救治的结合，老人在这里得到了更专业的基础护理。这些机构能够提供较好的服务，入住率较高。还有商洛的百顺山老年公寓，安康的反哺堂、夕阳红老年公寓，宝鸡的姜炎老年公寓、福乐养老公寓，榆林榆阳区老年护理院，咸阳礼泉县永康颐养中心等。这些机构一般自己拥有较为完备的医疗和养老资源，并进行合理的调配，依靠自己的力量开展“医养结合”工作。

（二）养老机构与医疗机构协议合作模式

这种模式主要针对一些规模较小的养老机构和医疗机构。养老机构利用与医院、社区卫生服务中心等距离近的优势，通过资源共享或其他合作方式，由专业医疗机构医护人员定期到养老机构进行巡诊、诊断治疗，为患病老年人提供一般的医护服务，同时建立紧急救助和住院的绿色通道；或者是医疗机构的老年人在病愈后可以选择到养老机构接受护理和养老服务，并可以享受多重优惠。养老机构的护养人员也可以到医疗机构进修学习，使老年人得到较好的医疗服务。在陕西主要是一些公办敬老院和规模较小的老年养老、医疗机构采取这一模式。例如，延安的八一敬老院，安康的汉滨区阳光医院、阳光爱心护理院、汉滨区中医院等与区中心敬老院、流水镇敬老院等13所养老机构结成联盟，形成区域性的医养协作。

（三）敬老院设立医务室

这是安康推动公办养老机构“医养结合”的经验，在安康的公办养老服务机构如敬老院、老年公寓等全部设立了医务室，为老年人提供基本的医疗服务。但由于这些医疗卫生设施和专业人员配备差异显著，有些仅对养老护理员进行护理、急救技能进行培训，没有专业的医生和护士，也没有专业的医疗机构执业许可证，这些机构大部分难以真正做到医养服务的一体化。只有一小部分建立了医务室，办理有医疗机构执业许可证，添置了医疗器械、常用药品和急救用品，聘请了专业的医师和护士。例如，咸阳秦都区王道老年公寓是在原乡镇养老院基础上发展起来的。

（四）居家养老的“医养结合”模式

这种模式主要是指社区卫生服务中心转变职能举办的老年人日间照料中心。例如，铜川裕丰园社区日间照料中心，将裕丰园社区卫生服务中心和“照金红嫂”专业养老服务中心相结合，在社区将公寓养老、居家养老和日间照料相结合，针对不同需求老人提供多样化的服务，对生活不能自理、儿女不在身边的老年人实行公寓化养老服务，对有自理能力的老年人实行日间照料式养老服务，对有特殊服务需求的老年人，派出护工上门开展家庭服务；安康市的新城社区卫生服务中心整合资源坚持北门日间照料服务中心，同时在社区能够享受到康复理疗、治病、药品等医疗服务，老人常见病、多发病和日常健康管理得到有效实行；商洛山阳县开展“责任医师团队服务”，对老年人实行上门服务和健康管理。

（五）“医养结合”的养老养生园区模式

这种“医养结合”相配套的园区建设，一般内设老年公寓、老年康复医院以及老年大学等，三院一体，分工合作，资源共享，形成功能完善的养老、医护、康复养生园区。这种模式主要在商洛商南县的任家沟和丹凤县、宝鸡伟芝堂等地进行了有益探索。

（六）“社区家园式智能化”连锁模式

这种模式是以一定数量的入住老年人为一个小家，共同居住在社区单元房的小型家庭中养老，提供个性化服务，智能化管理。内设专业的医疗服务机构，实行科学规范的医生三级查房制度、护士医疗护理制度，聘请专业的医疗护理人员定期对老年人的身体健康状况进行跟踪检查，为老年人提供专业的医疗服务。该机构实行统一管理，建立远程智能养老服务平台，通过平台动态了解老年人每日的身体状况、护理项目和用药情况，并为家属建立了手机 APP，让家属实时掌握老年人的动态及老人的身体状况；根据家园老人的身体状况为老人安排科学、营养、健康的食谱，使老人得到专业的、科学的生活照料、健康管理、康复、心理咨询、文化娱乐、临终关怀等服务。这一做法从根本上解决了众多家庭的老年人养老问题，智能化管理使其成为没有围墙的养老院。这种实践的典型案例是西安的金宝美社区养老服务中心。

三　陕西“医养结合”养老服务发展特征

近年来，陕西各地的探索，形成了具有特色的“医养结合”机构养老服务、社区居家养老服务等多种模式，在一些实力较为雄厚的养老机构或医疗机构得到较好的实施，并取得了良好的经济和社会效益，但也存在覆盖面小，地域、城乡等发展不平衡等问题，“医养结合”的水平十分有限，远远不能满足老年人多样的健康和养老需求。

（一）各地普遍进行“医养结合”的探索，但发展十分不平衡

调查显示，近年来全省各市都进行了大量多方面的探索，在“医养结合”的机构建设、社区的“医养结合”、居家养老的医疗支持等都得以开展。

（1）各地的很多养老机构都设立了医务室。例如，安康市在全市公办养老服务机构（包括农村敬老院、社会福利院和老年公寓等）全部设有医

务室，居全省首位；居第2位的西安市共有各类养老机构124家，有79家养老机构设有医务室（见图4），58.8%的养老机构与医疗机构开展了不同层面的合作，其中有28.2%的养老机构与社区卫生服务中心和乡（镇）卫生院合作。

（2）作为“医养结合”较为深入的医疗机构驻点或者是原来医疗机构经营的养老院则相对较少，其中最多的商洛仅有10家，安康有6家，西安有5家，占所有养老机构的4.3%（见图5）。

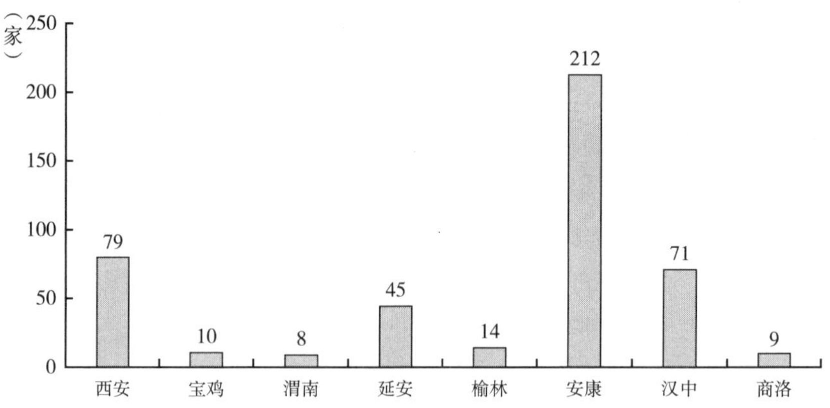

图4　各地市养老机构设立医务室数量

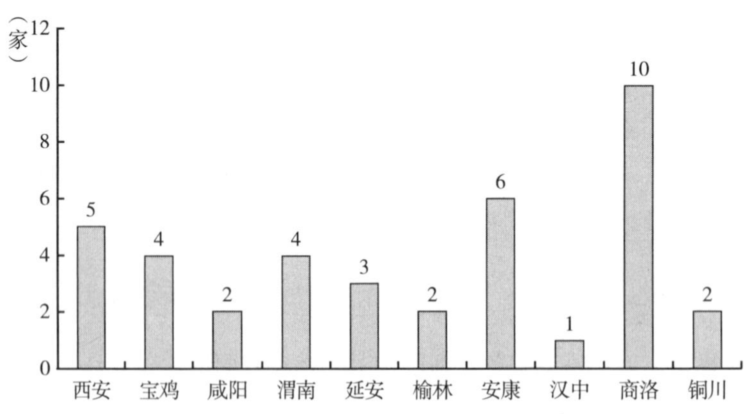

图5　各地市医疗机构在养老院驻点数量

(3) 部分地市医疗机构开展养老服务的尝试。西安市在二级医院中开展养老服务的占16.2%，在社区开展老年人医疗服务的占45.9%，在社区卫生服务中心中能为老年人提供家庭病床的占13.8%，能为老人提供临终关怀服务的占8.1%。

在“医养结合”方面，由于养老与医疗服务的基础差异，也存在较为明显的城乡差距、区域差距。陕南地区通过提升公办养老机构对“医”的职能拓展；关中地区的宝鸡、西安等地很多医疗机构通过转型进行养老服务，对一些发展规模较大的养老服务机构增加医疗设施；而陕北地区能够实现“医养结合”服务的机构很少。

（二）“医养结合”的各种形式都处于起步阶段，覆盖面较小，“医养结合”的水平十分有限，远远不能满足老年人多样的健康和养老需求

调查显示，安康虽然大多数养老机构内设医疗机构，但医疗水平偏低，多数没有规范的医疗管理和专业的医护人员，没有能力接受失能、失智老年人，造成大部分失能老年人难以接受较好的机构护理服务；其他地市如商洛仅有11.9%的养老机构开展“医养结合”，能够为失能老人提供服务的不到1%；榆林可为失能老人提供服务的覆盖率仅为0.24%。

（三）“医养结合”在一些实力较为雄厚的养老机构或医疗机构得到较好的实施，并取得了良好的经济效益和社会效益

对三家“医养结合”机构的访谈调查显示，机构负责人对“医养结合”的认知比较清晰，认为“医养结合”的养老服务有较好的发展前景，因而高度重视“医养结合”，并有较好的发展定位和规划，希望通过开展“医养结合”给机构本身带来良好的经济效益和社会效益。养老与医疗的有机结合和互嵌，在基础条件上弥补了护理院医疗设施和设备不齐全、健康状况监测手段不完备的缺陷，在人力资源上弥补了护理院缺少专业人员和专业知识的不足，使这些机构拓展了自己的服务内容，扩大了服务对象，提升了服务能力，特别是一些由医疗机构转型或拓展养老业务的医疗机构，医疗资源比较丰富、获取医疗资源比较便捷，更愿意接受较为严重的失能、失智老年人对其进行特殊护理，较好地实现养老护理、疾病医治、临终关怀的三位一体，也取得了较好的经济效益。

（四）社会资本在“医养结合”养老服务的探索中，发挥了重要作用

调查显示，全省民营的“医养结合”养老机构总共有56家，其中民间投资的机构有47家，占到其中的83.9%（见图6）。陕西各地比较著名的“医养结合”的养老服务机构大都有社会资本和社会组织等社会力量的参与，“医养结合”的老年公寓和养老护理院成为养老服务市场的投资热点，调查显示，有2/3的民办机构期望能够扩大经营。在省内和当地比较有影响力，且设施较为完备，服务能力较强的“医养结合”服务机构，或者是民办民营，或者是公办民营。例如，民办民营的西安博瑞养老院、商洛的百顺山老年公寓、安康的反哺堂和夕阳红老年公寓、宝鸡的姜炎老年公寓和福乐养老公寓等发挥民营资本的优势，集聚了一批“医养结合”养老服务的经营管理专业人才，创新管理服务方式方法。它们大量使用“互联网+”的信息技术，服务能力和服务质量较高，机构效益提升，赢得了社会的赞誉，充分发挥了民间资本在参与养老服务中需求的针对性，对满足老年服务的个性化需求发挥了重大作用。

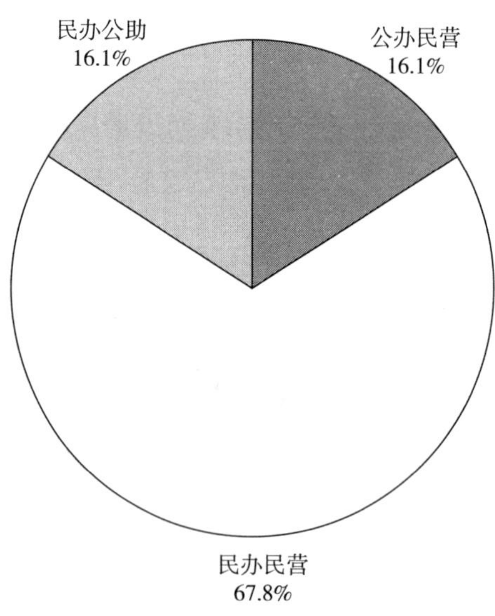

图6　全省民营养老服务机构的构成

四 陕西“医养结合”养老服务发展的困难与挑战

各地市对“医养结合”的养老服务进行探索，为陕西“医养结合”养老服务发展积累了经验，为进一步发展奠定了基础。但调研也发现，存在诸多的困难与挑战，主要表现在以下方面。

（一）养老机构自身存在的问题

对机构自身的调查显示，陕西“医养结合”养老服务机构面临的主要困难依次为资金不足、专业护理人员缺乏、政策支持不够、医疗人才难招聘、用地不足等问题（见图7）。

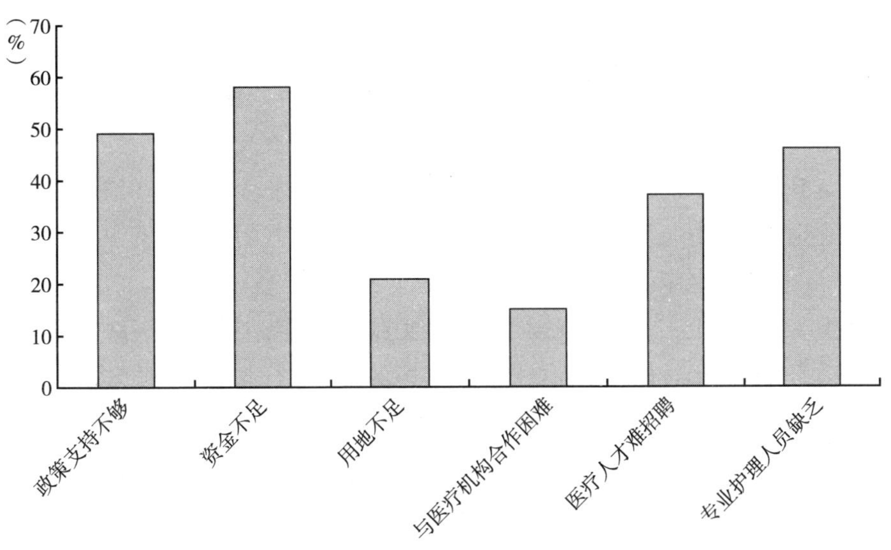

图7　“医养结合”养老服务机构的主要困难

资金困难难以解决是“医养结合”面临的首要问题，导致可持续发展缺乏后劲。有90%以上的机构负责人对“医养结合”养老服务的发展前景充满信心，相当一部分希望能够扩建，但目前面临的首要问题在于资金困难，他们表示：“其他的一些问题还可以克服，就是资金问题，想尽了各种办法，还是有缺口。”由于目前市场上需求旺盛，有些机构入住率已达到100%，并且还有人提前预订，因此急需扩建养老场所；有些需要提升自己的机构医疗水平，增加专业技术人员和医疗基础设施；还有的人看到养老服务的前景，希望投资养老院建设，而资金缺口成为发展最大的一个障碍。

（二）“医养结合”的养老服务发展规划不够清晰，政策指引不明确

对于“医养结合”的养老服务业，陕西在2016年先后出台了《关于推进医疗卫生与养老服务相结合实施意见》，明确了“医养结合”的目标任务，省民政厅和省卫生计生委发布《关于做好“医养结合”服务机构许可工作的通知》，但对“医养结合”的准入标准、职能界定、责任认定等还存在不明确之处。原有的《养老机构服务标准》已不能适应“医养结合”的需求，急需修订以适应养老服务的“医养”需求，如分级分类的机构设立的医疗设施建设、人员等具体的标准，养老医养护理服务规范等，而且“医养结合”的养老护理专业人才培养计划等都需要进一步的明确。同时存在规划滞后，养老服务机构布局不合理，目前在很多地市尚无统一的社会养老总体规划与详细规划，更谈不上养老服务资源与医疗卫生资源有效衔接的科学规划，医养资源整合度不高，以致造成养老床位“短缺”与“闲置”共存的矛盾。

在政策法规上，一方面我国在养老照护制度和规范上有明显欠缺。养老机构与医疗机构间的转诊制度、合作规范、医保报销、行业准入、质量评估等方面均缺乏有针对性的指导文件，各地自由发展，导致“医养结合”服务市场行为缺乏规范性。另一方面缺乏统一配套的医疗保险报销规范。老年人的医疗支出发生在家庭病床、养老机构或社区如何报销，不同部门不同项目的医疗服务供给缺乏相配套的医保报销规范，报销手续复杂。

（三）多头管理需要整合管理机制和政策形成合力

在养老服务中，“医”“养”分离、多头管理的机制体制成为“医养结合”养老服务的发展障碍。例如，养老服务的机构养老和社区居家养老分属民政部门和老龄办审批和管理，医疗卫生机构归卫生部门认定和管理，医保报销由社保部门管理；这在实际操作中，各有优势，“养中有医”的养老机构转型，有

机会获得政府一次性建设财政补贴和运营补贴等优惠政策，但由“医中有养”的医疗机构直接转型的却得不到任何补贴。由于存在行业差异、行政划分和财务分割等“多头管理”的局面，分而治之的格局造成医疗和养老资源相互阻隔，使得推动“医养结合”缺少整体合力，对各项扶持政策的认识和落实难以做到协调一致和横向整合。同时，现行医保政策对老年人的康复费用不予支持和报销，使得老年人家庭负担过大，因此急需能够有适合“医养结合”机构的相关政策法规的支持，希望相关部门能出台专门针对“医养结合”的适用政策。由于“医”“养”分属不同专业领域，各部门对相关政策的认识、工作调整和落实难以做到协调一致和横向整合，要真正实现“医”“养”有机融合，需要打通政策和资源壁垒，加大政府部门工作协调力度，形成合力。

（四）“医养结合”模式多样性对医疗管理提出更高的要求

调查发现，相对于很多医疗机构拓展养老服务和养老机构延伸医疗服务，面临更多的问题与困难。在医疗机构支持养老服务方面，一是大型医院难以提供长期养老服务。以西安市为例，全市 77.9% 的老年人患有慢性病，20.7% 的老人患有三种以上疾病需要长期住院治疗，频繁“压床”既影响优质医疗资源的使用效率，也增加了患者的就医负担和就医难度。二是基层区域性中小型医疗机构和社区以开展门诊急诊服务和公共卫生服务为主，仅设置抢救床或留观床，不能满足城市老年人的康复医疗需求。为老年人提供医疗服务的能力比较弱，导致资源闲置。在养老机构中设置医疗服务，困难更大，要得到卫生部门许可的医疗卫生设施和配置，一方面门槛和成本过高；另一方面也没有必要，同时专门针对“医养结合”机构满足老年康复服务、护理服务的设施设置也缺乏必要的标准。因此，很多机构难以达到标准，但又不得不开展医疗服务，知道自己不合规矩但还是要“走下去”。可见，养老机构延伸医疗服务，不适用目前存在的医疗服务标准，也无合适的标准可循等问题，而且对“医养结合”养老服务的医疗卫生标准尚不够细化，也不具有针对性，虽然很多机构都认为自己开展了“医养结合”服务，但程度不同，水平参差不齐；同时在“医养结合”养老服务中对于执业地点、执业资格、医疗纠纷等一系列问题的界定等，都急需医疗管理部门出台适应“医养结合”养老服务的科学合理的政策法规，以加强监管，促进“医养结合”养老服务的健康发展。

（五）“医养结合”专业人才匮乏制约了养老服务质量提升

调查显示，与一般的医疗机构相比，“医养结合”服务机构中老年人医疗服务需求特殊，总体医护人员配置比例较低，工作强度很大，但工资水平和福利待遇差，社会认可度低，对专业医护人员的吸引力较小，医护人员流失率高。同时机构所需求的康复和长期护理、健康管理等老年病医学人才，本身在市场上就十分缺乏，因而大多数机构只能聘请退休的医生和护士组建自己的医疗团队。

老年人特别是失能老年人的照料，对长期照料和康复护理等方面服务的依赖性需求越来越多，因此养老机构需要掌握专业的护理、康复知识和能力以及具有社会工作知识等养老护理人员，相关文件也要求护理人员具有健康证和参加培训，但实际情况却是，养老护理员大多来自周边农村和下岗人员，很多人不愿意长期从事这一工作，一有其他机会，就要离开，服务人员的不稳定使得经营者因为人手紧张疲于应付，也就难以顾及其服务质量，对服务人员的要求降低。因此，很大部分从事养老护理的人员都没有经过正式培训，缺乏养老护理基本常识，距一个合格的护理员的要求有很大差距。以西安市为例，按照国际惯例每三个失能老人配备一名护理人员，全市现有养老护理员 5600 人，缺口达 7.04 万人。服务人员总体素质和服务质量不能满足老年人的需要，成为机构提升服务质量的重大障碍，严重影响着“医养结合”养老服务事业的发展。

五　进一步推动陕西“医养结合”养老服务的对策建议

多种形式的“医养结合”模式各有优劣，解决其发展中所遇到的政策障碍，并引导其健康有序的发展，推动陕西“医养结合”养老服务的发展，将成为未来一个时期的重点任务。需要秉持创新、共享的社会发展理念，积极改革养老和医疗领域，建立适应“医养结合”的医疗卫生和养老服务体系，为此，提出以下对策建议。

（一）建立健全“医养结合”的养老服务政策体系和组织体系

促进各地市出台“医养结合”的配套政策，建立部门联动机制。将发展养老服务业和健康服务业纳入各地市的经济社会发展规划，明确发展思路、总体目标和重点任务，并由卫生部门牵头，出台医养融合的相关政策，界定政府、市场、社会的职能，明确各职能部门的职责。在扶持政策、养老服务设施建设用地及配建标准、中介组织培育、服务主体扶持、公共财政保障、服务队伍建设、行业监管和服务绩效评估等方面健全完善保障机制，为“医养结合”养老服务业发展创造良好环境。在组织体系方面，需要整合民政、人社、卫生以及教育、体育、文化等公共服务资源，依托区域社会救助、劳动保障、养老机构、社区服务、医疗卫生、老年活动、残疾康复等服务设施，逐步建立完善市、区（县)、乡（镇、街道)、社区“医养结合”养老服务网络支持系统，畅通养老服务渠道；同时应将医养投资扶持相关优惠政策向农村倾斜，农村人口比重大，老龄化最为突出，加之公共医疗设施薄弱，老年福利缺失，条件差、生活困难较多，并且市场力量相对薄弱，因此政府责任更加突出。需要按照“城乡一体、缩小差别”的原则，加大加快农村社区养老医疗服务体系建设。

（二）加大资金投入力度，激励社会力量参与“医养结合”养老服务

民办养老、医疗是社会养老服务体系的重要组成部分，在“医养结合”的养老服务中能够创新机制，发展较快，在以政府为主导的基础上，鼓励社会力量多渠道、多形式参与老年服务事业发展。政府要明确公办民营、民办公助、公办公营、政府补贴扶助等相关政策规定，制定社会化医养资助范围、标准和办法，在设施建设给予资金补助、税收减免，招用人员等方面进一步加大扶持力度，促进社会医养服务事业健康发展。大力推进公办民营的社会企业服务，专业化团队运作。

（三）大力培养“医养结合”专业人才建设

专业人才匮乏是“医养结合”养老服务发展面临的关键问题。因此，需

要加强规划，既立足目前需求，又要有长远发展的战略，建立健全人才建设体系。首先要建立“医养结合”养老服务的学科建设，在大专院校设立“老年服务与管理”“社区康复”“社区管理与服务”“康复治疗技术”等相关专业，同时在医疗和社工等高等学校学科中嵌入养老服务的老年护理、养老管理、老年营养、老年心理、老年健康管理等专业内容；在省级层面筹建医、教、研、防、管等综合功能的老年医学中心和老年医学重点学科临床基地，促进多学科交叉以加快知识转化和传播，带动区域乃至更大范围内老年医学科研、教学和服务水平的提升；建设具有国际视野的“老年服务人才实训培训中心”，将多层次、多方式培养老年服务业人才作为未来发展的一个重点方向，形成面向老年服务业的专业人才群体。同时要制定优惠政策，鼓励大专院校对口专业毕业生从事医养服务事业工作。依托院校与养老机构建立医养服务培训基地，加强老年护理人员专业培训，对符合条件的从业人员给予适当特殊行业补助。持续不断地构建适合需求的人才储备，从而为“医养结合”养老服务提供人才支撑。

（四）加强“医养结合”养老服务信息化平台建设

互联网可以广泛运用于“医养结合”服务的各个方面和各个环节。推动互联网与“医养结合”的融合，管理平台通过智能硬件设备，采用目前国内领先技术，远程采集用户血压、血糖数据进行实时监测和管理，同时利用远程医疗及“互联网+”的科技形式，优化慢病管理流程，提升管理效率，改善基层医疗机构人力资源不足的现状，为基层医务人员减负。慢病患者签约管理后，通过关注微信平台可以随时查阅自身的健康状况及医生健康管理信息，方便患者及家属对患者的健康状况有更多的了解，有利于患者治疗依从性的提升。逐步建立“家庭—社区—医院”三位一体的慢病管理体系，建立老年人“电子健康档案”和“医养结合信息库”，逐步实现远程健康监测服务、健康管理服务、安全管理服务和生活帮助等项服务，使优质的医疗资源和服务资源向社区、家庭和老年人延伸，将老年人信息系统与医疗系统链接整合，实现及时就诊、会诊和结算等项服务。要激励基于互联网“医养结合”服务的运用，提高服务的便捷性和针对性。

（五）整合社区资源，促进“医养结合”的社区化

鼓励社区养老与医疗服务近距离规划，整合区域卫生医疗资源，推进全科团队组建，推行家庭医生服务。通过与居家老年人和社区养老服务机构签订服务协议，为老年人提供上门访视、家庭病床、电话咨询、转诊预约、保健指导等个性化服务。积极发展循环养老志愿服务，将社区内社区医生、居家养老服务人员、康复指导员、社会工作者、志愿者等资源链接起来，重点针对空巢、独居、失能、残障等特殊老年家庭，共同编制老年人安全网。

B.13 陕西省社会资本参与养老服务体系研究*

吴菲霞　杨红娟　杨　航**

摘　要： 随着老龄化的发展，我国养老服务体系面临严峻的挑战，由国家和集体包办的养老服务供给机制已经不能适应目前的养老服务需求。近年来，从国家到地方都在探索如何发挥市场机制的作用，将社会资本引入养老服务体系。本研究对陕西省社会资本参与养老服务体系的现状进行了描述，提出了存在的问题，并就目前存在的问题提出了建议。

关键词： 社会资本　养老服务　养老机构

“十二五”期间，陕西老龄化进入快速发展阶段，主要体现在老年人口呈现快速增长态势，高龄老人比重偏大，失能、半失能老人数量较多。日益严峻的老龄化形势不但对社会保障体系提出了挑战，也使得陕西省养老服务体系遭遇了前所未有的考验。长期以来，养老服务由国家和集体包办，存在资金不足、服务水平低、运行效率低下等问题，随着养老服务需求的日益庞大和多样化，原有的养老服务供给机制已不能适应新形势的要求。如何鼓励和引导社会资本参与养老服务体系成为全社会热切关注的问题。近年来，从国家到地方都在探索如何发挥市场机制的作用，将社会资本引入养老服务体系。本研究对陕

---

* 本报告为陕西省社会科学院2015年重大课题“陕西省社会资本参与养老服务体系研究”（15SXZD09）成果。

** 吴菲霞，陕西省社会科学院社会学研究所助理研究员；杨红娟，陕西省社会科学院社会学研究所副研究员；杨航，陕西省社会科学院社会学研究所助理研究员。

西省社会资本参与养老服务体系的现状进行了描述，提出了存在的问题，并就目前存在的问题提出了建议。

一　政府对社会资本参与养老服务体系的支持及监督

养老服务体系是我国社会福利体系的重要组成部分。养老服务社会化是应对人口老龄化挑战的必由之路。养老服务社会化要求养老服务供给主体多元化，即由原来由政府包办向社会力量广泛参与转变。但是，养老服务社会化不等同于市场化和民营化，不管养老服务的提供主体是谁，其公益性质不变，政府的责任主体地位不变。目前社会资本参与养老服务体系还处于探索阶段，存在不少问题和困难，需要政府从政策、资金等方面扶持，并建立强有力的监督约束机制。

（一）出台扶持政策

从 20 世纪 90 年代末开始，我国社会资本参与养老服务体系经历了一个不断探索、发展的历程，在这一过程中，各项政策文件对社会资本参与养老服务体系建设规定的聚焦性越来越强，参与领域、参与方式逐渐明确，参与重点逐步突出，优惠政策不断系统化、明晰化。

近年来，在认真领会民政部《关于鼓励和引导民间资本进入养老服务领域的意见》（民发〔2012〕129 号）、《国务院关于加快发展养老服务业的若干意见》（国发〔2013〕35 号）、民政部等十部委联合发布的《民政部关于鼓励和引导民间资本参与养老服务领域的实施意见》（民发〔2015〕33 号）等文件精神的前提下，陕西省出台了《关于鼓励和引导社会资本进入养老服务领域的若干意见》（陕政办发〔2013〕82 号）、《民办公益性养老机构建设补助资金管理办法》（陕民发〔2013〕32 号）、《关于加快发展养老服务业的意见》（陕政发〔2014〕21 号）等文件，为陕西省社会资本参与养老服务提供了政策依据。

2012 年，西安市政府发布了《加快推进社会养老服务体系建设实施意见》（市政发〔2012〕111 号），提出了对社会力量新建的社会福利机构的补贴、奖励办法。西安市民政局、市财政局联合出台了《西安市养老机构等级评定及运营奖励办法》《社会力量兴办养老机构建设补助资金管理（暂行）办法》等五个配套文件。2014 年又发布了《关于落实养老机构建设补贴的补充通知》，

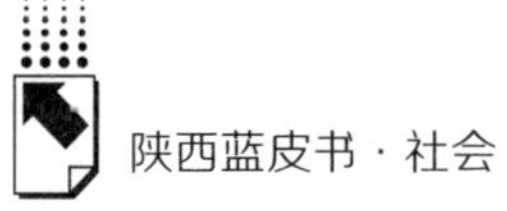

为落实对社会资本举办的养老机构的优惠政策提供了政策依据。

从出台的各项文件中可以看到，陕西省目前对社会资本的扶持政策涉及面包括土地保障、投融资、补贴支持、税费减免、捐赠、人员培训等。

（二）资金投入

陕西省财政没有设立养老服务体系建设专项资金。虽然在陕西省本级留成福利彩票公益金的支出项目中也没有体现出专门资金用于民办养老机构的补贴，不过福彩公益金确实担负着对民办养老机构的资金补助功能。

目前对民办养老机构的补助，主要依据陕西省民政厅、省财政厅发布的《民办公益性养老机构建设补助资金管理办法》，根据该办法，对符合条件的新建、扩建的公益性民办养老机构给予一定的补助，建设补助资金由省、市、县三级分担。一类地区（汉中、安康、商洛）省级补助50%，二类地区（宝鸡、咸阳、渭南、铜川）省级补助40%，三类地区（西安、延安、榆林、杨凌示范区）省级补助30%。省级负担部分由省财政和省级福彩公益金各负担50%。此外，根据省民政厅发布的《关于在全省民办养老机构进行等级评定的通知》（陕民发〔2015〕52号），陕西省全面推行民办养老机构等级评定制度，采取以奖代补的办法，对被评为一级、二级院的民办养老机构给予奖励。早在该办法出台之前的2012年，西安市就已经出台了《西安市养老机构等级评定及运营奖励办法》，设立养老机构运营奖励专项资金，通过等级评定以奖代补的方式，给予获奖养老机构不同档次的奖励。

（三）规范管理

目前，社会资本参与养老服务集中体现在养老机构的兴办方面，政府对社会资本的监管重点也在养老机构。1998年以后，政府加大了对社会力量兴办养老机构的政策引导和资金扶持，民办养老机构的数量持续增长。社会福利社会化和养老机构社会化提高了社会服务效率，减轻了政府财政负担，但同时也出现了一些问题，如机构管理混乱、为求经济利益而忽视养老服务公益性的短期行为、民办养老机构服务质量参差不齐等。在积极扶持的同时，如何监管民办养老机构成为政府的一大课题。为此，我国政府做出了积极的努力。民政部会同相关部门制定了一系列专门或相关的养老机构监管政策。陕西省也出台了相关监管政策，如《关于鼓励和引导社会资本进入养老服务领域的若干意见》《陕西省社会养老服务机构管理暂行办法》《陕西省社会化养老服务质量基本规范》《陕西省社会养老服务机构管理暂行办法》《陕西省社会福利等级评定办法》《关于加快发展养老服务业的意见》《关于规范养老机构服务收费管理促进养老服务》等。

总的来说，自1998年养老服务逐渐社会化后，政府对社会资本实行的是鼓励和监管并重的政策，在这一过程中，政府从服务提供者逐渐转变为服务的购买者和监管者，监管力度不断增大，监管内容逐渐具体化、明确化，可操作性越来越强。尽管如此，目前政府对社会化养老机构的监管仍存在一些问题。

二　陕西社会资本参与养老服务体系的现状

（一）社会资本参与到养老服务各个领域

目前，社会资本已经进入了机构养老、社区居家养老各个领域。

1. 在机构养老方面

1999年12月，民政部发布的《社会福利机构管理暂行办法》标志着我国开始探索社会资本参与养老服务体系的建设。也正是从1999年开始，西安、宝鸡、咸阳等地陆续出现了一些民办养老机构。数据显示，截至2013年底，全省有各类养老机构2526个，其中民办养老机构205个、公办养老机构603个，城乡社区居家养老服务机构1718个。[①] 陕西除了西安市以外的地区，民办养老机构的数量都较少。2014年《西安市养老机构调查报告》数据表明，截至2014年5月，西安市已有养老机构95家，其中公办32家，民办63家，分别占33.7%和66.3%；共有床位22680张，公办占1/3，民办占2/3。汉中市2012年基本正常运行的社会办（民办）养老服务机构有3所。[②] 安康市2013年底有养老机构212所，其中注册为民办非企业的组织有6个。[③] 截至

① 沈谦：《陕西省养老机构发展如何走出重重制约》，陕西传媒网，2014年12月17日。

② 陈志宁：《汉中市社会化养老情况调研报告》，陕西汉中民政网站，2012年11月23日。

③ 许启汉、叶朝辉、刘宗兰：《安康市养老服务业发展情况调查报告》，中国·安康网站，2014年3月25日。

2013 年底，榆林全市共有各类养老服务场所 122 所，民办养老机构 11 所。[①] 据了解，目前铜川市仅有一家民办养老院。

2. 在社区居家养老方面

“十二五”期间，陕西居家养老网络设施在城乡社区开始起步发展。陕西对居家养老服务设施建设资金投入已达到了 20974.93 万元。调查显示，全省有 1904 个农村社区和 633 个城镇社区建成了居家养老服务中心站点。其中，老年活动中心 3507 家，日托床位 6869 张，居家养老服务网络城乡覆盖率分别达到了 32.43% 和 9.06%。家政服务公司、社会组织等社会资本已经渗透到了社区居家养老服务领域。一些地区大胆创新，在引进社会资本参与社区居家养老服务方面形成了“莲湖模式”和“滨渭模式”、政府扶持社区民间组织运作等独特模式。这几种社会资本参与社区居家养老的模式不仅把政府从具体管理服务事务中解脱出来，也调动了运营主体的积极性，发挥了专业机构在服务和管理上的优势；同时也满足了老年人不同的需求，为社区老人提供了多样化的养老服务，从而实现了政府、运营主体和服务对象的共赢。

（二）社会资本参与总量不足，水平不高

社会资本虽然已经渗透到各个领域，但总体发展还处于初级阶段，无论是机构养老还是居家养老，参与度都很低。

目前，敬老院等集中供养的公办养老机构是陕西省大部分地市养老机构的主要组成部分。除了西安市以外，其他地区的民办养老机构发育不足，数量远远少于公办养老机构。从养老机构最集中的陕南地区看，安康市 200 多所养老机构中，敬老院就有 200 家；商洛市有 110 多家养老机构，集中供养的养老机构就有 93 家；陕北、关中的情况也不容乐观。

除此之外，民办养老机构服务水平较低。以民办养老院最集中的西安市为例，位于城区的养老院普遍规模小、设施老旧、配套不齐全，有的养老院位于老城区的私人住宅或出租房，有的甚至在城中村的农家小院。大多数民办养老院没有医疗室，医护人员和其他专业技术人员紧缺，无法提供专业的医疗护

① 榆林市委政研室调研组：《关于加快榆林市养老服务业发展的调研报告》，榆林新闻网，2014 年 10 月 13 日。

理、康复保健、精神慰藉等服务，只能提供低水平的日常照料服务。同时由于护理员缺乏，也难以保证服务质量。

在社区居家养老领域，社会资本的缺位主要体现在以下方面。一是居家养老服务设施建设的筹资渠道单一，主要依靠财政投入，社会资本所占比重过小。陕西省老年学会2014年的调查数据显示，陕西在对居家养老服务设施建设资金投入中，财政投入占了很大比例，占总投入的77.47%。民间资本只占总量的13.77%，而捐赠或赞助的资金量仅占3.72%。二是家政服务等企业和居家养老专业机构尚未构成居家养老服务设施的运营主体。农村大多数居家养老照料中心由老年协会负责运营，在城镇则多采取政府办、居委会管理并提供服务的方式，只有2.68%的社区由社会服务企业提供居家养老服务。由于社区居委会和农村老年协会缺乏专业性，在整合社会资源、运营形式多样的养老服务项目等能力方面不具有优势，导致目前居家养老服务内容单一，进展缓慢，无法满足老年人多样化的养老需求，难以提高居家养老服务的质量。

（三）社会资本参与养老服务体系结构失衡，模式单一

社会资本参与养老服务体系的结构不平衡主要表现在以下几个方面。

1. 参与的领域失衡

目前社会资本参与养老服务的领域主要为发挥补充作用的机构养老，社区养老和居于核心地位的居家养老服务参与度低。这与我国以居家为基础、社区为依托、机构为支撑的养老服务体系的要求不符。

2. 民办养老机构分布失衡

调研发现，西安市由于经济发展水平较高，老龄人口规模较大，民办养老机构得到一定发展，目前在数量上已经超过公办养老机构。但其他地区的民办养老机构发展都十分缓慢。陕南地区仅有少量市场化萌芽，陕北少有社会资本涉足老年产业，很多地市几乎没有民营资本进入。[①] 第六次人口普查数据显示，陕西10个地市依照人口老龄化程度排名，汉中、铜川、安康分别居全省第1（10.72%）、第2位（9.36%）、第3位（8.97%），渭南（8.83%）和宝

---

① 陕西省“十三五”人口老龄化问题研究课题组：《陕西省老龄化问题研究报告》，《陕西省情研究》2013年第2期。

鸡（8.54%）分别居第4位、第5位，这些地区民办养老机构数量之少，与其老龄化状况形成鲜明对比。

3. 社会资本参与养老服务体系的模式较为单一

虽然陕西省在2014年7月已经出台了《关于政府向社会力量购买服务的指导意见》，但是目前大多数地市的配套政策还未出台且大部分民办养老机构和社区居家养老服务机构还未触及政府购买服务；已经探索实行政府购买服务的，在具体操作过程中也存在不少问题，有待进一步完善；PPP（政府和民间资本合作）、股份制、股份合作制尚未在全省范围发展起来，将PPP模式引入养老服务领域在铜川等一些地区刚刚开始探索。

三 陕西社会资本参与社会养老服务体系面临的主要困难

目前，社会资本在参与社会养老服务体系过程中遇到的困难很多，集中表现在以下几个方面。

（一）运营困难

根据课题组走访及电话访问的情况来看，陕西省多数民办养老机构处于亏损或收支相抵状态，发展迟滞，微利经营的很少。这种现象并非陕西省的独特现象，在全国具有普遍性。民政部2015年1月的公开数据显示，有一半以上的民办养老机构收支只能持平，40%的民办养老机构长期处于亏损状态，能盈利的不足9%。《西安市养老机构调查报告》也指出，2013年所调查的8家养老机构只有一家稍微盈利，投资收益率与银行二年期存款定期利率相当，在没有计算固定资产折旧和银行贷款利率的前提下，成本收益率超过10%的仅有半数。由此看来，如果将固定资产折旧和银行贷款利率计算在成本中，盈利情况不容乐观。这印证了课题组了解到的情况。目前，多数民办养老机构资金紧缺。在前期投入巨大资金后，大部分养老机构都面临资金周转困难的局面。在日常运营中，扣除土地租赁费、工作人员工资、水电气费、设施维护等费用，几乎没有盈余的资金继续用于发展，无法改善基础设施，也无力进行改扩建。

（二）运营风险大

民办养老机构运营风险大，大多数养老院只能通过入院把关和要求入住的老年人购买意外伤害保险来规避风险。但老年人意外伤害的不可预料性以及老年人及其家属不愿配合购买保险，使得民办养老机构抵御风险的能力很低，一旦出现老年人发生意外，不但要面临法律纠纷，高额的赔偿金也可能让本来勉强维持运营的民办养老机构陷入困境。

（三）养老护理员难招难留

目前民办养老机构“用工荒”问题严重，养老护理员难招难留。从事这一行业的多是 40 ~ 50 岁的农村进城务工妇女及下岗女工，且“无证上岗”现象严重。年轻人、具有专业资格的养老服务人员缺乏，养老护理员队伍的素质难以保障。相关数据表明，陕西具有专业资格的养老服务人员有 913 人，仅占服务从业人员的 12. 71%。由于具有专业技能的护理人员缺乏，多数民办养老机构只能提供低水平的照料服务，难以满足老年人多样化的养老需求。

四　社会资本参与养老服务体系困难的原因

（一）用地成本高

目前，土地是制约民办养老机构发展的首要因素。民办养老机构大多缺乏竞拍拿地的实力，同时由于无法取得划拨地，只能租地办院。2014 年《西安市养老机构调查报告》指出，“民办养老机构占用的土地全部为租赁土地”。由于得不到政策支持，养老机构用地审批困难大，租用期限无保障，面临拆迁风险，土地租金更是大多数民办养老机构的最大开支。为了节约租金，大中型养老机构不得不在远离城区的城郊地带选址。如果解决了土地这个最大的瓶颈问题，民办养老机构将获得长足发展。

（二）投资大、资金回收周期长

2014 年《西安市养老机构调查报告》指出，创建一个 100 张床位的普通养老机构，需要启动资金100万元，加上土地、房屋租赁费用，以及后期的装修、配套设施购置，创建资金高达800万元。有62.5%的养老机构都经历过创建初期资金周转困难的局面。由于盈利困难，民办养老机构的资金回报速度慢、周期长。在调研中，民政系统的一位工作人员提到，普通老年公寓的投资平均需要15年才能收回成本。前期投资巨大、资金回报周期长是民办养老机构资金紧张的主要原因。

（三）公办和民办养老机构存在不公平竞争

当前，公办养老机构与民办养老机构在待遇上差距过大，造成了不公平竞争。公办养老机构由政府出面保障用地、投资硬件设施、承担人员成本、享受财政补贴，亏损由政府埋单。民办养老机构却要以市场价拿地，或承担高额的土地租金及人员成本，盈亏自负，大大增加了运营成本。高成本又导致非营利性民办养老院收费高于公办养老院，加上远离市区，造成了市区公办养老院一床难求，而民办养老院入住率不高的局面缺乏平等竞争的市场环境是民办养老院发展艰难的重要原因。

（四）政策扶持不足

目前，对于社会资本参与养老服务领域，政策扶持不足主要体现在以下几方面。一是政策不配套，缺乏执行机制。现有的支持社会资本参与养老服务的相关规定偏重政策性，立法层次低。由于缺乏执行机制、下一级政府部门相关政策配套不到位、相关扶持政策牵扯地方一些职能部门的利益等原因，相关政策流于形式，土地、建设补贴、营业税、水电气执行居民生活类价格等优惠政策在多数养老机构中仍未落实。二是政策不完善。目前发布的鼓励社会资本参与养老服务体系建设的相关政策还不够完善。例如，在融资方面，缺乏对非营利性养老机构具体的、可操作的融资政策，导致非营利性民办养老机构融资渠道缺乏，资金周转困难，难以改善服务质量、谋求进一步发展，并加大了投资风险，使得投资者不敢涉足这一领域。又如，在风险抵御方面，也没有相关规定能够明确民办养老机构在老年人发生意外事故时的责任认定及处理办法。

（五）政府资金投入不足

由于财政支持养老服务体系的相关政策缺乏，省财政没有设立养老服务体系建设专项资金，陕西省对养老服务的财政投入与养老服务体系建设的资金需求之间存在巨大缺口。福彩公益金对社会资本参与养老服务体系的支持力度过小，远远不能满足资金需求。另外，各级各地政府出台的养老机构建设补贴和运营补贴政策标准过低，与运营资金的巨大缺口相比是杯水车薪，难以解决民办养老机构运营困难的问题，对社会资本的吸引力不足。

（六）养老护理员这一职业缺乏吸引力

养老护理工作繁重、工作时间长、风险系数高、思想压力大。与此相对应的是养老护理员工资低、职业地位低、缺乏社会保障的现状。多数民办非营利性养老机构由于盈利困难，无法给护理员提供有吸引力的工资，多数养老护理员的工资甚至低于一般保姆的工资标准，也没有给护理员缴纳社会保险。加上养老护理员这一职业社会声望较低，普遍被人们认为是“伺候人”的工作，很多从事养老护理工作的人只要找到合适的工作就会跳槽。养老护理员的付出与所得明显不成正比使得这一职业缺乏吸引力，尤其难以吸引有专业技能的年轻人才，从而造成了养老护理员队伍整体素质偏低的现状。

五　进一步促进陕西社会资本参与养老服务对策建议

进一步促进陕西社会资本参与养老服务，要从政策落实入手，各职能部门出台配套措施，并完善相关政策，理顺机制，加强监管，促进社会资本参与养老服务健康发展。

（一）保障土地供给

土地租赁费使民办养老机构不堪重负，制约了其发展。更严重的是，土地租赁合同到期后，民办养老机构将面临关门或异地重建的命运。如果民办养老机构的用地继续得不到保障，社会养老服务体系将面临沉重的打击。当前，从国家到地方，对于民办养老机构的土地保障意见是明确的，但由于没有出台相关政策，一直难以落实。因此，国土资源部门应加快出台保障民办养老机构用地的政策。

（二）完善相关政策，出台《陕西省养老服务促进条例》

应完善相关政策，为社会资本参与养老服务创造健康有序的环境及有利的条件。一是建立有效的社会资本参与养老服务的准入退出机制，建立养老机构的服务质量评价体系，保证民办养老机构的服务质量。二是出台针对民办养老机构具体的、可操作的融资政策，为民办养老机构开辟信贷渠道。三是出台民办养老机构入住老年人发生意外事故的相关处理规定，既要保障老年人的合法权益，也要降低养老机构的经营风险。

应当出台并实施《陕西省养老服务促进条例》。目前，社会资本参与养老服务的相关政策较为分散，法律效力不强，执行动力不足，社会资本参与养老服务的优惠扶持政策难以落实，应出台综合性养老服务促进条例。目前，浙江、青岛、北京、江苏等省市已经分别实施了养老服务条例。

（三）加强资金扶持

养老服务领域前期投入大、资金回收周期长、利润率低。社会资本参与养老服务领域需要政府加大资金扶持力度。各级政府财政有必要建立对养老服务的长效投入机制，设立社会养老服务体系建设专项资金，出台社会养老服务体系建设专项资金管理办法，专项资金专门用于养老服务补贴、养老服务机构建设、居家养老服务设施建设和鼓励发展民办养老服务机构等。要发挥社会养老服务体系建设专项资金的导向作用，引导社会资本投资方向，鼓励社会资本参与社区居家养老服务。

要合理利用福彩公益金。一是各级福彩公益金应加大对社会养老服务体系的支持力度。上级政府要对下级政府福彩公益金的支出结构进行调整，确保各级政府福彩公益金将50%以上的资金用于支持发展养老服务业，支持民办养老服务发展的资金不得低于30%。各级福彩公益金要建立用于支持养老服务业的资金比例随老年人口的增加逐步提高的增长机制。二是要细化、增加资助项目，设立专门支持社会资本参与养老服务体系的相关项目，尤其是针对民办非营利性养老机构的补贴项目。三是要加大对城乡社区居家养老服务的资金支持。

（四）缩小民办、公办养老机构待遇差距

公办养老机构和民办养老机构待遇的差距打击了社会资本参与养老服务体系的积极性，不利于营造公平的市场竞争环境。因此，应逐步缩小民办与公办养老机构之间的待遇。

为此，一是进一步完善对民办养老机构的优惠政策，并落实已有的优惠政策，包括土地供给、建设补贴、运营补贴、养老机构内设医疗机构纳入医保定点、税费减免、免费培训等。针对政策难落实的问题，要建立完善政策执行机制，这就要建立高效的利益平衡机制、健全民主参与机制、完善政策执行监督机制、建立健全信息沟通机制。二是明确公办、民办养老机构的角色定位。公办养老机构应起到“兜底”作用，明确其服务对象，保证公共资源向政府供养对象、困难家庭保障对象和优待服务保障对象中的失能、失智老年人倾斜，实行公办养老机构入住评估轮候制度，向社会开放床位，收费要和市场接轨，避免和民办养老机构形成不公平竞争。要推动公办养老机构的市场化改革，对新建的养老机构原则上进行公办民营，进一步推动公办民助、政府购买服务。

（五）培育养老护理员队伍

目前，应高度重视养老护理员的“用工荒”问题。养老护理员是养老院除硬件设施外最重要的资源。养老护理员队伍的数量、质量、稳定性直接决定了养老服务的质量。目前，护理员短缺已经成为制约养老服务事业发展的短板，如果这一现象得不到有效解决，养老院将陷入无人看护老年人的困境。目前，从中央到地方都在要求提高养老护理员的持证上岗率，然而在养老护理员缺口巨大、流动性强的现状下，提高持证上岗率只能是纸上谈兵。只有待遇好、对护理员有吸引力的养老院才可以设置这样的门槛，而大多数民办养老院人手不足，对养老护理员的资格并不关心。当务之急，是抓紧调研和制定政策，稳定和培育养老护理员队伍。

1. 提高养老护理员的待遇

在财政资金短缺的情况下，政府对于养老机构的财政补贴应更有针对性，应将部分或全部补贴用于养老护理员的工资补助及社会保险缴纳上。应建立养

老护理员特殊岗位津贴制度，对持有国家养老护理职业资格证书的养老护理员给予补贴。

2. 提高养老护理员的职业声望

要加大宣传力度，强调养老护理工作的重要性，努力消除对养老护理职业的偏见，在全社会营造尊重养老护理工作的氛围。

3. 逐步将养老护理员纳入政府管理

今后，可以考虑由政府相关部门统一管理本地区内的持证养老护理员，参照现有的专职社工管理制度，建立并逐步完善养老护理员管理体系，从根源上解决具有专业知识和技能的年轻人才不愿进入养老行业、养老护理员队伍整体专业水平偏低、养老护理员队伍缺口巨大的难题，有利于养老护理员队伍建设走向良性发展的道路。

4. 鼓励养老服务相关专业毕业生到养老机构实习

对到养老机构实习的毕业生在实习期间提供实习补助。实习期内养老机构可与毕业生签订就业合作意向。学生毕业后到养老机构工作的，可给予一次性奖励。

（六）探索 PPP 模式吸引社会资本投资养老服务领域

PPP 模式是指政府采取竞争性方式择优选择具有投资、运营管理能力的社会资本，双方按照平等协商原则订立合同，明确责、权、利，由社会资本提供公共服务，政府依据公共服务绩效评价结果向社会资本支付相应对价，保证社会资本获得合理收益。根据财政部 PPP 综合信息平台公布的数据，截至 2016 年 6 月 30 日，我国共有入库养老项目 239 个，其中老年公寓项目 50 个，医养结合项目 48 个，综合养老项目 125 个。从项目数量上看，山东、贵州、四川、新疆已走在全国前列，分别为 46 个、40 个、19 个、19 个，而陕西仅有 5 个 PPP 模式的养老项目。

目前，在民办养老机构资金紧缺、财政力量有限，银行贷款难度大的现状下，探索适合省情的 PPP 模式，有利于解决养老服务领域的融资难题。陕西省应提高认识，加紧调研，探索一条具有陕西特色的 PPP 模式，并重点推进医养结合的养老 PPP 项目，吸引社会资本投资养老服务领域。

（七）加强对社会资本参与养老服务的监管

社会资本参与养老服务优惠政策的设计和实施目的是通过政策的激励和引导，鼓励养老服务业的发展，提升养老服务业的发展水平。为了避免政策被滥用，要建立完善的社会资本参与养老服务监管制度。对社会资本参与养老服务在准入、服务、管理、设施设备等方面进行指导规范，对营利性和非营利性的社会资本进行分类管理，建立科学、严格、系统的监测评估制度，作为享受优惠政策的依据；要完善行政监督机制，建立强制性的信息披露制度，接受社会的监督。

B.14

陕西民办残疾人服务机构发展现状、困境与对策研究*

陕西省社会科学院课题组**

摘　要：　自2014年陕西省专门出台促进民办残疾人服务机构发展的政策以来，民办残疾人服务机构发展总体形势较好，特别是在培育助残社会组织、政府购买服务、公办公助民营等方面有创新突破，但是在体制机制、政策落地、发展活力等方面还面临诸多难题。本文基于西安市、商洛市两市残疾人事业实地调研，对陕西省民办残疾人服务机构的发展现状、面临的困境与挑战进行深入分析，并在此基础上提出改善和加强民办残疾人服务机构发展的政策建议。

关键词：　残疾人　社会融入　政府购买　PPP

民办残疾人服务机构的健康发展，关系到残疾人服务体系的建立和提供服务的质量，关系到残疾人服务需求的满足程度，也关系到残疾人同步共奔小康的进程。为鼓励和引导社会力量参与残疾人事业，促进民办残疾人服务机构有序健康发展，推动残疾人公共服务均等化，陕西省发改委、省残联等13个部门联合发文《关于促进民办残疾人服务机构发展的意见》（陕残联〔2014〕71

* 本文为国家社会科学基金课题“我国残疾人事业治理体系创新研究”（15XSH027）、中国残联招标课题“西部地区民办残疾人服务机构发展现状、困境与对策研究”（16&ZC015）、陕西省社会科学院重点项目“社会资本参与我省残疾人事业现状、困境与对策研究”（16&ZD16）基金项目。

** 课题组成员：聂翔，陕西社会科学院助理研究员；白宽犁，陕西社会科学院研究员；王占军，陕西省残疾人联合会副理事长；高萍，陕西省社会科学院助理研究员。

号）。自政策颁布以来，全省民办残疾人服务机构总体发展较快，特别是在助残社会组织培育，政府购买残疾人服务，公办民营、公助民营等方面发展较快，但是在体制机制、政策落实、发展活力等方面还面临诸多难题。本文基于西安市、商洛市两市残疾人事业的实地调研考察，对陕西省民办残疾人服务机构发展现状、面临的困境与挑战进行深入分析，并在此基础上提出改善和加强民办机构发展的政策建议。

一 理论和政策梳理

当前，随着政策文件鼓励公办民营、公助民营等多种实施方式，民办残疾人服务机构与公办残疾人服务机构之间的界线变得日益模糊。因此，有必要清楚界定本文所指的“民办残疾人服务机构”概念内涵。首先，民办残疾人服务机构发端于残疾人的需求，包括残疾人生存、发展与自我实现等不同层次需求，而需求与满足需求之间桥梁纽带则是通过服务来实现的。其次，服务的本质是为了满足需求，而服务实现形式是多种多样的，机构化服务是诸多服务形式的一种，一些非机构化服务形式包括家庭服务、政府服务、不定期服务等缺乏明确法人主体等，而机构化服务则强调具有明确法人主体。再次，公办与民办直接对应于机构的法人属性，强调机构所有权是公还是民，公办残疾人服务机构强调所有权属于国家或政府，而民办残疾人服务机构所有权则属于私人。最后，公办与民办所有权区别较为明确，但机构的经营权则可以让度或转让，公办民营、公助民营等都是机构所有权与经营权相分离的具体表现。基于上述分析，本文把由企业、社会组织团体、个人和其他社会力量出资并经营的，或政府投资兴建委托社会力量经营的残疾人服务机构都统一定义为民办残疾人服务机构，拥有“服务职能、法人注册、自主经营权”是其显著特征，这大大拓宽了民办残疾人服务机构的评定范围，从而也破解了残疾人服务机构在实践中面临的难题。

一切尽在设计，设计的好坏直接关系到发展的未来。梳理2010年以来我国残疾人事业发展的主要政策文件，探究民办残疾人服务机构政策设计的思路与导向，能为民办残疾人服务机构政策制度选择及未来发展前景提供指南。《中共中央国务院关于促进残疾人事业发展的意见》（中发〔2008〕7号）提出，通过民办公助、政府补贴、政府购买服务等多种方式，鼓励各类组织、企业和个人建设残疾人服务设施，发展残疾人服务业。《国务院关于鼓励和引导民间投资健康发展的若干意见》（国发〔2010〕13 号）提出，通过用地保障、信贷支持和政府采购等多种形式，鼓励民间资本参与发展社会福利事业，鼓励民间资本投资兴办养（托）老服务和残疾人康复、托养服务等各类社会福利机构。《国务院办公厅关于加快推进残疾人社会保障体系和服务体系建设指导意见的通知》（国办发〔2010〕19 号）提出，鼓励各类民间组织、企业、个人和社会资本参与发展残疾人服务业，在资金、场地、人才等方面予以扶持。《国务院关于加快推进残疾人小康进程的意见》（国发〔2015〕7 号）提出，要在发挥政府主导作用的基础上，充分发挥社会支持作用和市场推动作用，加快形成多元化的残疾人服务供给模式，更好地满足残疾人特殊性、多样化、多层次的需求。《“十三五”加快残疾人小康进程规划纲要》（国发〔2016〕47 号）提出，坚持政府主导与社会参与、市场推动相结合。充分发挥社会力量作用，鼓励采用政府和社会资本合作模式，形成多渠道、全方位的残疾人事业资金投入格局；倡导鼓励公众、企事业单位、社会组织和群团组织兴办医疗、康复、特殊教育、托养照料、社会工作等服务机构和设施。陕西省《关于促进民办残疾人服务机构发展的意见》（陕残联〔2014〕71 号）政策更为明确，定性民办残疾人服务机构为残疾人公共服务体系的有力补充，将按照政府引导、社会参与，政策扶持、市场推动，同等对待、公平竞争，创新机制、规范管理，强化服务、残疾人受益等工作思路，重点推进民办残疾人服务机构的社会化、专业化、市场化，并从鼓励支持民办残疾人服务机构发展和规范民办残疾人服务机构发展两个方面提出具体发展措施。

将政策文件中提及“民办残疾人服务机构”前面的动词归纳，主要有鼓励、支持、规范、促进、倡导、发挥、补充等，可以看出我国在民办残疾人服务机构发展的定位与期望上，不是“上级”对“下级”的要求，而是“我者”对“他者”的期望，其中“我者”指的是在公有资本运营下的机构与单位，“他者”指的是在非公有资本自主运营的组织机构。正是由于这种定位，导致民办残疾人服务机构在残疾人公共服务体系始终重视不够。然而，党的十八届三中全会在提出发挥好市场配置资源的基础性作用的同时，明确表示要更好地发挥政府作用，着重强调政府、市场和社会的多元共治的治理理念，而现行的治理格局仍旧延续着政府办社会事业的思路，而不是政府和社会共办社会事业的思路，因此当前残疾人事业治理体系当中市场、社会主体严重缺位，由此衍生出一系列发展性障碍问题，可以说当前民办残疾人服务机构发展面临的很多问题，都是由于制度设计之初先天缺陷造成的，对此将结合当前陕西省民办残疾人服务机构发展现状做进一步深入阐述。

二 当前陕西民办残疾人服务发展现状

陕西省自《关于促进民办残疾人服务机构发展的意见》政策颁布以来，通过政府购买、专项补贴、公助民营等方式，民办残疾人服务机构得到了较快发展，在服务机构数量、服务群体人数、服务领域范围、服务平台方式等都有明显提升。通过对西安市莲湖区、商洛市等地残疾人事业的实地调查和相关文献分析，陕西省民办残疾人服务机构近年来的发展情况主要表现在以下几个方面。

（一）主要做法

近年来，陕西省逐步扭转政府办残疾人事业的思路，创新支持民办残疾人服务机构发展方式方法，在机构注册登记、政府购买服务、公有资本支持等方面都有新突破。

1. 强化组织机构培育

民办残疾人服务组织是社会力量参与残疾人事业的重要载体，2014 年 11 月，《中国残疾人联合会、民政部关于促进助残社会组织发展的指导意见》（残联发〔2014〕66 号）下发以来，陕西省依托现有资源条件加大对助残社会组织进行培育引导。一方面通过落实关于促进助残社会组织发展的文件精神，动员、简化现有和潜在社会组织登记注册，从而扩大全省助残社会组织的数量规模。另一方面采取包括专项补贴和组织孵化等培育形式壮大助残组织。专项补贴是指给残疾人康复机构等社会组织机构进行一次性或按人数进行财政补贴，以补充社会组织早期发展力量的不足；组织孵化是指利用民政、残联等设施场地为初创期助残社会组织提供支持。此外，为强化民办残疾人服务机构发展，于 2015 年设立了“陕西省福利彩票公益金培育发展社会组织项目”，以专项实施项目的方式培育助残社会组织。

2. 加大政府购买力度

通过政府购买创造新型公共服务市场，为民办残疾人服务机构参与市场竞争、获得政府支持创造有利条件。近年来，围绕政府购买残疾人康复、托养、护理等服务出台的一系列政策举措，如《关于政府采购优先购买福利性企业产品和服务的意见》（陕民发〔2015〕1号），转发中国残联《政府购买残疾人托养服务技术标准与规范》（陕残联办〔2016〕41号）等政策文件，不断健全完善政府向社会力量尤其是社会组织购买残疾人服务的制度。宝鸡市自2012年试点政府购买残疾人服务以来，经过探索实践创新出不同于政府购买服务的运作模式，受到残疾人、民办残疾人服务机构的普遍欢迎；西安市也通过向社会力量购买服务，为民办残疾人服务机构发展提供了更多运营资金，创造了相互竞争、共同发展的良好氛围。正是打破了政府大包大揽办社会事业方式，并通过购买服务激活了社会力量参与残疾人事业的活力，促进了民办残疾人服务机构专业化、职业化的发展。

3. 推动创新运营模式

除了政府向民办残疾人服务机构购买的方式外，还创新出一些具体的支持残疾人服务事业发展的运营方式，其中以"民办公助""公办民营"等方式最为亮点。一方面由于残疾人公办服务机构规模小、效率不高，而民办残疾人服务机构更能有效地发挥市场配置资源的作用，从而也就有效地弥补了公共服务体系的不足；另一方面通过公建、公助等方式充分发挥政府财政资金的杠杆作用，不断放大社会事业资金的倍增效应。实地调研发现，商洛启聪特需儿童中心前身是商州区聋儿语训学校，是一所公办的事业编制单位，但办学社会效益始终上不去，通过引进启聪特教学校专业师资力量重新焕发了生机，在学生生源和办学质量方面都上了一个大台阶；山阳县残疾人康复托养中心项目通过政府划拨已经闲置的校园用地，引进专业化机构力量较好地满足了当地残疾人的服务需求。这些事例表明，通过创新方式支持民办残疾人服务机构发展，不仅能节省政府的财政投入，而且还能更好地为残疾人提供服务。

（二）主要成效

自2014年专门出台促进民办残疾人服务机构政策以来，陕西省民办残疾人服务机构在体制机制、政策措施和具体落实等方面都有不同程度的进展，其主要成效表现在以下几个方面。

1. 服务机构数量增长较快

据不完全统计，2014 年西安市民办残疾人服务机构共 74 家①，其中莲湖区民办残疾人服务机构不超过 30 家，而经过近三年的发展，莲湖区已成功孵化出 40 余家社会助残机构。② 2014 年，商洛市民办残疾人服务机构为 10 家，近两三年来通过优惠政策和场地租金减免，引进更多的社会组织民营机构进驻新建残疾人综合服务中心大楼，目前全市各级共建成残疾人综合服务中心 8 个、托养中心 8 个、康复中心 5 个。③ 此外，山阳县自强残疾人服务协会、山阳县残疾人托养中心（新建）、商洛市启聪儿童特需中心（原为事业编制）等都是在近两三年内新建起来的残疾人服务机构。

2. 服务群体数量得到明显增长

商洛市新成立的民办残疾人服务机构每年可为 1.32 万名残疾人提供更加到位、更为贴心的服务，西安市莲湖区每天为残疾人服务的人数近千人。通过对莲湖区和商洛市的实地调研了解到，这两年通过民办残疾人服务机构的发展，为残疾人提供服务的数量明显增多，仅以山阳市残疾人托养中心为例（新建），以前租借乡政府的场地面积狭窄，现在利用原中学闲置场地大大扩大了建设面积，能够容纳更多需要服务的残疾人。

3. 服务领域范围不断扩展

民办残疾人机构服务内容不仅涉及教育、康复、托养、文化、就业、扶贫、辅助器具等方面，还要提供更适合聋儿、孤独症、智障、脑瘫儿童等特殊化服务。近年来，随着政策不断落地和民办残疾人服务机构的自身发展，为残疾人提供的服务领域也不断精耕细化，为残疾人提供的服务范围也不断扩展。例如，莲湖区的如亲居家养老服务中心，提供了包括残疾人在内的养老服务；

① 高合元：《民办残疾人服务机构的调查与思考》，2014 年陕西省残疾人工作调研报告集（内部资料）。

② 李华、张斌：《让社会组织成助残助困主力军借邻里互助破解城市冷漠症》，《西安日报》2016 年 3 月 15 日。

③ 李岚、周烨明、陈沛：《商洛引导社会民办机构进入残疾人服务领域》，《陕西日报》2016 年 6 月 17 日。

如山阳县自强残疾人服务协会，把残疾人服务对象扩展到农村偏远山区；丹凤县民乐现代农业园，把残疾人服务对象扩展到周边农村乡（镇）；等等。每个民办残疾人服务机构犹如一粒种子，不断向土壤深处扎根，不断向上开枝散叶，使残疾人服务体系织得更紧密。

4. 服务平台方式更加多样化

近年来，随着互联网技术不断发展，“互联网+残疾人服务”也开始得到运用，这些机构不断提升管理和服务水平。例如，莲湖区如亲居家养老服务中心开发一款APP应用，服务人员在入户服务时后台能自动记录时间地点，服务对象也可以在平台上留言需要服务的内容与信息。在服务方式上，传统民办残疾人机构更多以机构化服务为主，现在对残疾人服务还加入了工疗、农疗等新型服务方式，而且有些服务机构立足于社区进行服务。由于民办残疾人服务机构面临生存压力和社会竞争，因而服务机构都在尽可能推陈出新以获得更多提供服务的机会，也就促进了服务方式不断多样、新颖，能够满足更多残疾人精细化的多样性需求。

（三）发展特征

结合全省民办残疾人服务机构的发展现状与历史过程，并与2014年政策颁布之前相比，陕西省民办残疾人服务机构发展呈现的特征主要有以下几个方面。

1. 聚集性

与2014年相比，“全省看西安、西安看莲湖”的地域特征仍然没有改变。在实地调研中了解到，民办残疾人服务机构扎堆生长的现象突出，如西安民办残疾人服务机构多数集中在莲湖区，其机构数量远超过其他县（区）；商洛市民办残疾人服务机构绝大多数集中在市区范围内，县（区）以下基本上是零星分布。这与经济发展程度和制度土壤有关，一方面相对全省而言关中地区经济发展程度较高，西安、宝鸡、渭南等关中地区民办残疾人服务机构所占比重较大，而陕北、陕南两地民办残疾人服务机构所占比重偏低；另一方面更与当地制度传统相关，在西安市莲湖区社会组织发展土壤相对浓厚，社会组织成立、日常运营与横向交流等较为成熟，容易吸引助残社会组织进驻区内，这俗称为“筑巢引凤”，此外当地残联负责人对民办残疾人服务机构发展的重视程度、是否主动自觉提供创造更多的发展环境也是非常重要的原因。

2. 分层性

分层现象是社会结构重要的特征，民办残疾人服务机构也存在着明显的分层特征。除地域性分层现象外，机构服务领域的范围也表现为明显的分层。2014年西安市上报的民办残疾人服务机构相关数据显示，残疾人康复和托养服务所占比重各约为40%，而残疾人教育、残疾就业、残疾人产业等的比重都不超过10%，表明陕西省民办残疾人服务机构更多以为残疾人生存需要提供服务为主，而为残疾人发展需求所提供的服务较少，为残疾人自我实现提供的服务更少，这也造成了机构服务对象的年龄也存在明显分层的现象，康复更多侧重于儿童、托养更多侧重于成年人。另外，实地调研也了解到，机构运营资金获得的渠道主要有三大来源，政府支持资金（包括承接政府购买服务、政府补贴等）、慈善组织捐助、向残疾人或家庭收费。相对而言，向残疾人或家庭收费支持机构的运营其市场化程度较高，而靠慈善组织捐助（教会、慈善基金会等）支持机构的运营其社会化程度较高，而依靠承接政府购买服务、政府财政补贴等方式支持机构的运营其体制化较高，体制化程度较高的机构更多出现于机构发展早期，较成熟的机构一般朝着市场化和社会化两个方向发展，工商注册和民非注册决定着机构发展的方向。

3. 专业性

以传统的主要依靠残疾人亲友创建民办残疾人服务机构相比，由于放宽了社会组织登记的限制条件，当前陕西省残疾人服务机构更多的是以社会组织形式出现，以民办非企业的机构性质实际运营。不像原始的“草台班子”，现今机构创始人大多数具有社会工作等专业背景；由于是民非企业性质，机构的治理更多地向专业化治理方式发展，不像早期更多的是由创建者个人决策；也不像早期民办机构是为了应对现实，当前新增民办残疾人服务机构更多的是以社会企业性质主动完善社会功能；在运作方式上，慈善性体验更多被职业化体验所取代，有些机构如慧灵、启聪等还实现连锁化经营。因为机构创建和发展越来越专业化，导致机构发展在人才选聘、项目运作、机构管理等方面，越来越职业化，导致机构发展的规模和提供服务的质量都比之前有明显提升。

4. 社会性

与之前强调社会救助和慈善相比，现阶段民办残疾人服务机构发展主要以社会效益而非经济效益衡量其价值，更突出机构所服务群体的数量及提供服务的质量，更加强调政府之外市场、社会力量参与对残疾人的服务，这与当前倡导多元主体共治的理念是相承的。与强调社会价值的发展理念相比，现阶段民办残疾人机构服务更倾向用市场方式配置资源，用社会分工合作的方式而非是计划性的行政性手段。在实现手法上，一些民办残疾人机构不仅选用传统机构化管理方式，还选取植跟于社区的社区化服务方式，如残疾人居家托养服务更多的是居家型社区化服务，这与原来机构化服务方式有所创新。

（四）发展趋势

结合陕西省残疾人事业和民办残疾人服务机构发展态势，以及东部沿海地区残疾人事业和民办残疾人服务机构发展态势，综合研判其未来发展的趋势大致呈现以下几个方面。

1. 机构数量和服务领域不断增长

随着陕西省残疾人事业发展以及国家政策资金投入，陕西省民办残疾人服务机构数量将不断增长。一方面社会组织成立运营的体制机制限制减少，其制造产生的制度和文化土壤将更加深厚，更多地为残疾人服务的工作者及负责人意识到社会力量参与对促进残疾人事业发展的作用，也会出台更多利好政策和配套措施来保护培育。另一方面社会组织在社会慈善大背景下能够有更多的资源获得，一些社会工作机构和人员有机会和意愿从事助残社会工作，特别是西北大学、陕西师范大学等高校设有社工专业，会培育更多的社工专业人才进入助残组织。而服务机构数量的增长，导致在残疾人服务领域上划分更为精细或延展，在残疾康复、托养等相关领域会按照市场细分规则划分人群。同时，除残疾人生存性服务外，残疾人教育、文化体育、法律维权等方面都会由民办机构提供服务，一些民办机构还尝试为残疾人提供自我实现（如创业等）的服务。

2. 残疾人服务机构总体分布更为集中

民办残疾人服务机构由于机构自身生存的压力，导致其更容易在资源丰富的土壤中生存，经济发展的因素导致全省民办残疾人机构分布会更多地聚向关中地区特别是西安地区。从发展速度来看，未来一段时间虽然全省各地民办残疾人服务机构都会有所发展，但是经济发展程度更高的地方其机构增长速度会更快，所以会造成全省的民办残疾人服务机构更多地聚集在西安。同时，在不同的残疾人服务领域也会有一定的差异，在不易受地域限制的服务领域如残疾人康复、教育等会产生机构集中，而在残疾人托养、就业等领域会更为分散，以更好地服务本土的残疾人群，也因此会造成机构在全省范围内分布不均衡和资源不均衡。这种不均衡更多的是由于市场化的力量而非行政性的力量造成的，因此在政策设计时需要有意识地谋篇布局以缓解其带来的不利影响。

3. 社会化和市场化两翼发展并重

社会化和市场化发展并重。由于民办残疾人服务机构服务对象自身购买力差异，导致其会在社会化和市场化两个方向摇摆，总体发展趋势是能市场化解决的首先采用市场化方式，而不能用市场化解决的会采用社会化的方式。例如，家庭有购买力的残疾人群，他们更愿意选择高质量的市场化服务，而缺乏购买力或购买力不足的残疾人家庭，会选择社会化提供的服务。但是，全省在未来一段时间内，民办残疾人服务机构承接政府购买服务、慈善捐助、社会项目仍然不会有太多增长，因此民办残疾人服务机构会更多地采用市场化生存方式，同时社会化的民办残疾人服务机构数量也会有一定数量的增长。

三　当前困境挑战

近年来随着陕西省政策文件不断落地，民办机构有了较快的发展，然而总体形势不容乐观的现状并没有得到明显的改善，仍然面临着包括发展理念、制度政策、执行落地等相关问题，亟待下一步工作用“改革的红利”去除现有的制度樊篱。

（一）发展的困境

总体上大多数民办残疾人服务机构运营状况堪忧、生存压力较大，面临运营资源获取短缺、不公平对待等不利于发展的境遇，表现出“先天不足、后天迟缓”的发展困境。

1. 缺乏制度化配套

政策提出的民办残疾人服务机构与公办残疾人服务机构享受同等主体资格对待，在实地调研中多数机构负责人表示政策初衷是好的，但是实际落地时仍然缺乏制度化配套。有的机构负责人提出享受税费优惠等问题时，税务部门要求能够提供中央或省级层面的操作性文件，导致政策规定的优惠政策难以落到实处，犹如“镜中花、水中月”看似美好实际难以达到。有的机构负责人提出，当前对民办机构的支持更多的是通过项目带动，如建设民办机构、每年服务人数都会专项补贴一定数量的资金，但是这些扶持资金多为杯水车薪，本身微利运营却更多的是按照市场化企业来对待；在建设用地，运营水、电费等方面的大额支出上享受不到与公办机构同等的待遇。还有的机构负责人提出，政府向民办残疾人机构购买服务是促进机构发展的政策机遇，但是在具体实践过程中缺乏完善且明确支持其发展的政策体系，导致机构更多地按照政府购买服务的指挥棒转悠，难以按照机构自身发展的规律做大做强服务。总体上，为民办残疾人服务机构设计的政策在一定程度上指明了未来发展的方向与道路，但是由于政策本身离具体落地还有较远的路程，后续的效果还需要相关政策更紧密地配套。

2. 缺乏专业化配置

人财物是支持民办残疾人服务机构正常运营的必要条件，只有具备专业化的资源配置才能促进民办残疾人服务机构健康有序发展，但大多数民办机构在人财物的配置上都存在明显的短板。在人力资源上，民办机构服务人员缺乏国家层面制度化的职业发展规划，导致在职业资格认定、职称序列发展等方面的问题难以有效解决，加之工作压力大、待遇低等客观条件，直接影响机构专业化人才队伍的培育和稳定发展。在资金获取上，通常来源于政府支持、慈善捐助、个人收费，而多数民办机构在康复、托养等领域依靠个人收费，获得的政府支持和慈善捐助的比例较低，导致时常遇到机构运营的巨大压力，有一些民办机构是通过承接政府购买服务而发展起来的，但由于政府总体投入不足导致机构难以发展壮大只能维持基本运转。在基础条件上，有少部分机构依托政府提供的场地开展工作，而多数仍然依靠租赁场地为残疾人提供服务，导致时常面临场地租赁费用负担不起的窘境；还有大多数机构由于资金不足或缺乏，导致设施设备较落后无法提供更高质量的服务。机构正常运营和扩大缺乏更多更稳定的资源要素，导致机构难以更深入地实现专业化、职业化发展。

3. 存在发展性障碍

站在整个残疾人事业发展的视角下看待民办残疾人服务机构发展，涉及民办机构发展的理念、认同和践行等一系列问题。在实地调研中反映较多的问题有以下几点。

（1）由于残疾人工作是党和政府领导下的社会事业，容易落入政府办社会事业的老套路，意识不到民办残疾人服务机构发展的重要性，相关工作也难以提到议事日程，民办机构也缺乏社会宣传的意识，导致包括政府、市场、社会、残疾人等利益主体缺乏发展的意识。

（2）一些地方虽然意识到民办残疾人服务机构的重要性，但是由于管理的便利性、可操作性、风险性等原因，回避漠视民办残疾人服务机构的发展，“说起来重视、做起来漠视”现象突出。

（3）促进民办残疾人服务机构发展会涉及诸多要素和政策配套的问题，但在具体执行中又会受到资金、政策等限制，一些通过项目带动、政府购买等的发展举措效果并不明显，导致缺乏强有力的成体系化的工作抓手。

（4）民办残疾人服务机构作为独立的治理主体，一些不合规范、有安全隐患的机构混进其中，而残联自身又没有执法检查权，导致容易脱离政府的监管和督查，出现负面示范的“破窗效应”。此外，上述问题都仅涉及民办残疾人服务机构生存性的问题，而对涉及民办机构未来发展的方向以及路径缺乏深入思考，“突出生存、忽视发展”的现象表现较为明显。

总之，虽然专门促进民办残疾人服务机构发展的政策文件已经出台，但是提出的同等主体对待、实施项目支撑、落实人员待遇、享受税费优惠、鼓励社会捐赠、实现资源共享等发展举措并没有落地或落地效果不佳，原则性较强缺乏具体执行层面的细节，需要进行精细化、制度化、常态化、系统性的改革才能突破现有发展瓶颈与障碍。

（二）问题的深究

总之，当前陕西省民办残疾人服务机构发展面临的问题与挑战是系统性的、制度性的，既有政府办社会事业的通病，又有残疾人事业发展的特性；既有全国性普遍存在的问题，又有陕西省特殊存在的问题，这关乎民办残疾人服务机构的定位、角色以及实现的路径。

1. 主体参与

前文通过政策的梳理提到，民办残疾人服务机构在残疾人公共服务体系始终重视程度不够，民办机构既没有国家的硬件投入，也没有人员编制和财政补贴，所有都靠自己的投入，造成大部分民办机构运营压力较大，在经营上时常入不敷出难以运转，这种情况是常态现象而非个案问题，急需重新对民办残疾人服务机构进行定位，扮演其本应该扮演的社会角色。以满足残疾人多样化需求为分析起点，从多元主体共治的发展理念出发，为残疾人提供多样需求需要政府、市场、社会多元主体积极参与，政府保障基本、市场提供效率、社会保证公平，因此陕西省残疾人事业不应该再以参与主体的性质进行类型分类，而应该按照参与主体承担社会功能进行分类，秉承“主体公平、效率优先、兼顾公平”的发展原则，在整个残疾人公共服务体系下充分发挥民办与公办机构的优势，政府的职责是确保公平竞争的机制和社会氛围，同时加强对公共服务体系的督查与监管。

2. 发展策略

按照“主体公平、效率优先、兼顾公平”的发展原则，以“市场化—社会化”发展思路划分陕西省残疾人事业的服务领域类别，能市场自主供养的服务机构都以市场化思路进行制度设计，现阶段完全不能市场化供养的按照社会化进行制度设计，间杂在两者之间的以市场化为主、社会化为辅进行制度设计。在整个残疾人事业公共服务体系中，包括残疾人康复、托养、教育、就业等可以按照市场化的思路进行制度设计，而残疾人文化、体育、维权等可以按照社会的思路进行制度设计。机构是实现残疾人服务需求的主体，从发展策略上看，首先应该壮大特别是民办残疾人服务机构的数量，提升机构之间服务质量的竞争性；其次，按照服务发展质量评价指标对民办和公办机构进行评级，以此作为承接慈善捐助和政府购买的重要标准；最后，政府应该做好社会托底和督查工作。

四 发展对策建议

按照健全完善残疾人事业公共服务体系发展的新思路和新策略，应以提高服务质量为价值评价导向，淡化公办与民办机构的类分。

（一）突出民办机构孵化

全省各地残疾人工作部门加强与民政部门联系，宣传倡导促进民办残疾人服务机构注册登记。设立专项民办残疾人服务机构发展基金和具体实施办法，促进登记注册的民办残疾人服务机构进驻当地社会组织孵化基地（中心），没有社会组织孵化基地等基础性条件地方，可设立专项机构培育项目以提升民办机构协调推广、财务托管、法律咨询等方面能力。在民办残疾人服务组织较为集中的地方如西安、宝鸡等，在市级层面独立或合办市级层面的社会组孵化基地，在陕南、陕北等地要把民办残疾人服务机构孵化工作列为年度考核的内容。在服务领域上，重点对残疾人康复、教育、托养、就业等领域加强民办机构的孵化，同时促进省内或全国性社会组织和民办机构在省内各地市开设分支机构。各地市残联要加强对孵化机构的监管与评测，促进民办残疾人服务机构进入孵化基地后顺利运营。

（二）强化公建民营模式

公私合伙制模式（Public-Private Partnership，简称 PPP）已经开始在社会公共领域得到运用，这种政府与社会资本合作模式表现为三个重要特征，即利益共享、风险共担、伙伴关系，主要通过购买服务、特许经营、股权合作三种方式来实现。残疾人事业除公建公营、民建民营外也需要加强公私合作，可通过公建民营或民建公营等方式为残疾人事业发展创新更多的道路，所以要用“改革的红利”推动民办残疾人机构发展，特别是加强对各地市运营情况不好、效率不高公办机构的改制工作，同时从党和政府层面加强对各地闲置地方（如农村幸福院、中小学校等）的调查与统计，对没有用途和闲置的地方可以作为公有资本，无偿移交给民办残疾人服务机构，实现所有权和经营权的分离。另外，还要从公建层面加强机构建设，为民办残疾人服务机构提供基础硬件条件，或者从公助层面补贴民办残疾人服务机构的建设补贴，以保证民办残疾人服务机构能够与公办残疾人服机构实现公平竞争，特别是市场化程度不高的服务领域更应该强化公建民营的运作模式。

（三）完善政府购买方式

新公共管理理论认为，政府购买方式是降低公共服务成本、提高公共服务质量最有效、最容易操作的模式。当前全省已经开始逐步实现政府购买服务的不断创新与突破，但是在创新力度和多样性、规则性等方面还应该加强。首先要从政府财政预算、慈善捐助、福利彩票基、慈善捐助等方面，增加残疾人公共服务购买目录名单和投入，在投入总体规模无法大规模增加的情况下，需要通过调整资源配置的途径和方式增加政府购买。其次，要从促进民办残疾人服务机构发展的角度，有意识、有规划地设置购买项目，并向市场供给不足的领域增加政府购买。再次，要把政府购买服务与服务机构培育结合起来，通过政府购买服务的方式培育、发展民办机构，真正实现用政府购买服务方式为民办机构发展“扶上马再送一程”。最后，加强政府购买服务的监管与第三方评估，建立完善更为明确、精细的政府购买服务评估机制，为残疾人提升高质量服务的同时，促进民办机构进一步高质量的发展，同时用机构评级的手段规范民办服务机构发展。

（四）促进机构融入社区

社区是促进残疾人融合社会、提升残疾人自身能力的基础，在促进民办残疾人服务机构发展的同时，应该与社区残疾人服务融入结合起来。培育民办残疾人服务机构时，通过政策鼓励将残疾人服务机构设立在社区而非远离社区。在政府购买服务的目录指南上，设立促进残疾人服务融入社区的服务项目，除残疾人康复、教育、托养等服务加强社区融入的项目设计外，还应该增加残疾人文化、体育和社区参与等内容。以“让残疾人走出家门”为目标，培育更多促进残疾人服务融入社区的民办社会组织，让更多残疾人能够积极参与社区发展与治理。通过政策优惠和公助等整合资源，鼓励服务类组织机构加入为残疾人服务融入社区的服务内容。

B.15
陕西省农民工工伤保险问题及对策建议

高萍　聂翔*

摘　要：　农民工特指在城镇企业或者本地乡镇企业务工的农业户口人员。农民工的职业健康与安全关系诸多农民工及其家庭的生产生活与和谐稳定。积极完善农民工工伤保险体系，不仅会使农民工的个人利益得到有效保障，而且会促进“三农”问题的有效解决，对城乡一体化与社会主义和谐社会的构建也极具重要意义。本文重点介绍了陕西省农民工工伤保险实施的现状以及存在的问题，并在此基础上提出了完善陕西省农民工工伤保险的对策与建议。

关键词：　陕西　农民工　工伤保险

农民工特指在城镇企业或者本地乡镇企业务工的农业户口人员，不仅是我国城乡二元体制的特有产物，也主要集中于工伤事故多发的行业，其职业健康与安全关系诸多农民工及其家庭的生产生活与和谐稳定。积极完善农民工工伤保险体系，不仅会使农民工的个人利益得到有效保障，而且会促进“三农”问题的有效解决，对城乡一体化与社会主义和谐社会的构建也极具重要的意义。近年来，陕西省委、省政府也持续关注农民工在经济与社会发展领域所做出的巨大贡献，将积极推动基本公共服务均等化，深入促进农民工共享改革发

* 高萍，陕西省社会科学院社会学研究所助理研究员；聂翔，陕西省社会科学院社会学研究所助理研究员。

展成果作为农民工工作的核心。本文将重点探究当前陕西省农民工工伤保险实施的现状以及存在的问题，并力求在此基础上提出完善陕西省农民工工伤保险的对策与建议。

一 陕西省农民工工伤保险实施的现状

自2004年《工伤保险条例》施行以来，陕西省工伤保险工作取得了明显成效，主要表现如下。

（一）陕西省工伤保险实施的基本情况

近年来，陕西省工伤保险的参保人数和户数不断增加。“十二五”期间，陕西省工伤保险参保人数年均增长8.93%。2015年陕西省工伤保险参保总人数为427.33万人，比2014年的403.98万人，增加了23.35万人；和2010年的278.59万人相比，增加了148.74万人。从参保人员的行业结构来看，2015年企业参保331.05万人，占参保总人数的77.5%；事业单位参保94.97万人，占参保总人数22.2%；个体工商户（有雇工的）和其他类型单位的参保人数占参保总人数的0.3%。2015年陕西省工伤保险参保户数为51014户，比2014年增加4077户。其中，企业单位参保31296户，比2014年增加2596户；事业单位参保19377户，比2014年增加1517户；个体工商户（有雇工的）参保228户，其他113户。

除了参保人数和户数增加外，自2006年以来，陕西省几乎每年都会动态提高工伤保险待遇标准。2016年，省人社厅发文；规定1级伤残职工每人每月增加311元，2级伤残职工每人每月增加295元，3级伤残职工每人每月增加280元，4级伤残职工每人每月增加266元，5级和6级伤残职工每人每月分别增加253元、228元。政策调整之后，1～4级伤残职工每月的伤残津贴从不足2721元增加到2721元，5级和6级伤残职工每月的伤残津贴从不足2218.5元均增加到2218.5元。

（二）陕西省农民工基本情况

2015年，陕西省农村劳动力转移就业共计693.8万人，共实现劳务收入

1066.5亿元。其中，省内转移404.4万人，占农村劳动力转移就业总数的58.29%；省外转移289.4万人，占农村劳动力转移就业总数的41.71%。在省内转移就业的农村劳动力中，就近就地（县内）转移就业共计156.2万人，占省内转移就业总数的38.63%；县外省内转移就业共计248.2万人，占省内转移就业总数的61.37%。

2016年上半年，陕西省农村劳动力转移就业共计597.3万人。其中，省内转移339.1万人，占农村劳动力转移就业总数的56.77%；省外转移258.2万人，占农村劳动力转移就业总数的43.23%。在省内转移就业的农村劳动力中，就近就地（县内）转移135.4万人，占省内转移就业总数的39.93%；县外省内转移203.7万人，占省内转移就业总数的60.07%。

（三）陕西省农民工工伤保险实施的基本情况

2014年底，陕西省人社厅、省住建厅、省安监总局和总工会联合发布有关建议农民工参保的相关政策。目前，该项工作一直处于不断推进状态。2015年，陕西省农民工参加工伤保险共计114.75万人。这个数字无论是和2015年陕西省工伤保险参保总人数427.33万人相比，还是和2015年陕西省农村劳动力转移就业共计693.8万人相比，可以看出陕西省农民工参加工伤保险总体比例不高。

从2015年高风险行业和服务业来看，在高风险行业中，全省的参保总人数为97.14万人，农民工为49.00万人，占高风险行业中参保总人数的50.4%，占参保农民工总数的42.7%。其中，在煤矿企业中，全省的参保总人数为28.44万人，农民工为12.74万人，占煤矿企业参保总人数的44.8%；在非煤矿山企业中，全省的参保总人数为16.61万人，农民工为9.74万人，占非煤矿山企业中参保总人数的58.6%；在建筑施工企业中全省的参保总人数为17.07万人，农民工为10.56万人，占建筑施工企业中参保总人数的61.9%；在其他高风险企业中，全省参保总人数为35.02万人，农民工为15.97万人，占全省参保总人数的45.6%。2015年，服务业全省参保总人数为42.7万人，农民工为13.3万人，占服务业参保总人数的31.1%，占参保农民工总数的11.59%。其中，餐饮业参保总人数为4.93万人，农民工为2.3万人，占餐饮业参保总人数的46.7%；住宿业参保总人数为2.5万人，农民工为

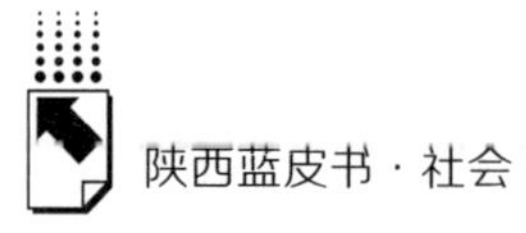

0.84 万人，占住宿业参保总人数的 33.6%；其他服务业全省参保总人数为 35.27 万人，农民工为 10.17 万人，占参保总人数的 28.8%。从这一连串的数据来看，在高风险行业（煤矿企业、建筑企业等）和服务业（餐饮业、住宿业等）中，农民工的参保率还有待提高。

针对以上情况，陕西省积极采取了一系列相关措施。在建筑业方面，省人社厅、省住建厅、省安监局和省总工会等部门整合各自优势，密切合作，积极推进建筑业工伤保险工作。比如，人社部门结合各地区特点，建立了适合的参保手续办理流程；住建部门要求将工伤保险参保证明作为建筑企业安全施工的凭证之一，对那些安全施工措施没有落实到位的项目不颁发“安全生产许可证”和“施工许可证”；对无须核发“施工许可证”的建筑项目，社保经办机构和劳保监察机构将督促其参加工伤保险，以期达到早介入、早预防的目的。另外，对那些在建筑工地内发生，且事实清楚、当事双方没有争议的案件，人社部门会缩短法定认定期限，尽力有效快速办案；对需要进行劳动能力鉴定的案件，相关部门会缩短劳动能力鉴定时限，尽量会将其控制在 1 个月以内；工伤保险经办机构会在 15 日内核定并且按照相关法规落实待遇。

此外，为深入宣传《工伤保险条例》和《社会保险法》，陕西省每年都要组织有关工伤保险宣传、教育与培训方面的活动。有时集中一天的时间，有时集中一周的时间，主要在人员众多的广场，通过悬挂标语条幅、发放宣传资料、现场咨询等形式，为人们解答工伤认定、参保缴费、劳动能力鉴定等咨询服务。有时，人社部门会组织相关人员到一些建筑企业施工工地，通过政策培训、举办专题讲座等活动，重点宣传农民工工伤保险待遇、建筑企业参加工伤保险等方面的内容。尤其针对建筑企业的领导干部，人社部门会对其做重点宣传。此外，一些市县还充分发挥网络、广播、电视等媒体作用，借助微信平台、公益短信、公益广告等形式，多层次、全方位地向人民群众开展工伤保险宣传与咨询服务活动，这些都无疑促进了人们对工伤保险政策与法规的了解。

二　陕西省农民工工伤保险存在的问题

目前，陕西省农民工工伤保险的实施已经取得了明显成效，在较大程度上保障与维护了农民工群体的合法权益。尽管如此，我们还是应该地清醒地认识到，陕西省农民工工伤保险工作仍然存在着一些问题与不足，需要在以后的工作实践中亟待进一步解决与完善。

（一）政府监管机制亟待深化

在陕西省农民工工伤保险问题的处理上，政府监管机制的不健全主要体现在以下四个方面。一是政府相关部门（如人社、住建、安监、司法和工会等）之间的协调与合作不力，比如未能及时、有效沟通项目的开工与用工、农民工参加工伤保险、企业安全生产监管等方面的信息，这将导致政府相关部门配合不力、责任推诿现象的发生；二是农民工的数量非常庞大，监管任务十分繁重，而目前政府相关部门的监管力量非常有限，比如缺乏稳定的人才队伍和专业化机构，这导致其对工伤事故的处理效率较低，一些企业趁机也存在逃保、漏保的侥幸心理；三是一些部门对农民工群体自身特点（比如文化程度低、流动性强）及其从事行业的特殊性（比如危险系数大、知识与技术含量低）缺乏认识，这导致其并未将农民工工伤保险问题当成一项特殊的工作来对待；四是2017年陕西将推行工伤保险“省级统筹”，要实现这一目标相应的制度与配套政策还有待完善，比如在工伤保险基金管理方面、丧失劳动能力等级认定方面、医疗机构管理方面、定点医院和康复中心配备方面，都急需出台一些具体的规则以便将来执行。

（二）企业责任意识较为欠缺

我国法律法规明确规定，用人单位不仅要与劳动者签订劳动合同，而且还必须为其缴纳工伤保险。但在具体操作中，许多企业逃避法律的责任，为了追求更多的经济利益，它们既不与农民工签订劳动合同，更不可能为农民工缴纳工伤保险。尤其在农民工比较集中的采掘业、建筑业等高危行业中，短期工（比如管道工、挖土工）比较多，许多用人单位为了降低成本，都会遵循“企业利益至上”的思路。为了获取施工许可证、安全生产许可证，这些企业只给少数危险岗位的农民工和部分企业管理人员缴纳工伤保险。在这种情况下，一旦农民工出现了工伤问题，就可能出现打官司之类的事情。当然，一些农民工通过上访、诉讼等途径，其工伤也得到了用人单位的承认，但许多用人单位常以资金短缺为由，或者不给赔偿，或者直接逃逸，这些都给农民工的生活和心理带来了极大影响。此外，一些企业对农民工的态度也比较随意、轻慢，甚至存在歧视心理。一些雇主会向农民工故意隐瞒项目的高危实情，一些人则不对从事高危作业的农民工进行岗前培训，这些都极大地增加了农民工出现工伤问题的可能性。

（三）农民工自身参保意愿不强

目前，陕西省农民工群体文化程度普遍较低。他们主要集中于一些对知识与技术要求不高，但工伤与职业病发生率比较高的行业，比如建筑业和采掘业。在这些行业中，一些农民工缺乏法律意识，不顾长远利益，在企业能够多发些工资的情况下，他们更愿意企业不缴纳工伤保险而多发些工资。另外，农民工用工市场也存在竞争，一些企业更愿意招收那些不要求签订劳动合同，也不要求缴纳工伤保险的农民工。这样，一些农民工便会为了保住工作，自愿放弃与企业签订劳动合同，也同意企业不为其缴纳工伤保险。当然，也有极少数农民工并不了解工伤保险，有些人甚至不知道自己有参加工伤保险的权利。在这种情况下，一旦发生工伤事件，农民工就很难证明其与企业之间存在劳动关系。加之，许多农民工证据意识不强，在工伤事故面前，他们大多只能耗费大量的精力与金钱陷入旷日持久的诉讼案件之中，或者只能选择默默忍受他们自身权益所遭受的侵害。此外，陕西省农民工的组织化程度较低，正式组织的缺失导致农民工缺乏权益维护与利益表达的载体。在其发生工伤事故时，农民工很难通过集体的力量来捍卫自己的正当利益不受侵害。

（四）现行法律法规存在漏洞

虽然现行的《工伤保险条例》与《社会保险法》对农民工参加工伤保险做出了相应的规定，但在实际操作过程中，仍然存在许多障碍。比如，目前我国有关工伤保险的规定主要针对的是拥有固定工作和收入的城镇职工，工伤保险待遇的计算也主要依据的是城镇职工的月薪，对于流动性较强、收入不固定的农民工，则缺乏相关的灵活计算方式。这样，一旦农民工发生工伤事故，就缺乏具体的标准与依据来对工伤待遇进行计算。又如，现行《工伤保险条例》并不能将所有农民工纳入其保障范围之内，像农村“盖房子”、农忙时都会雇佣劳动力，还有一些农户组成的经济合作组织，他们会适时雇佣大量劳动力，为苹果摘花、除草和打药等，像这些用工都没有签订劳动合同，也未被纳入工伤保险的保障范围之内。还有一些新兴行业（如快递、外卖）之类的农民工，他们所处的行业也比较容易发生危险，然而其所在的公司却大多都没有参保，这部分人的工伤保险权益也很难得到保障。此外，像建筑业、家政服务等行业工作类型比较多样，发生工伤事故的情况也比较复杂、烦琐，而现行法律法规列举的条款已经无法涵盖所有的工伤事故。

（五）工伤保险制度结构不合理

工伤预防、工伤赔偿与工伤康复是工伤保险制度体系的三个重要组成部分。在这三者中，工伤赔偿通常是工伤保险最重要的工作。但同时，我们也应该看到，许多工伤的发生，可以通过预先加强安全防护、职工安全生产教育等方式得以避免。许多工伤的康复，也可以使得劳动者重新回归社会与工作岗位。鉴于此，建议将工伤补偿与工伤预防以及医疗康复有机结合，以期达到保障劳动者合法权益以及维护、增进与恢复劳动者身体健康的目标。自 2004 年以来，陕西省逐步建立和完善预防—赔偿—康复“三位一体”的工伤保险制度体系。在这个体系中，工伤赔偿一直是其工作的重中之重。从 2006 年开始，陕西省才不断推进工伤预防与工伤康复这两方面的工作。这里的推进主要指在省内搞了一些试点，而不是在全省范围内全面推开这两方面工作。目前工伤预防与工伤康复的主要举措有：选取一些行业进行试点预防、在临潼成立工伤康复中心、在南郊成立保安医院（这也是工伤康复中心）等。从总体上来讲，陕西省在工伤预防—赔偿—康复这一体系中，更多关注的是工伤的认定、工伤等级的确立和工伤待遇的给付标准，对工伤预防与工伤康复方面投入的人力、财力和物力都还比较欠缺，工伤保险的制度结构还需进一步优化。

三　完善陕西省农民工工伤保险的对策建议

陕西省农民工工伤保险问题的解决与完善需要政府部门、用人单位、农民工、立法机关、司法机关等各类行动主体的共同参与和全力配合。

（一）优化政府部门监管机制

提升农民工工伤保险的监管力度，首先不仅要明确各职能部门之间的职责关系，建立信息共享与沟通机制，积极实现用人单位信息、农民工参保信息、安全生产监管信息等互联互通，还要建设稳定的人才队伍与专业化机构，充实政府部门的监管力量。其次，各职能部门都应认真履行其职责，大力提高其服务效能。比如，人社部门作为工伤保险主管部门，应该简化流程，为农民工提供更为高效、优质的服务；住建部门作为建筑企业的管理部门，必须将工伤保险参保证明作为其获得“施工许可证”的条件；安监部门作为建筑企业安全生产的监督部门，必须加大对企业参保的监督与检查；司法部门要对那些非法转包、违法施工和用工、不参加工伤保险的企业依法予以查处；等等。再次，政府相关部门应该准确认识农民工群体及其从事行业的特殊性，建议成立一个由政府负责和组织以维护农民工合法权益为主要职责的权威机构。最后，加快工伤保险“省级统筹”的程度和系统性，积极完善相应的配套制度与政策，从工伤保险基金的管理、丧失劳动能力的等级认定、医疗机构与康复机构的管理等诸多层面，优化对农民工工伤保险问题的监管机制。

（二）牢固树立企业责任意识

要树立企业的社会责任意识，首先必须让企业加强政策、法规的学习，使其自觉与农民工签订劳动合同，并且积极为农民工缴纳工伤保险。在劳动合同内容上，应该对劳动报酬的支付形式与标准、缴纳工伤保险费的起止时间、金额、赔偿标准等做出明确规定。其次，企业应该建立健全职工花名册，对职工每天的出工情况进行考勤，对工资发放的详情进行登记。如果农民工发生工伤事故，可以将劳动合同作为基础确认企业与农民工的劳动关系。对那些没有签订劳动合同的，则可以将职工花名册、考勤记录、工资支付凭证等作为证据，来确立企业与农民工之间的事实劳动关系。再次，企业必须做好农民工岗前教育培训工作和安全生产环境建设工作。岗前教育培训，就是要让农民工学习相关生产要领，并且要掌握安全防护应该注意的事项，以及安全防护工具的使用与操作规范。安全生产环境的建设，主要是企业要改善农民工的工作环境和工作条件，加强工作场所的安全设施建设，消除农民工在生产和工作中的安全隐患。最后，企业应该定期为农民工进行健康检查，可以通过举办讲座、贴宣传画等方式向农民工宣传如何提高身体素质方面的知识与技巧。

（三）提升农民工自身参保意愿

首先，农民工自身应该充分利用政府举办多种形式的宣传、教育与培训活动，自觉学习《劳动合同法》《工伤保险条例》《社会保险法》等与日常生活和工作密切相关的法律知识，以此来提高自身的法律意识与维权意识。其次，农民工应该充分利用政府和企业提供的职业培训，努力学习和掌握高技术含量的工作技能，从而使自身能够在激烈的用人市场竞争中处于优势地位；同时，农民工也应该积极转变就业观念，应该认识到要求企业参加工伤保险是法律赋予自身的一项合法权益，而不是将其视为自身寻找工作机会的障碍。如果主动放弃自身的合法权益，这在无形之中只会助长一些企业的逃保心理。再次，农民工在与企业签订劳动合同之后，为减少工伤事故发生，一定要严格按照安全作业章程进行工作与生产。另外，在工作与生产过程中，农民工要主动收集、留存与用人单位存在事实劳动关系的相关证据。这样，一旦发生工伤事故，农民工就可以用证据来维护自身权益，而不是采取一些极端方式维权或者深陷旷日持久的诉讼案件。最后，农民工应该自觉提高自身的组织化程度，这样可以充分调动组织的力量来维护自身的合法利益，避免了孤军奋战的不利处境。

（四）增强法律法规的可操作性

要增强现行法律法规的可操作性，首先应该针对农民工流动性强、季节性强、收入不稳定的特点，制定灵活多样的方式来计算农民工的工伤保险待遇标准。其次，现行法律法规应该适当扩大工伤认定的范围。像快递、外卖和从事家政服务等行业，吸收与集中了大量农民工。以快递业为例，许多快递员每天都要走街串巷，这样他们遭遇交通事故的风险就比较大。类似这类行业的职业伤害保障问题，都要很快纳入工伤保险的保障视野范围之内。其次，政府可以在不违背现行法律法规的基础上，依据陕西农民工的从业现状，并且结合社会及企业的负荷能力，制定出符合陕西本地需要、并且能够填补国家法律细节空缺的规章制度。比如可以制定陕西省建筑业、服务业农民工意外伤害保险管理细则，来减少一些不必要的劳资纠纷，从而使得农民工和企业在工作开展中能够真正做到有法可依。最后，建议建立专门的农民工工伤基金。通常，从工伤发生到赔偿落实之间需要很长时间等待，农民工工伤保险基金可以帮助农民工事先垫付医疗救治费用，等到工伤赔偿事宜办妥之后，再由工伤保险赔偿金偿还农民工工伤基金垫付的医疗费用，这样可以让农民工更好地把握最佳治疗时机。

（五）积极推进制度结构协调发展

要积极推进农民工工伤保险制度结构协调发展，必须逐个解决工伤赔偿工作中存在的问题，扩大工伤预防与工伤康复的试点范围，丰富工伤预防与工伤康复的试点内容，规范工伤预防与工伤康复的工作流程，完善工伤预防与工伤康复的管理制度，从而实现陕西省工伤保险制度结构的良性运行与协调发展。从工伤预防来说，政府可以在用人单位做好安全技术教育与安全生产监测工作方面多做一些工作。比如，对工伤事故频发行业的农民工进行技术与安全教育，以此来提高其应对工作与事故的能力；对农民工比较集中的一些高危施工场地随机进行安全监测，以此来减少高危施工场地的工伤事故发生率。对于那些工伤事故发生率低、安全生产落实好的企业，应该出台相应的奖励政策，以促进工伤预防机制的良好发展。再拿工伤康复来说，要着眼现有社会资源，大力发展农民工工伤康复服务机构，并且为其配备专业的医护人员，为农民工提供完善、专业的治疗、教育与训练等康复帮助，使其在生理与心理方面尽快恢复健康，重返社会与工作岗位。

B.16
比较视角下陕西省灾害类型与结构数据研究报告

尹小俊*

摘　要：本报告以灾害类型分类作为研究起点，选取陕西的自然型灾害和事故型灾害数据为分析对象，基于比较视角归纳总结了陕西省域范围内4种自然灾害和2类事故灾害的现状和特征，并从数量规模、具体时点、空间分布、结构比例等多个角度进行数据论述和观点呈现，在此基础上，围绕灾害治理策略得出了相应的结论。

关键词：比较视角　自然型灾害　事故型灾害

一　研究起点：灾害类型

“灾害”概念由于学科研究、经济社会变迁、时间空间、现实影响等差异因素的存在，因此将“灾害”定义为是一种基于复杂认识的社会与自然特征共生共存的现象载体。具体看来，在学科研究的视角下，灾害成为一类体现诸项学科立场的知识共同体；社会学侧重认为灾害是社会结构与过程的产物，人类学则重点关注灾害与文化构建的结果，经济学主张经济受损是灾害的核心关注点，历史学强调的是关于灾害抗争的人类史。① 在功能脆弱性的视角下，灾害是指致灾因子与生态环境脆弱性、社会个体脆弱性、社会群体脆弱性几者相

---

* 尹小俊，陕西省社会科学院社会学研究所副研究员。

① 李永祥：《什么是灾害？——灾害的人类学研究核心概念辨析》，《西南民族大学学报》（人文社会科学版）2011年第11期。

互结合所导致社会—文化系统出现失衡情况以及经济社会损失和人口伤亡的后果。①

除此之外，灾害内涵还指向一种自然事件、文化事件、社会事件，充分体现出其所具有的双重特性——自然性和社会性。这些多重特质也折射出对灾害认知的复杂性，而跨学科或学科交叉研究成为应对灾害不确定性现象的一个重要分析路径和有效处理方案。相应的看，灾害的认识导向具体包括“脆弱性导向”“不确定性导向”“社会建构主义导向”“权利资源分配导向”“事件—功能主义导向”等内容。② 同时，正是灾害内在嵌有的几重属性存在，可以考虑将灾害划分成自然型灾害和事故型灾害两种类型。由此可知，自然型灾害对应着灾害的自然特性，简称自然灾害；事故型灾害对应着灾害的非自然特性，简称事故灾害。

具体来看，自然灾害概念存在三类取向：第一类取向强调自身带有的多重特性及其连带后果，即自然灾害具有四重特性——社会性、破坏性、自然性、突发性，以自然为原动力，超越社会和环境的承载极限以致发展失衡，基础不稳，功能失效，社会受损，同时无法在短期内进行自我恢复的突发性状态和伤害性结果。③ 第二类取向强调自然的外力影响，即自然灾害因外在的自然型原因所引发的人员伤害和财产损失的种种现象。④ 第三类取向强调自然灾害的时空变化状态，即自然灾害在一定地域范围内，由于突发的自然因素导致人财物的损失、经济社会活动的中断、生态环境被破坏的动态变迁过程，包括过去、现在和未来的情况描述。⑤

事故型灾害概念与自然型灾害概念指向存在明显的差别，其主要是指因为事故的行为主体实施过失行为或故意行为，违反相应安全管理的法律规章制度，导致人员死亡或受伤，物质受损或财产损失，同时在某种程度上对社会相关领域安全和秩序造成伤害性影响的后果出现，其中包括有各级各类安全事

---

① 李永祥：《灾害的人类学研究述评》，《民族研究》2010 年第 3 期。

② 陶鹏、童星：《灾害概念的再认识——兼论灾害社会科学研究流派及整合趋势》，《浙江大学学报》（人文社会科学版）2012 年第 2 期。

③ 汤爱平、谢礼立、陶夏新、文爱花：《自然灾害的概念、等级》，《自然灾害学报》1999 年第 3 期。

④ 黄崇福：《自然灾害基本定义的探讨》，《自然灾害学报》2009 年第 5 期。

⑤ 于良巨、马万栋：《自然灾害内涵及辨析》，《灾害学》2015 年第 4 期。

故、交通事故、火灾事故、设备设施事故、生态环境污染事故等。[①] 可见，在本报告中，自然型灾害和事故型灾害共同构成了在一个区域范围内灾害数据的分析对象和研究边界。

本报告主要分析的灾害类型包括自然型灾害和事故型灾害两种，前者包括干旱、风雹、低温冷冻、雪灾、洪涝、滑坡、泥石流等，后者因所能搜集以供分析的统计数据有限，研究集中在交通事故灾害、火灾事故灾害两种类型方面，并从数量规模、结构比例、时间变化、空间区域等几重维度上进行对比分析和观点呈现。

二　灾害数据现状分析：基于比较视角

本报告主要是从自然型和事故型两类灾害入手，分析陕西近年来发生的灾害情况。根据《陕西省民政厅发布2015年全省自然灾害情况》[②]《陕西统计年鉴2015》《中国民政统计年鉴2015》的数据显示，从灾害次数来看，全省各类自然型灾害（包括洪涝、干旱、风雹、低温冷冻、山体崩塌、滑坡6类）2015年发生次数达到315起，事故型灾害（仅限于交通事故、火灾事故）2014年发生次数有18192起。

（一）现状描述：灾害概况

1. 灾害影响：多维度的损失

从灾害影响来看，一方面涉及直接对人的消极影响，2015年全省自然型灾害导致586.32万人次受灾，其中因灾死亡和失踪103人，紧急转移安置9.08万人，因旱生活救助14.43万人。事故型灾害之一的交通事故2014年造成1655人死亡，4609人受伤；事故型灾害之二的火灾事故2014年造成的死亡人数是39人，受伤人数是16人。另一方面关系到所造成的实物损害或经济损失，其中在自然型灾害范围内，2015年一般损坏房屋2万多间，因灾倒塌和严重损坏房屋达1万多间，农作物受灾面积为922千公顷，绝收面积为147千

① 黎友焕、魏升民：《社会建设与社会管理创新》，广东人民出版社，2012。

② 《陕西省民政厅发布2015年全省自然灾害情况》，陕西省民政厅网站，2016年1月22日。

公顷，直接经济损失达到72.77亿元。在事故型灾害领域中，2014年全省交通事故损失折款达到3652万元，火灾事故损失折款为13875万元。

2. 灾害分布空间：地域特征明显

从灾害分布空间来看，一是2015年陕西自然型灾害涉及区域覆盖了全省的10个市97个县（市、区）的1005个乡（镇、街办），省内不同地域存在差异性的自然灾害风险和影响。具体来说，陕北地区面临的干旱灾害压力更大，陕南地区有着较大的洪涝灾害和地质灾害威胁，关中地区受到的风雹灾害影响相对明显。二是2014年陕西省内各个城市交通事故和火灾事故情况分布。从数量上看，交通事故指标按照陕西省内三大区域来划分，关中的交通事故次数达到3765起，陕南和陕北交通事故次数分别为634起和655起；关中、陕南和陕北事故死亡人数依次为944人、318人和393人；受伤人数依次为3519人、602人和488人；在损失折款方面，关中达到2471万元，陕南为388万元，陕北达到788万元。

（二）灾害类型化分析

1. 自然型灾害

（1）国内比较：陕西灾害损失的多项指标低于全国均值

2014年，陕西自然灾害损失情况围绕人口受灾、农作物受灾、房屋倒损、直接经济损失四个方面共11项细分指标与全国均值①进行比较。整体上，陕西受灾人口和农作物绝收面积2项指标高于全国均值水平，死亡人口、失踪人口、紧急转移安置人口、需紧急生活救助人口、农作物受灾面积、倒塌房屋、严重损坏房屋、一般损坏房屋和直接经济损失9项指标均低于全国均值数据（见表1）。由此可知，陕西的大多数指标都低于全国各个地区自然灾害损失情况的平均水平。其中，陕西与全国均值差距相对明显的自然灾害损失指标是受灾人口、农作物受灾面积、直接经济损失。此外，全国需紧急生活救助人口均值是陕西的6.63倍，其余5项指标如死亡人口、严重损坏房屋、倒塌房屋、一般损坏房屋、紧急转移安置人口均是陕西的1倍多。

① 本研究报告中全国均值是指在所有灾害损失情况相关指标数值分项分别合计的基础上，根据受灾实际发生地区个数获得的各项平均值，全文同。

表 1　2014 年陕西自然灾害损失情况与全国均值比较

单位：万人次，人

指标	人口受灾情况					农作物受灾情况(千公顷)		房屋倒损情况（千公顷）			直接经济损失（亿元）
地区	受灾人口	死亡人口	失踪人口	紧急转移安置人口	需紧急生活救助人口	受灾面积	绝收面积	倒塌房屋	严重损坏房屋	一般损坏房屋	
陕西	1208.5	37	—	21.3	1.8	772.2	102.6	1.8	2.9	8	93.4
全国均值	785.6	51.06	18.08	22.29	11.93	802.93	99.69	1.96	3.79	8.52	108.83

数据来源：根据《中国民政统计年鉴（2015）》及相关数据测算所得。本报告所获数据仅限于全国 31 个省级行政区划和新疆生产建设兵团，不包括港澳台地区，全文同。

（2）西北比较：陕西受到的灾害损失影响最大

2014 年西北各个地区人口受灾、直接经济损失、农作物受灾、房屋倒损情况比较。

从数量大小排序来看，陕西受灾指标列西北首位的是受灾人口、死亡人口、紧急转移安置人口、倒塌房屋，居西北次席的指标有需紧急生活救助人口、直接经济损失、农作物绝收面积、严重损坏房屋、一般损坏房屋，排在西北第三位的指标是农作物受灾面积。由陕西各项指标与西北地区均值比较来看，陕西需紧急生活救助人口、农作物受灾面积 2 项指标低于西北地区对应指标的平均数值，陕西受灾人口、死亡人口、紧急转移安置人口、直接经济损失、农作物绝收面积、倒塌房屋、严重损坏房屋和一般损坏房屋 8 项指标都高于西北地区相应指标的平均数据（见表 2 和表 3）。

从数值相互关系来看，陕西有 3 项受灾指标（紧急转移安置人口、死亡人口、一般损坏房屋）是西北均值的 2 倍多，有 4 项受灾指标是于西北均值 1.5 ~ 1.99倍。从陕西各项受灾指标在西北地区所占比例来看，陕西紧急转移安置人口、倒塌房屋 2 项指标占比超过 50%，陕西死亡人口、一般损坏房屋、受灾人口、严重损坏房屋 4 项指标占比的在 37% ~46%，其余指标基本都在 31% 以下（见表 2 和表 3）。

表 2　2014 年西北各个地区人口受灾和直接经济损失情况比较

单位：万人次，人

西北地区	人口受灾情况				直接经济损失(亿元)
	受灾人口	死亡人口	紧急转移安置人口	需紧急生活救助人口	
陕西	1208.5	37	21.3	1.8	93.4
甘肃	1052.7	7	0.3	0.2	74.6
青海	129.8	9	0.1	0.5	9.3
宁夏	220.6	4	—	1.4	16.6
新疆	433.4	24	8.1	7.3	115.6
均值	609	16.2	7.45	2.24	61.9
陕西占比(%)	39.69	45.68	71.48	16.07	30.18

数据来源：根据《中国民政统计年鉴（2015）》及相关数据测算所得。

表 3　2014 年西北各个地区农作物受灾和房屋倒损情况比较

单位：千公顷，万间

西北地区	农作物受灾情况		房屋倒损情况		
	受灾面积	绝收面积	倒塌房屋	严重损坏房屋	一般损坏房屋
陕西	772.20	102.60	1.80	2.90	8.00
甘肃	1618.40	66.80	0.10	0.50	1.30
青海	169.80	18.10	—	0.10	0.30
宁夏	438.30	38.80	—	0.30	0.30
新疆	1137.70	140.60	1.50	4.00	8.20
均值	827.28	73.38	1.13	1.56	3.62
陕西占比(%)	18.67	27.96	52.94	37.18	44.2

数据来源：根据《中国民政统计年鉴（2015）》及相关数据测算所得。

（3）人口和经济损失：陕西旱灾带来的影响突出

纵观各种自然灾害类型，从旱灾、风雹灾害、低温冷冻和雪灾到洪涝、滑坡和泥石流灾害，其关于损失情况方面的指标为受灾人口和直接经济损失。在陕西省受灾人口指标方面，按照数值高低排序依次为旱灾、洪涝、滑坡和泥石流灾害、风雹灾害、低温冷冻和雪灾；在直接经济损失指标方面，根据数值高低依次是旱灾、洪涝、滑坡和泥石流灾害、风雹灾害、低温冷冻和雪灾。通过以上这两项指标对比可知，受灾人口和直接经济损失指标联系紧密，两者具有一定程度的正相关关系。具体来看，灾害损失指标数值排在第一位的旱灾受灾人口达到 870.2 万人次，带来的直接经济损失为 44.3 亿元，洪涝、滑坡和泥石流灾害与风雹灾害的数据比较接近，受灾人口都在100多万人次上变化，直接经济损失均为20亿元上下，低温冷冻和雪灾造成的自然灾害损失最小（见图1）。

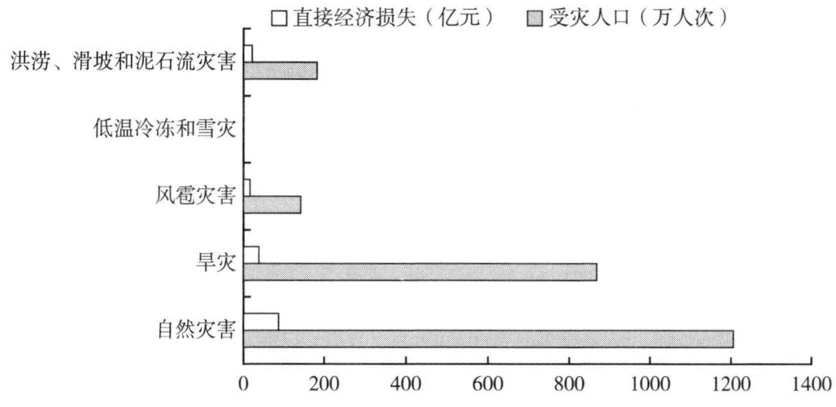

图1　2014年陕西各类自然灾害受灾人口和直接经济损失情况

数据来源：《中国民政统计年鉴2015》。

从陕西受灾人口和直接经济损失所占比例来看，旱灾占比分别达到72.01%、47.43%，低温冷冻和雪灾的两项指标占比均不到1%，风雹灾害和洪涝、滑坡和泥石流灾害受灾人口占比之和占不到总数的三分之一，而这两种灾害类型的直接经济损失占比之和超过50%，与旱灾对人口和经济带来的影响较为接近。由以上数据可见，在陕西的自然灾害类型中，旱灾带来的损失相对较大，而低温冷冻和雪灾产生的影响较小，风雹灾害和洪涝、滑坡和泥石流灾害影响处于中间位置。（见图2）

（4）旱灾损失：陕西人口和经济损失超全国均值

2014年，陕西旱灾损失情况围绕人口受灾、农作物受灾、损失情况三个方面共7项细分指标与全国均值进行比较。在整体上，陕西受灾人口、因旱需生活救助人口、因旱饮水困难需救助人口、直接经济损失4项指标都高于全国均值，而陕西农作物受灾面积、绝收面积、饮水困难大牲畜3项指标均低于全国均值（见表4）。由此可以发现，陕西过半的指标数值都高于全国旱灾害损失情况的均值水平。陕西与全国均值差距比较突出的主要有受灾人口、农作物受灾面积、饮水困难大牲畜、农作物绝收面积4个指标。

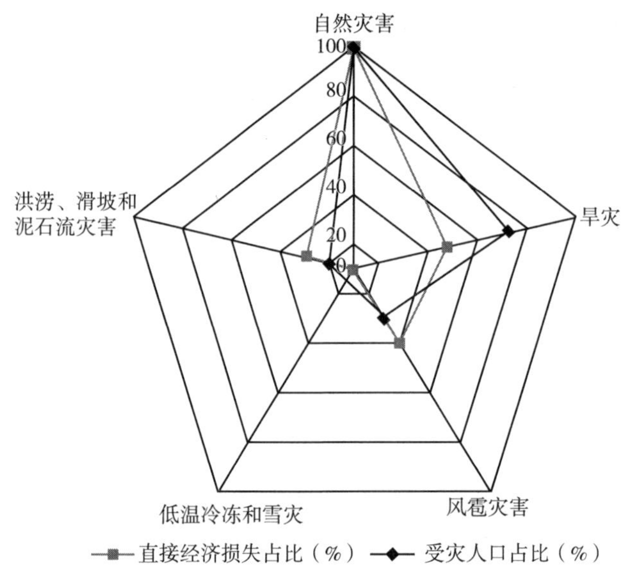

图 2　2014 年陕西各类自然灾害的受灾人口和直接经济损失所占比例

数据来源：根据《中国民政统计年鉴（2015）》相关数据测算所得。

表 4　2014 年陕西旱灾损失情况与全国均值比较

地区	人口受灾情况(万人次)			农作物受灾情况		损失情况	
	受灾人口	因旱需生活救助人口	因旱饮水困难需救助人口	受灾面积（千公顷）	绝收面积（千公顷）	饮水困难大牲畜（万头）	直接经济损失(亿元)
陕西	870.2	81.9	59.9	434.7	42.7	9	44.3
全国均值	424.78	66.96	48.21	511.32	64.55	77.15	34.82

数据来源：根据《中国民政统计年鉴（2015）》及相关数据测算所得。

（5）风雹灾害损失：陕西大部分指标低于全国平均数值

2014 年，陕西风雹灾害损失情况围绕人口受灾、农作物受灾、房屋倒损、直接经济损失情况四个方面共 11 项细分指标与全国均值进行比较分析。整体上看，陕西受灾人口、农作物受灾面积、绝收面积、直接经济损失 4 项指标都高于全国均值，而陕西死亡人口、失踪人口、紧急转移安置人口、需紧急生活救助人口、倒塌房屋、严重损坏房屋、一般损坏房屋 7 项指标均低于全国均值（见表 5）。从中可以看出，陕西大部分指标都在全国各地风雹灾害损失情况均值水平之下。当地受灾人口、农作物受灾面积、农作物绝收面积是陕西与全国均值差距相对明显的3个风雹灾害损失指标。另外，全国死亡人口、紧急转移安置人口、严重损坏房屋、一般损坏房屋的全国均值分别是陕西相应指标数值的5.96倍、5.7倍、2.2倍和1.24倍。

表5　2014年陕西风雹灾害损失情况与全国均值比较

单位：万人次，人

指标	人口受灾情况					农作物受灾情况(千公顷)		房屋倒损情况(万间)			直接经济损失(亿元)
地区	受灾人口	死亡人口	失踪人口	紧急转移安置人口	需紧急生活救助人口	受灾面积	绝收面积	倒塌房屋	严重损坏房屋	一般损坏房屋	
陕西	148.6	1	—	0.1	—	189.8	31.8	—	0.1	0.8	21.1
地区均值	74.22	5.96	1.2	0.57	1.05	107.51	15.78	0.12	0.22	0.99	9.22

数据来源：根据《中国民政统计年鉴（2015）》及相关数据测算所得。

（6）低温冷冻和雪灾损失：陕西遭受的影响程度相对低

2014年陕西低温冷冻和雪灾损失情况围绕人口受灾、农作物受灾、直接经济损失情况三个方面共4项细分指标与全国均值进行对比。整体上看，陕西受灾人口、农作物受灾面积、绝收面积、直接经济损失4项指标都远低于全国均值（见表6）。由此可以看出，与全国均值相比，陕西农作物受灾面积、受灾人口是差距相对突出的两个低温冷冻和雪灾损失指标，全国受灾人口、农作物受灾面积、直接经济损失的均值分别是陕西的21.05倍、17.55倍、11.98倍。

表6　2014年陕西低温冷冻和雪灾损失情况与全国均值比较

指标	人口受灾情况(万人次)	农作物受灾情况(千公顷)		直接经济损失(亿元)
地区	受灾人口	受灾面积	绝收面积	
陕西	3.1	4.5	1.1	0.4
地区均值	65.24	78.98	8.85	4.79

数据来源：根据《中国民政统计年鉴（2015）》及相关数据测算所得。

(7) 洪涝、滑坡和泥石流灾害损失：陕西5项指标值低于全国均值

2014年，陕西洪涝、滑坡和泥石流灾害损失情况围绕人口受灾、农作物受灾、房屋倒损、直接经济损失情况四个方面共11项细分指标与全国均值进行对比分析。整体上看，陕西死亡人口、紧急转移安置人口、农作物绝收面积、倒塌房屋、严重损坏房屋、一般损坏房屋6项指标都在全国均值之上，陕西受灾人口、失踪人口、需紧急生活救助人口、农作物受灾面积、直接经济损失5项指标均低于全国平均值（见表7），其中，全国需紧急生活救助人口（5.21倍）、受灾人口（1.33倍）、直接经济损失（1.29倍）、农作物受灾面积（1.14倍）4项指标的均值都是陕西数据的1倍以上。

表7　2014年陕西洪涝、滑坡和泥石流灾害损失情况与全国均值比较

单位：万人次、人

指标	人口受灾情况					农作物受灾情况（千公顷）		房屋倒损情况（万间）			直接经济损失（亿元）
地区	受灾人口	死亡人口	失踪人口	紧急转移安置人口	需紧急生活救助人口	受灾面积	绝收面积	倒塌房屋	严重损坏房屋	一般损坏房屋	
陕西	186.6	30	—	21.2	1.8	143.2	27	1.8	2.8	7.2	27.5
地区均值	248.28	27.43	8.82	14.46	9.38	163.41	24.16	1.42	1.58	3.62	35.51

数据来源：根据《中国民政统计年鉴（2015）》及相关数据测算所得。

2. **事故型灾害**

(1) 空间区域：有着显著的城市和区域特征差异

第一，交通事故灾害指标按照陕西省各大城市划分，西安市交通事故次数最多，达到1970起，其余城市依次为宝鸡市、渭南市、榆林市、汉中市、延安市、铜川市、商洛市、咸阳市、安康市、杨凌示范区。西安市、延安市、榆林市和西安市、宝鸡市、渭南市分别居于死亡人数和受伤人数的前三位。在损失折款方面，遭受损失最多的是西安市、榆林市、宝鸡市，受到损失最少的是汉中市、商洛市、杨凌示范区。

按照陕西省三大区域城市平均值划分，全省交通事故次数城市平均值为459.5起，关中的城市均值（627.5起）较大幅度超过全省均值，陕南（211.3

起）和陕北（327.5 起）的城市均值都低于全省城市均值。陕北城市交通事故平均死亡人数（196.5 人）高于关中（157.3 人）、全省（150.5 人）和陕南（106 人）的城市均值。受伤人数是关中城市均值最高，平均为 586.5 人，高于全省城市均值（419 人）；而陕北和陕南的城市均值相对接近，分别是 244 人和 200.7 人。在损失折款城市均值方面，关中（411.8 万元）和陕北（394 万元）的数据比较接近，且都超过全省交通事故损失折款的城市均值（331.5 万元），陕南（129.3 万元）事故损失折款数值低于全省均值（见表 8）。

表 8　2014 年陕西省三大区域交通事故城市均值情况

陕西省	事故次数(起)	死亡人数(人)	受伤人数(人)	损失折款(万元)
全省	459.5	150.5	419.0	331.5
关中	627.5	157.3	586.5	411.8
陕南	211.3	106.0	200.7	129.3
陕北	327.5	196.5	244.0	394.0

数据来源：根据《陕西统计年鉴（2015）》及相关数据测算所得。

第二，火灾事故灾害指标按照陕西省各大城市划分，咸阳市火灾事故次数最多，达到 2392 起，余下城市依次为西安市、宝鸡市、榆林市、渭南市、汉中市、商洛市、延安市、安康市、铜川市、杨凌示范区，其中超过 1000 起火灾事故的城市有咸阳市、西安市、宝鸡市、榆林市、渭南市。死伤人数规模居前三位的城市分别是西安市、渭南市、咸阳市，列在后三位的城市是宝鸡市、商洛市、榆林市，杨凌示范区无死伤人数。火灾事故损失折款排序依次为西安市、榆林市、宝鸡市、渭南市、汉中市、咸阳市、商洛市、延安市、安康市、杨凌示范区、铜川市，其中前 6 位的城市损失额度已经超过 1000 万元，排名第 1 位的是西安市（4400 万元），最后 1 位是咸阳市（1314 万元），后五位城市事故损失基本都在 700 万元之下，最多的是商洛市（665 万元），最少的是铜川市（167 万元）。

按照陕西省三大区域城市平均值划分，关中和陕北火灾事故次数的城市平均值都超过 1000 起，分别达到 1410.3 起和 1082.5 起，关中高于全省均值（1103.4 起），陕北略低于全省均值。陕南火灾事故城市均值明显低于关中、全省、陕北的城市均值。全省火灾事故死伤人数城市均值达到 4.2 人，陕南和陕北的城市均值分别是 2 人和 1 人，低于全省城市均值，而关中的城市均值为 6.2 人，超过了全省均值。关中损失折款的城市均值最高（1538.8 万元），全省城市均值（1261 万元）和陕北城市均值（1142 万元）都超过了 1000 万元，陕南城市均值（784.7 万元）较低，不到 800 万元（见表 9）。

表 9　2014 年陕西省三大区域火灾事故城市均值情况

单位：起，人

陕西省	事故次数	死亡人数	受伤人数	损失折款(万元)
全省	1103.4	4.2	2.7	1261.0
关中	1410.3	6.2	2.7	1538.8
陕南	503.3	2.0	2.0	784.7
陕北	1082.5	1.0	4.0	1142.0

数据来源：根据《陕西统计年鉴（2015）》及相关数据测算所得。

（2）结构比例：关中城市灾害指标占比最大

从结构上看，在交通事故方面，陕西省内三大区域在事故次数、死亡人数、损失折款 3 项指标所占比例的排序相同，为关中、陕北、陕南；受伤人数指标显示占比排序为关中、陕南、陕北。整体上看，关中交通事故的 4 项指标占比均超过全省的一半，陕南、陕北各自占比相差不大，基本上在 10% ~ 20%。具体来看，关中交通事故次数、受伤人数在全省占比都超过 70%，死亡人数和损失折款占比分别为 57.04% 和 67.75%；陕南事故次数、死亡人数、受伤人数、损失折款占比均不到 20%，其中事故次数、受伤人数、损失折款 3 项指标所占比例略高于 10%，死亡人数占比接近 20%；陕北事故次数和受伤人数占比稍高于 10%，而死亡人数、损失折款占比略高于 20%（见表 10）。

表 10　2014 年陕西省三大区域交通事故占比情况

单位：%

陕西省	事故次数	死亡人数	受伤人数	损失折款
关中	74.50	57.04	76.35	67.75
陕南	12.54	19.21	13.06	10.64
陕北	12.96	23.75	10.59	21.61

数据来源：根据《陕西统计年鉴（2015）》及相关数据测算所得。

按照陕西省各大城市来划分，交通事故次数占比超过35%的城市属于第一种类型（如西安市），占比在15%～20%的城市属于第二种类型（如宝鸡市），占比在5%～10%的城市属于第三种类型（如渭南市、榆林市、汉中市、延安市），占比低于5%的城市属于第四种类型（如铜川市、商洛市、咸阳市、安康市、杨凌示范区）。死伤人数占比超过35%的城市属于第一种类型（如西安市），占比在10%～15%的城市属于第二种类型（如宝鸡市），占比在5%～10%的城市属于第三种类型（如渭南市、榆林市、汉中市、延安市），占比低于5%的城市属于第四种类型（如铜川市、商洛市、咸阳市、安康市、杨凌示范区）。损失折款占比超过30%的城市属于第一种类型（如西安市），占比在10%～15%的城市属于第二种类型（如榆林市、宝鸡市），占比在5%～10%的城市属于第三种类型（如咸阳市、渭南市、延安市、安康市），占比低于5%的城市属于第四种类型（如铜川市、汉中市、商洛市、杨凌示范区）（见图3）。由此看到，交通事故次数占比、死伤人数占比、损失折款占比几项指标有明显的正相关关系。整体上看，西安市交通事故的3项指标数值（事故发生率及其带来的人员和经济损失）最为突出，平均超过35%，远超其他地市；紧随其后的是宝鸡市和榆林市，平均值高于10%；接着是渭南市、延安市和汉中市，3个市的平均值都在5%～10%，最后依次是咸阳市、铜川市、安康市、商洛市和杨凌示范区，其平均值都低于5%（见图3）。

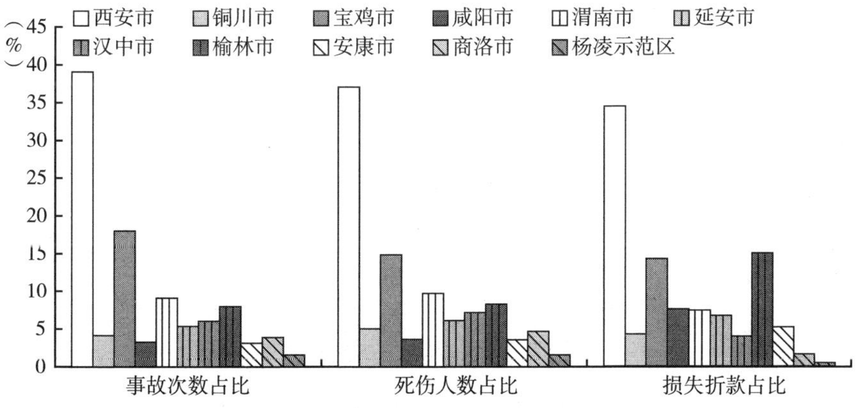

图3　2014年陕西省分城市交通事故情况

数据来源：根据《陕西统计年鉴（2015）》相关数据测算所得。

在火灾事故方面，陕西省内三大区域之一关中的4项指标按照所占比例高低排序，依次为死亡人数、事故次数、损失折款和受伤人数，而陕南的排序依次是受伤人数、损失折款、死亡人数和事故次数，陕北排序依次为受伤人数、事故次数、损失折款和死亡人数。具体来看，关中各项火灾事故指标占比变化范围在50%～82%，陕南的变动区间是12%～25%，陕北则在2%～25%。事故次数排序是关中、陕北、陕南，后两个区域都低于18%，两地合计为30.28%；死亡人数排序是关中、陕南和陕北，后两个区域相加之和为18.42%；受伤人数排序是关中、陕南和陕北，后两个区域比例相同，均为25.00%；损失折款排序是关中、陕南和陕北，后两个区域占比之和为33.44%（见表11）。

表11　2014年陕西省三大区域火灾事故占比情况

单位：%

陕西省	事故次数	死亡人数	受伤人数	损失折款
关中	69.72	81.58	50.00	66.56
陕南	12.44	15.79	25.00	16.97
陕北	17.84	2.63	25.00	16.47

数据来源：根据《陕西统计年鉴（2015）》相关数据测算所得。

按照陕西省各大城市来划分，第一类城市（如咸阳市、西安市、宝鸡市、榆林市、渭南市）是指火灾事故次数占比超过10%的城市，第二类城市（如汉中市）是指占比在5%～10%的城市，第三类城市（如商洛市、延安市、安康市、铜川市、杨凌示范区）是指占比低于5%的城市。死伤人数占比超过35%的城市属于第一类城市（如西安市），占比在10%～15%的城市属于第二类城市（如咸阳市、渭南市），占比在5%～10%的城市属于第三类城市（如延安市、汉中市、安康市、铜川市），占比低于5%的城市属于第四类城市（如宝鸡市、商洛市、榆林市、杨凌示范区）。损失折款占比超过30%的城市属于第一类城市（如西安市），第二类城市（如榆林市、宝鸡市）是指占比在10%～15%的城市，第三类城市（如渭南市、汉中市、咸阳市）是指占比在5%～10%的城市，第四类城市（如商洛市、延安市、安康市、杨凌示范区、铜川市）是指占比低于5%的城市（见图4）。由此看出，火灾事故次数占比、死伤人数占比、损失折款占比几项指标有明显的正相关关系。从整体上看，西安市火灾事故三项指标（事故发生率及其带来的人员和经济损失）最为突出，平均超过30%，远超其他城市；紧随其后的是咸阳市、宝鸡市和渭南市，平均数值高于10%；接着是榆林市和汉中市两个地市，平均数值在5%～10%；最后依次是延安市、安康市、商洛市、铜川市和杨凌示范区五个城市，其数值均在5%之下。

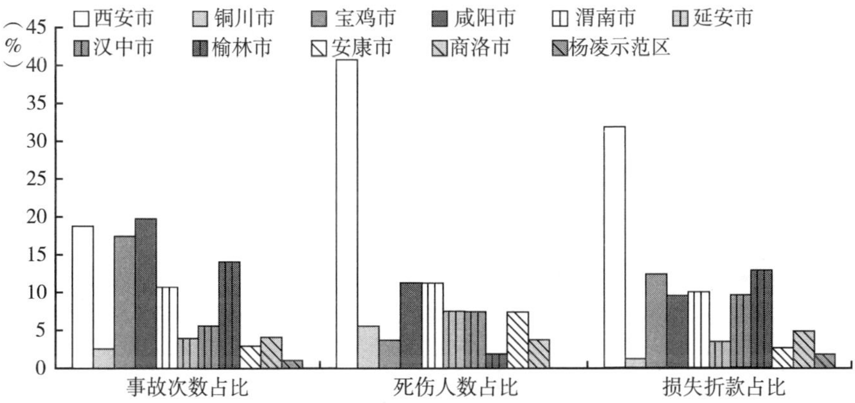

图4　2014年陕西省分城市火灾事故情况

数据来源：根据《陕西统计年鉴（2015）》相关数据测算所得。

三　小结：灾害治理思考

基于上述数据分析可知，灾害现象发生不是单一因素作用的结果，而是自然与社会复杂互动的产物。因此，看待灾害、治理灾害需要具有系统思维，采取整合策略加以应对。

（一）灾害是复杂性现象

通过对数据的梳理和对比分析可以发现，灾害的发生、带来的损失、连带的影响是与城市规模、城市空间区位、城市地理指标、人口分布、经济产业、交通条件、区域气候、农业情况等基础性发展要素紧密相关的，认识和治理灾害的关键是去其表、治其本，在一定程度上推进和完善不同发展要素的演进阶段，有利于防灾、减灾、避灾。

（二）灾害治理策略要有差异性

灾害影响的区域和范围自身存在差别，既有客观自然条件和先天资源禀赋的不同，也存后天的经济发展积累和各项支撑条件之别，类似这些细微的差异之处，都会影响到采取怎样的灾害治理技术，调取何种的灾害治理经验，准备哪些方面的灾害治理资源，以及如何预防和管控灾害衍生、扩展、演化。因此，采取差异化的灾害治理策略能够提升灾害治理工作的有效性，增强灾害治理对象的针对性，改善灾害治理方式的系统性，降低灾害治理后果的风险性。

（三）治理灾害的策略应体现整合导向

灾害现象发生的空间范围经常会打破行政管理的地理边界，有时会超过市县、省域，甚至跨国、遍及全球，这是灾害内在的特征，所以应顺其发生规律，从基于整体性和全局性灾害治理思维入手，立足整合治理策略，集中资源应对。应整合不同职能部门，围绕灾害发生变化的前中后阶段，灾害影响区域的中心—次中心—边缘地带，形成目标统一、分工协同、高效同步、机制灵活的灾害治理工作机制，实现灾害治理的预期目标。

B.17
陕西农村留守人口生活状况研究报告

王旭瑞　杨　航*

摘　要：　随着工业化和城镇化的发展，数量众多的农村留守老人、妇女和儿童的生活问题已成为不可忽视的社会问题，引起中央政府和各界人士的广泛关注。陕西作为西部农业大省，农村留守人口众多。本文根据官方相关统计数据和实地调查，结合媒体关于陕西留守人口的相关报道，对陕西农村不同留守人群的生活状况和发展困境进行详细介绍和深入分析，并对如何解决农村留守人口问题进行深刻的思考。

关键词：　陕西农村　留守老人　留守妇女　留守儿童

随着工业化和城镇化的发展，农村的青壮年劳动力纷纷向城市流动，寻找就业的机会。而在广袤的农村地区，产生了大量留守人口，许多村庄只剩下老人、妇女和儿童，被民间称为“993861 部队”。由于生活所迫，长期背井离乡在外忙碌的男性劳动力无法作为一个儿子、丈夫或父亲在家庭中尽职尽责，致使众多农村家庭长期缺少青壮年男性的陪伴、守护和支撑。数量众多的留守老人、妇女、儿童问题已成为不可忽视的社会问题，他们的生活状况已引起中央政府和各界人士的广泛关注。习近平总书记、李克强总理在 2013 年 12 月召开的中央农村工作会议上指出，农村是我国传统文明的发源地，乡土文化的根不

* 王旭瑞，陕西省社会科学院社会学研究所助理研究员；杨航，陕西省社会科学院社会学研究所助理研究员。

能断，农村不能成为荒芜的农村、留守的农村、记忆中的故园。要重视农村"三留守"问题，搞好农村民生保障和改善工作，健全农村留守儿童、留守妇女、留守老年人关爱服务体系，坚持不懈推进扶贫开发，实行精准扶贫。要重视空心村问题，推进农村人居环境整治，继续推进社会主义新农村建设，为农民建设幸福家园和美丽乡村。

陕西作为西部农业大省，农村留守人口众多。留守老人的生存、留守妇女和儿童的生存与发展需引起学界和政府的高度重视。本文根据官方相关统计数据和实地调查，结合媒体关于陕西留守人口的相关报道，对陕西农村不同留守人群的生活状况进行介绍和分析，发现存在的问题，并对如何解决农村留守人口问题提出对策建议。

一　陕西省农村留守人口概况

陕西省统计局2016年3月发布人口发展报告称，在国家统计局和陕西省政府部署下，2015年11月陕西省开展了1%人口抽样调查。根据抽样调查数据初步测算，2015年陕西省常住人口3792.87万人，其中城镇常住人口达到2045.12万人，城镇化率为53.92%；农村人口为1747.75万人，农村人口占人口总数的46.08%。在农村人口当中，外出务工的劳动力人数超过570万人，且主要是青壮年劳动力，约占农村总人口的1/3。由于大量的青壮年劳动力外出，致使农村留守人口的年龄结构分布呈明显的"哑铃形"，即两头大中间小，主要的留守人口是老人、儿童和暂时不能离开家庭的怀孕妇女或哺乳期的妇女。

陕西省农村财政研究会的一份调查报告称，他们近年调查走访了关中412个村庄的1540农户，获得有效问卷1530份。调查数字显示，农村留守人口占总人口的69.7%，而外出务工人口占总人口的30.3%。在留守人口当中，男性数量低于女性3.5个百分点；如果不包括留守儿童和老人，男性留守人口数量则低于女性30个百分点。从留守人口的年龄结构看，20岁及以下者占21.1%，主要是留守儿童和上学青少年；21～40岁的骨干劳动力仅占18.96%，41～60岁的劳动力占比是39.65%（由于农村青年结婚生育比较早，50岁上下成为爷爷奶奶的很普遍，他们开始承担照顾孙辈的任务，所以留守占比较高。笔者注）；61 岁及以上者占比为 20.29%。这个调查结果也显示，农村留守人口的年龄结构是“哑铃形”的，老人和儿童是留守农村的主要人群。

留守妇女也是不可忽视的群体。延长县的最新调查数据显示，全县妇女总人口约 7.5 万人，其中农村已婚妇女约 2.23 万人，留守妇女为 0.837 万人，约占农村已婚妇女总数的 37.5%。铜川市共有农村已婚妇女 111276 人，其中留守妇女有 8457 人，占 7.6%。从年龄结构看，在铜川市留守妇女中，20～30 岁妇女占 10.30%，31～40 岁占 28.88%，41～50 岁占 47.84%，51～60 岁占 12.98%。调查显示，31～50 岁是留守妇女相对集中的年龄段。从受教育程度看，大部分留守妇女为初中文化程度。

另外，由于陕西地理环境多样，陕北高原、关中平原及陕南山地的发展程度不同，地区发展差距较大，留守人口的地区分布也有差异。有研究表明，在一般情况下，越是经济发展落后的地区，外出打工的人数越多；经济发达的地区，有吸纳劳动力的能力，他们白天到乡（镇）或县城打工，晚上则回家居住，留守的人口就相对较多。而交通环境、信息沟通能力以及生活习惯等也会影响人们外出打工的意愿。统计资料表明，陕西省陕北地区的人口流动率最高，关中地区次之，陕南稍低。但是不同县（市、区）的情况又有差异，如全省人口流动率最低的县是武功县，它紧邻杨凌区，位于关中腹地；流动人口率较高的山阳县，属于商洛市管辖，是名副其实的陕南山区。在吸纳陕西省农村流动人口的城市排名中，西安市高居榜首，其次是咸阳市、宝鸡市，接着是外地的广州、深圳、北京等城市。这从另一个角度证明，关中地区的城市群接纳劳动力的能力较强，关中农村的留守人口相对来说少于陕北、陕南地区，即使关中农村的外出劳动力较多，但是由于距离近交通方便，他们返乡探亲、照料老人的机会也明显高于陕北、陕南地区。

至于农村留守老人、留守妇女、留守儿童的具体构成情况，在全省率先完成农村留守人口摸底排查工作的澄城县的统计数据具有一定的代表性。据陕西新闻网报道，2016 年 8 月，该县圆满完成农村留守人员建档工作，全县共有留守老人 2078 人，留守妇女 568 人，留守儿童 2245 人，留守人口的比例是 4.25∶1.16∶4.59。也就是说，留守妇女只占留守人口的一成多一点，主要是暂时不能离开家庭的怀孕妇女或哺乳期的妇女。由此可以推测，全省农村留守人口的结构比例也基本如此。

二　陕西农村留守老人的生存情况

在农村留守人口当中，老年人是一个特殊的群体，由于年事已高，劳动能力减弱，行动不便，应该得到多方面的关注。然而，随着青壮年外出打工的人数越来越多，留守家庭的空巢老人也在不断增加。尤其是陕南山区、陕北黄土沟壑地带，由于交通不便，经济较落后，外出打工的青壮年劳动力更多，也导致更多的留守老人，且这些地区的留守老人多为贫困人口，生活艰难。

（一）照顾孙辈的留守老人

能够照料孙辈的留守老人，一般情况下生活自理能力还比较强。这里需要解释一个概念，虽然不少农村青年结婚较早，成为爷爷奶奶的年龄可能是50岁左右，但本文所指的留守老人，仍指国家统计意义上的60岁及以上的留守老人。

这些老人，一方面要到农田干活，进行农业生产；另一方面要照顾孙子孙女的生活起居，接送他们上幼儿园、上小学。澄城县的统计数字表明，留守儿童的数量明显大于留守老人人数，也就是说，每对留守老人平均要照顾两个或两个以上的孙辈。如果有的老人丧偶，就意味着这些孙辈由一个老人照顾。当然，一些家庭的留守妇女，会减轻老人的负担。

2016年1月20日，《华商报》刊登的一组关于安康市平利县留守老人自制“童车”，带着孙子、孙女去看病的图片在网上热传。一位网民拍摄的照片之所以产生巨大的反响，就在于这组图片反映出农村留守老人不顾自己年迈体弱照顾留守儿童的真实生活境况。这位61岁的奶奶，在寒冷的冬天一个风雨交加的日子推着两个患感冒的孙子去6公里之外的镇卫生院看病。“儿子儿媳都在外地打工。从两年前开始，两个孩子由我一个人带。现在年纪大了，腰也不好，背不了两个孩子，于是去年年初用废旧材料自制了一个‘童车’。”这就是一辈子辛苦劳作，腰酸腿痛仍要冒着风雨照顾孙辈的留守老人的剪影。

像这样照顾孙辈的留守老人，在农村是非常普遍的。一份研究资料显示，在宝鸡市，随机抽样的464名留守老人中，有42.7%的人承担照料孙子女的任务。在陕南、陕北留守人口密集区域，留守老人照顾孙辈的比率应该会更高一些。而随着年龄的增长，体力的下降，一旦留守老人生病、卧床，由他们支撑的“小天地”就有可能倾斜、坍塌。

（二）生活贫困的“空巢”留守老人

目前陕西农村越来越多的村庄成为只有老人和孩子的“空心村”。比如浦城县李家坡村原有50多户人家，300多口人，而现在全村只剩下不到10户人家。村里的很多房子因长期无人居住长满荒草，有的则因年久失修而倒塌。一些在外打工的子女不想给父母增添负担，就把孩子带在身边，让孩子在外地上幼儿园和小学。这部分留守老人，就成为“空巢老人”。这些老人有“三怕”：一怕过节，二怕生病，三怕花钱。

在外打工的青壮年夫妻带着孩子，虽然减轻了留守老人的负担，但是，在特别重视亲情伦理的乡村社会，春节合家守岁、中秋全家团圆曾是基本的节庆习俗，家家户户儿孙满堂。如今儿孙到了外地，远隔千里，回家过节成为极其奢侈的事情。有些在外打工子女经济收入拮据，三五年才回家一次。老人过年过节时就冷冷清清，心里不是滋味。“儿行千里母担忧，儿女心里是石头。”留守老人这样只能这样抱怨。

怕花钱，也是留守老人的普遍心理。不少打工族在外漂泊，携带子女入托上学，生活捉襟见肘，对家里老人的接济很少。这样，留守老人的生活来源主要靠自己种植农作物的微薄收入。因此，许多留守老人，尤其是山区里的留守老人，大多是贫困人口。

儿孙不在身边，留守老人的身体健康成为令人牵挂的最大问题。常年辛苦劳作的农村人，形成隐忍的习惯，有病总是硬撑，不忍心打搅在外务工的子女。“他们在外不容易，也有自己的难处。”作为留守老人，他们总是从子女的处境考虑，尽力克服自己的困难。于是，当留守老人不得不住院的时候，一般都是病情比较严重的时候。在户县、乾县、眉县等地调研时常常听到，某某老人去世时，打工的子女尚未赶回家里。

对孤单留守老人的另一个重大威胁是人身安全问题。近年发生在商南县的系列杀人案，就是犯罪分子专门针对孤独无依的留守老人实施的残暴罪行。因此，缺少亲情抚慰、缺少经济收入、受到健康和人身安全的威胁，就是陕西农村孤独留守老人的真实生活状态。

（三）高龄（失能）留守老人

从调查统计的资料来看，虽然数量较少，但农村仍有一部分75岁以上的高龄（失能）老人在家留守，其中不乏许多贫困人口。这部分人的生活问题也不容忽视。高龄（失能）留守老人一般因年事已高，失去劳动能力，他们有的坚持自己独立生活，有的需要照顾。

据了解，不是子女不愿留下赡养老人，而是农村的现实逼迫年轻人不得不"远走高飞"。根据对陕西各地农村的调查，农民种粮的收入远远不够维持基本的生活，更谈不上支持孩子上学及其他费用。他们被迫向城市流动，又无力赡养年迈的父母。因此，传统的"养儿防老"观念，已被当前的农村现实击得粉碎。

有的高龄留守老人习惯了自己居住生活一辈子的村庄，不愿去城市和子女居住。面对这些留守老人，政府部门曾经支持在农村创办养老机构。陕北宜君县从20世纪80年代开始曾经轰轰烈烈地创办了4所乡（镇）敬老院，但是由于种种原因，坚持到现在的只剩下一所敬老院。这所敬老院由于床位不足，也不能满足众多留守老人的养老需求。据调查，陕西农村的敬老机构远远不能满足高龄（失能）留守老人的需求。

三　陕西农村留守妇女儿童的生存与发展情况

（一）留守儿童的生存与教育

留守儿童问题已经引起党中央、国务院的高度重视。2016年2月，国务院发布了《关于加强农村留守儿童关爱保护工作的意见》，要求各级政府和职能部门切实加强对农村留守儿童的关爱保护。2016年7月，陕西省政府颁布了《关于加强农村留守儿童关爱保护工作的实施意见》，将农村留守儿童的管理工作纳入学校年终目标考核，与校长、教师的绩效考核挂钩，要求不满16岁的未成年人不得脱离监护单独居住，确保农村留守儿童不因贫困而失学。与此同时，陕西省民政厅与教育厅、公安厅联合下发通知，在全省范围内开展农村留守儿童基本情况排查摸底工作，并在此基础上，由乡（镇）政府（街道办事处）和村（居）民委员会建立本辖区农村留守儿童基础信息库，实行一人一档案制度。据初步统计，目前陕西省农村留守儿童超过130万人，他们的健康和教育关系其生存和发展的基本问题。

1. 留守儿童的健康问题

留守儿童的健康问题包括两个方面，身体健康问题和心理健康问题。这两个问题和家庭经济条件及亲人的监护与关爱具有直接关系。家庭贫困的留守儿童往往出现较多的健康问题，比如营养不良、发育不良及由于卫生习惯不好而产生的疾病。留守儿童出现的健康安全问题，很大一部分还来自一些意外伤害。比如，近两年，一些农村留守儿童由于监护人失职或安全教育不足，出现了个别儿童溺水、触电、烧伤、烫伤等情况。有统计数据表明，留守儿童遭遇的意外伤害明显高于非留守儿童的人数。

对于留守儿童的健康而言，更重要的是精神和心理健康问题。陕西留守儿童多为“隔代抚养”，长期缺乏来自父母亲的情感抚慰和沟通交流，导致许多留守儿童出现心理健康问题。根据《华商报》记者的一次夏令营调查，来自陕省10个地市的48名留守儿童中，有九成留守孩子由祖父母或外祖父母抚养。在陕西省特级贫困村——位于陕南山区安康市汉滨区的瓦铺村，全村现有261户1010人，常年外出打工人员近400名，留下了100余名留守儿童，绝大多数由祖父母代为监护。由于长期得不到父母亲的关照，不少孩子性格木讷、自闭、孤僻，多数孩子不知道外面的世界究竟是什么样子，卫生习惯差，缺乏安全意识，不善于跟他人沟通交流，个别孩子性格暴躁偏执。据陕西师范大学开展的一项留守儿童状况调查，当留守儿童有了心理疙瘩和困惑时，大约有27%的孩子选择向自己诉说，有18%的留守儿童认为无人可诉，因为他们认为没有或很少有可以信赖的人。也就是说，大约有近一半的留守儿童找不到正确的心理倾诉对象。

留守儿童的心理健康问题具体表现为：一是自我封闭，性格孤僻。由于长期缺乏父爱和母爱，许多留守儿童性格内向，遇到一些麻烦事会显得柔弱无助，久而久之变得不愿与人交流。长期的寡言、沉默、焦虑和紧张，极易使留守儿童形成孤僻、自卑、封闭的心理。这些使得留守儿童比正常家庭的孩子缺乏人际沟通能力和自信心。二是情绪不稳定，容易冲动。16岁以下的留守儿童，正处于身心发育时期，情绪变化较大，再加上缺乏与父母的感情交流，心智不够完善，对一些问题或情境、话语特别敏感，容易对周围人产生敌对心理，造成情绪失控和冲动。对教师、监护人、亲友的管教和批评也易于产生较强的逆反心理，严重者往往还有暴力倾向。三是认知偏差，内心迷茫。一些留守儿童自认为家里贫穷，父母没能耐，才会出去打工挣钱，由此产生怨恨情绪和偏激想法。长期的压抑和错误的认知，导致一些留守女童负面情绪增多，抑郁、焦虑、爱发脾气，甚至出现不良行为。一些留守男童，问题行为抬头，网上玩游戏、讲脏话、逃课的概率高于正常家庭的儿童。这使得他们难以树立正确的人生观、价值观，对未来感到茫然。

2. 留守儿童的教育问题

教育关乎儿童的健康成长和全面发展。陕西农村留守儿童在教育方面存在的主要问题，是教育资源不足和家庭教育不力。众所周知，农村学校的教育资源及教育质量和城市相比有很大的差距。在一些贫困地区，孩子们甚至没有足够的教学设施和学习用品，课外的阅读书本、体育用品、乐器等对于贫困山区的留守儿童来说更是奢侈品。据调查，陕西农村存在学校培养目标单一与留守儿童教育需求多元化的矛盾。在贫困地区的学校调查发现，留守儿童对于书本、电脑、乐器、体育用品等有很大的需求，他们也希望学校能提供各种课外兴趣班，满足他们的不同兴趣爱好。

在家庭教育方面，本应由父母承担的教育和监护现在主要由祖父母承担。有相关调查结果显示，在陕南、陕北乡村，留守儿童的祖父母或外祖父母监护人，大约有一半受教育程度仅为小学文化，甚至有一成的监护人还不识字。在这种情况下，留守老人只能照料孩子们的生活问题，而对其学习的辅导和监督等任务则难以承担。因此，留守儿童经常出现一些不良学习行为和习惯，主要表现在不能完成作业、上学迟到、逃学的比例高于非留守儿童，不想学习和对学习不感兴趣的比例也高于非留守儿童。留守儿童由于缺少有效监督和正确指导，自我约束和管理能力较差，学习状态也受到影响。一项调查表明，到了小学高年级和中学，大约有68.7%的留守儿童曾听不懂老师的讲课内容，有58.1%的留守儿童在学习上遇到问题无人帮助。接受访谈的留守学生表示，父母外出后对自己最大的影响，是遇到难题没人讲解了。

另外，青春期叠加留守，使许多学生的心理问题和教育问题更为突出。现在孩子的青春期普遍提前，有些学生甚至在小学高年级就出现青春期问题。青春期孩子更需要父母的关爱和指导，而留守儿童的青春期与留守的孤独叠加，由于监护不当，导致他们的身心在急剧发展变化中更易出现问题，一些留守儿童出现了进取心不强，纪律涣散，学习成绩下滑等问题，甚至逃学、辍学，以致过早地流向社会。

（二）留守妇女的生存压力与发展困境

1. 留守妇女的生存压力

由于丈夫在外打工，农业劳动、照顾家庭、抚育子女的重担就落到妇女身上。据调查，除了少数经济条件较好的家庭之外，大多数留守妇女承担了家庭内外双重的劳动和工作，即繁重的农业劳动和家务，除此之外还要照顾孩子、老人的生活，有些妇女还利用农闲时间在本村或外村打零工。繁重的劳动是留守妇女基本的生存状态。

（1）繁重的农业劳动和零工。调查中随处可见，农田中大部分是女性的身影，曾经主要由男性承担的农业劳动，现在主要由留守妇女来承担。从播种到收获，农作物生长期间所需的各种劳动，几乎都由留守妇女来完成，她们需要协调耕种、收割等机器的调用，并亲自从事灌溉、施肥、打药、除草、提苗、采摘、收获、运输、晾晒、扬场等一系列和农作物有关的工作，春夏秋冬都有活干。据了解，关中地区部分留守妇女每人需要独自耕种近 5 亩农田，有的为了增加收入，甚至需要耕种 10 亩。农闲时，为了贴补家用，很多妇女还在外面打零工，有的在附近村子的建筑工地上干活，有的帮人做饭、装修房屋、有的给别人采摘蔬菜水果，还有许多妇女在农业企业干活，每天早出晚归，按时上下班。在关中农村地区，近年出现了许多农业企业，包括水果庄园、农场等，主要发展果业、高科技大棚农作物等经济作物的栽培种植。据调查，在农场及农业企业里打工的很大一部分是留守妇女。

（2）繁杂琐碎的家务劳动。当外面的工作结束回到家里，留守妇女还需做饭、洗衣、打扫卫生，有的家庭有高龄老人生活不能自理，护理、照顾老人的工作也压在留守妇女肩上。农村留守妇女一般生育两个以上的孩子，照顾孩子的生活是她们义不容辞的任务。沉重的农业劳动和繁杂的家务劳动常常令留守妇女筋疲力尽。

（3）留守妇女生存出现的主要问题。在家庭内外双重劳动的压力之下，

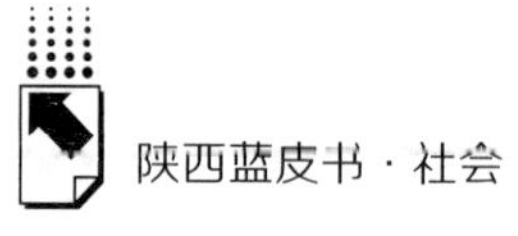

留守妇女的生存出现诸多问题，主要有身体健康问题、情感慰藉缺失、权益更易受到侵害等问题。

据有关资料统计，50%的留守妇女表示身体健康，46.8%的留守妇女健康状况一般，3.2%的留守妇女身体较差。长期超负荷的体力劳动、精神压力以及农村有限的卫生条件使得留守妇女的健康受到一定程度的损害。然而，丈夫不在身边，留守妇女一个人撑起一个家，她们没有来自丈夫的情感慰藉和陪伴，缺乏和丈夫的交流沟通，独立处理里里外外各种事情，强烈的孤独感导致她们产生精神、心理压力。据调查，留守妇女比非留守妇女有更大的心理压力，大部分留守妇女缺乏安全感。由于丈夫不在身边，家里少了主心骨，留守妇女的人身安全和婚姻安全存在一定的危机，她们的权益更易受到侵害。调查得知，部分留守妇女人身受到过侵害，但她们一般选择了隐忍，精神处于压抑状态。部分留守妇女对丈夫在外务工的环境感到忧虑，对丈夫的婚姻忠诚产生怀疑。有的留守妇的丈夫在外面有了外遇，并最终导致婚姻的解体。留守妇女作为弱势群体，无法挽留婚姻，甚至不能留住自己的孩子，财产方面更不能得到平等的待遇，她们的权益更易受到严重伤害。有的留守妇女因精神空虚而沉迷于赌博等违法活动。

2. 留守妇女的发展困境

留守妇女一般文化程度较低，负担沉重，精神压力大，这些都是留守妇女群体脆弱性的表现，对他们的个人发展造成不利影响。据了解，一部分留守妇女认为照顾家庭、养育孩子是她们的主要责任，对于自己的个人发展没有考虑过，也没有打算。这些妇女多数在40岁以上，文化程度较低，缺少其他技能，思想观念较保守，认为自己很难在城市找到工作机会，因而很少考虑个人的发展。

然而更多的年轻留守妇女渴望走出去寻求自我发展，但迫于家庭需要，无法出门。据一位被调查妇女讲述，她在结婚前曾和丈夫一起在天津打工两年，婚后生孩子时回到家乡，孩子长到一岁半时，把孩子留给婆婆照顾，继续去天津和丈夫一起打工。三年后第二个孩子出生时两人一起回到家乡。后来丈夫去西安打工，她留在家里，种地，照顾孩子，还去附近村镇打零工。第二个孩子长到5岁时，夫妇两人一起去陕北榆林神府煤田打工，丈夫在单位食堂当厨师，自己在一位领导家里当保姆，收入不错。几年后她找到更好的工作机会。可是上岗前的职业培训刚结束，已拿到剪裁合适的工作服，正准备上班时，家里打来电话，告知公公生病。丈夫的兄弟一家虽然也在同村，但他们不愿照管父亲，她只好放弃新得到的工作机会，回到家乡。她一边照顾老人，一边接送孩子们上学，就再也没有外出打工。

这一案例典型地反映了多数留守妇女自我发展的困境。尽管留守妇女受教育程度有限，但只要她们愿意走出去，总能找到锻炼自我，参与培训和就业的机会。但很多妇女无法走出去，并不是她们甘愿留守在家，而是迫不得已。家里的老人需要照顾，孩子上学需要照顾，这些极大地束缚了妇女自我提高、发展的机会。为了家庭，她们只能牺牲自己。这一点在受传统文化影响较深的陕西省具有很大的普遍性。

另外，留守妇女群体缺乏来自社会的关爱和支持，使他们在承担家庭重负的同时，成为明显的弱势群体。调查中了解到，有的留守妇女在家里辛苦劳碌，种地、照顾孩子和公婆，在外地打工的丈夫却长期不回家，甚至有了外遇。这对于任劳任怨的妇女无异于晴天霹雳。然而公婆一家却做出决定，让她把孩子留下，给她分一间房子，让她和丈夫离婚。她不可能继续留在婆家居住，但也不可能回到娘家。作为离婚妇女，她再找对象何其艰难。没有人关爱、支持像她这样的留守妇女，没有人帮她争取权益，她的生活和未来陷入尴尬的窘境。像这样的案例在陕西农村并不少见。

尽管妇联等群团组织有时会针对妇女组织创业培训或提供小额贷款，但这些对于无法离开家庭，更无条件创办企业的留守妇女来说，能发挥的作用十分微弱。

四　对陕西农村留守人口问题的对策思考

农村劳动力外出务工为我国城市经济建设做出了重大贡献，而这种“贡献”的背后，是以牺牲家庭的团圆和农村老人、妇女、儿童的幸福生活与正常发展为代价的。同时，农村留守问题也是城市社会排斥的结果，农村留守人口在承受着“拆分型的劳动力再生产模式”所带来的各种社会代价。广大农民，包括流动人口和留守人口都在承受着偏重城市发展而忽视乡村发展所带来的各种社会问题和压力。因此，解决农村留守人口问题，需要从制度、政策、经济等多角度综合治理，在促进城市接纳流动人口及其子女的同时，更要促进农村及小城镇的发展。

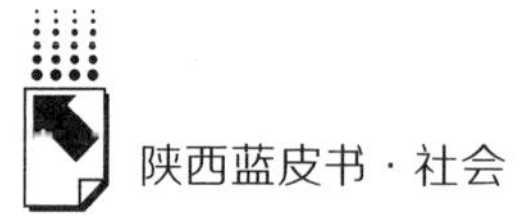

（一）加强小城镇建设，促进乡镇和县域经济发展，吸引流动人口向小城镇移动

大量的社会调查研究表明，在现行的制度安排和户籍管理的机制下，从农村进入城市的流动人口，其职业地位并未提高太多，依旧从事偏体力型或者社会地位较低的职业，很难真正融入城市。因此，多数流动人口在城市经历了憧憬、梦想和现实的艰难之后，最终会返回农村，因为留守在家乡的老人、妇女和儿童是他们最坚强的后盾。小城镇靠近家乡，既有现代城市的特征，又保留了乡村文化的元素，因此，小城镇的发展对流动人口具有更大的吸引力。当前城市许多行业存在经济下滑的趋势，建设发展小城镇正当其时。小城镇的建设和发展将带动农村劳动力向小城镇移动，对于县域经济的发展乃至整个农村经济的发展都具有重要意义。

发展小城镇，一是需要创造更多的就业机会。鼓励支持有资金、有技术、有能力的农民工回乡发展具有地方特色和优势的产业，比如和当地农产品相关的加工、包装、物流等产业，延长产业链，加强服务业的发展。引导和鼓励农民工返乡就业、创业，并在政策上给予扶持。有了更多的就业机会，自然能吸引劳动力向乡（镇）及县城回流。二是应大力建设小城镇的道路交通、住房等基础设施，改善小城镇的环境，力争建成更多优美舒适的绿色小镇，促进乡（镇）旅游业的发展。三是小城镇建设需要完善的公共服务设施。教育、医疗、养老等公共服务设施既能促进乡（镇）服务业的发展，又能大力提高乡（镇）和农村居民的生活质量。

（二）将精准扶贫工作和关爱农村留守人口联系起来

在陕西农村留守人口中有一部分同时也是贫困人口。在关中、陕南和陕北地区，都存在一些衰败的“空心村”，留守老人和儿童生活在贫困线上。对这部分人口应加强扶贫工作，地方和基层政府一方面应有计划地将部分慈善收入用于对贫困留守老人的救济，改善留守老人的生活；另一方面可鼓励社会爱心人士向贫困留守人口提供捐助，尤其是向贫困地区的小学和中学提供捐助，让留守儿童拥有学习和健康发展所需的各种书本和物品。对留守儿童的关爱和支持应成为精准扶贫工作中的一项重要工作。各地基层政府和妇联、妇儿工委等相关部门应下大力气针对留守儿童问题采取积极措施，多为孩子们组织丰富多彩的活动，比如利用假期组织志愿者为留守儿童举办各种形式的兴趣培训和知识讲座，满足孩子们多样的兴趣和需求，丰富留守儿童的精神生活，提高留守儿童的道德素养。这对于留守儿童的健康发展具有重要意义。

（三）进一步做好留守老人的社会保障工作，建设公益性养老机构

针对大量农村青年外出谋生，长期不能回家的现实，做好留守老人的社会保障工作极其重要。一是需要完善新型农村社会养老保险制度，扩大农村最低生活保障范围，把符合条件的农村老人全部纳入最低生活保障范围。二是要完善农村医疗保险制度，在逐步提高住院费报销比例的同时，对 60 岁以上农村参保老人门诊费用提高报销标准，减轻他们的医疗费用。三是大力兴办农村养老福利事业。随着养老观念的改变，陕西农村留守老人对养老福利机构有很大的需求，这也是保障留守老人的生活、健康和安全的重要措施。有条件的地方，可由乡（镇）、村组织牵头，通过招商引资、当地能人投资等多种渠道兴办养老院、托老所等。也可实行“政府创办机构养老，支持老人居家养老，鼓励社会福利养老”三结合，逐步建立一个政府照顾、社会关心、村组帮扶、家庭关爱的农村留守老人保护体系。

（四）关心留守妇女，增强对留守妇女权益的保护

留守妇女既是社会上的弱势群体，也在父权制主导的农村家庭中处于弱势地位。她们在承担繁重劳动的同时也承受多种压力，为了家庭牺牲了个人的发展进步，同时她们的人身安全和权益极易受到损害。面对这样一个群体，各级妇联组织和妇儿工委等部门已经做了一些工作，比如对当地留守妇女的生存发展进行调查、组织家政培训、引进小额贷款项目等，对留守妇女有一定的帮助。相对国内其他地区，陕西农村的传统观念较强，留守妇女受教育程度较低，自我保护能力较差。相关部门和基层组织应建立健全乡村安全保护体系，保障留守妇女的人身安全。妇联组织应主动关心留守妇女的生活和需要，协助解决她们的困难和权益纠纷。各级政府和相关部门应在全社会形成尊重留守妇女、保护留守妇女权益的氛围。

（五）进一步加强新农村建设，促进农业发展，恢复乡村活力

解决农村留守人口问题，关键是要制订和实施“反哺农业，振兴农村”的顶层计划，激发和恢复农村活力，重建中国人的精神家园。陕西农村留守人口的困境，究其根源是农村贫困造成的。因此，要解决农村留守人口问题，必须大力发展农村经济。国家有必要适当提高农产品的价格，农业富了，农村稳了，社会的根基就牢固了。

陕西是中华传统文化的发祥地，传统文化的根在农村。弘扬中华传统文化，恢复农村绿色文明，就必须加强新农村建设。要继续完善农村基础设施，改善农村交通、通信条件，同时加强农村医疗、教育、养老等社会公共服务建设，让广大农民享受改革发展的成果，使流动人口愿意回到农村，让留守人口在农村安居乐业。

可以借鉴中国古代官吏文士“告老还乡”的做法，鼓励在外工作的“城市人”“知识分子”年老退休之后回农村原籍居住。这样做的好处是，能够避免农村人才智力的单向输出。“告老还乡”的工人、知识分子或者官员、商人，能够在乡村发挥自己的“余热”和聪明才智，在繁荣农村经济、教育下一代健康成长等方面发挥巨大作用。同时，他们可以与乡亲们一起丰富农村的文化生活，使传统文化与现代文化相结合而不断得到传承和发展。

参考文献

田玲：《农村留守老人养老现状及养老保障支撑体系研究——基于宝鸡市464位农村留守老人的调查》，《西北工业大学学报》（社会科学版）2014年第12期。

陕西省农村财政研究会：《新农村建设中的多元化发展研究——关中地区新农村建设与农民意愿调查》，《西部财会》2015年第4期。

宋健：《中国流动人口的就业特征及其影响因素——与留守人口的比较研究》，《人口研究》2010年第11期。

B.18
陕西省农村贫困儿童生存发展状况调研报告

联合课题组*

摘　要：本文从贫困儿童生存发展的外部环境、家庭结构与家庭关系、家庭成员身心素质、家庭物质经济条件、社会支持环境、健康、教育与社会保障几个方面切入，对陕西省贫困儿童的生存发展状况进行了深入调研。调研发现存在的主要问题有贫困儿童所处的自然生存环境差，家庭生活环境差，留守儿童、事实孤儿现象与健康等。针对这些问题提出从创新精准扶贫工作机制，完善社会保障制度与福利政策，提高医疗卫生保健服务水平，消除教育致贫因素，加强教育监管，提高家庭教育能力，提高贫困儿童社会福利水平，重点关注特殊困境儿童，改善贫困地区基础设施条件，为贫困儿童生存发展创造良好的环境与条件等建议。

关键词：陕西　贫困儿童　生存发展

儿童是国家的未来和民族的希望，促进儿童尤其是贫困家庭儿童的成长与发展，是维护儿童权利，改善民生，实现“两个一百年”奋斗目标的战略任务。陕西是西部农业省份，贫困县数量多，农村贫困家庭户数多，贫困儿童基数大，改善农村贫困儿童生存与发展状况，是精准扶贫的重要任务。为了了解

* 课题组主要成员：党洁，省政府妇儿工委办公室副主任；尹燕德，省政府妇儿工委办公室副处级调研员；王国琪，西安市社会科学院研究员；赵银侠，西安市社会科学院研究员。执笔：赵银侠、王国琪。

全省农村贫困儿童的生存状况与需求，摸清贫困儿童发展中存在的问题及原因，以及发现基层破解贫困儿童发展难题的有益做法与经验，为陕西省政府编制贫困地区儿童生存发展规划、制定贫困家庭儿童生存发展政策提供参考依据，2016 年 4 ~6 月由陕西省政府妇儿工委办公室和省扶贫办共同牵头，省教育厅、卫生计生委、民政厅、公安厅、网信办以及西安市社会科学院的研究人员等组成联合调研组，在全省开展陕西省贫困家庭儿童生存发展状况调研工作。

一　调研方法

此次调研采取问卷调查、召开座谈会、入户深入访谈相结合的研究方法。

（一）问卷调查

此次问卷调查采取分层整群随机抽样的方法。调研组在陕南、关中、陕北地区分别抽取了商州区、安康市、咸阳市、榆林市、延安市的 9 个县区（具体是柞水县，洛南县、汉滨区、岚皋县、泾阳县，永寿县、吴堡县、绥德县、子长县）作为调查点，按照经济状况（好、差）在每个市抽取 2 个县、在每个县抽取 2 个乡（镇）、在每个乡（镇）抽取 2 个行政村，对被抽取行政村有 18 岁以下儿童的贫困家庭进行问卷调查。调查对象是贫困家庭中年龄在 18 周岁以下排行最小的孩子，采取调查员入户访谈贫困儿童监护人、代填问卷的方式。共发放问卷 1500 份，回收有效问卷 1312 份，回收率为 87. 47% 。

（二）召开座谈会

在 9 个县（区）分别组织召开县（区）层面、乡（镇）层面、村委会层面共 45 场座谈会，深入了解贫困儿童的社会支持情况与面临困境。

（三）个案访谈

深入贫困儿童生活、学习、公共服务场所进行实际考察，并对相关人员进行个案访谈。实际考察留守儿童看护中心、乡（镇）初中、村级小学、村卫生所、乡（镇）卫生院等单位，共访谈 40 多人。

在正式调研安排之外，调研组还利用儿童发展规划中期评估督导之机对渭南市的华县等7个县，西安市蓝田、户县、周至3个县贫困家庭儿童的情况进行调研，进一步丰富了调研资料。

通过在全省范围的深入调研，并运用SPSS 19.0统计软件对问卷样本进行统计分析，对座谈会资料、个案访谈资料进行整理归纳分析，获得了陕西省贫困家庭儿童生存发展的基本状况。

二 农村贫困儿童生存发展的有利因素

课题组此次调查将贫困儿童界定为：被国家精准扶贫政策确定的一般贫困家庭、低保贫困家庭、五保贫困家庭中的儿童。在此次被调查的贫困儿童中，生活在一般贫困家庭的占53.7%，低保家庭的占39.3%，五保家庭的占2%，其他家庭的占5%。

（一）被调查的贫困儿童基本人口特征①

1. 男性儿童居多

在被调查儿童中，男性有707人，占56.2%；女性有551人，占43.8%。

2. 小学段儿童占到一半以上

在被调查儿童中，0~5岁有256人，占被调查儿童的20.9%；6~12岁有648人，占52.5%；13~18岁有325人，占26.6%。

3. 独生子女占四成多

在被调查儿童中，独生子女511人，占44.4%；双女户106人，占9.2%；一般子女640人，占46.6%。

（二）贫困儿童生存的公共环境与家庭物质条件得到了较大改善

1. 贫困地区的公共基础设施建设已基本到位

调查显示，在被调查的贫困儿童家庭中，通电率达到99%，自来水入户率为78.4%，村级公路开通率为91.6%，村子垃圾集中处理率为61.2%，移民搬迁率为17.7%（见图1）。以上数据说明，多年来陕西省大力推进新农村

① 本题目所用3个数据统计的人群不一样，故数据总数不一致。

建设取得了显著成效，贫困地区农村公共基础设施条件和生存环境得到较大程度的改善。

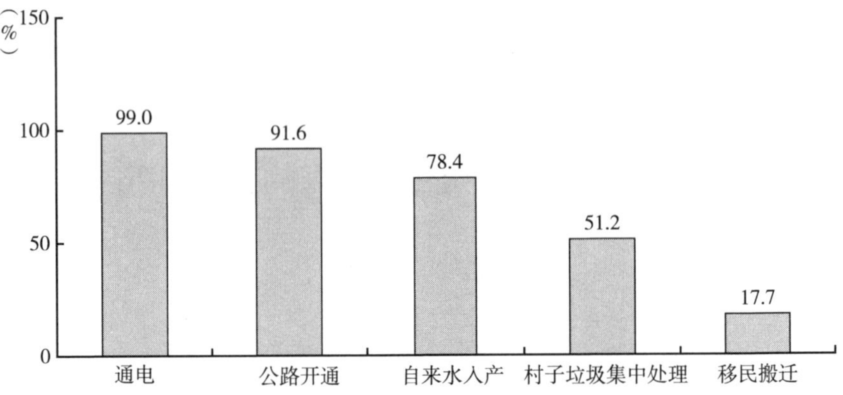

图1　贫困地区公共基础设施状况分布

2. 贫困儿童家庭的住房条件普遍得到了保障

在被调查对象中，91.8%的家庭有住房，90%的家庭有电视机，90.8%的家庭有手机（或座机），80%的家庭有洗衣机，52.7%的家庭有摩托车（含电动车），40.6%的家庭有冰箱，23.5%的家庭开通了有线电视，12.4%的家庭拥有电脑，9.4%的家庭开通了网络，8.8%的家庭有收音机（见图2）。以上

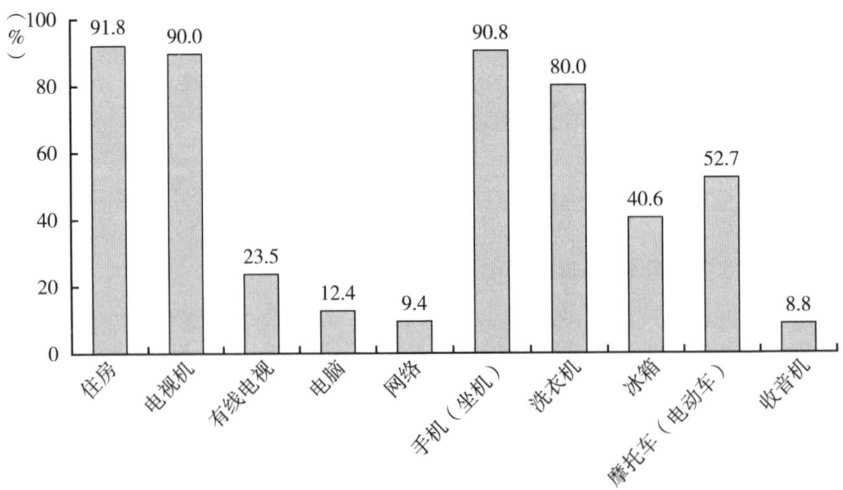

图2　贫困家庭基本生活设施状况分布

数据说明，贫困儿童家庭的基本住房条件普遍得到保障，电视、手机、洗衣机基本普及，摩托车、冰箱已进入大多数家庭。不足的是，有线电视入户率、电脑拥有率与网络入户率还相对较低。

（三）贫困儿童医疗保险参保率与疫苗接种率基本实现全覆盖

1. 贫困儿童普遍参加医疗保险，大多数儿童住院医疗费得到及时报销

调查结果显示，有96.1%的贫困儿童参加了新合疗；2015年有24.6%的儿童曾得病住过院，其中有65.4%的住院儿童的医疗费用得到报销，同时还分别有15.3%和20.6%的儿童得到大病救助和贫困补助。

2. 绝大多数贫困儿童接种了疫苗

调查结果显示，在被调查儿童中，全部接种11种疫苗者占60.1%，接种了一部分疫苗者占29.7%，明确表示没有接种者仅占2.4%，记不清者占7.8%。农村防疫工作比较扎实到位，没有接种疫苗的儿童仅属个别现象。

（四）贫困地区医疗卫生服务设施得到较大改善，医疗服务可及性增强

八成以上贫困儿童所在的村子有诊所或附近有医院，近一半的儿童得病后首先选择在村诊所看病。调查结果显示，贫困儿童家庭居住的村子有诊所或附近有医院的占到83.6%。家长在孩子得病后，经常带孩子看病的地方依次是：村诊所占46.5%，乡（镇）医院占37%，县级医院占30.7%，药店买药占21.8%，省市大医院占5.5%。

（五）学龄贫困儿童普遍接受了学前教育与义务教育

1. 适龄贫困儿童入学情况较好

在被调查的贫困儿童中，学龄儿童占到79.1%。在学龄儿童中，在学儿童占97.1%，辍学在家的仅占0.9%，辍学流浪的占0.2%，智障从未入学的占1.8%。

2. 贫困家庭学龄儿童不同程度地享受到政府助学政策支持

多年来，陕西省各级政府持续加大基础教育投入，大力发展农村教育

事业，普及免费义务教育，发展学前教育、高中教育、职业教育等，不断增加教育福利救助项目、扩大救助范围，贫困儿童普遍享受到“两免一补”“一免一补”等教育政策，部分儿童享受到免费早餐、免费午餐、住宿补贴、生活困难补贴、助学补贴等福利政策，减轻了贫困儿童家庭的教育担负。

3. 多数贫困家庭儿童学习状况良好

在被调查儿童中，学习成绩较好的占26.7%，学习成绩一般的占63.3%，较差的占10.1%。学习较差的原因依次是：没有人辅导占54.4%，不用心占30.6%，智力障碍占5.5%，家务拖累占4.7%（见图3）。

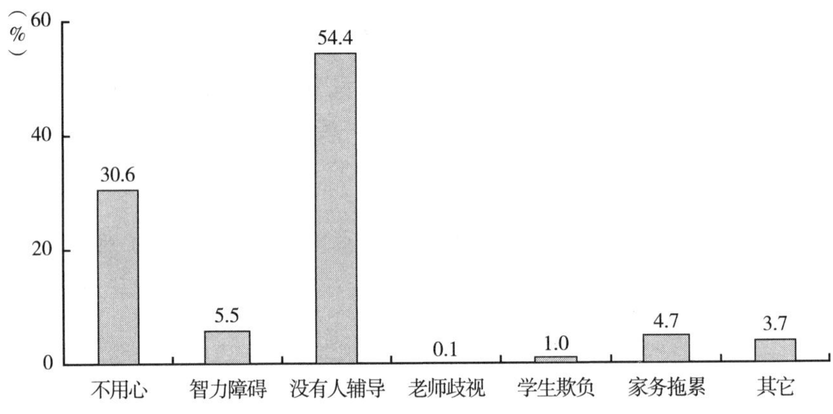

图3 贫困家庭儿童学习成绩不好的原因分布

三 农村贫困儿童生存发展的不利因素与存在问题

（一）大多数贫困儿童所处的自然地理环境和生存条件差

陕西省贫困儿童多集中在陕南、陕北等偏远地区与山区，自然条件差，耕地面积少，资源匮乏，交通不便，通信设施落后、信息闭塞等。此次调查显示，有线电视入户率和网络入户率仅分别为23.5%和9.4%。贫困儿童与自然环境相对较好的儿童相比，生存发展条件存在巨大的差距。

（二）贫困儿童的成长环境潜伏着安全隐患

贫困地区农村儿童安全保护设施较少，加之儿童对危险的识别防范的意识和能力较弱，意外伤害和人为伤害事故频发。贫困地区儿童的安全隐患主要有两个方面，一是在上下学途中。在访谈中我们了解到，在贫困山区，孩子上学走山路、远程奔波的现象较为普遍，尤其是寄宿制学校儿童由于父母外出打工，无家人接送，周末上下学途中存在较大的安全隐患。二是在假期意外伤害与人为伤害事故多发。由于贫困地区校外教育机构与活动场所十分缺乏，父母在外打工，留守儿童假期基本处于家庭无人监管的状态，成为伤害事故的高发期，以及儿童滋生不良行为的高发期。

（三）贫困儿童家庭生活环境欠佳，部分儿童长期生活在不完整的家庭中

1. 不少贫困儿童生活在隔代家庭中，家庭养育能力较弱

调查显示，与父母一起生活的占 33%，与父母、祖父母一起生活的占 31%，生活在核心家庭与主干家庭的合计占到 64%；与父亲、祖父母一起生活的占 10.2%，与母亲、外祖父母一起生活的占 4.3%，与父亲（或母亲）一起生活的儿童占 9.8%，与祖父母（或外祖父母）一起生活的隔代家庭儿童占 9.2%（见图 4）。在贫困儿童中，有 9.2% 的人长期生活在由老人照护的隔代家庭中，贫困家庭的老人普遍文化程度低下，不少人甚至是文盲，再加上年老

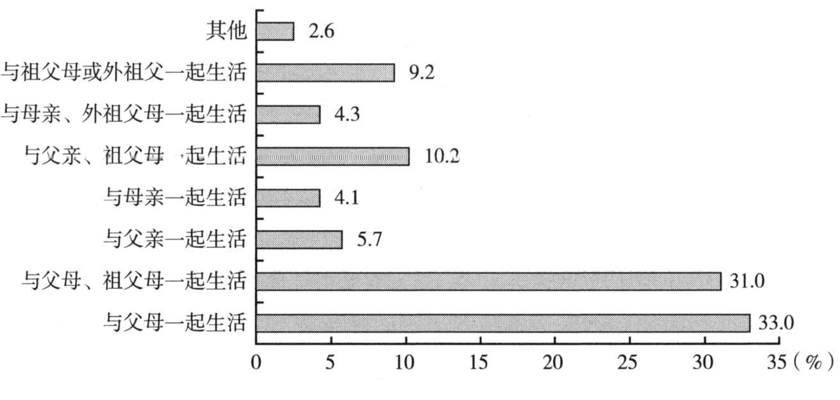

图 4　儿童家庭类型分布

体衰，在照看孩子方面存在力不从心、智不从心的问题，孩子与老人长期生活在一起，在生活照料、健康保健、家庭教育、课业辅导、亲子沟通等方面存在问题，家庭养育教育的功能没有得到很好的发挥。

2. 约1/4的贫困儿童生活在父母离异或父母去世的家庭中，事实孤儿问题突出

在被调查的儿童中，与父母长期生活在一起，家庭婚姻关系正常维系的占62.7%；父母长期分居的占11.2%，父母离异的占12.8%，父亲去世的占7.6%，母亲去世的占3.3%，父母双亡的占1.7%，父母双方或一方服刑的占0.7%（见图5）。从以上数据可以看出，在贫困儿童中父母离异、父母一方或双方去世的合计占到25.4%，比例较高。在访谈中我们了解到，农村离异男性再婚难问题日益凸显，儿童深受其害。贫困地区农村一些男青年外出打工，在打工期间与外地女性恋爱结婚生子，一些女性回到男方家忍受不了贫穷生活，离婚、离家出走现象比较普遍。女方离婚或离家出走一般不要孩子，孩子留给男方由老人代养。农村男性离异后带着孩子再婚十分困难，这类儿童将长期生活在缺失母爱的家庭环境中。

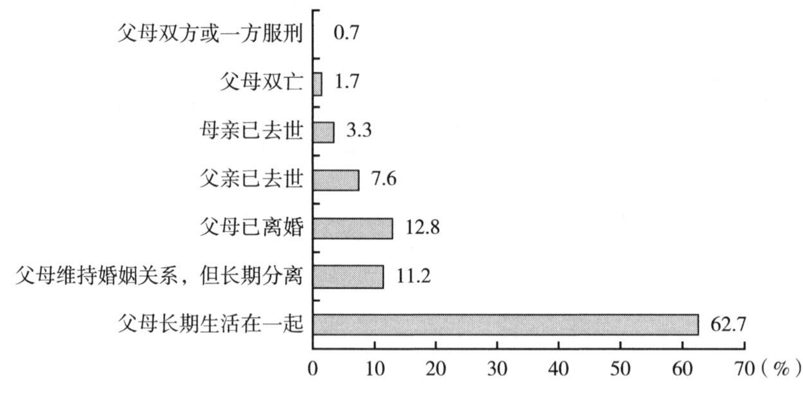

图5　儿童家庭父母婚姻关系状况分布

另外，贫困儿童中的事实孤儿现象比较突出。在访谈中我们了解到，贫困地区的一些家庭因病、因交通事故等原因致使男方死亡或患病；女方改嫁或离家出走后，一些孩子便陷入事实上无人照管的孤儿状态。近年来事实孤儿呈增多之势，应引起高度重视，需要给予政策关注。

3. 约四成贫困儿童处于留守状态，长期缺少父母关爱

在被调查的儿童中，非留守儿童（和父母在家乡生活）占51.2%，父母一方在外打工的留守儿童占27.4%，父母双方外出打工的留守儿童占16.1%，随父母在务工地生活的流动儿童占5.4%。留守儿童总数达到43.5%（见图6）。贫困儿童中的留守现象较为普遍。多年来，外出打工已成为贫困家庭增收脱贫的重要途径。在城镇化进程中，农民工缺乏城市的公共服务与社会保障资源，儿童不能随父母一起迁居城镇，造成大量父母与子女分离现象，儿童长期生活在监护缺失、亲情缺失、安全保护缺失、家教缺失的家庭环境中，家庭对儿童生存发展的保障功能明显弱化。

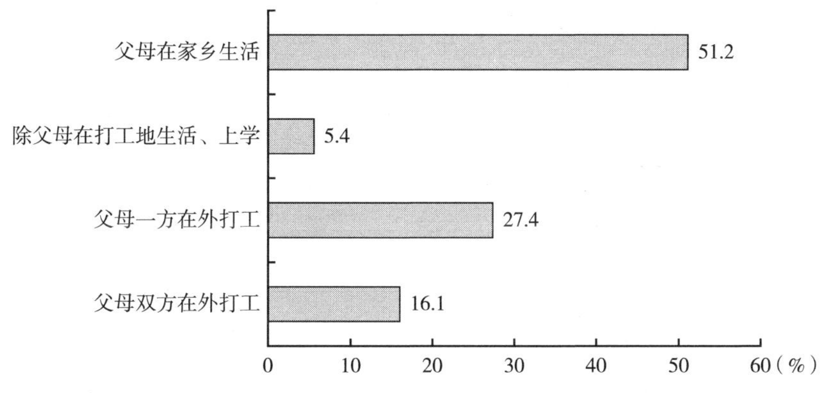

图6　贫困家庭留守儿童分布

（四）贫困家庭的经济条件制约了儿童的消费与发展

贫困儿童家庭的经济收入主要来自两大块，一是生产性收入，主要由打工收入、土地生产收入、商业经营收入、财产投资性收入等构成。二是国家福利救助与补贴，主要由计划生育补贴、低保金、五保金、养老保险金、高龄保健补贴、村集体分红、其他救助等构成。

1. 打工收入与土地生产收入是贫困家庭经济的主要来源

调查显示，有近2/3的家庭年均生产性收入在1万元以下。在贫困儿童家庭中，70.7%的家庭有打工收入，60.2%的家庭有土地生产收入，3.4%的家庭有经商收入，2.2%的家庭有财产性收入，10.1%的家庭还有其他生产性收入。2015年，贫困儿童家庭各种生产性收入在5000元及以下者占36.1%，在5000～10000元者占27.6%，在10001～20000元者占26.8%，在20001元以上者占9.5%（见图7）。从以上数据可以看出，63.7%的家庭年均生产性收入在1万元及以下。

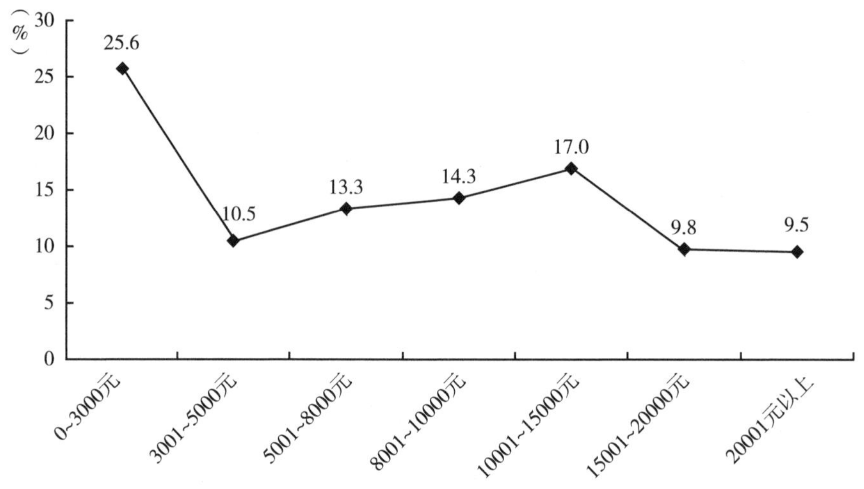

图7　2015年贫困家庭生产性收入情况分布

2. 六成的贫困儿童家庭年均领取各种福利救助金

调查显示，有六成的贫困儿童家庭年均领取各种福利救助金在3000元以下。在被调查者中，有59.7%的家庭领取粮食补贴，48.8%的家庭领取低保金，33.2%的家庭老人领取养老保险金，有30.3%的家庭领取退耕还林补贴，另外还有少数家庭领取高龄保健补贴、计划生育补贴、医保报销费用、大病救助、五保金与集体分红等。2015年，贫困儿童家庭领取各种社会福利救助金，在1000元及以下者占32.5%，在1001～3000元者占27.2%，在3001～5000元者占13.8%，在5001～10000元者17.4%，在10001元以上者占9%（见图8）。贫困儿童家庭的生产性收入与国家补贴收入加在一起在1万左右，家庭收入较低。

3. 约一半的贫困儿童年均花费在3000元及以下

调查显示，约一半的贫困儿童主要花费在吃饭、穿衣与教育、医疗等基本

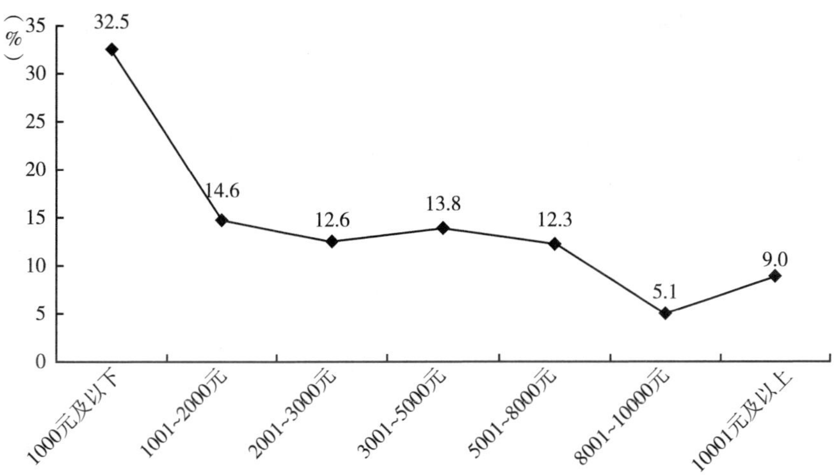

图8　2015年贫困儿童家庭领取社会福利救助与补贴金额分布

生活消费方面，发展性消费不足。贫困儿童一年的消费额度不大，多数在5000元及以下，有近一半的人在3000元及以下。贫困儿童的消费项目依次是吃饭（69.1%）、教育（67.2%）、医疗（55.5%）、穿衣（41.1%）、住宿（10.9%）、交通（8.6%）等，贫困儿童消费主要集中在基本生活方面，娱乐性、发展性消费较少涉及，十分缺乏（见图9）。

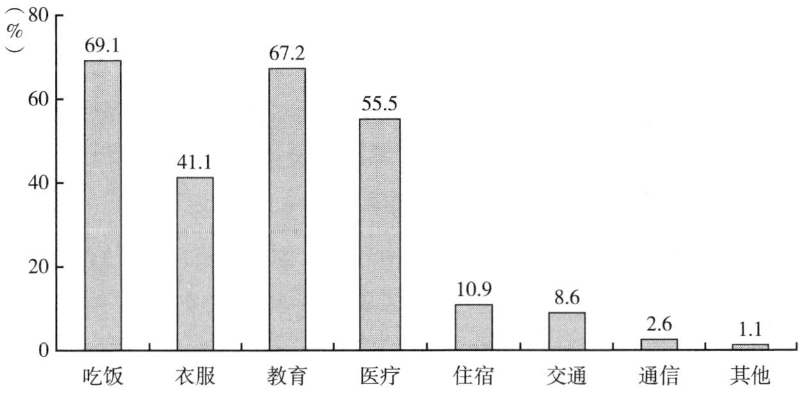

图9　贫困家庭儿童一年主要花费项目分布

（五）多因素叠加导致一些家庭陷入贫困

通常一个家庭陷入贫困，往往是综合性因素导致的。调查显示，贫困儿童家庭致贫原因依次是：疾病（53.7%）、缺乏知识和劳动技能（37.3%）、缺乏生产资金（30.7%）、照顾孩子无法从事生产（30.3%）、家庭无劳动力（29.2%）、缺乏发展动力（25.5%）、家里需要养活的人口多（22.8%）、孩子上学花费大（18.6%）等。很多贫困家庭陷入贫困往往是以上多种因素的叠加效应（见图10）。

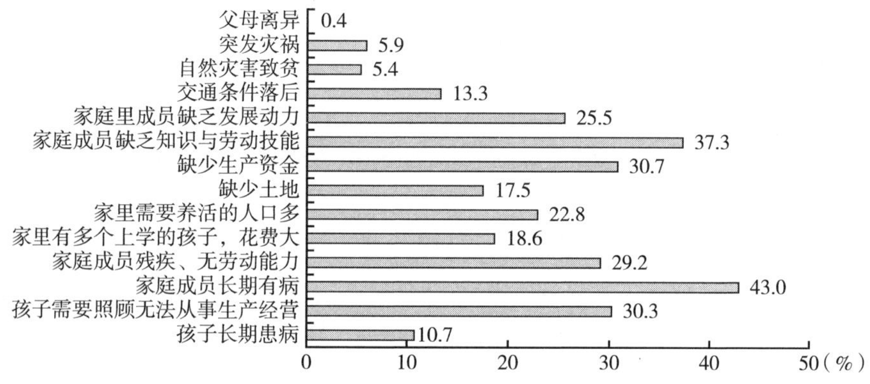

图10　贫困儿童家庭致贫原因分布

1. 贫困儿童家庭成员的患病率、残障率较高，病、残是致贫的首要原因

调查显示，在贫困儿童家庭的主要成员中，母亲、父亲长期患病者分别占到17.7%与17.2%，父母残障者分别占到10.6%与10.4%，合计分别占到28.3%与27.6%；祖母、祖父长期患病者分别占到57.2%与53.1%，祖父母残障者分别占到7.3%与7.2%，合计分别占到64.5%与60.3%（见图11）。贫困儿童家庭成员的患病率与残障率相对较高，因病致贫的家庭占被调查贫困家庭的53.7%，因残致贫的家庭占到29.2%，病、残是贫困儿童家庭陷入贫困的首要原因（见图10）。

2. 缺乏知识与技能是致贫的重要原因

在被调查对象中，约一半儿童父母的文化程度在小学以下，父亲为文盲者占8.3%，小学文化程度者占39.8%，初中文化程度者占43.5%，高中及以上

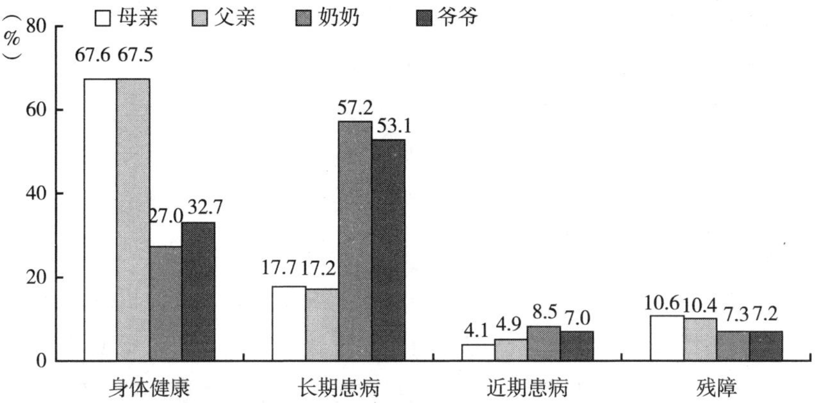

图 11　贫困家庭主要成员身体健康状况分布

文化程度者占 8.4%；母亲为文盲者占 14.6%，小学文化程度者占 40.4%，初中文化程度者占 37.7%，高中及以上文化程度者 7.2%（见图 12）。从以上数据可以看出，农村贫困儿童父母的文化程度普遍低下，母亲的文化程度则更低。因缺乏知识与劳动技能致贫的家庭占到被调查家庭的 37.3%，文化水平低、知识技能缺乏也是贫困儿童家庭致贫的一个不容忽视的原因。

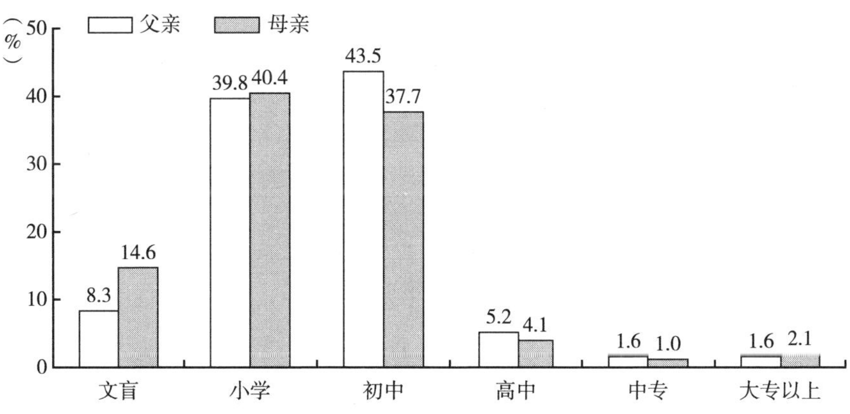

图 12　贫困家庭儿童父母文化程度分布

3. 接送、陪读儿童上学成为致贫的新生原因

调查结果显示，教育致贫问题仍未消解。学龄儿童每天独自上下学的占 30.4%，由家长接送的占 41.8%，在校寄宿周末独自回家的占 10.4%，在校寄宿每周由家长接送的占5.1%，家长在学校附近租房陪读的占9.5%，由家长接送与陪读的学龄儿童合计占到56.4%（见图13）。家长接送、陪读已成为当前学龄儿童上学的主要方式。在国家免除学前一年（有的县免除三年）保教费与义务教育“两免一补”等政策支持下，教育负担已发生了转化，由直接教育费用转化为家长陪读、借读费、交通、住宿、伙食、通信、资料等间接费用。陪读现象是农村校舍布局调整、撤点并校政策实施后的结果，在贫困地区非常普遍，从幼儿园开始到小学、初中各个阶段都有，成为目前教育的一种新常态。对贫困家庭而言，陪读费是当前儿童教育最主要的花费项目，我们对陪读的经济损失做了初步估算，主要包括房租、往返交通费、伙食费，还有隐性的打工收入损失以及因陪读造成的责任田撂荒损失等，如果按每月房租100元，打工损失3000元两项估算，陪读家庭一年大约损失37200元。孩子陪读一年的花费要比学费、书本费高很多，这成为贫困家庭的主要教育负担与致贫因素。

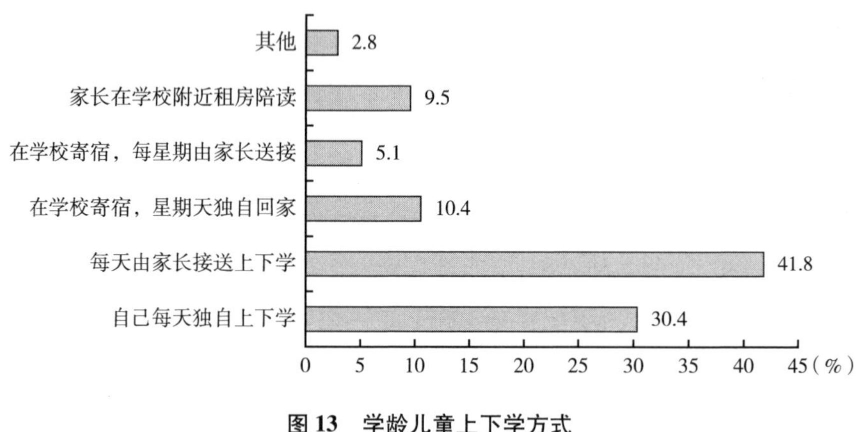

图13 学龄儿童上下学方式

（六）贫困儿童家庭获得的社会支持相对不足

少数贫困家庭曾获得过政府、社会、社区、邻里亲朋的捐赠、帮助与关爱，贫困儿童的社会支持相对不足。调查结果显示：贫困儿童经常得到捐赠、帮助与关爱的部门依次是：村委会（17.6%）、乡（镇）政府（17.1%）、邻里亲戚朋友（12.7%）、社会扶贫组织（8.1%）、县（市）政府（5.4%），贫困儿童家庭能经常得到企事业单位、慈善组织、志愿者等方面帮助的比例非常低，均在5%以下（见图14）。总体来看，贫困儿童家庭获得社会支持的资源偏少。

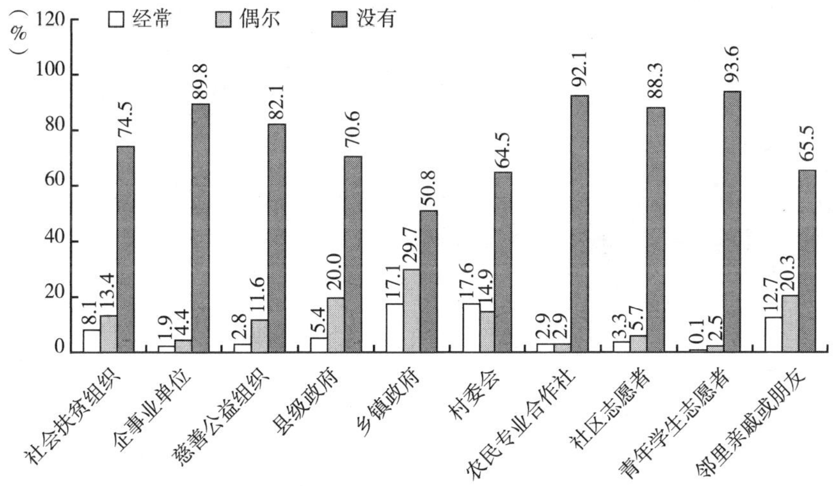

图14　贫困儿童家庭获得社会性支持情况分布

（七）贫困儿童在健康保健服务方面存在诸多问题

1. 约有1/4的贫困儿童身心健康状况欠佳，影响发展

在被调查的儿童中，儿童身体残障与长期患者的占12.5%，心理不健康的儿童占11.9%。在不健康儿童中，其中身体残疾者占4.2%，智障者占2.6%，长期患病者占5.7%；有严重自卑症者占5.8%，严重胆怯症者占6.3%，有孤僻症者占6.7%，有恐慌症者占3.7%，有厌学症者占4.0%（见图15）。贫困儿童身体与心理不健康者的比例不低，这类儿童因健康因素的影响将丧失一些发展的机会，拉大了与正常儿童的差距，甚至对其一生的发展带来不利影响。

2. 贫困儿童父母出生缺陷预防意识薄弱

调查显示，有相当一部人在生育前没有接受婚前、孕前检查。贫困儿童父母亲曾接受过婚前检查的比例为31.5%，接受孕前检查的比例为52.7%，产前检查的比例为73.3%，住院分娩的比例为82.6%，母乳喂养率为73.4%

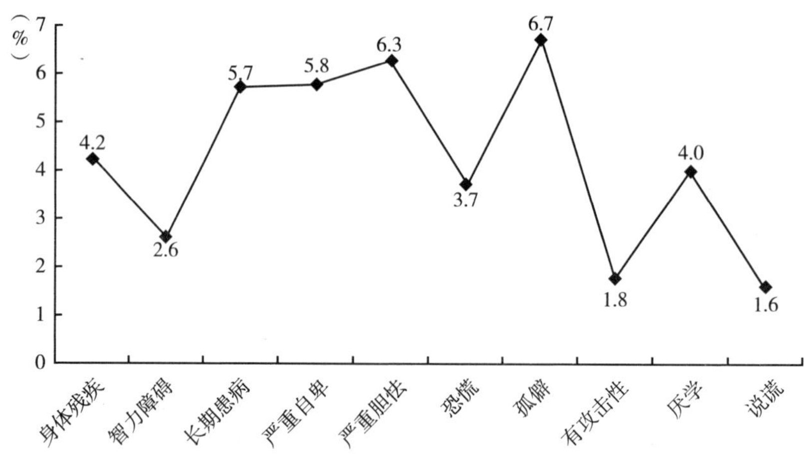

图15　贫困家庭儿童身心病症分布

（见图16）。贫困儿童父母接受婚前、孕前检查的比例相对较低，贫困儿童中的残障率高与检查率低有一定的关联性。

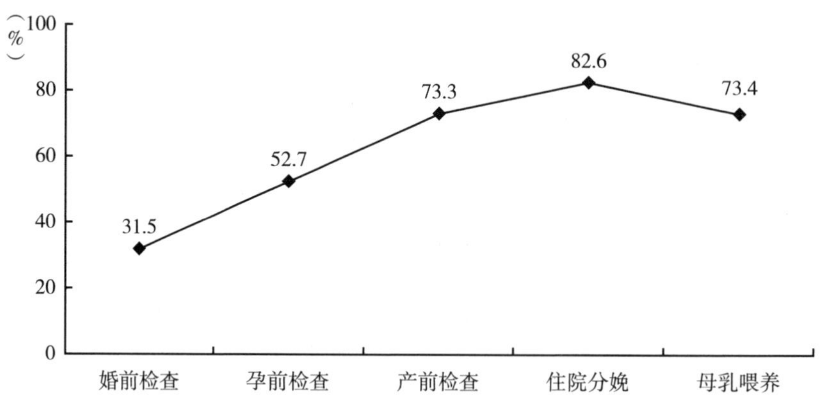

图16　贫困家庭儿童出生健康预防与养育情况

3. 多数残疾儿童没有享受到免费康复训练及生活救助

调查显示，身体残疾与智障儿童占被调查儿童的6.8%。其中，得到过残疾儿童免费康复训练者占残障儿童总数的30%，得到过残疾儿童生活补助者占39.1%，得到医疗救助者占16.1%，得到其他救助者占2.3%。数据表明，仅有少部分贫困残疾儿童享受到了社会福利救助，大部分贫困残疾儿童还没有享受到。课题组在访谈中了解到，在残疾儿童康复训练方面主要存在以下问题：一是县级层面残疾儿童康复训练的专业机构数量偏少。有不少家长跨县（区）、跨市、甚至跨省送残疾儿童去康复训练，往返成本很高且极不方便。二是残疾儿童免费康复训练指标过少，很多中、重度残疾儿童享受不到免费康复训练救助，去机构康复训练的家庭护理成本高，一般贫困家庭难以承受。三是贫困残疾儿童家庭获得康复训练信息与救助渠道不够畅通。一些贫困残疾儿童家庭不能及时获取社会机构开展免费康复、训练的相关政策信息，只能花大价钱去收费机构做康复训练，增加了家庭经济负担。四是康复护理陪护负担过重，一些免费的康复训练需要家长陪护，一些贫困家长因出不起陪护费用，不得不放弃对儿童的康复训练。五是家长缺乏相关知识，对孩子致残病症不能做到早发现、早诊治。六是一些地区尚未将新生儿疾病筛查项目（如听力、髋关节发育不良筛查等）纳入免费政策范围，受经济条件制约，一些先天性残疾儿童不能及时做到早发现，早诊治。

4. 农村医疗卫生保健服务仍存在薄弱环节

一是村级卫生室在儿童疾病诊治与卫生防疫方面仍存在村医年龄偏大、医技差、敬业精神与责任承担当意识不强等突出问题。课题组在洛南县一个村卫生室考察时，随行的妇儿专家一眼就看出村医的孙子患小儿佝偻病与营养不良症，而这位村医却浑然不知，这种医疗技术水平对村里的儿童根本无法发挥出应有的医疗保健指导与治疗作用。二是乡（镇）卫生院医疗人才严重缺乏，普遍缺乏本科毕业的医务人员与儿科医生，有编制但招不到人。由于缺乏高素质的医疗人才，儿童医疗服务质量无法得到有效保障。三是一些地区的儿童大病救助政策还没有落实到位。一些县的儿童大病救助仅限于低保家庭，一般贫困家庭儿童被排除在大病救助政策之外。

（八）贫困地区儿童受教育难问题依然突出

1. 一些贫困农村缺少幼儿园，贫困儿童入园难

课题组在调查中了解到，永寿县御驾镇的四个村子（上孙家、下孙家、周家、高丰）相距半公里左右，但没有一所幼儿园，幼儿要去镇里上幼儿园，家里要留专人接送孩子。这种状况在贫困地区农村较为普遍。一些村干部和家长强烈要求在大点的村子开办幼儿园，以方便幼儿就近入园，减少陪读与接

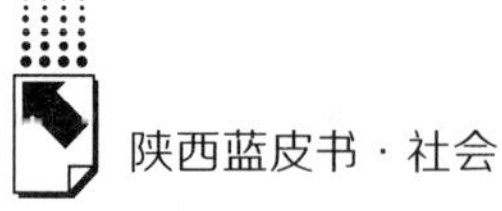

送，解放农村生产力。

2. 教学点教育质量差，不能有效缓解贫困地区儿童上学难的问题

教育部门对撤点并校政策进行了调整，通过设置教学点的方式，缓解农村偏远地区儿童就近上学问题。由于教学点师资力量不足，教学质量不高，建好后家长不买账，入校率不高、巩固率低，家长宁可去远点的好学校也不去教学点，再一次造成了教育资源的浪费，儿童入学难问题仍未有效解决。

3. 义务教育段学生失辍学现象出现反弹

调查发现，在陕北一些偏远贫困地区、贫困家庭初中阶段学生失辍学现象比较严重，个别学校初三学生辍学率高达20%。初中阶段学生辍学现象将导致农村新增劳动力素质低下，进而导致贫困代际传递，切断了教育改变贫穷命运的可能性。

（九）贫困儿童家长普遍缺乏家庭教育知识

在被调查的儿童监护人中，没有学习过家庭教育知识者占81.8%，学习过的占18.2%。其学习途径依次为：通过电视学习的占14.1%，通过书本学习的占11.8%，通过学校家长会辅导的占11.7%，通过手机学习的占4.9%，通过家长学校学习的占4.2%，通过收音机学习的占3.3%，通过电脑学习的占1.8%（见图17）。课题组通过基层座谈会了解到，贫困地区与贫困家庭拥有的家庭教育资源极其贫乏，获取家庭教育资源的渠道不畅通，家长学校建设

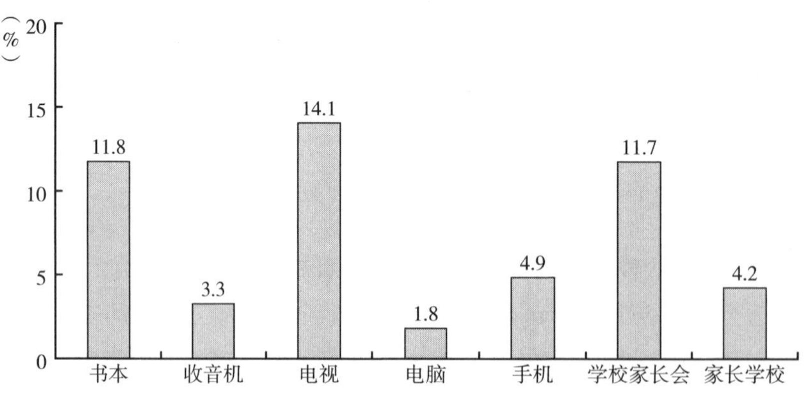

图17　家庭教育知识学习的途径

还没有提到重要议事日程，家庭教育指导服务工作十分薄弱，贫困地区家长迫切需要得到家庭教育方面的帮扶。

四　政策建议

贫困往往是成年人和儿童共同的生存状态。在解决贫困儿童生存发展问题时，应从提升贫困家庭发展能力、完善创新公共福利与公共服务政策，提高贫困地区医疗卫生服务水平，加大教育资源配置等方面入手，为贫困儿童生存发展创造良好的家庭与社会环境。

（一）创新精准扶贫工作机制，有针对性地开展贫困儿童家庭帮扶工作

一是树立儿童优先视角，将贫困儿童发展纳入扶贫攻坚的工作范畴，将精准扶贫政策向贫困儿童家庭倾斜。二是建立分类扶贫制度，细化分类扶贫举措，针对有儿童的贫困家庭，根据其家庭实际并兼顾儿童的发展需求，从知识技能培训、生产资金扶持等方面入手，制订具体的帮扶工作计划，提升贫困儿童家庭成员致富创收能力。三是建立贫困家庭儿童动态信息管理制度。由省扶贫和民政厅牵头负责对贫困儿童进行摸底调查，建档立卡，并根据扶贫攻坚进度和困境儿童脱困程度及时更改贫困儿童资料信息，实行全程动态信息管理。

（二）完善社会保障制度与福利政策，帮助贫困儿童家庭摆脱贫困

1. 加大贫困儿童及家庭成员的医疗救助力度

可通过提高医疗保险报销标准、完善报销办法、加大医疗救助力度、提高大病救助标准与范围等措施，使贫困家庭能看得起病，从而解决因病致贫的问题。

2. 建立贫困家庭病残儿童专项生活补贴政策

针对贫困家庭中需要家长长期照顾的患病或残疾儿童，应探索建立专项生活补贴政策，避免儿童长期患病使家庭经济压力过大而陷入困境。

3. 建立贫困儿童家庭陪读生活补贴政策

针对附近没有幼儿园、学校或学校没有住宿条件，孩子上学需要专人接送

或陪读的贫困儿童家庭，在孩子上学期间政府提供一定的生活补贴，在确保儿童顺利就学的同时，避免贫困儿童家长因接送、陪读误工而导致家庭贫困加剧。

4. 将贫困特殊儿童纳入社会福利体系

扩大儿童福利范围，将以下四类儿童纳入社会福利供养体系。一是失去父母、查找不到生身父母且未被亲属、机构抚养以及家庭寄养的儿童；二是父母一方患有精神性疾病，正在服刑、被强制戒毒、二级以上重残或完全丧失劳动能力的，另一方失踪、弃养等情况而导致的事实无人抚养的儿童；三是父母失踪或弃养两年以上，并查找不到父母信息的儿童；四是未满 18 周岁感染艾滋病病毒的儿童。将这些儿童纳入社会福利体系，保障其基本的生存权与发展权。

（三）提高医疗卫生保健服务水平，保障贫困儿童身心健康

1. 降低儿童出生缺陷率

通过宣传倡导，知识普及，实施项目，婚前、孕期、产前检查和产后筛查等手段完善贫困家庭儿童出生缺陷防治体系，从源头上预防出生缺陷给贫困家庭造成的经济和精神负担。

2. 提升儿童健康系统管理水平

为 0 ~3 岁儿童提供免费基本保健服务，确保 3 岁以下儿童系统管理率、7 岁以下儿童保健管理率达标。规范农村儿童体检单位和体检项目。乡（镇）卫生院对儿童的体检要增加心肺听诊、髋关节筛查、神经系统检查、儿童智力发育筛查等内容，做到早发现、早干预、早治疗、早康复训练。

3. 提高二类疫苗接种率

改变贫困家庭儿童二类疫苗接种率低的状况，将地域性高发疾病对应的疫苗纳入免费疫苗范围；加强二类疫苗管理，降低疫苗接种价格，减轻贫困儿童保健负担。确保疫苗运输、保管安全。

4. 提升儿童营养水平

加强村医儿童营养保健知识培训，发挥村医在儿童营养保健方面的指导作用；加强农村儿童营养保健知识宣传，提倡科学、合理、健康、安全的饮食，防止儿童营养不良和营养性疾病（如生长迟缓、低体重、肥大儿、贫血、佝

偻病等）的发生；加强对幼儿园、中小学校的伙食检查，确保儿童食品安全与膳食科学、平衡；扩大营养改善计划受益面，将学前班儿童纳入儿童营养改善计划的实施范围。

5. 加强儿童健康保健信息化建设

要切实改变贫困儿童健康保健服务信息渠道不畅和信息闭塞的现状，在乡（镇）医疗保健机构建立儿童医疗保健公共服务政策，重大儿童健康项目，儿童疾病救助机构，疾病筛查、疾病救治、费用减免政策等信息网络服务平台，提高贫困家庭对公共医疗卫生政策的知晓率。

6. 加强村卫生室、乡（镇）卫生院建设和管理

加强对乡村医生的培训和考核，逐步改变村医年龄偏大、诊疗水平偏低等现状；加强乡（镇）卫生院建设，采取多种措施吸纳大学本科毕业生进入乡（镇）卫生院工作，改变医疗人才缺乏尤其是儿科医生极度困乏的现状，满足贫困地区儿童医疗保健服务需求。

（四）消除教育致贫因素，加强教育监管，提高家庭教育能力

1. 优化学前教育布局

在大力推进学前教育，提升教育保育质量的同时，要做好需求调研，优化农村幼儿园布局，通过政策扶持，积极引导社会力量投入农村幼儿园建设，方便贫困儿童就近入园，降低幼儿教育支出。

2. 加大义务教育段寄宿制学校建设力度

加快寄宿制学校建设，每个乡（镇）至少建立一所寄宿制中心小学，每个农村初中学校都要配备住宿设施条件，解决因不能住宿而带来的家长租房陪读、丧失就业创业机会、加剧家庭贫困等问题。另外，要办好农村教学点，提升教育教学质量，方便贫困儿童就近入学，降低义务教育阶段学生的家庭教育成本。

3. 扎实做好贫困家庭孩子的控辍保学工作

一是针对一些地区初中生辍学率偏高的现象，教育行政部门应深入实际，做调查研究，拿出“控辍保学”的切实措施。二是在“十三五”期间结合“七五普法”，在贫困县（市、区）和贫困家庭较多的中小学校，有重点、有针对性地开展《义务教育法》的宣传教育，通过法制教育、思想教育、政策救助、亲情关爱、重点帮扶等方式，保证贫困儿童完成义务教育，防止新文盲

的滋生和文化知识缺失而引发的贫困代际传递。

4. 高质量、严标准实施教育扶贫政策

改革完善幼儿园和中小学家庭经济困难学生生活补助费发放办法，将家庭经济困难学生认定标准与扶贫部门精准扶贫确立的贫困户、低保户对接，提高贫困生识别的精准度。另外，应依据贫困家庭脱贫进度，建立家庭经济困难学生生活补助费补助进退机制，充分保障应补尽补。

5. 建立“陪读”家庭儿童的安全管理制度

除了优化学校布局和加大寄宿制供给以减少陪读以外，要建立对现有的陪读家庭学生的登记造册制度，对其监护看护、交通安全、居住安全、食品安全、卫生安全、人身安全等进行排查。

6. 鼓励和支持社会力量建立留守儿童托管机构

推广岚皋县的创新做法，鼓励社会力量兴办留守儿童托管机构，为父母外出打工的留守儿童提供住宿、吃饭、洗衣、辅导作业、安全保护等全方位服务，解除贫困儿童家长的后顾之忧，消除农村寄宿制学校偏少和寄宿制学校双休日儿童回家因没人接送而存在的安全隐患，破解留守儿童校外管理教育的难题。教育部门应制定出台鼓励扶持社会力量和民间个人举办留守儿童托管机构的奖补政策，引导社会力量创办留守儿童托管机构，形成政府、学校、社会、家庭四位一体的留守儿童教育管理服务体系。

7. 建立基层留守儿童管理服务中心

通过政府主导、社会参与的方式，在每个县（市、区）至少建立一所留守儿童管理服务中心。管理服务中心要有固定活动场所、有专兼职工作人员、有注册志愿者和社工人员、有工作经费、有指导服务计划、有指导服务和辐射能力、有工作绩效考核。通过专业化指导中心，保障留守儿童管理服务工作的可持续发展。

8. 加大贫困儿童家长的家庭教育指导服务力度

积极实施陕西省“十三五”家庭教育规划，将家庭教育公共资源向贫困地区、贫困家庭适度倾斜。每个县（市、区）至少要建立一所能持续运行的家庭教育指导服务中心。积极搭建农村家庭教育服务载体，通过开办家长学校、送教下乡、送教入户、送教到人等措施，提升家教知识的知晓率。

（五）提高贫困儿童社会福利水平，重点关注特殊困境儿童

1. 积极落实普惠型儿童政策

在儿童福利政策的执行上，应对所有儿童一视同仁，消除不公正现象。对所有民办幼儿园与民办义务教育阶段中小学学生落实同公办园校学生一样的“一免一补”“两免一补”和生均教育经费等公共政策，确保教育公平。

2. 保障残疾儿童接受义务教育

尝试建立区域间特殊教育学校创办合作机制，在已建立特殊教育学校的市、县，要把本地区残疾儿童入学率和巩固率作为基本的考核指标，建立奖惩机制，杜绝以各种理由拒收或变相拒收残疾儿童入学就读的现象发生，提高残疾儿童的就学率。在没有建立特殊教育学校的市、县，要积极与已经建立特殊学校的市、县建立合作机制，合理利用现有资源，解决好本地区残疾儿童跨区域进入特殊教育学校就读的问题。

3. 逐步实现贫困残疾儿童康复训练的全覆盖

全力解决贫困家庭残疾儿童康复难、照料难、康复后续训练难等问题。一是建立残疾儿童康复训练与福利政策信息化服务平台，使有贫困残疾儿童家庭能够及时获得免费康复救助信息。二是积极开展残疾儿童康复需求调查摸底，建立档案，有针对性地开展康复服务。三是完善重度残疾儿童的家庭护理津贴制度，确保津贴发放到位。四是通过政府购买服务的方式，支持社会力量举办残疾儿童康复机构，弥补公共康复服务资源的不足。

（六）改善贫困地区基础设施条件，提高有线电视与网络入户率

在互联网时代，信息既是知识又是财富，也是能力和机会，信息匮乏是贫困发生的一个不可忽视的重要因素。因此，针对贫困地区信息硬件建设严重不足的问题，应尽快将陕西省贫困地区信息化设施建设提上重要议事日程，制定贫困地区有线电视与网络入户基础设施建设规划，并大力推进实施，力争在“十三五”末实现贫困地区有线电视入户率与网络入户率全覆盖。

B.19 陕西农村基层党群关系的现状、问题及其优化路径研究

何文兰*

摘　要：通过调研和对比分析看出，新形势下陕西省农村党群关系总体较好。调查发现，党的代表性广泛、群众的认同性较强、人们的满意度不断提高。但也存在贪污腐化、“人情关系”、利益协调难等影响党群关系的问题。调查分析表明：认知差别、党的先锋模范作用发挥、农村干部与群众直接接触的频率、利益代表性、服务群众的能力以及基层党组织的凝聚力等因素与党群关系高度相关。因此进一步密切党与群众的关系应从微观上增强党员特别是党员干部“底线意识”和提高群众素质，中观完善机制和宏观上建立健全党员联系群众工作制度等相应层面进行建设。

关键词：陕西　农村基层　党群关系

当前，陕西省进入改革和转型的重要时期，实现“追赶超越”的“陕西梦”已经吹响号角，前进的步伐不容阻挡。在全球利益结构、经济结构、文化形态、价值观念发生大变化的背景下，陕西省农村也发生着各种变化。这些变化已经或正在影响农村的最主要的关系之一，即党群关系。本文通过调研，试图准确地把握陕西省党群关系的客观现状、认真理性的分析其主要影响因素，并在此基础上积极探讨进一步改善党群关系的可行性路径。

* 何文兰，陕西省社会科学院政治与法律研究所助理研究员。

一　关于调研样本情况介绍

本次调研以问卷和实地走访两种形式为主。先后在安康蜀河施家沟村、七家洼村，宝塔区的康坪村、川口村走访了37位群众和10名村干部，发放问卷101份，回收97份，有效率为96%。上述地区分别位于陕西南部和北部，经济不够发达，交通比较闭塞，农民收入主要靠外出务工，这在陕西具有一定的普遍性和代表性。

被调研的对象分为三种，即群众、党员和农村基层干部。在年龄层次上，中老年者居多，主要因为农村青壮年劳力基本都外出务工，老年人留守较多。从性别看，男性较多，占65%，妇女占35%；从文化程度来看，初中以上占57%，小学占30%，这也是本次受访的主体，高中及以上占13%，这部分主要集中在乡（镇）干部当中。从政治面貌看，受访的群众占71.7%，党员占16.4%，党员干部11.9%。

二　农村党群关系总体概况

党的根基和力量在人民。长期以来，我们党坚持人民立场，自觉践行全心全意为人民服务的根本宗旨，逐渐形成了“鱼水”般谁也离不开谁的党群关系。这是我们党成立95周年以来勇往直前、排除一切艰难险阻的政治优势，也是我们党的光荣传统。95年来，我们党不忘初心，在我是谁、为了谁、依靠谁等根本问题上始终保持清醒的头脑，始终坚持我们党的根本宗旨、信仰信念和价值追求，永远保持对人民的赤子之心。同时我们党始终抓好农村这块阵地，高度重视“三农”问题，积极问民需、帮民困、解民忧，农村党群关系总体呈现出新的良好态势。

（一）党群关系总体较好

在社会转型的大背景下，尽管存在各种影响党群鱼水关系的因素和情况，但是党群关系总体是好的。主要体现在农村党员依然代表着农村各个阶层，体现着先进性；人民群众对党员及党组织的认同性增强，彰显党组织的凝聚力和

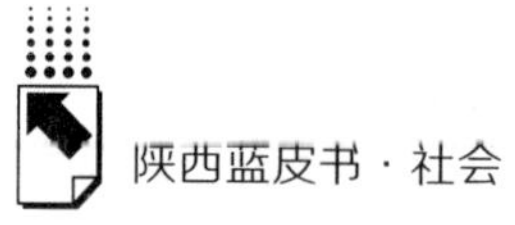

战斗力；群众的满意度不断提升。

1. 党的代表性较广泛

马克思恩格斯在《共产党宣言》中曾指出："至今发生过的一切运动都是少数人的运动，或者都是为少数人谋利益的运动。无产阶级的运动是绝大多数人为绝大多数人谋利益的独立自主的运动。"① 之所以如此，是因为无产阶级政党是代表最广大人民群众的。习近平强调，"坚持和发展中国特色社会主义，必须坚持人民至上、人民主体地位，一切为了人民，一切依靠人民，人民利益高于一切"以及"人民对美好生活的向往就是我们奋斗的目标"。这鲜明地表达了中国共产党"为绝大多数人谋利益"的社会主义根本立场与原则。

在关于"谁能代表您的利益"调研问题中，选择"党组织和政府""单位和所在村组""新闻媒体""民间组织"的分别占44%、41%、10%和5%。虽然群众选择的对象有所差异，但不难看出，农村党组织依然是群众首选的对象，这实质上是对党组织或党员领导干部的信任和认同。同时也体现了农村党员是代表农村最广大群众利益的这一本质没有改变。

2. 群众对党的认同性增强

中共中央党校王长江教授指出，执政党的合法性不仅包括"权威性"，还要包括"公众的认同"，民众与公权力需要政党这个桥梁，其路线方针和政策落实如何，反映的是民众与公权力之间的一种互动。很显然，落实的好，说明党的执政能力就好，不落实、群众不满意那就说明无效，执政能力就差，这就有一个"认同"的问题。十月革命让中国革命和中华民族焕然一新。所谓"新"就体现在有中国共产党的领导，有马克思主义科学理论的指导，有社会主义和共产主义的奋斗目标。从此以后，中国共产党领导中国人民扎根中国土地，从逐步实现了中华民族由"不断衰落到根本扭转，持续走向繁荣富强的伟大飞跃，实现中国人民从站起来到富起来再到强起来的伟大飞跃"。② 在当前的社会转型期，陕西省农村存在少数干部吃、拿、卡、要，因土地拆迁而存在党群矛盾、因党员群众只联系少数人存在隔膜等问题，但是广大农村依然不折不扣地执行省委、省政府的决策，维护中央政府以及省委、省政府的权威却

① 《马克思恩格斯全集》第四卷，人民出版社，1958，第477页。

② 蒋斌：《牢记历史经验推进复兴伟业》，《求是》2016年第17期，第20页。

更加坚决主动。

在“您能否主动落实党在农村的方针政策”的问题中，选择“完全能”和“基本能”的分别占70%和28%，这从侧面反映了广大群众相信党、服从党，坚决跟党走以及对党的认同性信心增强。

3. 民众的满意度较高

党的十八大以来，“拍蝇打虎”成为反腐“常态”，农村也进入了反腐的新阶段，给农村社会带来了“风清气正”的景象。很多市县的农村都借着高压反腐的这股“春风”积极解决发生在“群众身边的腐败”。所以群众对农村反腐败底气十足，对自己的前途充满希望，对党员领导干部、党组织以及社会风气的满意度不断提升。同时在群众关于监督干部的问题上有了较大的变化。以前，由于各种顾虑和担心被打击报复，群众监督干部只是“理想”，现在由于群众看到了反腐的成绩，心中有了底气，对作风不好、能力不够、方法不灵、经验不足、解决问题不力的干部是动真格的监督。在所有被调查者中，认为党群关系“比较紧张”“一般”“较好”“很好”的分别占8%、22%、62%和8%。在“您对农村反腐败看法”的问题中，选择“完全有信心”“很有信心”“有点信心”“没有信心”的分别占17%、46%、29%和8%。

（二）存在的主要问题

农村党群关系是我国整个党群关系的一个缩影，农村党组织和党员领导干部的形象是了解我国整个党员队伍形象的“窗口”。尽管我们党坚持“群众路线”这一根本政治路线和工作路线没有变，党群关系出现了良好的态势。但是从目前对陕西省调研的情况来看，存在的问题也不容忽视。

1. 农村“关键少数”贪污腐化，破坏党在群众心目中的形象

党员干部与普通党员是有区别的。习近平总书记提出的“底线意识”“四有干部”“四铁干部”“三个区分”等都是对党员干部队伍的基本要求，这就说明，党员干部队伍较之普通党员和群众是有区别的。原因之一就是他们手中掌握着一定的权力资源。能否权为民所用直接影响党群关系。有道是：群众看党员，党员看干部。所以在农村，党员干部的言行可以让群众直接感受到整个党员队伍的风气，进而决定着群众对我们执政党的看法。

在“您认为影响和破坏农村党群关系的主体有哪些”的问题中，选择

“乡（镇）领导干部”“村领导干部”“普通党员”“县级领导”干部的分别占28%、45%、10%和17%。在“您认为破坏农村党群关系的因素有哪些”的问题中，选择“领导干部贪污腐败”的有47%，选择“领导干部办事不公、任人唯亲”的有43%，选择“领导能力不够”和“党员模范带头作用发挥不够”的分别是3%和7%。因此可以确定的是，在农村主要破坏党群关系的是“关键少数”，即领导干部。而最让群众痛恨的是干部的贪污腐化以及办事不公、任人唯亲，置党的制度于不顾，损害群众利益的行为。比如，在农村的“低保腐败”就严重影响了党群关系。所谓“低保”就是为了保护低收入群体或弱势群体的基本生活的保障措施，但是在部分地区我们发现“低保”确实是某些村干部及其亲戚朋友的“专利”，一些真正需要“低保”的人并没有得到。有的虽然拿到了“低保”名额，但出现“贴保”或“挂户”现象（即本来是你申请到了低保，但在你低保户上挂上两个不应该吃低保的人，假如一个月有300元的补贴，你就只能拿到100元），这就是村干部利用手中权力中饱私囊。这虽然是少数干部的腐败行为，但其影响却极为恶劣。

2. 农村“人情关系”根深蒂固，影响广大群众权益

中国的社会关系历来是比较复杂的，尤其在农村，由于地缘和血缘因素，“人情关系”根深蒂固，这一方面反映中国人朴实、“与邻为善”的本性，另一方面也显示了这种“关系社会”的扭曲。很多事情不在制度的框架内运行，而靠关系运作。

和谐党群关系需要有科学的干部选拔制度做保障。在“您认为干部选拔的主要因素有哪些”的问题中。选择“靠关系”“靠能力”“靠经验”“群众拥护”的分别是28%、44%、11%和17%。很明显，在农村这种“家族意识”“家族威望”以及“抱团儿”的思想还有很深的根基，很多有能力的干部由于缺乏“大家族”支持的背景，所以在选举或干部推荐过程中都被淘汰。这与我们党一直倡导和坚持得的“德才兼备、以德为先”的干部选拔标准还有很大差距。部分村庄出现“谁推荐、支持我当上干部，我当上干部以后就为谁谋利益”的荒唐现象，视广大群众的正当权益于不顾。

3. 利益协调异常艰巨，诱发各种冲突

当前我国的改革已经到了关键时期，需要“啃硬骨头”的功夫与勇气。

改革就是要协调利益，打破固有的不合理的利益樊篱，也就难免破坏部分人的利益。而“人们奋斗所争取的一切，都同他的利益有关”①，这就预示了触动利益的艰难性。农村更是改革的前沿之地，改革的矛盾多发区。随着改革开放和市场经济的深化发展，农村的利益主体多元化、利益诉求多样化，而满足群众利益的渠道、能力和措施都与群众的期望有很大的差距，这一方面严重地影响着党群关系，另一方面还时常引起很多矛盾。所以，利益协调“牵一发而动全身”“触动利益比触及灵魂还难”。

在走访的过程中发现，无论是被访的领导干部还是普通党员，抑或是群众，都存在利益动因。走访结果统计表明，67%的群众认为自己是弱势群体，还有一个现象就是部分基层干部认为自己也是弱势群体。这也从另一方面说明，部分党员及其领导干部认为利益受损。而且在个别访谈中发现，当前有很多乡（镇）公务员认为工作压力大，原因就是现在工作任务重、难度大，制度严且隐形收入减少了，进而降低了工作热情。

4．“面对面”联系群众传统手段受到“键对键”新兴科技的挑战

2014年，山东乳山市委书记高书良在《人民日报》上撰文指出：“做好群众工作，既要用好现代科技手段，又不能忽视那些直接和群众打交道的老办法、土办法。”② 这里的“现代科技手段”就是指的新媒体，而“老办法和土办法”就是“迈开腿”“张开嘴”和群众面对面交流。不容否认，现代科技给我们带来了方便，人们不出门便知天下事，更是给我们党群工作带来了极大的便捷，咨询建议、查找信息、法律援助、进行投诉等，群众敲敲键盘就可以轻松搞定。但这也带来了一个新问题：一些部门和领导，长期使用“键对键”间接就减少了与群众“面对面”的直接交流；新媒体再方便简捷，但是代替不了人与人之间的感情交流。正如有群众说：“现在办事方便是方便了，一个电话、一个信息就能解决事情，但是很难互相见到了。”在农村的实际情况就是这样，这就存在着党员脱离群众的危险。无论什么时候，与群众“面对面”的零距离交流都是最好最亲切的沟通方式，也是最受群众欢迎和最易接受的方法。

① 《马克思恩格斯全集》第1卷，人民出版社，1956，第82页。

② 高书良：《要“键对键”，更要“面对面”》，《人民日报》2014年7月23日，第14版。

三　党群关系影响因素分析

党群关系中任何的矛盾、冲突与不和谐都是有原因的，经过分析不难发现，群众认知的差别、党员先锋模范作用发挥、村干部与群众的直接接触频率、党的利益代表性、党组织服务群众的能力等与党群关系高度相关。

（一）不同群体认知差别的影响

通过调研走访发现，人们对党群关系的认识差别除了与党员本身作风行为有直接关系以外，与不同群体的认识也有很大的关系。比如，在农民、企业主、个体户，在老年群众、中年群体、妇女群众，在流动群体与常住群体，在党员和非党团员等不同群体中，对党群关系的认知有不同的评价。当然，这也不难理解，因为在很多情况下对一件事情的判断会融入个人喜好、政治偏好、价值判断等各种因素。这也从另一个方面告诉我们：密切联系群众就必须最广泛的代表广大人民的利益，决不能主观臆造、凭空决断。

（二）党员先锋模范作用发挥的影响

党员的先进性就是其模范先锋作用的发挥，是党员区别于普通群众的一个明显标志。也是党员影响群众的一个最直接的方法。一个党员合不合格，群众能从他有没有发挥模范作用看出来，这直接决定了群众对该党员认不认可、满不满意等基本看法。将党员先锋模范作用与群众对党群众关系的评价认知交叉与反复对比分析可知：党员先锋模范作用发挥得越好，党员先进性就体现得越好，群众对党群关系的评价就越好，反之则相反。

（三）党员、干部与群众的直接接触频率的影响

随着农村外出务工人数的不断增加，党员的流动性加大，党员大会和村民代表大会在很多情况下“流于形式”，多数党员都是有其名、在其册，但是不履行党员的职责，不尽党员的义务。部分村党组织对党员的管理缺乏实际意义，造成党组织与党员、群众实际上的脱离。比如，一些基层干部工作作风浮夸，党员干部不走访、不帮带，不深入了解群众；部分干部只追求经济发展，

忽视对群众思想教育和情感关怀。个别基层干部宗族、地域观念较重，搞一言堂；党组织生活不规范，党员与群众的联系缺乏规范化和经常化。研究发现，党员或村干部与群众接触的频率高，党群关系就相对较好，党员或村干部与群众联系少，党群关系就相对疏远。

（四）利益代表性的影响

通过走访发现，党最能代表哪个群体利益与人门对党群关系的评价高度关联。据统计，党组织或党员干部能够代表广大农民群众和低收入者群体的，则群众评价党群关系普遍较好；党组织或党员干部只代表中等收入群体的，则群众评价党群关系一般，甚至有群众认为与党组织或党员干部平时没有什么“瓜葛”；党组织或党员干部仅代表富人或高收入群体的，则群众就认为党群关系比较紧张或不好，甚至认为“党员干部与富人勾结谋利益”。所以，我们基本可以断定，在农村，党组织或党员干部代表什么样的阶层群体将直接影响党群关系。

（五）服务群众能力的影响

党员、党组织和领导干部只有更好地服务群众才能增强凝聚力，才能搞好与群众的关系。当前，一些党员干部由于自身素质和能力问题，在服务群众方面掌握不了主动权，出现了无人服务、无钱服务、无服务机制保障、无服务成绩等，这严重影响了群众对党的看法。相反，在汉中市洋县我们就看到农村党群和谐融洽的关系。因为洋县始终把“为民”“务实”“清廉”作为服务群众的基本要求。全县开展“领导包村、干部驻村、医患师生结对帮扶”，进一步采取干部进村、文化进村、政策宣传进村、致富技术信息进村和扶贫发展项目进村等为民措施，切实解决与农民生产生活密切相关的实际问题。实现真正的问需于民、送情于民、方便于民、惠泽于民。再如川口村，针对农民就业增收难的问题，由村支部出面，通过与盛大医药公司、川口采油厂、龙腾机砖厂等驻村企业协调和争取，解决了村内部分有一技之长的青壮年劳动力就业问题；同时由村“两委会”牵头，组织较小部分无一技之长的且身体条件较好的群众外出打工赚钱，并在川口文化站广场、川口大桥小广场聘用车位看管员，或聘用街道保洁员，解决贫困老年人收入问题。实践证明：党服务群众做得好，党群关系就好，反之相反。

四　进一步改善和加强农村党群关系的基本路径

当前陕西省农村党群关系总体较好，但仍不能过于自信。进一步改善和加强党群关系应从从微观上增强党员干部底线意识、提高群众素质，中观上完善机制以及宏观上建立健全党员联系群众工作制度等方面重点着手。

（一）微观层面，加强党员自律，提高群众素质

1. 加强农村党组织、村干部和普通党员自律，增强“底线意识”

党组织和村干部是改善陕西省农村党群关系的主要力量，而且是最重要的。群众了解、认识和感受党群关系主要是来自于普通党员，但更直接、更深刻的以及更准确的则是来自于党组织和村干部。他们主要是通过村干部办事是否公道、政策落实是否彻底、对群众服务是否主动积极等方面来观察的。因此，党组织、村干部和普通党员平时一定要加强自律、严格要求自己，这样才能为构建良好的党群关系打下基础。一是普通党员要以“合格”作为底线要求自己。“一个老鼠影响一锅汤”比喻个别党员与党组织的关系再也恰当不过了。有时候群众对党的印象不好，不是因为我们整个党的肌体出现了毛病，而是个别党员的行为造成的恶劣影响。所以，每一个党员都要严以修身，廉洁自律、做好表率，发挥好党员先锋模范作用。二是“村官”“关键少数”要自律。干部就要有干部的标准，有干部的原则。办事公道、任人唯贤、作风正派、落实政策措施得力、依法选举、依规行事、带领致富、维护农村和谐、化解农村风险等都是农村干部应有的能力和要求。虽然“村官”官不大，但其责任大、影响大，是群众评价农村党群关系的关键因素。因此，做好自律，防止道德滑坡，树立党员干部队伍的高尚品格，才能密切党群关系。三是加强农村党组织自律。一个组织要得到群众的信任首要的是纪律约束，党组织要自律，就是要自觉遵守纪律、严格按照规章制度办事，将组织的规定内化于心、外化于行。作为农村党组织，诸如自觉过党组织民主生活会、遵守考核制度等。

2. 提高群众素质

党群关系是一个“双边”关系，双方分别是“党”和“群众”。所以，要

改善党群关系，只改变一方是不行的，党员、党组织和村干部做得再好，群众素质低、觉悟低、愚昧落后，不能换位思考依然建立不起良好的党群关系。当前正处在农村社会的转型期，农村工作任务艰巨、业务复杂，很多农村干部认为受“夹板气”，出力不讨好，既得不到上级的认可，还会招来群众的误会。所以，在笔者走访的几个村，有部分村干部认为“他们才是真正意义上的弱势群体”。目前，农村正在全面建成小康社会的关键时期，承担着非常艰巨的任务。只有农村的小康才有全面的小康，农村工作面临的困难是客观存在的，这给我们党做好群众工作、处理好群众关系带来一定的影响。所以我们在改变党员干部工作作风、健全制度、完善机制的同时，必须在提高群众素质，让群众在换位思考中获得满足感。

显然，群众的素质提高了，就能换位思考，就会视野开阔、目光长远，看问题、分析事情就会全面、客观和公正，也会正确看待和评价党群关系。

（1）抓好长期教育。百年教育，利国利民，教育不应该把农民群众排除在外。教育是个不老的话题，尤其是针对农民群众，更是要坚定不移。教育和学习，可以让一个人从愚昧走向文明，从落后走向先进，从无知走向优雅，从迷茫走向坚定，从封闭走向开放，从非理性走向理性。一句话，教育可以改变一个人的“三观”，可以影响人与人之间的相互关系。要针对目前陕西省农民普遍文化素质较低的这个客观事实，加大对农民群众的教育。要定期向群众分析当前的农村形势，便于他们正确认识和把握农村的未来发展方向；定期向群众宣传解释党在农村的最新政策，便于贯彻和落实；定期开展对群众性的技术学习活动，便于掌握新知识；定期开展针对培育产业、优化结构、提升产值等专题教育，不断提升群众的理论文化水平和综合素质。这样就能客观公正的全面评价党群关系。

（2）树立典型。榜样的力量是无穷的。一个先进的典型就是一面旗帜、一根标杆，具有强大的潜移默化示范带动作用。一是广泛培育和树立典型。就像刘奇葆同志在第十二届中国公民道德论坛上强调的那样，要“着眼培育和践行社会主义核心价值观，广泛发现和树立各类先进典型，推动形成“群星灿烂”与“七星共明”的先进群体格局，着力构筑中国精神、中国价值、中国力量”。充分发挥先进典型的示范带动作用。俗话说“村看村，户看户，党员看干部”。因此一方面要发挥党员干部的示范作用，就像家喻户晓的孔繁森、焦裕禄、任长霞一样，这些干部就是群众心目中的灵魂人物，他们无论在哪个时代都是提得起、叫得响，都能令人敬仰、催人奋进。近年来，陕西省也在这方面取得了成就，比如“陕西最美村官”平利县长安镇中原村村主任殷刚的事迹，激励和带动着群众。二是宣传好先进。要把宣传先进与推进社会主义核心价值观建设相结合，“要坚持先进性与广泛性相统一，坚持培育先进与学习先进相结合，坚持创新方式与完善制度相协调，在基层广泛发现、推出和表彰各类先进典型，让人们充分感到典型就在身边、榜样就在眼前”①。要有重点地表彰和宣传那些做出突出贡献、有正义感、有担当精神、有顽强意志、群众认可度高、社会影响力大的先进典型，使他们成为引领社会价值的风向标。三是要会讲故事、讲好故事。要突破以前的“运动式”“一阵风式”“作秀”的宣传方法，改进学习宣传形式，要实用简单、通俗易懂、寓教于乐、大众化、特色化、时代化，要积极利用创新平台载体，大力推广新媒体传播、多渠道展示、互动式学习，使先进典型承载的价值观力量有效地走出去、传开来。当然，还要关心、保护、关爱先进模范人物。要利用政策导向、培育法治环境、为先进典型的成长创造条件，要旗帜鲜明地尊重、捍卫和保护模范典型，形成人人争当模范的你超我赶的局面。

（二）中观层面，完善机制

1. 建立健全基层党组织和党员服务群众长效机制

（1）建立健全党员增强服务意识、提高服务本领制度。一是包括定期学习制度。每年根据形势任务需要和党员队伍实际，集中一定时间，综合运用“领导上党课讲、专家专题辅导引、先进典型示范带、党员集中精力读、开展讨论大家议”及组织考核检查等方式，开展科学发展、执政能力、新农村建设等专题教育活动，严格考勤、补课、检查、考核等措施，形成完善的述学、督学、评学、考学制度。二是业务培训制度。定期开展党员业务研讨、技能比武等活动，加强市场经济、实用技术、岗位技能等方面的培训，引导党员增强服务本领。三是机关党员挂职锻炼制度。定期选派机关党员干部到农村在实践中锤炼党性、增长才干。

---

① 刘奇葆：《用先进典型引领核心价值观建设》，《人民日报》2016 年 9 月 20 日，第 2 版。

（2）建立健全为群众办实事、解难题制度。一是建立服务承诺制度。基层干部要把岗位职责、目标责任、办事的“线路图”和“时间表”及监督渠道汇编成册，通过公开栏予以公开。二是建立为民服务代理制度。在县（市、区）、乡（镇）设立服务中心，对所有行政许可事项及与群众生产生活密切相关的公共服务项目实行“一站式办公、一条龙服务”。村设立代办点，由乡（镇）、村干部义务为群众提供代理服务。三是建立结对帮扶制度。选择部分市直部门、单位，挂钩帮扶欠发达的乡（镇）、贫困村和贫困户。建立党员责任区、党员示范岗，党员领导干部、致富能手党员、岗位能手党员与贫困户、困难村民结成帮扶对子，形成扶贫解困的长效机制。

2. 建立党员干部诚信机制，以严肃的纪律引领社会风尚

（1）无论是普通党员还是党员干部，都必须把诚信放在第一位，因为如果一旦失信于民，就会有脱离群众的危险。“社会关系”和“人情关系”与依法治国和建设社会主义新农村是格格不入的。建设社会主义新农村需要破除“潜规则”。如何破？首先就是规范农村执掌权力的党员干部，尤其是领导干部。要让“法律意识、纪律意识、政策意识、道德底线意识”真正入脑入心，要让“懂规矩”落地生根，要让“忠诚、干净有担当的干部”踏踏实实为群众服务。

（2）要把“诚信”纳入党员干部的日常考核以及职务晋升当中，在农村建立党员干部诚信考核机制。一是完善“党员承诺制”。目前实行“党员承诺制”的较多，但是真正落实兑现的却很少。主要表现为承诺了却不付诸实践、实践了却没有完成任务、任务完成了群众却不满意，这就让“承诺”失去了真正的意义。要改变这一现状，就要有落实承诺的“时间表”和“路线图”，包括承诺什么、落实措施、完成时间、检验标准、奖惩运用等，要让承诺从压力变动力，切记流于形式。二是完善“领导干部岗位职责制”。无论是县乡干部还是村级干部，干部的职责和权力都是有边界的，否则就会出现权力和职责模糊，容易造成腐败。三是完善考核机制。真正做到“鼓励干部、容错纠错、能上能下”。

3. 完善社会保障机制

（1）要突出打好农村扶贫攻坚战以促进社会和谐，做好保障兜底工作，改善农民群众的生产生活条件，提高群众的幸福指数。农村的低收入者主要集中在“纯粹的农民”中（即在家种地和外出打工），而这个群体对党群关系的看法和评价相对较差，甚至有的认为党群关系比较紧张。农村的“扶贫攻坚”计划不仅是促进农村可持续发展，也关系农村的和谐稳定和基本安全，关系农村的全面小康。所以把扶贫的专款用在刀刃上、用在需要的人和事身上，保障扶贫基金专款专用，提高使用效率，防止虚报和套取。

（2）要不折不扣地落实好党在农村的“低保”政策。农村的“低保”是农村“腐败的重灾区”，原因就是随意性较大，到底“保”什么样的人？需要有评选、审核和监督的程序并且作为明确的制度固定下来。目前“低保”工作还没有一套完整的运行机制，致使一些人钻空子。中纪委监察部网站公布数据显示，截至8月29日，2016年共通报325起扶贫领域的突出问题，其中危房改造、“低保”等领域是扶贫领域的“问题高发区”；同时指出“村官”是主要的违纪群体。这就给我们一个强烈的信号：必须在防止农村出现腐败的重点项目和“关键少数”上做文章，保障群众的基本生产生活。

（三）宏观层面，健全制度

1. 建立健全基层党组织和党员干部联系群众的工作制度

目前，农村党群关系中出现一些新问题，为此必须要探索一些党员联系群众的新方法和新制度，并加以固定和完善。

（1）探索建立“三联三帮三访”联系群众工作制度，发挥县（市、区）、乡（镇）、村三级联动作用。主要做法是：县级领导班子每个成员挂钩联系1~2个行政村，至少联系帮扶1名困难党员或1户困难家庭，每年走访党员群众不少于10户。村级领导干部重点联系本村，帮助本村有需要的党员和群众，入户走访每月不少于10户。同时必须做到“三必访、四必问”，即上访户必访，向他们解释政策、化解矛盾；老党员和老干部必访，请他们出谋划策；困难党员、贫困农户必访，帮助他们摆脱困境；问当前困难、急需解决的问题、对地方党委和政府的意见和建议以及政策落实情况。使党员联系群众长效化，重在听取群众心声，寻找解决问题的出路。

（2）乡（镇）领导要建立定期接待群众来访制度。乡（镇）党委必须安排专人每个月至少安排一天时间接待群众来访，做到“三固定一公开”，即固定接访人员、时间、地点，主要接访村党组织或村干部解决不了的问题；同时接访的问题通过村级党员服务中心宣传栏等向社会公开。由于基层干部工作任务艰巨，尤其是乡（镇）干部，工作时间紧，有时群众有问题想反映但是找不着人，如果能做到“三固定”既节省了群众的时间，又提高了干部的办事效率。

（3）村党组织建立办理情况定期反馈制度。群众反映的问题可能有复杂、有的简单，简单的能及时处理的村党组织要及时处理，复杂的需要沟通调解或需向上级请示汇报的，就必须采取“问题定向负责”制，即谁负责接待处理，谁就要跟踪反馈，向群众报告事情处理的进度和结果，这样层层传导，就能保证事事有着落，件件有回音。就能从根本上拉近党员、干部与群众的关系。

（4）要注重人文关怀。尤其是农村党员和村干部，与群众打交道最直接、最方便，所以一定要加强平时与群众的情感交流与沟通。按照“生活上照顾、精神上关心、感情上慰藉、发展上带领、困难上帮助、平时问候、节假日走访”的原则建立党群关怀制度。

2. 加强监督

让群众敢于监督、善于监督、乐于监督，对构建和谐党群关系具有十分重要的意义，既可以有效惩治和预防腐败，也有助于实现人民群众参与政治的民主权利。调查发现，是否表达了自己的选举意向，直接影响人们对党群关系和谐程度的评价。所以，一定贯彻落实村民自治制度，干部选拔制度，坚决杜绝“问题干部”提拔使用。这就要求我们要定期组织群众代表、党员代表评议村“两委会”班子、评议干部，通过各种方式让干部接受群众监督，促使干部不断改进工作作风和工作方法，增强服务意识和服务能力。坚持民主管理、民主议事、民主决策和民主监督，村里重大事项，坚持一事一议，经村民代表会议讨论、“两委会”研究、村民大会审议通过后再组织实施。积极推行党员议事会制度，积极发挥普通党员实施民主监督、参与村级重大事项决策的作用。

同时，严格标准，加强管理，确保党员队伍质量。一方面把好“入口”，在发展党员工作中，按照“双培双带”先锋工程的要求，规范发展党员程序，全面推行发展党员公示制、票决制、责任追究制和全程联名推荐制度，确保发展党员的质量。另一方面畅通“出口”，建立处理不合格党员的管理办法和专项制度，将丧失党员条件的党员从党内清除出去，纯洁党的队伍，保持党的先进性。

B.20

陕西实施全面两孩政策过程中的问题与对策*

李　巾**

摘　要：“全面两孩”是新时期我国生育政策的一次重大调整和完善。本研究通过对陕西省实施全面两孩政策的情况进行分析，从政策衔接、配套服务、计划生育管理改革等各方面分析存在问题，提出相关对策建议，对全省做好新形势下计划生育工作以及进一步完善生育政策具有重要的意义。

关键词：全面两孩　人口政策　计生服务

党的十八届五中全会会议明确提出，坚持计划生育的基本国策，完善人口发展战略，全面实施一对夫妇可生育两个孩子政策。根据十八届五中全会精神，全国人大常委会于2015年12月27日表决通过了《中华人民共和国人口与计划生育法》修正案，“全面两孩”政策于2016年1月1日起正式实施。全面两孩政策的实施，标志着我国人口计划生育工作进入一个全新的发展阶段。伴随着生育政策的大幅度调整，人口发展呈现出新的状况、新的问题，人民群众的生育福利诉求也随之发生变化，这都要求陕西省根据形势的变化，及时了解问题，调整工作思路和方法予以应对。

---

* 本文为2016年陕西省社会科学院重点课题“全面两孩实施过程中计划生育相关配套政策衔接研究”（16ZD03）阶段性成果。

** 李巾，陕西省社会科学院社会学研究所助理研究员。

一　全面两孩政策实施后陕西人口发展的基本概况

计划生育实行40多年来，陕西在保持低生育水平、治理性别比偏高、提高出生人口素质等方面，取得了显著成绩。全省人口出生率由20世纪80年代初的20‰以上下降到现在的10‰，妇女总和生育率由5.1下降到1.6，全省累计少生约1200万人，人口快速增长的势头得到有效控制，进入了稳定低生育水平的新时期，资源环境压力有效缓解，妇女儿童发展状况得到极大改善，人口素质明显提高，为全省经济社会快速发展做出了积极的贡献。40多年来，陕西人口发展也同全国一般，经历了艰难、曲折、辉煌的历程，人口形势发生了根本性变化，人口自然增长率稳步下降，妇女总和生育率降到更替水平以下，人口数量得到有效控制，少年儿童人口数量趋于减少；老年人口数量不断增多，劳动年龄人口数量正在逐年减少；群众生育观念发生了重大转变，少生、优生成为社会生育观念的主流。家庭规模日趋小型化，养老抚幼功能逐步弱化。国家实施全面两孩政策之后，陕西省的人口数量、素质、结构和分布问题相互交织，依然是关系陕西省全面协调可持续发展的重大问题，陕西应立足省情，认真落实中央精神，及时修改《陕西人口计划生育条例》，调整完善生育政策，保证两孩政策顺利实施，有序推进新形势下人口计划生育工作的稳步发展。

全面两孩政策实施之后，陕西省全面两孩政策目标人群，通过综合测量比对，育龄妇女中年龄在20~44周岁的一孩家庭共有326.5万户，其中农村已生育一个孩子的育龄妇女有223万人（生育一个男孩的为133.2万人，生育一个女孩的为89.8万人）；城镇已生育一个孩子的育龄妇女为103.5万人。符合全面两孩政策的目标人群共有236.7万人，其中城镇有103.5万人，农村有133.2万人。陕西省卫生计生委对省内20个县（市、区）出生人口动态监测报表显示，2016年6~7月，共出生41254人，其中一孩的为23429人（男孩11992人，女孩11437人），两孩的为17576人（男孩9222人，女孩8354人）；现已经怀孕的有28944人，其中一胎现孕15332人，二胎现孕13446人。统计数据表明短期内陕西省人口规模将高位运行。新的人口政策的实施，使得“十三五”时期陕西人口发展面临重大转折，全面两孩政策实施过程中出现的新情况、新问题，给经济社会发展带来新的挑战，也对完善生育政策，保证两孩政策顺利实施提出了迫切要求。

二　陕西全面两孩政策过程中面临的问题与挑战

陕西人口发展状况是在国家计划生育政策环境以及陕西人口和生育水平基础上形成的，期间经历多次改革与转型，如今面临“全面两孩”新的形势，陕西人口发展面临新的任务和挑战。快速、准确把握人口发展的新情况、新问题，及时实现政策对接、配套，是全面两孩政策实施后陕西计划生育工作迫切需要思考的问题。

（一）计划生育内部政策衔接不畅

1. 计划生育政策的历史遗留问题

（1）“老人老办法”计划生育奖励政策的低标准与差异性问题。“老人老办法”的计划生育奖励扶助政策的标准，在国家层面仅制定最低标准，将制定细则的权力赋予省、自治区、直辖市，使得奖励扶助政策在具体执行过程中存在较大的省际差异。比如，独生子女保健费，较低省份发放的标准为每月不低于10元（陕西、北京、河北等16个省份），在陕西省延续发放了数十年；较高省份发放的标准每月不低于100元（如海南省）。各地区经济发展水平的差异，使得奖励扶助政策在执行过程中存在较大的省际差异，全面两孩政策实施后使之前的独生子女奖励扶助对象的不公平感进一步加剧。

（2）计划生育特殊家庭扶助政策体系不健全。全面两孩政策实施之后，对“失独”家庭的扶助及养老问题引起社会的广泛关注，政府对计划生育特殊家庭经济补偿等扶助政策体系逐步完善。陕西省已出台政策将农村独生子女伤残、死亡家庭扶助标准提高到与城镇水平一致，这在一定程度上从经济方面完善了对计划生育家庭特别扶助制度。但独生子女伤残、死亡等特殊家庭不但需要经济和物质上的帮助，还需要精神慰藉、日常照料、疾病护理、养老服务等方面的帮扶。目前，针对“失独”家庭的扶助政策以经济补偿为主，人文关怀等在计划生育特殊家庭生活服务中面临重大缺失，尤其是全面两孩政策实施之后，给计划生育特殊家庭带来心理和身体的双重冲击，这部分特殊家庭心理上的落差以及由此产生的社会问题需要政府社会持续关注。

（3）对“违法生育”的处理政策衔接与执行。全面两孩政策的实施，新的社会抚养费征收管理办法尚未出台，群众对计划生育工作产生误解，认为“全面两孩”即是放开生育，之前或今后违反计划生育政策再不用接受处罚，从而拒绝缴纳罚款。在实际工作中，基层对以往案件的查处、收缴工作执行难度较大，陕西省新修订的《计划生育条例》规定了对社会抚养费的征收标准，但执行成本较高，难以付诸实施。

2. 人口新政策执行过程中的衍生问题

全面两孩政策是顺应社会发展，人心所向的好政策，政策的出台实施获得了民众的一致好评，但在操作执行中不可避免地衍生出一些新的问题。

（1）服务的便民性与执法的一致性问题。全面两孩政策后，取消生育审批制，实行登记制的便民服务制度不够健全，在执行中衍生新的问题。一是由于生育登记的程序及受理机构不明确，现居地与户籍地之间信息渠道不畅通，造成两地协管难。二是生育登记服务后，相关部门和单位对个人在享受婚育假、生育报销等政策时，如何进行计划生育情况核实，对此没有做出新的具体规定。目前，个人在请婚育假、进行生育保险报销等环节上，还普遍存在被索要“准生证”的情况，用人单位、现居住地对个人婚育情况核查不清，极不方便群众办事。三是流动人口服务管理难，信息采集困难；实行网上办证后，对育龄妇女的监管，孕情跟踪服务，信息核查都存在较大困难。

（2）计划生育新增需求与服务供给满足的问题。在全面两孩政策激发下，未来一段时期势必会产生大量的医疗、教育、养老等公共服务资源的紧缺，这在宏观层面对公共服务管理能力提出了挑战；在微观层面群众对计划生育服务管理会产生很多新的需求，如高龄产妇的优生优育技术指导，两孩孕产妇心理变化，家庭关系处理以及两孩生育后的避孕安全，对老年人、青少年和男性群体的生殖健康服务等诸如此类新增需求，都是伴随政策执行而产生的具体问题，与民众利益息息相关，但目前有针对性的服务还比较缺乏。

（3）生育成本焦虑与鼓励生育配套政策的强烈需求。对全面两孩的家庭给予关爱和政策支持还未提上议程，“想生不敢生”成为生育群体普遍焦虑。全面两孩政策实施后，政策支持体系要从原有的奖励少生向保障人口安全转型，激励按政策生育。在“新人新办法”的执行过程中，对2016年1月1日这一时间节点之前获得《独生子女父母光荣证》的即为“老人”，可以享受独生子女父母奖励费等相关奖励优待政策，在此之后的生育主体即为“新人”，而对这些“新人”的扶助政策及方式不明确，“提倡一对夫妻生育两个子女”，但却没有具体针对“两孩”的惠民政策，随着生育成本的提高和生育观念的转变，很多育龄人群在“想生而不敢生”的顾虑中徘徊，一孩家庭对两孩政策配套服务的需求非常强烈。年轻夫妇对于生育的重视程度和养育能力的预期在很大程度上会影响他们的生育选择（郑真真，2015）。

（二）计划生育外部配套政策缺失

生育政策调整是一项系统工程，其产生的影响辐射到社会生活的各个领域，涵盖教育、就业、社会保障等方方面面，目前政府部门间的政策衔接、管理衔接和服务衔接还远远不够。单纯依靠计划生育服务管理工作已经不能满足人口“新常态”下群众新增的公共服务需求，伴随新问题的产生，将衍生出新的风险。

1. 母婴安全、优生优育的高生育风险

保障母婴安全、优生优育的相应医疗配套不足，生育风险压力加大。陕西符合全面两孩政策的目标人群共有236.7万人，其中40岁以上的高龄产妇占了较大部分。短期内可能出现再生育聚集，高龄产妇增多、高危新生儿的概率增加，而高龄产妇妊娠合并其他疾病导致死亡的数量上升，出现胎儿异常而终止妊娠现象增多。

2. 医院、教育等优质公共资源匮乏

全面两孩政策实施后，预计全省每年平均多出生4万~5万人，人口自然增长率将增加1~1.3个千分点。陕西2015年10月至2016年8月报表数据显示，全省共出生395793人，其中一孩为227054人（男孩117105人，女孩109949人）；二孩为161185人（男孩84077人，女孩77108人）；出生性别比为109。总体看，政策效应逐步显现，短期内会形成一定规模的生育高峰。对医院妇幼保健、教育等公共服务等带来较大的挑战。尤其是基层卫生院的医疗水平和设施水平有限，服务能力薄弱，妇产科病床不足，妇产科、儿科等专业医护人才短缺，幼儿入园难，儿童入校难等问题突出。优质资源稀缺，城乡教育、医疗资源不均衡，硬件建设、专业人才配备相对滞后，使得优质资源不能有效满足群众的需求。

3. 其他相关社会服务政策的缺失

当前群众的生育行为受经济收入、住房、教育等因素的影响制约，不少群众担心生育成本高，养育负担重，经济压力大，对生育第二个孩子顾虑重重。调研中发现，不管在城市还是农村，第一个孩子是男孩的家庭，在生育第二个孩子的问题上顾虑都比较大，二胎假如再是男孩，给家庭增加的不仅仅是养育和教育的负担，更多的还是当前社会环境下将来孩子成年后婚配的压力。

4. 合理施政与权益保障问题

全面两孩政策实施后，国家《人口与计划生育法》修订后于2016年1月1日实施，《陕西省人口与计划生育条例》及时进行了调整修改，在国家规定婚假的基础上增加产假、护理假及哺乳假，产假最长计168天，在一定程度上维护了女性的生育权利。但全面两孩政策后，尤其是在学校、医院等女性工作人员较为集中的地方，女职工集中怀孕、生育、休假的现象，将影响到单位正常的工作秩序，也使女性的就业地位受到影响。在人口“新常态”下，合理施政与集体、个体的权益保障问题将是需要思考和创新发展。

（三）计划生育服务管理中存在的问题

全面两孩政策实施后，在当前的计生工作实践中，存在着众多不适应社会发展的问题，计划生育部门尤其是基层计生部门的工作方向和服务理念尚未实现从数量控制向人口服务的转变，计划生育服务管理还跟不上生育政策重大调整的步伐。

1. 基层服务理念尚未实现根本性转变，重管理轻服务的惯性依然存在

人口与计划生育部门长期以来基于“惯性思维”的影响，将自身定位为“人口管理机构”。尽管人口大趋势已经发生了改变，但是作为国家计划生育的意识仍然在现阶段发挥着作用（郑真真，2015）。在现阶段计划生育服务管理中的人口治理思路至今没有取得根本性突破，“全面两孩”虽然废止了“一个孩子”的做法，但本质上仍然是限制生育，因而在计划生育服务管理—服务意识不足。在服务能力上，计划生育服务管理存在“质”和“量”上的双重缺陷。一方面大多数地区基层计划生育服务力量薄弱，缺乏人力财力；另一方面基层计划生育工作者专业技术和综合服务能力差，长期以来乡（镇）服务站主要职责是药具发放及“三查”等简单工作，缺乏专业技术和人才，造成了乡（镇）卫生院与计生服务站合并后，深度融合不够，结构性矛盾凸显。

2. 计划生育长效工作机制不够健全

在全面两孩政策下，将出现的人口生育高峰会给计划生育服务资源带来大量缺口，由单一部门实施的计划生育服务管理工作已经不能满足人口新常态下群众对计划生育服务的要求，同步做好医疗、教育、养老等部门间的系列配套政策是关键，这些都要求在政策制定中需要调动各方面力量，上下联动、部门配合、区域协同。全面两孩政策实施后，政府在生育政策完善中对人口发展趋势的研判缺乏城乡、地区等差异性判断，从而使得计划生育服务管理出现全国“一刀切”的局面。出生人口的预测检测数据口径不一，户籍管理、婚姻、人口健康、教育、社会保障等人口基础信息不共享。由于缺乏信息共享机制和长效工作保障机制，组织松散，各部门间联动配合协同力度不够，使党政负责、部门协同、齐抓共管的跨部门、跨区域综合治理效果大大降低。同时服务机构的社会力量参与不足，社会组织和计生协会发挥的作用不充分，尚未形成国家、社会、家庭共同治理的模式，“多元主体共治”长效工作机制事实上成为政府主导的行政管理。

3. 基层计划生育服务管理基础不断弱化

基层计划生育干部是服务管理的主要承担者和执行者，相比更高层级的计划生育干部和同级的其他政府部门人员，计生干部待遇与责任比重失衡过大，长期以来他们面临待遇低、压力大、任务重的困境。自全面两孩政策实施以来，社会各界认为计生政策放开了，社会舆论对人口计划生育工作的必要性持消极甚至否定态度，导致一些基层干部群众对计生工作转型服务的重视程度减弱，基层网络不稳定，人员流失严重，工作工作积极性明显下降。40 多年来在计划生育实施中打造出来的“横到边、竖到底”的计划生育基础网络的弱化、闲置，造成极大的资源浪费。

三　陕西落实完善“全面两孩”政策的对策建议

人口问题是关系社会全面协调可持续发展的重大问题，站在新的起点，面对新的挑战，陕西省人口政策应与经济社会发展水平相适应，稳妥、扎实、有序地实施全面两孩政策，加快构建有利于人口长期均衡发展的社会政策体系。

（一）逐步落实完善生育政策

为更好地保证陕西省全面两孩政策的贯彻落实，进一步调整完善计划生育奖励保障政策，生育政策由“提倡一个”到“提倡两个”，奖励扶助政策应顺应新的人口政策要求，进行有效衔接。

1. 调整完善计划生育奖励保障政策

提高奖扶标准，针对计划生育特殊困难家庭、失独家庭的政策调整力度要加大，尽快实现城乡标准一体，从经济补偿方面取消城乡差别待遇。增加针对伤、病、残、独家庭的帮扶内容，如发放伤残子女康复津贴、照料补助或由政府出面为计划生育特殊家庭购买服务。

2. 建立计划生育专项援助机制

对计划生育特殊家庭可以根据经济状况和需求情况，有针对性地进行援助。汉中市宁强县对计划生育特殊家庭实行的“六免一补”政策（免缴农村合疗费及城镇医保费，免费就医，免费体检，免费办理意外伤害保险，免费入住养老院，免费监护以及补助生产扶持资金）具有一定的借鉴意义。

3. 保证独生子女家庭奖励政策的延续性

自全面两孩政策实施、《陕西人口计划生育条例》修订后，已将独生子女保健由每月10元，提高到每月30元，在陕西现有经济发展条件下，采取有力政策保证基层地区的落实兑现。

4. 建立“失独”家庭养老服务机制

针对“失独”家庭的特殊情况，建议在一定范围内建立专门的“失独”家庭养老机构，除保证其基本生活外，重点开展精神慰藉、心理疏导、健康保健等方面的工作。鼓励慈善组织、民间团体进入“失独”老人养老领域，及时有效扶助“失独”家庭，提高政策之外的关怀和帮助。

（二）构建全新的妇幼保健和计划生育服务体系

在全面两孩政策实施背景下建立全新的妇幼保健体系，让全面两孩政策落地实施是当务之急。要进一步改善服务条件，提高服务能力和技术水平。加强妇幼健康服务能力建设，引导孕产妇合理选择助产服务机构。完善产科和儿科医疗人才的引进和培养，建立助产士、产科医师等紧缺人才激励机制。加强高危产妇安全保障，改进完善高龄产妇、再生育人群优生优育的咨询和不孕不育人群的技术指导，实行高危产妇的早期识别筛查和专案管理；加大对孕产妇与新生儿危急重症救治的能力，确保母婴安全。稳步推进婚前医学检查和优生促进项目，建议35岁以上的高龄产妇进行DNA检测和羊水穿刺项目免费检查，以有效预防出生残障儿，提高出生人口素质。

（三）实现公共服务政策的有效衔接配套

调整完善公共服务政策，引导育龄夫妇合理安排生育计划。为满足新增加的公共服务需求，对现有医疗机构功能科室进行调整，对公立医疗机构的妇、产、儿科的设置进行明确规定，做好包括产科床位配备、人员储备和培训等在内的相关配套工作，切实解决产科和儿科医护人员和服务能力短缺问题。加强部门配合，建立计划生育综合治理长效工作机制。有效联合发改、财政、教育等部门根据生育服务需求和陕西省人口变动情况，合理配置幼儿照料、学前教育和中小学教育等公共服务资源，满足新增公共服务需求。鼓励以社区为依托，兴办托儿所，引导鼓励社会力量举办普惠性幼儿园，推进3岁以下婴幼儿托幼机构建设。

（四）完善相关法律法规，落实惠民型人口政策

全面两孩政策的实施以《人口与计划生育法》修正案的通过为标准依据，但《人口与计划生育法》并未对计划生育的具体措施做出明确规定，各省人口政策的实施细则通过各省份制定的《人口计划生育条例》等相关法规、政策进行具体规定，因此制定完善鼓励两孩家庭生育政策的政策法规，放宽生育政策，把产前检查项目纳入医疗保险，发放生育津贴，把护理假、延长产假、增加哺乳假等各项法规落到实处，解决育龄家庭生育中的实际困难。做好人口计划生育工作的关键在基层，在陕西省机构改革中，尤其是在县乡（镇）机构改革中要加强队伍建设，强化完善乡（镇）级计生主体，保证机构不乱，人员不散，保护和调动基层计划生育服务管理队伍的积极性，为基层提供组织和队伍保障。

（五）完善人口动态监测机制

建立并完善部门间人口信息共享制度和人口统计数据沟通机制。建设大人口数据信息库，从省市层面整合部门资源，建立统一信息交流平台，将卫计、公安、民政、教育、统计等部门的信息共享，明确相关部门工作职责和范围，对调控数据进行有效整合，做到信息互通交换，资源共享，确保工作职责落到实处。建立人口发展预测、预警信息公布制度，改革出生人口动态监测方式，健全县（市、区）、乡（镇）、村三级出生监测网络，推进生育登记、孕产期保健、住院分娩、出生医学证明、儿童预防接种等信息共享，准确掌握出生人口动态，构建全面、动态、准确的出生人口信息监测机制，及时解决两孩政策实施后出现的具体问题，确保政策的平稳实施。

参考文献

《中共中央国务院关于实施全面两孩政策改革完善计划生育服务管理的决定》，2015。

郑真真：《从家庭和妇女的视角看生育和计划生育》，《中国人口科学》2015 年第 2 期。

周长洪：《人口新政下的计划生育工作转型》，《人口与社会》2015 年第 2 期。

张珊：《后二孩时代：人口新国策构想》，人民论坛网，www. rmlt. com. cn，2015 年 11 月 4 日。

杨菊华：《普二新政下综合治理出生性别比面临的挑战与机遇》，中国人口学会全面实施两孩生育政策学术研讨会论文，2015 年 11 月。

陆杰华：《全面二孩政策背景下计划生育家庭扶助保障制度改革的思考》，中国人口学会全面实施两孩生育政策学术研讨会论文，2015 年 11 月。

顾宝昌：《经济新常态下的计划生育工作转型》，《人口与社会》2015 年第 3 期。

韦艳、王伯璐：《计划生育服务管理改革体系构建和路径选择》，《人口与发展》2016 年第 1 期。

B.21
陕西省流动人口动态监测研究报告

渠盛辉*

摘　要： 研究报告以2011～2015年陕西省流动人口卫生计生动态监测调查数据为基础，通过对比分析，总结陕西省流动人口的历史变动特征及其规律，把握陕西省人口流动和分布的新状况，归纳流动人口生存发展与服务管理面临的问题和挑战，进而提出改善流动人口服务管理水平的相关政策建议。

关键词： 陕西　流动人口　动态监测

丝绸之路经济带新起点以及西咸新区、西安内陆型改革开放新高地、呼包鄂榆城市群和关天城市群的建设，将进一步增加陕西对流动人口的需求和吸纳能力。但是流动人口的大量涌入也给城市各类公共资源带来了巨大压力。因此制定相关措施，确保流动人口向城市正常、有序、合理的流动，是保持社会稳定发展的根本途径，不仅关系流动人口融入城市、留在城市，保持城市发展活力，也是让流动人口全面分享改革成果，实现社会公平正义，促进城市社会和谐稳定的重要保证。

在此背景下，本研究报告以2011～2015年陕西省流动人口卫生计生动态监测调查数据为基础，通过纵向、横向对比分析，总结陕西省流动人口的历史变动特征及其规律，把握陕西省人口流动和分布的新状况，分析流动人口生存发展与服务管理面临的问题和挑战，进而提出改善流动人口服务管理水平的相关政策建议。

---

* 渠盛辉，陕西人口与发展研究中心助理研究员。

一 “十二五”期间陕西省流动人口生存发展状况

（一）人口特征分析

1. 性别

五年间，流入人口性别构成比较稳定，男性比例始终稍高于女性。截至2015年，男性占比51.77%，女性占比48.23%。

2. 年龄

“十二五”期间，流入人口以劳动年龄人口为主，70后、80后成为流入人口的主体。截至2015年，16～59岁年龄段流入人口占比77.0%，高于常住人口中同年龄段占比6.6个百分点。其中，26～45岁年龄段流入人口占比从53.55%上升到63.73%，16～25岁年龄段流入人口所占比例从19.23%下降到13.19%（见图1）。

与此同时，流入人口首次外出务工年龄提高。2013～2015年，流入人口首次外出务工年龄从25.7岁上升至27.16岁。

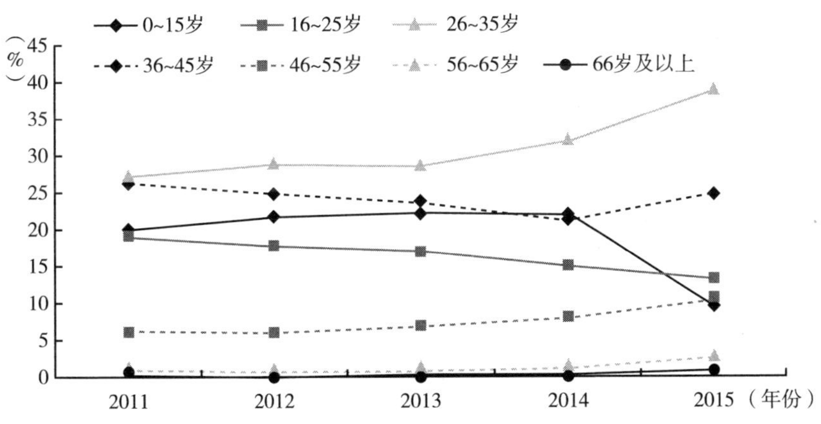

图1 2011～2015年流入人口年龄结构

3. 受教育程度

流入人口受教育程度总体偏低。在“十二五”期间，流入人口受教育程度不断提高，初中及以下文化程度者占比逐年减少，从75.10%下降到64.22%；高中及以上文化程度者占比逐年增长，从24.90%上升到35.78%。接受过高等教育的流入人口比例有明显提高，从5.04%增加到11.12%（见图2），增加了6.08个百分点，但总体占比仍然最小。

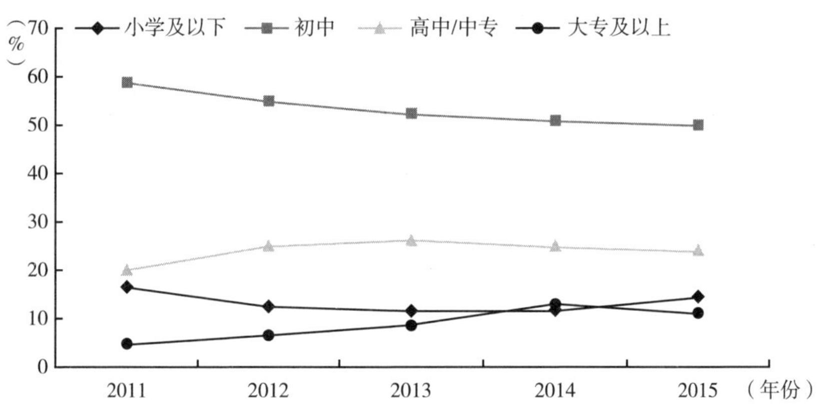

图2　2011~2015年流入人口受教育程度

4. 婚姻状况

流入人口以已婚人口为主，且占比逐年增加。以2015年为例，88.05%的流入人口为已婚，11.95%的流入人口为单身。从近五年的数据看，在流入人口中单身比例仍在逐年降低。这表明，近年来流入人口倾向于婚后的外出流动。

（二）流动特征分析

1. 流入时间

流动人口在流入地居住呈现出长期化趋势。“十二五”期间，流入人口在本地平均居住时间呈现逐年增长的趋势，居住时间从4.63年增加到4.66年。截至2015年，居住时间在4年及以下的占比五年间下降了2.96个百分点；居住时间在5~7年的上升了5.53个百分点，居住时间在8年及以上的占比变化不大（见图3）。

2. 流动方向

“十二五”期间，陕西省流动人口主要以乡城流动为主，但城际流动开始

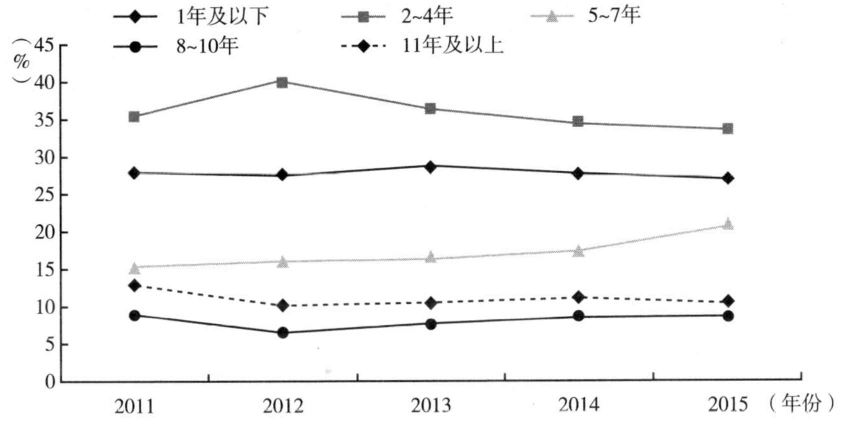

图 3 2011～2015 年流入人口居住时间

逐渐上升。2011～2015 年，流入人口中农业人口占比从 91.99% 下降到 88.48%，城际的流动从 7.97% 上升到 10.15%。流入人口主要是省内流动，约占总流入人口的 2/3 左右。其中，市内跨县流动是陕西人口流动的主要模式，占 41.22%，五年间经历了快速下降又缓慢回升的过程。省内跨市流动在 2012 年快速上升后趋于稳定，2015 年占比为 27.73%（见图 4）。

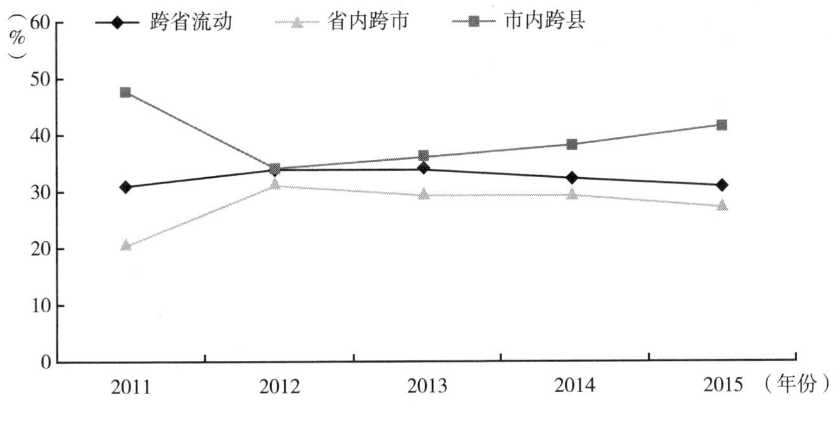

图 4 2011～2015 年流入人口流动范围

五年间累计计算，跨省流入人口主要来自周边省份，特别是四川、河南两个人口大省。在流入的外省人口中，来自东部地区的占 21.98%，中部地区的占48.76%，西部地区的占29.25%。综合近五年数据，人口来源最多的省份排在前五名的依次是河南、四川、湖北、甘肃、山西，这五省合计占外省流入人口的53.74%。

3. 流动原因

务工经商是流入人口流动的主要原因。2015年，在流入人口中务工经商的比例最高，占73.48%。值得注意的是，三年来，随迁比例不断上升，从2013年的19.54%上升至2015年的24.30%。分年龄段看，46~55岁年龄段是流入人口流动原因的重要节点，在此之前，务工经商比例随年龄增长不断增加；在此之后，则随迁和投亲比例迅速上升（见图5）。

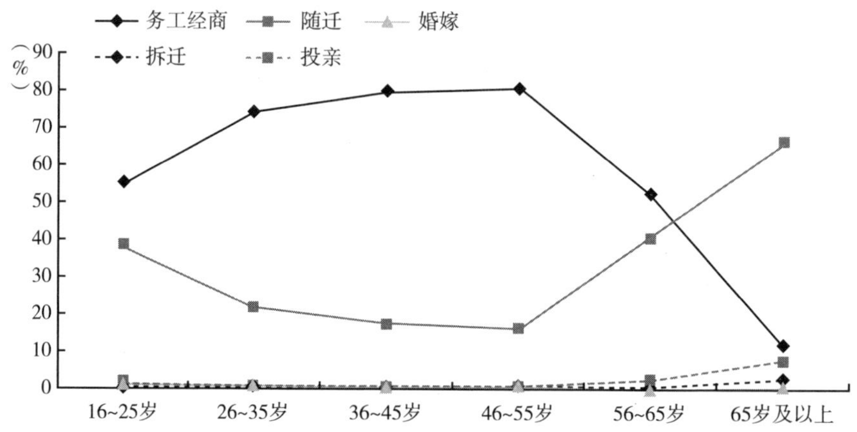

图5　2015年流入人口分年龄段流动原因

4. 家属随同流动

流动人口家属随同流动比例较高，配偶随同流动的比例高于子女随同流动的比例。但是纵观2012~2015年，总体来看是下降的，尤其是配偶随同流动，最高的年份在2012年，此后一直下降，直至2015年有缓慢回升的趋势（见图6）。

5. 居留意愿

与2012年相比，2014年打算长期居留在流入地的人口占比大幅减少，直至2015年开始缓慢回升（见图7），但是仍低于2012年。这在一定程度上表明，与三年前相比，目前流入人口的社会融入状况无明显改善。

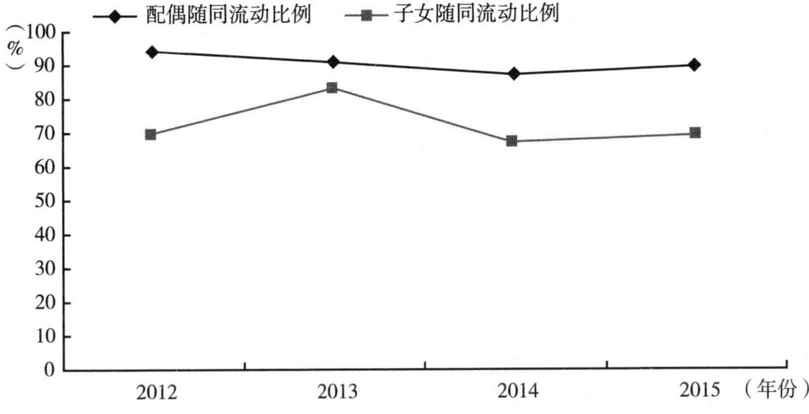

图6　2012～2015年家属随同流动比例

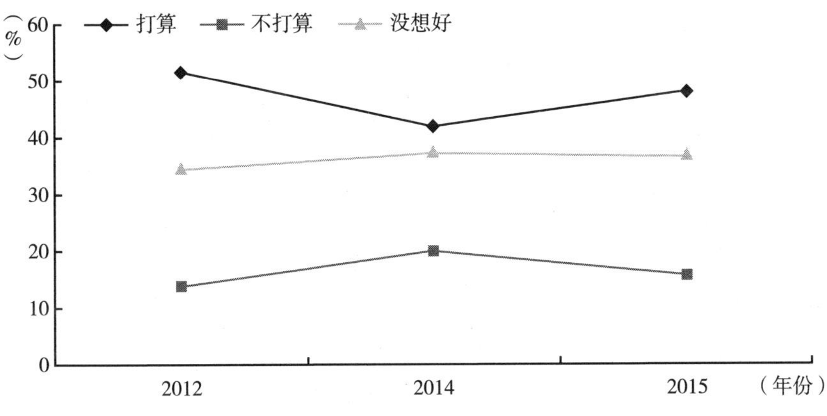

图7　2012～2015年流入人口居留意愿

(三)就业状况

1. 就业情况

流入人口就业保持较高比例，一直稳定在78%以上。但五年来无业人口占比快速增加，占比从2.83%上升到14.18%。

2. 职业分布

流入人口就业以经商、服务、住宿餐饮等传统的、门槛相对较低的职业为主，且五年来职业分布高度重合。以2015年为例，主要职业类型为经商

（20.60%）、餐饮（20.51%）、其他商业服务业（18.29%），从事这三种职业的流入人口占比超过流入人口的一半（见图8）。

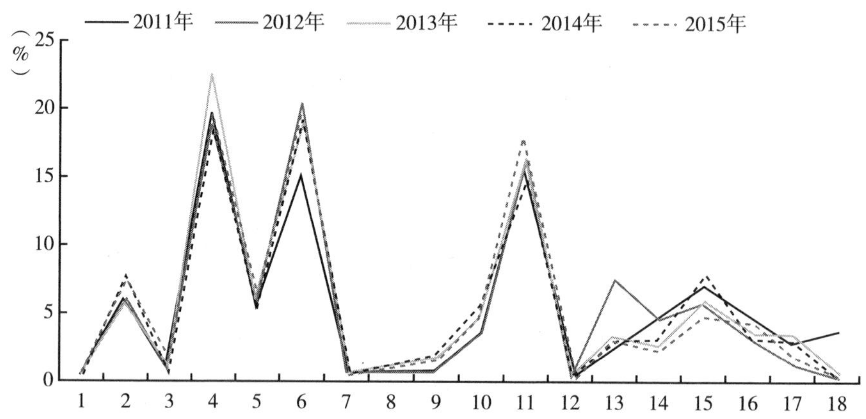

图8　2011～2015年流入人口职业分布

注：流入人口职业分类：1为国家机关、党群组织、企事业单位负责人，2为专业技术人员，3为公务员、办事人员和有关人员，4为经商，5为商贩，6为餐饮，7为家政，8为保洁，9为保安，10为装修，11为其他商业、服务业人员，12为农、林、牧、渔、水利业生产人员，13为生产，14为运输，15为建筑，16为其他生产、运输设备操作人员及有关人员，17为无固定职业，18为其他。

3. 行业分布

陕西省制造业的发展不如东部地区，流入人口更多地集中在第三产业。批发零售、住宿餐饮、社会服务是流入人口最主要的行业选择，以2015年为例，主要行业类型为批发零售（26.75%）、住宿餐饮（23.02%）、社会服务（18.11%），这三个行业吸纳了近七成流入人口。在整个“十二五”期间，流入人口的行业分布变动无明显变化。

4. 所有制类型分布

流入人口主要在个体工商户和私营企业就业，2015年约占流入人口总量的66.88%，其中在个体工商户就业的占47.35%，在私营企业的占19.53%（见图9）。“十二五”期间，个体工商户和私营企业对流入人口的吸纳能力减弱，尤其是个体工商户下降明显。而国有及国有控股企业对流入人口的吸纳力逐渐升高，但上升幅度较小。

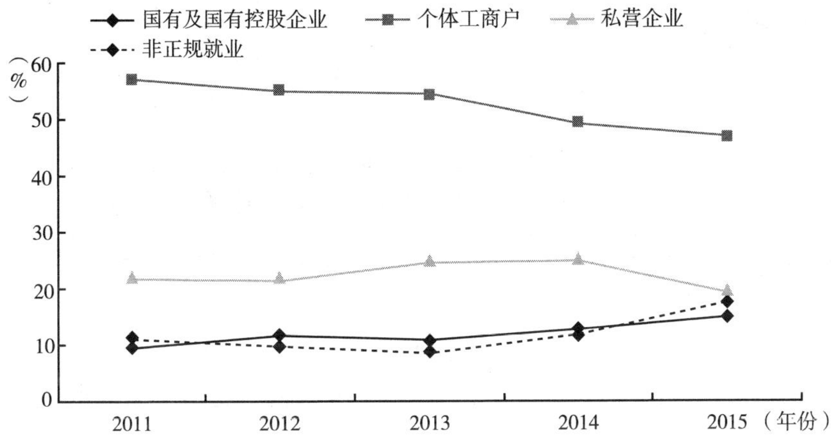

图9　2011～2015年流入人口就业所有制类型分布

5. 就业身份

流入人口就业身份以雇员（48.70%）和自营劳动者（41.49%）为主。作为雇主的比例仅为8.74%（见图10）。流入人口除了到企业成为雇员外，还有相当一部分人是自营劳动者，或是打散工，或是自己经营成为个体工商户，这成为流入人口在流入地区解决就业问题的重要途径。“十二五”期间，自营劳动者比例经历了一次U形回归的过程，与此同时雇员比例也相应地经历了一个从上升到下降的过程。

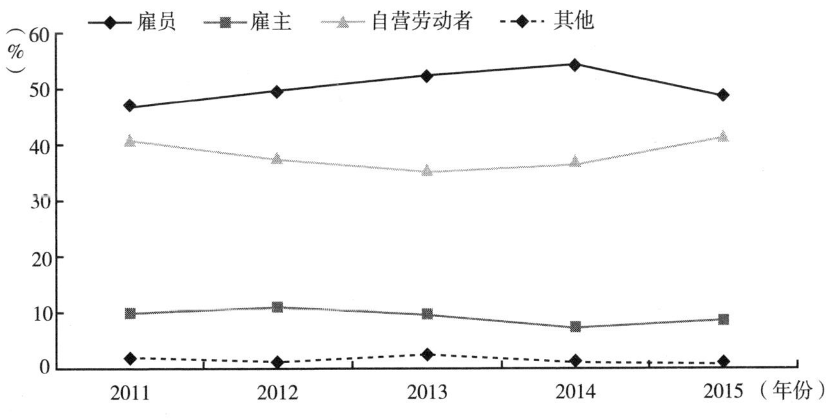

图10　2011～2015年流入人口就业身份

6. 工作强度

流入人口工作强度较大，但五年间略有改善。以 2015 年为例，流入人口平均一周工作 6.47 天，有一半以上的人每周需要工作 7 天；平均每天的工作时间为 9 个多小时，超过了国家法定的工作时间。但与五年前相比，流入人口每周工作平均时长已从 57.99 个小时下降为 54.86 个小时。五年来流入人口每周工作最高时长为 63.25 小时，严重超过了法定工作时间十多个甚至二十多个小时，客观上反映了流入人口较高的工作强度。

"十二五"期间，流入人口工作强度有所改善。每周工作时间在 40 小时以下的人口占比增多，60 小时以上的人口比例降低（见图 11），意味着部分流入人口就业环境有所改善。

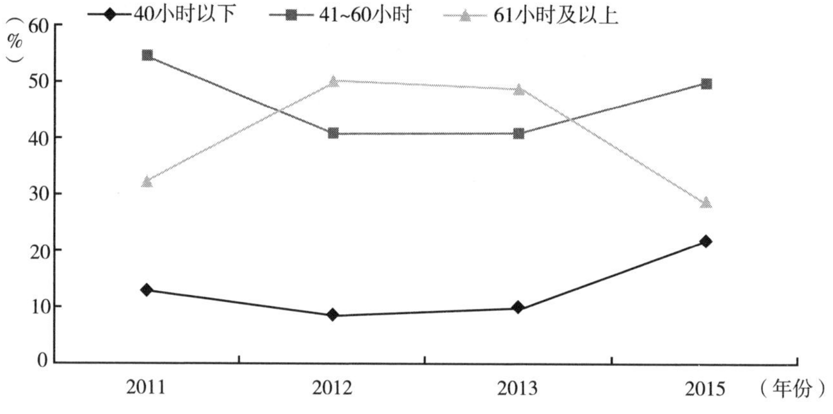

图 11　2011～2015 年流入人口每周工作时间

注：2014 年调查没有此项内容，故没有 2014 年数据。

（四）收支情况

1. 个人收入

"十二五"期间，流入人口的收入呈稳步上升趋势。月平均工资从 2303.43 元增加到 3818.42 元，2011 年有一半流动人口月收入在 2000 元以上，到 2015 年上升到 3000 元以上（见图 12）。

低收入流入人口所占比例逐年下降，高收入的流入人口比例逐年上升。流入人口月收入在 2000 元及以下的比例从 57.47% 下降到 20.78%，而 2001 元及

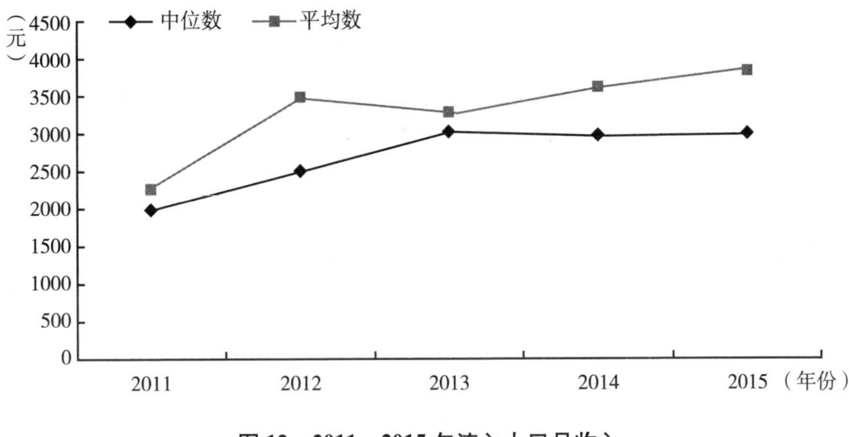

图12　2011～2015年流入人口月收入

以上各收入组占比均在上升，其中收入在5001元及以上者所占比例从3.38%上升到14.00%（见图13）。

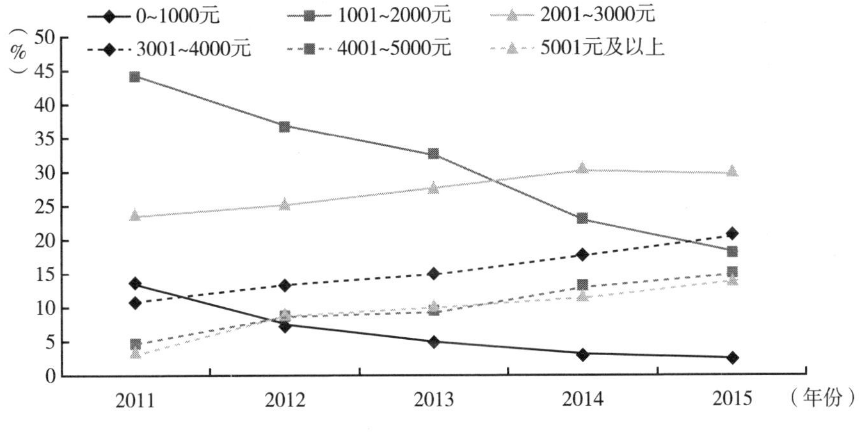

图13　2011～2015年流入人口月收入

2. 家庭收入

“十二五”期间，流入人口家庭月平均收入呈上升趋势。月平均收入从3806.78元增加到4385.58元，在2015年略微下降。2011年有一半流动人口家庭月收入在3000元以上，2015年达到5000元以上（见图14）。

在流入人口中低收入家庭所占比例逐年下降，高收入家庭比例逐年上升。低收入组（家庭月收入在3000元以下）的比例从52.91%下降到

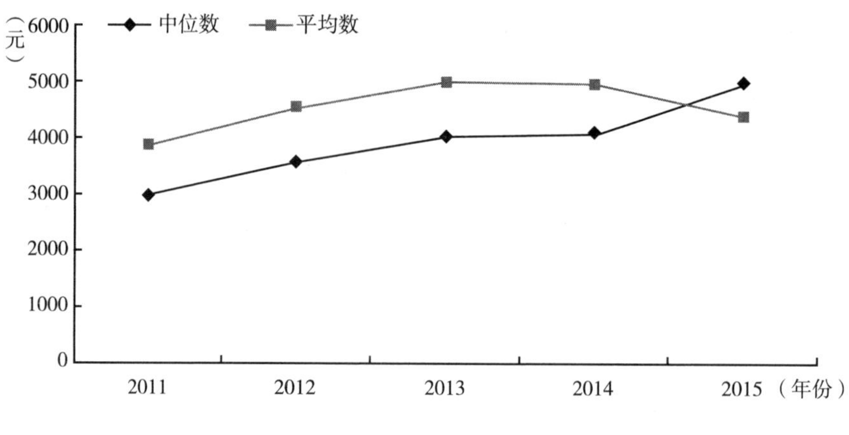

图 14　2011～2015 年流入人口家庭月收入

19.52%，中收入组（家庭月收入在 3001～6000 元）的比例从 39.11% 迅猛上升到 55.95%，高收入组（家庭月收入在 6001 元及以上）所占比例从 7.98% 上升到 24.53%（见图 15）。

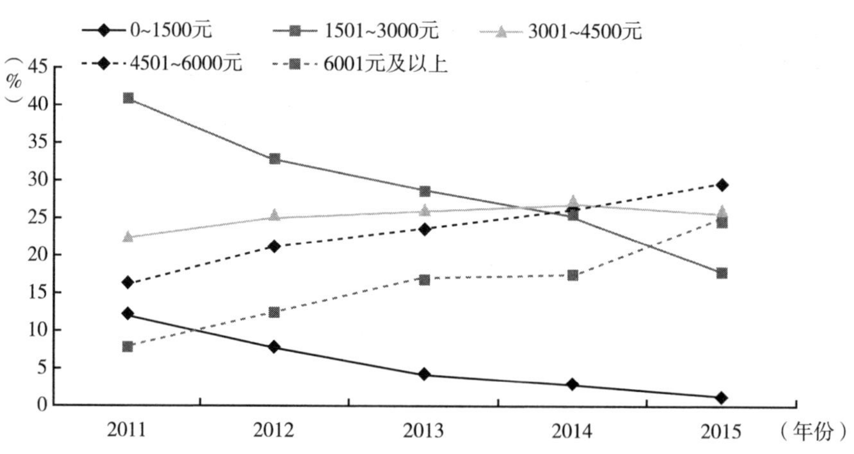

图 15　2011～2015 年流入人口家庭月收入

3. 家庭支出

（1）家庭总支出

"十二五"期间，流入人口家庭月均支出呈现不断上涨的趋势。从 2011 年的 1912 元上涨到 2015 年的 2936.12 元（见图 16）。2011 年一半流动人口家庭月支出在1600元及以下，到2015年一半流动人口家庭月支出在2700元及以下。

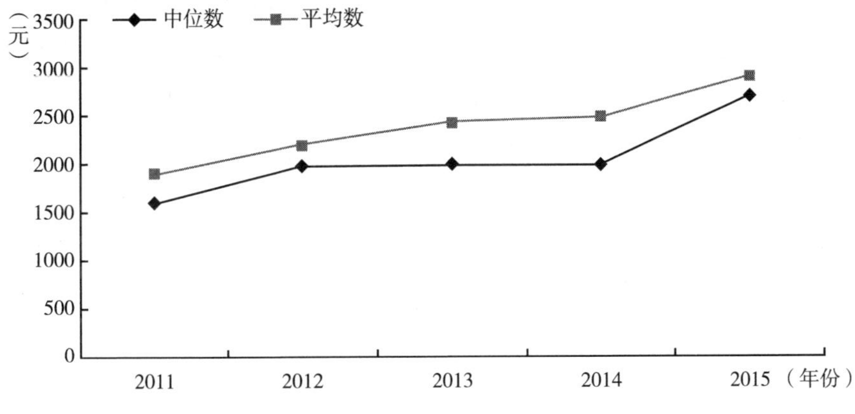

图16　2011～2015年流入人口家庭月支出

在流入人口中低支出家庭所占比例逐年下降，高支出家庭比例逐年上升。低支出组（家庭月支出在2000元及以下）的比例从70.71%下降到37.05%，中支出组（家庭月支出在2001～4000元）的比例从24.8%迅猛上升到47.92%，高支出组（家庭月支出在4001元及以上）所占比例从4.52%上升到15.03%（见图17）。

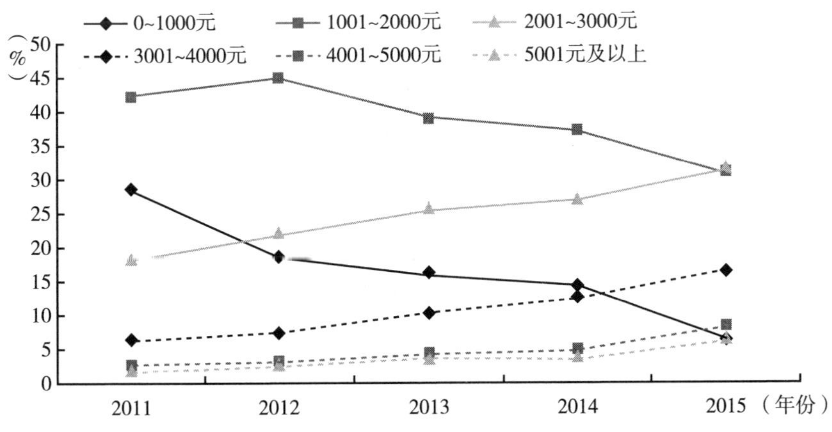

图17　2011～2015年流入人口家庭月支出

（2）住房支出

“十二五”期间，流入人口家庭住房支出较少，但呈现不断上涨的趋势。从每月支出493元上涨到669.32元。2011年有一半流动人口家庭月住房支出在300元及以下，2015年有一半流动人口家庭月住房支出在450元及以下。2015年有12.26%的家庭不支付房租，月住房支出在300元及以下的占25.19%，月住房支出在301～600元的占28.11%。说明很多流入人口由单位提供住宿，或合租，或居住在城中村等房租较低廉、环境恶劣的地方。

“十二五”期间，流入人口的居住环境正在逐渐改善。月住房支出在300元以下的比例不断降低，支出在300元及以上的比例不断增加，尤其支出在601～1200元及1201元及以上的比例增长较快。

（3）食品支出

“十二五”期间，流入人口家庭每月食品支出呈现出逐年增加的情况。家庭月均食品支出从826.16元增加到1122.97元。2011年有一半流动人口家庭月均食品支出在700元以下，2015年上升为1000元以下。

流入人口家庭月均食品支出在400元以下的比例快速下降，401～800元组所占比例也在下降，801～1200元组所占比例增加较慢，而1201元及以上各分组所占比例都增加较快。

总体来看，“十二五”期间流入人口的恩格尔系数是下降的。尤其是“十二五”初期快速下降。根据联合国粮农组织提出的标准，恩格尔系数在59%以上为贫困，50%～59%为温饱，40%～49%为小康，30%～39%为富裕，低于30%为最富裕。陕西省流入人口生活处于小康水平（见图18）。

4. 家庭收支比

“十二五”期间，流入人口家庭支出增长速度快于收入增长速度。以2011年为基准，五年间，家庭月平均支出增加了54%，而月平均收入只增加了45%。家庭支出占收入比从56.72%上升到58.6%，最高的年份是2014年，为65.14%（见图19）。

5. 家庭结余

“十二五”期间，流入人口家庭月均结余从1894.77元增加到2572.6元（见图20），这意味着2015年每个流入人口家庭年结余可达3万多元。

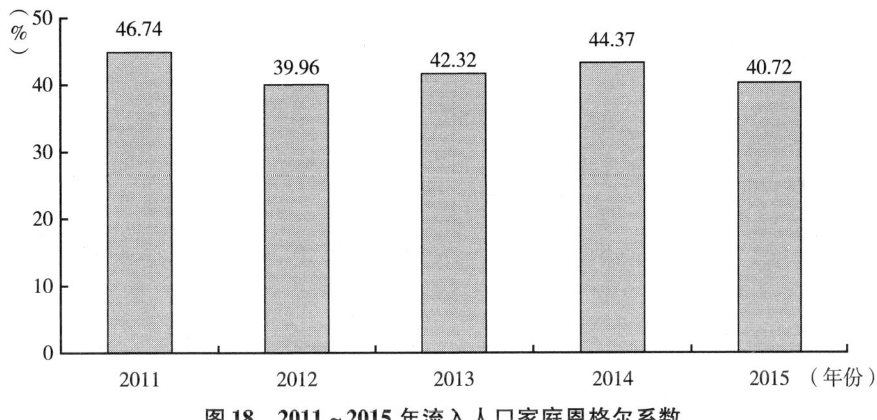

图 18　2011～2015 年流入人口家庭恩格尔系数

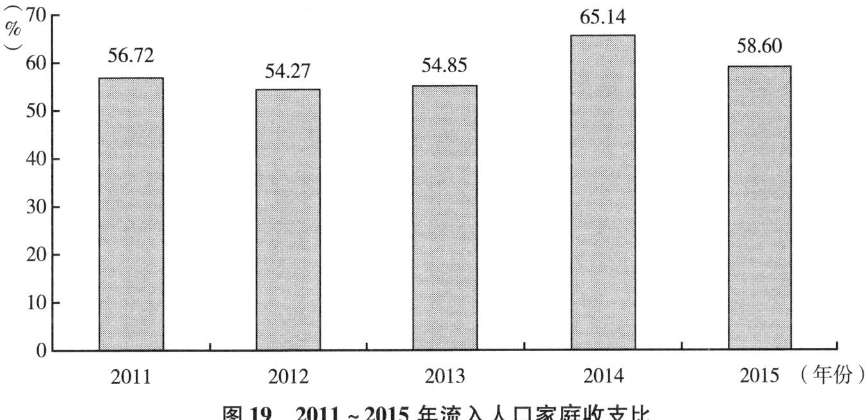

图 19　2011～2015 年流入人口家庭收支比

(五)社会保障

1. 医疗保险

新型农村合作医疗是农村的基本医疗保障制度。由于流入人口以农村户籍为主，新农合参保率较高，“十二五”期间从 78.53% 上升到 86.06%（见图 21）。但是城镇职工医保参保率 2012～2015 年无明显变化，一直处于较低水平，徘徊在 6% 左右，这从侧面印证了流入人口的正规就业率较低。非农户籍流入人口参加城镇居民医疗保险的比例不高，且有下降趋势，从 2013 年的 40% 左右，下降至 2015 年的 30% 左右。

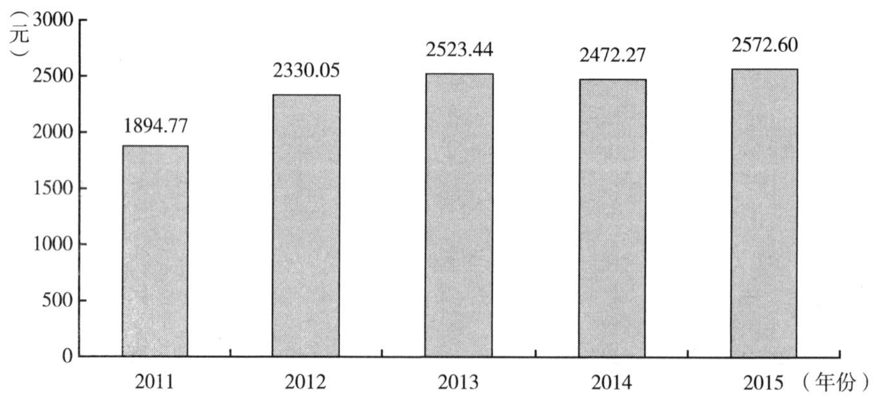

图20　2011～2015年流入人口家庭月均结余

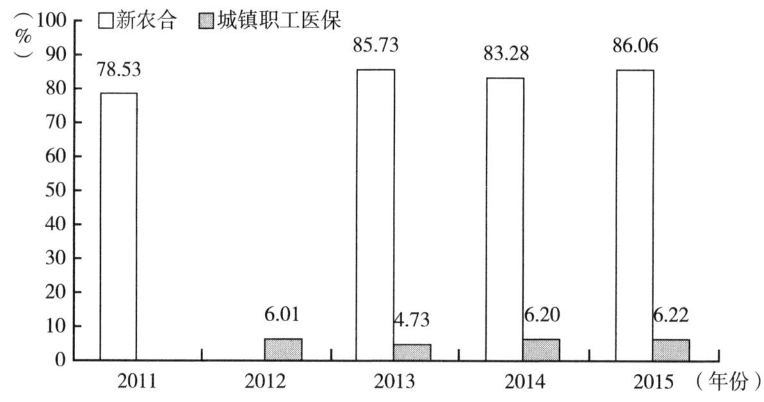

图21　2011～2015年流入人口参保情况

2. 本地参保情况

流入人口的本地参保比例很低。以2015年为例，除城镇职工医疗保险外，流入人口各项医疗保险在户籍地的参保比例均大大高于在本地参保比例（见图22）。

（六）婚育状况

1. 育龄妇女比例

“十二五”期间，在流入人口育龄妇女中20～29岁处于生育旺盛期的比

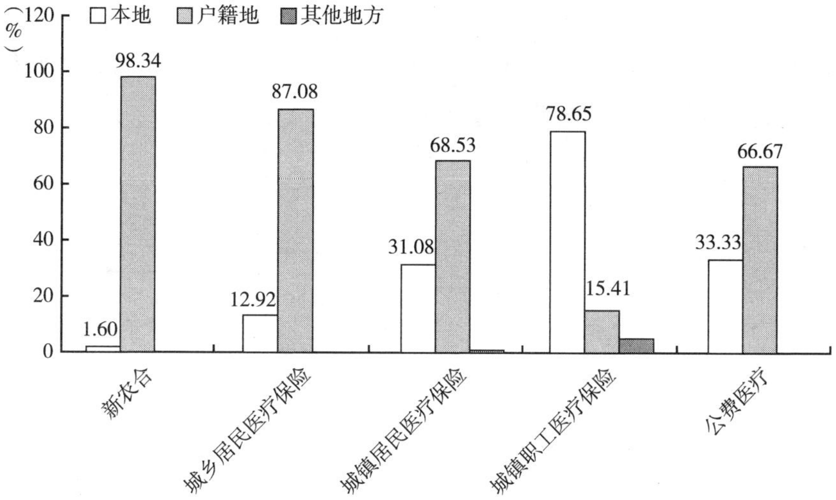

图 22　2015 年流入人口医疗保险参保地

例从 36.1% 上升 39.95%（见图 23），增加了 3.85 个百分点，25～39 岁年龄段生育重点人群从 59.69% 上升到 60.49%。

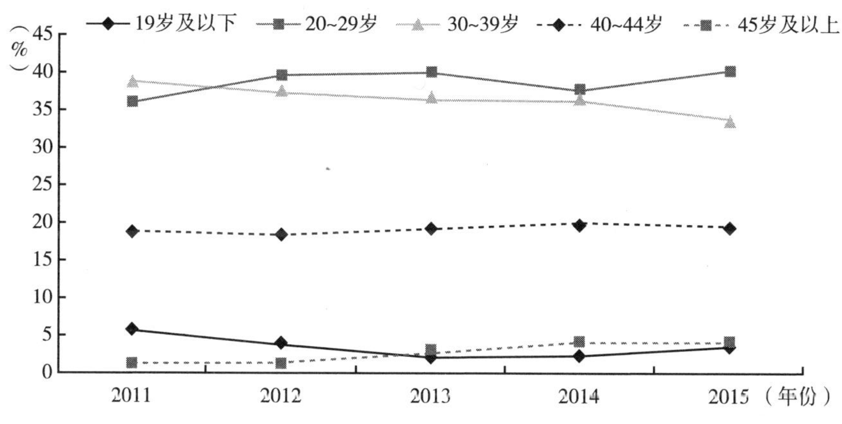

图 23　2011～2015 年流入人口育龄妇女年龄分布

2. 生育数量

“十二五”期间，在流入人口中育龄妇女的平均生育数量从 1.41 个下降到 1.36 个，二孩生育比例及二孩以上生育比例分别从 34.96% 和 30.52% 下降到 32.77% 和 29.12%（见图 24）。以 2012 年为节点，育龄妇女平均生育数量和二孩及二孩以上生育比例，都开始出现上升趋势。就业形势对流动人口生育意愿的影响要大于常住人口。全面放开二孩以后，如果就业形势没有明显好转，预计流动人口的生育率将会进一步上升。

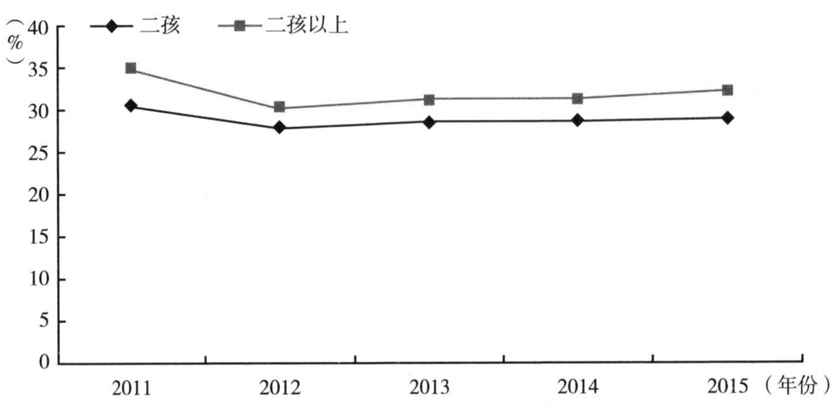

图24　2011～2015年育龄妇女二孩及二孩以上生育比例

3. 孕期所在地

流入人口表现出明显的在家乡怀孕分娩的特征。以2015年为例，有69.6%的女性孕期在老家，而仅有30.4%的女性孕期一直在流入地（见图25）。从分娩来看，有76.4%的女性在老家分娩，在流入地分娩的仅有

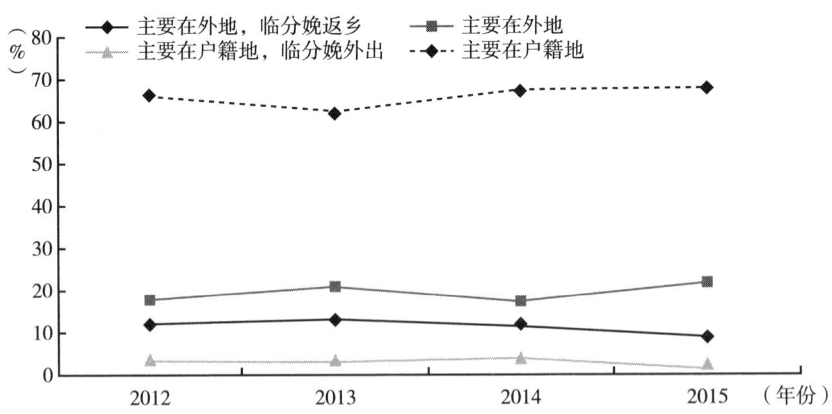

图25　2012～2015年流入人口育龄妇女孕期所在地

23.6%。但是五年间孕产期安排的重心逐渐由流出地转向流入地。育龄妇女在流入地的生育模式逐渐显性化。

二　陕西省流动人口服务管理面临的问题与挑战

（一）后备劳动力供给不足

当前，陕西省的流入人口以70后、80后为主，正处于劳动力供给的高峰期。随着教育年限延长，外来人口倾向于婚后外出，外出务工年龄提高，加之受产业结构、薪酬水平限制，90后劳动力外出务工意愿下降，低龄外来劳动力供应下降趋势已现端倪。受人口出生率长期下降因素影响，未来外来劳动力供给总量将不断减少。

（二）流入人口发展能力不足

陕西省流入人口受教育程度较低，就业多集中在次级劳动力市场和低端就业岗位。同时，流入人口家庭生活负担偏高，消费模式以生存刚性支出为主，较少在提高个人劳动素质上投资，无力应对激烈的市场竞争。产业结构不断升级和经济下行压力加大，将对低端就业岗位形成挤出效应，流入人口结构性失业问题凸显和无业人口的快速上升，将对和谐社会的建设产生不利影响。

（三）流入人口融入城市困难

流入人口主要从事相对不稳定职业，收入水平较低，即使按照2015年流入人口家庭年均结余3万元计算，大部分流入人口将无法负担在城市购房支出。流入人口参加新农合比例很高，但其他保险参保比例很低，且本地参保比例极低，无法享受均等化的公共服务。他们在城市工作和生活的抗风险能力较差，依靠自身能力很难实现市民化。

（四）城镇公共资源需求增加

流入人口规模持续增长，对社会管理和公共服务提出了更高要求。陕西省流入人口呈现出家庭化迁移和在流入地长期居留的趋势。随着社会老龄化进程

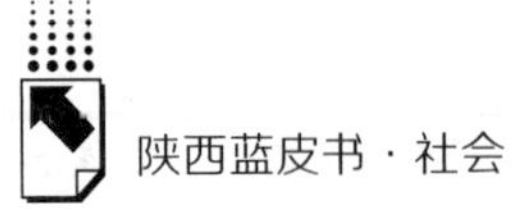

加快，尤其是55岁以上流入人口逐渐退出劳动力市场，大部分人将随子女迁入城市，给城市医疗和养老资源造成一定压力。另外，他们虽然都享有医疗保险，但参保地都在户籍地，异地就医结算报销难的问题将进一步凸显。

家庭化迁移和女性流入人口增加，使流入人口中育龄妇女尤其是处于生育旺盛期的育龄妇女和二孩生育重点人群比例增加，流入人口的平均生育孩数逐年增加，孕产期安排的重心逐渐由流出地转向流入地，再加上全面放开的二孩政策落地，首先将对流入地的卫生计生服务构成压力。流入人口构成的多元化将引发对公共资源需求的多元化，进一步给教育、养老、医疗、住房等各类公共资源和公共服务带来压力。

三　对策建议

“十三五”时期是全面建成小康社会的决胜阶段，是加快推进富裕陕西、和谐陕西、美丽陕西迈向更高水平的关键期。加强流动人口工作关系着“十三五”目标的实现，关系着经济的持续健康发展和社会的长治久安。针对陕西省流入人口生存发展特点以及主要问题，笔者提出以下政策建议，供相关决策部门参考。

（一）完善就业保障体系

1. 落实高校毕业生就业促进和创业引领计划

落实高校毕业生就业见习生活补助和失业保险金政策。陕西省作为高等教育大省，要留住高端人才，为经济发展提供高素质劳动力。

2. 构建一体化的就业服务体系

促进劳动力在地区、行业、企业之间自由流动。国有企事业单位要打破壁垒，吸引高素质人才就业，满足能源化工、航空航天、电子信息等支柱产业和现代服务业对外来高学历人才和技术工人的需求。

3. 以创业促进就业

实施中小企业成长工程，建设宝鸡、咸阳、渭南等创业创新型城市，创建一批农民工返乡创业园。

4. 加快构建流动人口终身职业培训体系

实施新生代农民工职业技能提升计划，开展农民工免费接受职业培训行动。推广专业技术职称、技能等级等同大城市落户挂钩做法。

（二）推进新型城镇化建设

1. 建立购、租并举的住房制度

加快西咸新区、呼包鄂榆和关天城市群的建设，在增强对劳动力的吸纳能力的同时，把公租房覆盖人群扩大到非户籍人口。推进和落实持有居住证的流动人口可以享受政府保障性住房的规定。

2. 把社会事业发展重点放在接纳农业转移人口较多的城镇

着力改进城镇公共服务，实现基本公共服务均等化，使流动人口在城市里享受均等的就业、子女教育、医疗等公共服务。省卫生计生委要将流动人口计划生育工作的重心进一步从管理向服务转变，简化计划生育证件和产妇异地入院分娩就诊手续办理环节。

（三）建立更加公平可持续的社会保障制度

1. 实施全民参保计划

针对流动人口非正规就业比例高的特点，调整和完善流动人口社会保险的参保方式，提升政策的针对性和适用性，如降低特定人群的参保金额，归并“五险一金”。

2. 促进社保制度并轨

继续推进城乡居民基本医疗保险制度整合，逐步缩小城乡居民基本医疗保险待遇差别，实现真正意义上的城乡居民一体化的基本医疗保险制度。完善流动人口医疗保险异地结算和养老保险转移衔接政策。在国家统一规划下，渐进、有序、高效、全面推广社保卡工作。

3. 不断提高社会保障水平

完善养老保险个人账户制度，健全多缴多得的激励机制，提高城乡居民养老保障水平。深化医保支付方式改革，进一步扩大医疗保险报销范围及比例，降低补偿起付线，适当提高大病救助标准。

（四）深化户籍制度改革

1. 完成农村土地确权颁证

完成农村土地确权，赋予农民住房、承包地经营权抵押、担保、转让等权利。维护进城落户农民的土地承包权、宅基地使用权、集体收益分配权，支持引导其依法自愿有偿转让上述权益。

2. 加快实施居住证制度

简化居住证办理手续，提高流动人口办证率。以实施居住证制度为抓手，推动城镇常住人口基本公共服务均等化，逐步剥离户籍附着利益。促进有能力在城镇稳定就业和生活的农业转移人口举家进城落户，并与城镇居民享有同等权利和义务，加快与居住证相配套的基本公共服务落实，努力实现基本公共服务常住人口全覆盖。

3. 全面放开小城镇落户限制

以合法稳定住所和合法稳定职业为户口迁移的基本条件，允许农业转移人口等非户籍人口在就业地落户。

4. 实施积分落户政策

西安市以具有合法稳定就业和合法稳定住所（含租赁）、参加城镇社会保险年限、连续居住年限等为主要指标，建立阶梯式积分落户制度，按照总量控制、公开透明、有序办理、公平公正的原则，建立完善积分落户制度。各地应借鉴西安经验实施积分落户政策。

（五）创新流动人口社会治理模式，构建多元主体的社会治理网络

第一，以居住证的实施为契机，改善流动人口信息采集机制，优化整合流动人口信息数据库，建设流动人口管理的基本公共信息平台，提升流动人口基础信息覆盖率、准确性和开放性，建立区域间、部门间信息共享机制。

第二，明确流入地和流出地职能，充分发挥政府在流动人口服务管理中的作用，推动区域间、部门间统筹协调机制的制度化和常态化。

第三，帮助流动人口建立健全自己的合法组织，积极发挥各类非政府组织的作用。依托住宿餐饮业、批发零售业和社会服务业等企业或行业协会，加强流动人口工会等社会自组织的建设，提高流动人口的组织化程度，增加流动人口的社会资本。

区 域 报 告

Regional Reports

B.22
陕西关中地区农村文化娱乐活动调查

武颖娟　段丽娜*

摘　要： 本文通过发放调查问卷、实地调查等方式，对陕西关中地区农村文化娱乐活动的开展情况进行了调查。了解关中地区农村文化娱乐活动中存在娱乐观念落后、方式单一、供需错位等问题，分析了存在这些问题的原因，并结合关中地区农村的特点提出了针对性的改进措施，为未来关中地区农村的文化娱乐活动开展提供了一定建议。

关键词： 关中地区农村　文化建设　娱乐活动

改革开放30多年来，随着惠农政策的进一步推进，农村经济快速发展，

* 武颖娟，火箭军工程大学初级指挥学院政工教研室讲师；段丽娜，陕西省社会科学院马克思主义研究所助理研究员。

农民的收入持续增长，广大农村地区的面貌焕然一新。而随着农村地区物质生活水平的逐渐提升，农民的精神文化需求和以往相比也越来越高。近年来，随着以“促进农村文化建设、推进农村精神文明建设、满足广大农民精神文化需求”“三下乡”活动的持续开展，农村文化建设取得了一定进展，但和快速发展的城市文化建设相比，广大农村地区，特别是经济相对落后的西部农村地区的文化建设还相对滞后，农民的文化娱乐活动形式仍然比较单调、落后。这不但无法满足农民日渐提高的文化需求，更无法适应社会主义新农村建设的需要，因此必须去积极关注农村地区特别是经济较为落后的西部农村的文化建设及农民的休闲娱乐方式。陕西地处西北地区，其文化建设在国家文化整体发展中有着独特的地位和意义。陕西关中地区的文化建设不仅代表着陕西文化建设的基本水平，在一定程度上也代表着西部经济较落后地区的平均水平，为此选取陕西关中地区的农村作为调研地，对西北农村的文化建设和农民的休闲娱乐现状和观念进行了调研。此次调查的范围包括宝鸡、西安、咸阳、铜川等市，每个市抽取 2 ~3 个县，每个县抽取 3 ~4 个村，共调查访问农民 1000 人，涵盖了各个年龄层次、不同文化程度、不同收入水平、从事不同工作。此次调研表明，当地农村文化建设有了一定的发展，农民的文化娱乐活动有了一定改善，但也存在一些问题，需要各级政府给予关注。

一　关中地区农村文化娱乐活动开展现状

1. 农民个人文化娱乐投入相对较少，文化娱乐观念相对落后

随着陕西农村经济的快速发展，农民收入水平逐年提高，关中农村居民用于文化娱乐方面的投入（时间、资金）和以前相比有了一定程度的增加。但由于环境等客观条件的限制以及传统守旧观念的影响，关中地区农村村民的娱乐意识较弱，娱乐观念相对落后，对于新的娱乐方式接受度不高，在娱乐消费方面增加较为缓慢。调查显示，在资金投入方面，农村居民每月用于文化娱乐活动支出在 100 元及以下的占到调查人数的 52%，在 101 ~200 元的占 29%，两者累计比重达到了 81%，支出在 201 ~400 元的占到调查农户的 12%，401 元及以上的仅占到 7%。如果扣除为了孩子的教育支出部分，真正用于文化娱乐的支出比例非常小。这表明，农村收入的快速提升和农民物质生活水平的明显改善，农村居民在文化娱乐方面的资金投入相对很小。在时间投入方面，从调查中了解到，关中地区农村居民娱乐时间主要集中在晚上睡觉前和农闲的时候，阴雨酷热不能进行田间劳作，大型民间传统节日以及有亲朋好友来拜访的时候。调查显示，农村居民每天花费在文化娱乐活动上的时间在2小时之内的占到46%，花费2~3小时的占到26%，3~5小时的占到17%，5小时以上的占11%。每天花费在文化娱乐上的时间在5小时以上的绝大多数都是放假在家的学生及留守在家的空巢老人。在对村民的调查中发现，随着农业技术的快速发展和农业机械的广泛应用，广大农民已经从繁重的农业劳动中解脱出来，农闲时间较多，他们在文化娱乐的时间上投入较多，但在资金投入上相对较少。除购买电视、电脑、DVD等文化娱乐设备，看电视和上网每年必须缴纳一定的服务费，购买与种植有关的书籍和孩子学习需要的书籍，村民几乎没有太多额外的文化娱乐消费支出。在经济相对较差的部分村庄，人们还在努力改变家里的经济状况，家里的支出只用在保证吃穿等基本生活方面，用于文化娱乐的消费可谓少之又少，农民意识不到文化娱乐的重要性，在文化娱乐上不愿意消费，文化娱乐意愿较差。

2. 农村娱乐方式相对单一，消极负面文化在农村仍有一定市场

在回答“您平时主要选择哪种娱乐方式”（多选项）时，在看电视或听广播、读书看报、下棋、打牌或打麻将、与人闲聊拉家常、跳舞或唱歌、上网、玩电子游戏等选项中，村民选择看电视或听广播的达到49%，选择读书看报的仅占12%，选择跳舞或唱歌的占14.5%，选择闲聊拉家常的占13.5%，选择上网或打游戏的占4%，选择打牌搓麻将的占9%。由此可见，看电视仍然是关中地区村民特别是以耕种为主要收入来源的村民休闲娱乐的主要方式，这在一定程度上反映了村民娱乐休闲生活的单调和枯燥。在看什么样的电视节目方面，调查发现，农村居民选择经常收看或收听的电视或广播节目中（多选项），新闻时事节目占的比例最大，高达48%，民生类节目占45%，文化教育类节目占21%，体育类节目占18%。在娱乐方式的选择上，中老年人比较喜欢传统的娱乐项目，如看电视听广播，而年轻人则更倾向于跳舞唱歌、上网、打游戏等娱乐休闲形式。看电影等娱乐方式因为条件限制在农村没有得到普及。虽然政府也会组织一些群众性文化活动，如送戏下乡、放映电影等，大大丰富了农民的文化生活，但是文化下乡的时间和形式等都很有限，这远远满足不了广大农民的文化娱乐需求。在一些村庄，农民也会自发组织跳广场舞、下棋等，但这些活动毕竟是少数。在调查中还发现，关中地区农村的文化娱乐方式总体上比较健康，但也存在着不良的文化方式，如赌博和封建迷信等，这些负面文化现象的存在严重影响了关中农村文化的健康发展。由于部分村庄文化活动太少，农民农闲之余无事可做，便相约在一起打牌打麻将，由小额的输赢演变成大数额的赌博。这些人虽然为数不多，但在各个调查的村庄都不同程度地存在，这种不健康的娱乐方式不仅影响了家庭稳定，对村风村貌也造成了不良影响，需要政府加以纠正和正确引导。

3. 农村文化建设力度不够，供需错位现象不同程度地存在

对于农村的文化娱乐发展状况，笔者也设置相应的题目进行了调查。在问及“村里是否经常组织大家参加文化娱乐活动”时，经济较富裕的乡（镇）选择“村（镇）经常开展集体性的文化娱乐活动”的达26.7%；而经济较落后的乡（镇）则更多地选择“村里很少开展集体性的文化娱乐活动”，比例占到68.2%。在调查“对村里的文化设施是否满意”时，经济较富裕的城郊地区文化设施建设较好，村民使用率也比较高，村民比较满意；而经济较落后的远郊地区文化设施简单落后，无法满足村民需要。就调查情况来看，当前村民日常生活享受到的公共文化设施主要是有线广播、有线电视、文化活动室、健身场地，已经有超过60%的村庄全部或部分拥有这些公共文化设施，但建设设施不均衡的情况仍然存在。经济较富裕的近郊地区文化设施建设相对较好，而较偏僻的远郊地区文化设施建设相对缓慢，还有些乡（镇）没有文化站，行政村没有文化室；有的村镇虽然有文化室（文化站），但也仅仅是一间房子，摆上几本杂志，用来迎接上级检查，平时大门上锁，从不对农民开放，几乎成为摆设；有的被访村庄，村干部指着村委院里的一块空场地就说是文化广场，而上面没有任何可供活动的设施，这远远满足不了群众文化娱乐的需求，也严重影响了农村文化的传播。相对于文化室，村民对村子修建的健身场所及设施总体认可程度较高，有21%的被调查村民经常使用这些健身场地及设施。村民喜欢使用健身器材的原因是，去健身场既可以锻炼身体也方便相互之间进行交流和沟通。在关中地区农村各村庄虽然也会组织一些文化娱乐活动，但村民的参与率和认可度相对较低。

二 关中地区农村文化娱乐活动存在问题的原因分析

（一）基层领导干部对农村文化建设重视不够

虽然国家出台了一系列惠农政策，在农村文化建设方面也投入了大量资金，有一定的政策倾斜，陕西省政府也逐年增加对文化产业特别是农村文化建设的投入，但关中地区农村基层领导干部却对农村文化建设、文化娱乐活动的开展不够重视。有的基层干部认为抓文化建设不像抓经济建设那样很快出政绩，所以只是按照上级安排执行，不愿主动作为，真正扑下身深入村民中去了解农村文化建设的实际情况，了解农民的真正需求，下气力去抓好农村文化建设，组织好农村文化娱乐活动的很少，存在重经济增长轻文化生活的思想倾向；有的基层干部自身文化素质就不高，认识不到农村文化建设在促进经济快速发展和满足农民精神文化需求的重要作用，认识不到文化建设对于新农村建设的重要作用，认为文化建设可有可无，甚至简单地把农村文化建设和为农民放几场电影、搞几场演出等同起来。部分基层干部思想上的不重视必然导致他们在农村文化建设实际中敷衍了事，对农村居民文化娱乐的真正需求漠不关心，对农村文化娱乐活动的开展不主动引导，甚至对农村中存在的赌博等不健康娱乐方式置若罔闻，这严重制约了农村文化娱乐活动的顺利开展。

（二）农村文化建设投入不足

关中农村文化基础设施建设经费的主要途径是上级文化部门的资助，因为前期各村庄的文化建设水平相对较低，底子较薄，离新农村文化建设的要求，离村民文化娱乐的需求还有较大差距。而下拨的文化经费有限，各村屯的实际需求太多，面临“僧多粥少”的局面，等分到具体村屯时经费已经所剩寥寥无几，无法满足文化建设的实际需要。农村文化建设的第二个经费来源是社会企业的捐助，而这部分资金就目前来看相对较少，在部分近郊地区村庄，村民可以通过举办集体性的文化娱乐活动帮助企业宣传产品的方式来获得一些企业对村庄文化建设、文化娱乐活动的赞助。而远离城市的远郊地区，因为没有多少商业潜力，文化建设几乎无法获得企业的赞助。农村文化建设的第三个经费来源是村庄自筹的资金和村民自己的投入。在一些较富裕的地区，村庄可支配的经费较为富裕，可以在国家扶持的基础上，自筹资金对文化建设进行一定的投入；而经济较差的村镇，则除上级拨款外没有其他额外经费。在农户自己投入方面，城市近郊的农民，由于靠近城市，就业机会较多，家庭收入相对较高，休闲方式更接近城市居民，也愿意为家庭成员的文化娱乐消费花钱；而远离城市的部分村庄，农民的收入不尽如人意，除满足全家衣食住行等基本物质生活需要和子女教育的需要外所剩不多，对于文化娱乐消费心有余而力不足，没有更多的资金来开展文化娱乐活动。由此可以看出，投入不足是影响关中农村文化娱乐活动顺利开展、影响农村文化建设至关重要的因素。

（三）农村文化人才短缺

由于工业化和城镇化建设的需要，农村的大批青壮年劳动力输入到城市，留守在家的大多是老人、妇女和儿童，他们在思想文化素质、科学技术水平与进城务工的农民相比都较低，他们没有能力也没有动力开展文化建设。而大批青壮年劳动力进城务工，导致大量可以从事农村文化建设的本土人才流失，而在外地，大多数有学识有为的青年更愿意在城市发展，不愿意到农村开展工作。农村文化建设面临人才严重缺乏的局面。而且政府对于基层文化骨干、文化建设管理人员的培训力度不够，使得他们的文化服务意识薄弱，工作缺乏积极性和创新性，对文化娱乐活动敷衍了事，没有真正发挥出文化骨干应有的作用。

三　改善关中地区农村文化娱乐活动的对策建议

（一）要自上而下高度重视农村文化建设

关中地区农村的文化建设和文化活动的开展，仅靠中央、省、市政府等上级部门的高度重视是远远不够的，只有自上而下形成对文化建设的正确认识，农村文化建设才能健康、持续发展。因此，各级基层政府要改变以往陈旧观念，认识到农村文化娱乐活动的开展对提高农民素质，调动农民积极性，化解邻里矛盾，建设新农村发挥的作用，把文化建设纳入自己的日常工作中来，把文化建设作为日常主要工作之一抓好落实。要有长远眼光，结合各村庄的实际抓好农村文化建设顶层设计；要脚踏实地，逐级抓好设计落实，要把抓好文化建设作为对县（市、区）、乡（镇）、村领导干部考核的一项重要指标，对工作不力的单位和个人要追究负责人和相关人员的责任。与此同时，要发挥好村民在农村文化建设、在文化娱乐活动开展中的主体作用，充分调动他们参与文化娱乐活动的积极性和主动性，引导他们开展各类健康向上的文化娱乐活动，从而形成自上而下、从政府到个人，重视农村文化建设的良好氛围。

（二）政府要加大发展文化娱乐活动的力度

政府部门要充分发挥在农村文化建设上的主导作用，加大发展休闲娱乐文化的力度，活跃农村居民的闲暇生活。

1. 要加大经费投入

各级政府要保证加大对农村文化的投入，要确保国家下拨的文化事业经费真正用在文化建设上。要继续加强文化场馆等硬件设施建设，保证每个行政村都有文化活动室、图书室、文化活动广场和足够的文体器材；要持续推进农村公共文化服务数字化建设，确保广播、电视、网络真正进村入户，确保农村居民也可以享受即时的数字服务。

2. 要积极吸纳社会闲散资金投入到农村文化建设上来

各级政府要鼓励和引导民间资金、社会资金、银行贷款等投资兴办文化事业，要鼓励社会团体、企业和个人捐资投资农村文化事业，要在不断创造条件提高农村居民经济收入的基础上引导村民加大个人文化娱乐消费支出。

3. 要增加关中地区农村文化娱乐活动的多样性

各级政府要深入调查了解群众文化娱乐活动的真正需求，组织开展多种形式的群众文化娱乐活动，积极鼓励村民参加。例如，可以利用农闲、节假日、庙会等组织文艺演出，定期举办农民文化会演、戏曲大赛、歌舞大赛等活动，并适时根据群众需求的变化，不断充实活动内容。要为城市演出团队到农村演出牵线搭桥，扶持城市专业文艺机构、表演团体组成小分队下乡演出；要扶持一些民间戏剧团，鼓励他们扎根农村、深入农村、服务农民、传承民间艺术、传播有益文化；要大力支持城市业余表演团体下乡表演交流。同时要结合群众文化娱乐需求，大力开展送文化下乡活动，为农民带去喜闻乐见的文艺演出。

要举办面向农村、服务农民的大型主题系列文化活动，组织开展“走进农家”文艺巡演活动周、农村题材电影汇映等活动，为农民送戏下乡，让其成为基层农村的“同一首歌”和“心连心”的品牌。

4. 开发新的娱乐项目

要立足于农村文化的现实土壤，深入挖掘有当地特色文化内涵，群众喜闻乐见的优秀传统民间文化，不断开发新的文化娱乐项目，并且和旅游观光结合起来，做成品牌，形成产业，使关中地区的每个县（市、区）都有自己的特色项目，从而把丰富农民文化娱乐生活同提高农民的收入结合起来，调动农民参与文化娱乐活动的主动性和积极性。

（三）加大对农村文化人才队伍的培养

关中地区农村文化娱乐活动的参与者是各村庄的居民，而农村文化活动开展的好坏与否，与各村庄文化人才队伍的素质息息相关。因此要做好关中地区农民的文化娱乐活动，使各村庄的文化娱乐活动欣欣向荣，吸引群众积极参与，就必须培养出一支高素质的文化建设人才队伍。为此，要培养自有人才。要挑选思想素质高，有责任心，有管理经验和文艺才能的人担任农村文化管理的负责人，采用“请进来，走出去”的方式，让他们到上一级部门或专业院校学习，或者聘请专业人员对他们进行培训，切实提高他们的业务水平，使他们能及时了解村民的真正文化娱乐需求，有能力定期组织群众广泛参与各类文化娱乐活动。提供资金鼓励他们组织乡村文艺表演队，为他们提供外出表演的机会，让他们在获得经济利益的同时，不断地学习新的知识和技能，为农民群众提供更多更好的文化生活。同时要不断加大人才引进力度，给予优惠政策，使一些高层次的文化专业人才愿意留在基层，帮助培养文艺人才，提高村民的整体文化娱乐意识和素质。

B.23
西安市扶贫攻坚进程中农村实用人才的培养研究*

白 瑾**

摘 要： 精准扶贫是新时期党和国家扶贫工作的精髓和亮点。扶贫开发的关键是一个“扶”字。授人以鱼不如授人以渔，给钱给物只能解一时之困，技能上的提升和思想观念的转变，才能恢复贫困地区的“造血功能”，才能断掉穷根、开掘富源。农村实用人才是广大农民的优秀代表，农村实用人才队伍建设是农村人力资源开发的重点。只有培养高质量的农村实用人才，才能从根本上解决农民的就业能力问题，为每个贫困家庭提供造血功能。

关键词： 西安市 精准扶贫 农村实用人才

2015年11月习近平总书记在出席中央扶贫开发工作会议时强调，消除贫困、改善民生、逐步实现共同富裕，是社会主义的本质要求，是我们党的重要使命。党和国家一直十分关心和重视扶贫工作，中央、省、市先后出台了一系列支持扶贫开发的政策措施，在政策、项目、资金、人才等方面，日益加大对贫困地区的支持力度，目的是补好扶贫开发这块“短板”。西安市从2013年开始，不断加大精准扶贫力度，三年来投资近10亿元，实施产业扶贫、移民搬迁等措施，率先在全省出台保障政策兜底脱贫。精准扶贫是新时期党和国家扶贫工作的精髓和亮点。2016～2018年，西安市将实施“双百万户”工程，

---

* 本为2016年西安市社会科学规划基金项目（06HZ01）成果。

** 白瑾，西安市社会科学院政治与法律研究副研究员。

按照2014年人均可支配收入低于全市同期水平50%的标准，在全市倒排200个相对贫困村，每年按照上年度人均可支配收入低于本区（县）同期水平40%的标准，在全市确定10000户相对贫困户作为扶贫对象，进行分类施策，精准帮扶。扶贫开发的关键是一个“扶”字。授人以鱼不如授人以渔，给钱给物只能解一时之困，技能上的提升和思想观念的转变，才能恢复贫困地区的“造血功能”，才能断掉穷根、开掘富源。农村实用人才是广大农民的优秀代表，农村实用人才队伍建设是农村人力资源开发的重点。只有培养高质量的农村实用人才，才能从根本上解决农民的就业能力问题，为每个贫困家庭提供造血功能。

一　西安市农村实用人才队伍的建设现状

2014年，西安市有农村劳动力237万余人，其中农业劳动力167万人，非农业劳动力70万人；有一般技能的从业者50万人，有专业技能的生产能手20万人，60%的劳动力靠体力和非技能从业，40%的劳动力靠技术打工，收入比非技能型高出30%；10%的劳动力具有经营素质水平，自主创业，收入相当于3~5个人的打工收入。全市有职业农民9536人，其中生产经营型6270人，专业技能型346人，社会服务型2700人，新生代型220人。① 这些职业农民是促进西安市贫困地区脱贫的带头人、推动农民能力提升工程的实践者。

（一）落实农村基层人才队伍振兴计划

从“十一五”开始，西安市实施农村基层人才队伍振兴计划，以为农村基层组织建设一支“素质高、能力强、用得上、留得住”的农村基层人才队伍为目标，年均为农村基层选派500名高校毕业生，培养1000名基层专业技术人员，每年为农村基层培训生产能手、能工巧匠、经营能人、科技致富带头人、农村实用技术骨干12500人。推动了全市农村经济和社会事业发展，加快城乡统筹建设步伐，取得了显著成效，农村基层人才队伍不断壮大，人才匮乏的状况得到了改善。

---

① 数据来自西安市农业局2015年的统计数据。

（二）坚持开展农业科技大培训

2012 年，西安市制定了农业科技大培训方案，以发展都市型现代农业为主线，以农民科技需求为出发点，坚持“政府主导、上下联动、多元参与、广泛培训”的工作机制，组织专家教授、培训教师、农技人员、乡土人才，深入农业生产第一线，多层次、多渠道、多形式开展农业科技大培训，形成了大联合、大协作、大培训的工作格局。

（三）开展形式多样的专项技术培训

市级技术推广部门每年投入 200 万元，结合专业、技术项目和农时季节，组织理论短训、田间现场会、交流参观等形式的专项技术培训。重点培养经营规模较大、示范带动能力较强、有一定特长的生产能手、农村经纪人、农业专业合作经济组织带头人、能工巧匠等农村实用人才。区（县）发挥农广校、农机校、农技推广站、合作社、实训基地等资源，以科技入户工程、科技人员抓点等为载体，采用集中培训和分类指导相结合，网络技术信息服务和生产实践相结合的方式开展农业实用技术培训。年均开展科技培训 1500 余场次、现场会 50 场次，培训 15 万人次。

二　西安市贫困农村人才的特色培养方式

（一）周至县的农村人才工作

周至县是传统的农业大县，有农业人口 60.8 万人，占全县总人口的 90.69%。2013 年被陕西省委组织部确定为省级农村实用人才“双培双带”示范县。周至县大力实施人才强县战略，通过“双培双带”工程，培养了 1.78 万名优秀农村实用人才。猕猴桃、蔬菜、苗木花卉、杂果种植、畜牧养殖等是周至县的主导产业。通过开展农村实用人才培训，主导产业整体水平提升，农民收入逐年增加，取得了明显的经济效益和社会效益。一是依托周至县农广校、西北农林科技大学、农村实用人才示范培训基地、“双培双带”示范点等培训资源，大力开展人才培训。二是开展“百名科技人才进村入社服务群众”活动。充分发挥全县乡土人才效能和作用，在农村一线推广农业新技术、选育新品种，送技能、送培训。三是抓基层党建。把农村优秀人才培养成积极分子和党员，把积极分子和党员培养成优秀实用人才，把优秀党员实用人才培养成村干部，改善农村党员、干部队伍结构，增强建设新农村的本领。截至 2014 年，全县已有 316 人被选进村级班子，650 人被列为村级干部后备人选。

（二）户县的农村人才工作

户县农村人才培养通过三个渠道进行，即职业教育、就业培训和培优工程（培养农村优秀青年带头人工程，简称培优工程）。三个渠道的培训侧重点有所不同，职业教育侧重对技能人才的培养，就业培训侧重对创业人才的培养，培优工程侧重对管理型人才的培养。培优工程主要是为农村基层组织培养管理型干部。户县全县 40 岁以下的农村党支部书记仅有 53 名，有大专以上学历的仅占 4.25%。全县有 13692 名农村党员，大专以上学历仅占 3.5%，而初中以下学历有 8085 人，年龄大、学历低、管理水平低是农村党员干部的共性。农村社会治理难、基层党组织涣散、农村经济发展慢是“三农”问题的瓶颈。针对农村“人才空心化”现象严重，提高农村人才储备，留住优秀的青年人才，培养懂经营的管理人才，户县每年以 1000 万元的财政费用，连续五年作为“培优”专项经费，用以对农村优秀青年人才的培养，以集中授课、乡（镇）实践、回村挂职等多种形式提高农村优秀青年的综合素质。政府非常重视培训质量，凡是培训通过者其培训费用不但全程免费，而且培训期间县财政每月给予一定的生活补助，真正做到免费、带薪培训。在第一批毕业者中，共有 15 名学员通过公务员或事业单位招考，成为国家公职人员，有 230 余名学员被任命为村组干部，为农村基层党组织增添了新鲜血液。由学员独办或同学联办企业、门店、合作社 72 个，新增就业岗位 500 多个。目前，共集中培训了三期，累计共培训了 1345 人。第四期 450 余人正在党校集中培训。户县的培优工程成效初显，在通过考试的 1280 人中，担任村“两委会”委员职务的有 210 人，占 16.4%。中青年人占到 81.9%。

三　贫困农村实用人才队伍建设面临的主要问题

为全面准确了解西安市贫困农村实用型人才的培养和使用现状，笔者将西安市秦岭北麓的灞桥、蓝田、户县、周至四个区（县）的贫困镇、贫困村、贫困户作为研究对象，通过无结构或半结构访谈的户访、座谈会、文献资料研究、典型案例分析等方法，收集了大量第一手资料。

（一）贫困村致贫原因典型案例分析与技能培训类型需求

1. 村委会内部矛盾影响产业转型

户县石井镇直峪口村，有耕地面积 1295 亩，319 户，1216 人，党员 40 人。由 7 个村民小组组成。村民生活来源基本靠外出打工和种葡萄。该村地形南高北低，是坡形地，北部地势较为平坦，葡萄园主要是依靠西安市市委组织部的帮扶（打了两口深水井、买葡萄苗、修路、拉路灯线等）。据驻村第一书记介绍，他的驻村时间主要用来解决上访问题，市委组织部的帮扶项目变成引发矛盾的导火索，村主任与村支书为争扶贫项目工程，各自拉帮结派，不惜武力相向。因为涉及农村家族矛盾，组织上很难解决、协调，两派互相上访，使得村子的经济发展长期受到制约。

在产业发展方面，葡萄产业并不适合所有地方，山脚下的 4 个葡萄园缺水，产量不高，品质也不好。另外，因为种的规模太大，产量太高，葡萄卖价逐年走低，2015 年最低卖到每斤 2.5 元，连成本都没有收回，影响了农民种地的积极性，农民增收困难。但是，这个村的经济基础相对较好，由于拥有区位优势（地处秦岭北麓户县县城正南 10 公里处），村子曾办过一个白粉厂，并解决了缺水问题，提高了收入。随着秦岭生态环境的整治，厂子被关停，集体收入基本靠场地租赁，家庭收入主要靠外出打工，打工者基本在建筑、装修工地，或道路绿化工地从事体力劳动。目前发展的困境是，葡萄产业品质不高，周边葡萄种植户相互压价，出现农户不再投资，甚至砍树现象。其他产业目前没有好的项目，村民不敢投资，因此与技能培训不能较好地对接。

2. 村子自然条件限制了产业发展

灞桥区洪庆街道水泉子村现有 100 户，444 人，2013 年被西安市确定为建档立卡贫困村之一，地处洪庆山区，村内主要以农家乐经营和小杂果种植两大产业为主导，借助两条公路穿村而过的交通优势，全村农家乐经营户占总户数的 37%，其余主要以生产樱桃、核桃、鲜桃等小杂果为主导。

借助新农村建设的机会，2006 年新成立的村委会决定对村子的整体面貌和道路进行改造，以办农家乐带动村子经济发展。据村委会成员介绍，由于地处洪庆森林公园，村子一年四季游客不断，农民不需要外出打工就能增加收入，还能照顾家庭。种植的杂果也基本被游客消化，不需要拉到西安市区销售，增加了农民收入还不占用太多时间。旅游旺季时，还要聘用周边村子的妇女帮忙。年轻人基本不出去打工，老年人也能参与家庭经济发展，促进了邻里、家庭内部和谐。

在技能培训方面，主要与旅游业结合，对厨师、水暖、电工、苗木栽培等技术常年聘请老师免费培训。此外，村委会经常征求村民意见，需要什么就培训什么。目前发展困境是由于没有地方修停车场，限制了游客接待能力。

3. 农民自身素质影响产业发展

蓝田县杨家堡村共有村民 245 人，71 户，有两个村民小组，与陕南商洛紧邻，是蓝田县最远的村庄。通往县城的一条村级公路横穿商洛市两个村，形成犬牙交错状。有贫困户 30 户，102 人。林区面积 5000 多亩，森林覆盖率几近 100%。

2014 年，村里成立养殖协会，目前养殖业项目有黑猪、山羊和土鸡，种植业有黑木耳和各种药材。村子的经济发展主要依靠两个扶贫单位帮扶——蓝田县县委组织部和西安市国际港务区。据村主任兼协会会长介绍，目前因为受农产品市场价格不稳定的影响，农民不敢投入。一名转业军人介绍，农民风险承受能力不强，导致本村的黑猪养殖业不能扩大规模，村子养猪场把猪仔免费送给农民养都没人要。一个养羊专业户介绍，去年羊肉价格好，他听说村子有鼓励养殖业的政策，再加上外面打工越来越难，他就决定返回村子贷款养羊。但是，2016 年羊肉价格下跌，他已经赔进去几万元钱，希望政府加大对羊肉价格的扶持，像保护猪肉价格一样。

由于该村地处深山，交通不便，村子的发展困境一是销售难，目前只有蓝田县县委组织部帮助修建的一条村级公路；二是通信不发达，只有电信有微弱的信号；三是村子里年轻人都外出打工，村子里只有老人、小孩在家，观念落后。

据蓝田县扶贫办介绍，扶贫办有技能培训计划，主要针对年轻人的“两后生”，但是年轻人不愿学，愿意学的年龄又太大，国家没有资金支持。另外，产业要形成规模县里才能派专家来指导培训，杨家堡村愿意接受技能培训的人数达不到县里的要求，所以就不能集中培训。目前，蓝田县对农家乐的投资不大，这个地方办农家乐的硬件也不够。此外，农民因生活习惯不同，对整理村容村貌有抵触情绪，认为投资看不到效益。

4. 农业技术培训需要更扎实管用

周至县九峰镇共有 21 个行政村，3.3 万多人，其中农业人口 3.1 万多人。镇上一部分村子在山外，一部分在山里，沿山发展猕猴桃产业，山里主要发展农家乐。以余家村富裕合作社为例，理事长介绍说，该协会通过发展合作社，承担会员的培训任务，技术人员主要来自西北农林大学、县农广校和土专家。目前已吸纳会员 208 户，该村果园面积由原来占耕地比重的 30% 发展到现在的 60%，“职业农民”已认定 40 多人。目前存在的主要问题是培训方式，大部分拘泥于课堂培训或网络培训，技术针对性不强，不能解决实际操作。

5. 移民搬迁村“观望”思想严重

周至县王家河村位于周至县金丝猴自然生态保护区和黑河饮水源保护区，属限制开发区。共有村民 385 人，101 户，其中搬迁移民 29 户，有三个村民小组，其中建档立卡户 75 户。有耕地 720 亩，大多是坡地，以种植小麦、玉米为主，经济收入主要来自财政转移支付，人均 3500 元。王家河村的农业生产条件很差，耕地基本都是坡地，组与组之间隔山相望，到镇上办事基本靠走，生活用品人背肩扛。有一条帮扶单位出资、村民自修的简易公路，只能通行农用车，而且晴通雨停，泥泞不堪。目前，政府通过招标在哑柏建了一批移民搬迁房，希望通过移民搬迁来解决贫困问题。村民对移民搬迁政策持观望态度，一方面担心搬出去没有好的就业门路，无法生活，因此有部分搬出去的村民，又搬回来住。另一方面房价偏高，农民希望政府出台更优惠的政策。鉴于此，村民对各种再投入生产热情不高，“等、靠、要”思想严重。据驻村第一书记介绍，他为村子引进鸡仔、猪仔养殖，发现农民积极性并不高。目前发展的困境是，村子整体教育水平低，精神状态不好。这一问题得到村主任的印证。村主任介绍：“不要说普通村民，我也心里没底。不知道干啥好。”目前该村处于自发状态。

（二）贫困村的共性问题

通过对5个贫困村典型案例分析，可以得出以下结论。

1. 西安市通过低保政策兜底基本消除了绝对贫困现象，但提升整体收入水平困难很大

例如，临潼区作为一个农业大区，贫困人口涉及1.14万户4.36万人，辖区内共有贫困村51个。在现行西安市市级标准下，临潼区贫困人口已全部脱贫，但人均纯收入低于4000元的仍有1300余户5400余人，这些人大部分都是缺乏劳动力和残障群体。周至县作为西安市唯一的国家级贫困县，据当地农业干部讲，是一个“县穷民富”的县，县财政收入靠国家转移支付，但农民靠种植草药、黑木耳、香菇，养关中黑猪和发展乡村旅游业等，收入相当不错。同时，农业的各项补贴也是一大笔收入，早已超过3200元的贫困线。但是，目前都没有形成品牌效应，项目内的村子建设较好，项目外的村子基础设施较差，扶贫项目与技能培训没有很好地结合，农民增收困难。

2. 各种扶贫政策补贴和外出打工是农村的主要人均收入来源，个别地方打工风险非常高

农民外出打工已经是普遍现象，也是家庭收入的主要来源，这已经是不争的事实。从总体来看，目前农民普遍是靠打工出卖体力劳动为主，而依靠技术增加收入的微乎其微，只有灞桥区水泉子村的培训项目有水、暖、电、焊等技术工种。在周至县王家河村，许多人在周边省份的金矿、煤矿打工，因各种矿难导致的伤残、死亡人数比例很大，该种家庭一般都是村子重点扶贫对象。

3. 通过项目扶贫和技能培训，低收入群众主动参与扶贫开发的积极性和主体意识正在觉醒

返乡的农民工、转业军人的就业、创业和自我发展能力明显增强，部分优秀的农民已经学会参与市场运作，利用网络新技术获得盈利。在调研中笔者发现，凡是村子发展前景好的，返乡的年轻人就多，年轻人的创业意识和自我发展能力明显增强，村子整体发展水平就好。在蓝田县杨家堡村，转业军人、返乡农民是种植业和养殖业的主力军，也是农业合作社的主要成员，年轻人明显比中老年人创业意识强。在灞桥水泉子村，该村党支部的党员平均年龄只有33岁，村委会成员平均年龄在40岁左右，主要由返乡能人组成。据值班的村委员介绍，该村刚开始做农家乐时比较困难，村支书把自己干得很好的彩钢业放下，返乡帮助村民发展农家乐，同时把外面干活的人都叫回来，大家共同商议村子发展规划。目前，村子有牌照的农家乐达 40 多户，每户年收入可达到 20 万 ~30 万元。在周至县老县城，家家办农家乐，村子的老、中、青人口比例适中，据当地干部讲，老县城的年轻人都不出去打工，到旅游旺季时，农家乐的人手不够，还要从周边村招工。在厚畛子村，部分农民利用电商销售土蜂蜜，售价比传统工艺贵了一倍。这些新的农业主体和经营方式，虽然还处于萌芽状态，高素质的职业农民还是凤毛麟角，但是他们必将是未来推动农业现代化的主力军。

4. 通过政策兜底的脱贫基础很脆弱，农民自身“造血”功能不足

从贫困村分布的地理位置来看，秦岭山区初步脱贫地区与其他地区的发展差距依然明显，初步脱贫群众收入主要依靠财政转移支付，一旦没有政府财政转移支付，返贫率很高。例如，周至县王家河村，2015 年脱贫的 24 户主要靠政策兜底，即吃低保脱贫，由于这些家庭要么没有劳动力，要么就是身体残疾或智障，自身没有创收能力，因此一旦宣布脱贫，没有了政府补助，就再次陷入生活困境。此外，脱贫群众创业就业和适应市场经济、抵抗市场风险、自然灾害的能力还较低，增收致富渠道还不稳固。在户县直峪口村，村民谈到葡萄、生猪的投入大、周期长、市场价格不稳定等问题，找不到合适的投资项目。类似的问题在蓝田县杨家堡村，周至县王家河村、余家村都提到过。户县石井镇的干部认为，直峪口村之所以发展不起来，就是因为农家乐及农业产业没有形成规模。相反，谭峪口村用 90% 的土地种葡萄，成立了合作社，葡萄价格卖得好，村子得到整体提升也是最好的。

5. 农村基层组织是脱贫致富的核心力量

“第一书记”、大学生“村官”是联系贫困地区与社会力量的关键纽带，他们和农村致富能手及各类职业农民、农业科技人员等共同组成“人才扶贫”的团队。如灞桥水泉子村，在村致富带头人的带领下，带动村民共同致富，从 2006 年开始，经过 10 年奋斗，村子的农家乐发展到 40 多家，村民收入由一年 200 多元到 20 万 ~30 万元，村容村貌焕然一新，邻里团结、家庭和睦，以乡村旅游带动杂果产业，形成立体化经营。村子里年轻人多，“村官”“第一书记”也容易融入当地生活，年轻人遇到问题，相互之间容易沟通，达成共识，有利于村子整体发展。形成鲜明对比的是，户县直峪口村，原村主任和村党支部书记为了抢包村子建设工程，互相告状，发展到械斗，导致市委组织部的扶贫项目背离初衷，不但没有起到扶贫、脱贫的作用，反而成为事件恶化的导火索。村子人心涣散，第一书记经常被缠访，扶贫工作很难开展。现在，村主任进行了改选，新当选的村主任是养殖黑猪的能手，与西北农林大学合作，正在研究带领村民搞养殖业或葡萄产业深加工。周至县王家河村，村委会基本由一个家族组成，主要工作就是帮助贫困户办低保，整体发展缺少思路，村主任与村支书各自有自己的事业。新派第一书记到任后，多次组织村委会开会讨论村子的经济发展问题，为每家提供10只鸡、一头猪，先从生活上改善开始，以后开始种植猪林、柴胡等中草药，提高农民收入。

四　对策与建议

以培养农村实用人才为核心的“人才扶贫”工程，能发挥各类优秀人才“传帮带”的引领与示范作用，起到群羊效应。实施个性化的培训，以个体农民、家庭、某一产业为主的技能培训，强化特色培训，提升贫困户的就业能力，是加快家庭脱贫的可靠路径，还可以提高个体文化素养。实施新型农业经营主体带头人轮训计划，以专业大户、家庭农场主、农民合作社骨干、农业企业职业经理人为重点对象，强化教育培训，提升创业兴业能力，是加快农业结构转型的可靠途径，不仅提高了农业家庭的收入水平，还可提高整个农村地区的科技素养，起到移风易俗的作用。

（一）切实加强基层组织，发挥农村致富“领头羊”作用

2016年6月19日，习近平同志在贵州召开的部分省区市党委主要负责同志座谈会上强调：做好扶贫开发工作，基层是基础。他说：“要把扶贫开发同基层组织建设有机结合起来，抓好以村党组织为核心的村级组织配套建设，鼓励和选派思想好、作风正、能力强、愿意为群众服务的优秀年轻干部、退伍军人、高校毕业生到贫困村工作，真正把基层党组织建设成带领群众脱贫致富的坚强战斗堡垒。选派扶贫工作队是加强基层扶贫工作的有效组织措施，要做到每个贫困村都有驻村工作队、每个贫困户都有帮扶责任人。工作队和驻村干部

要一心扑在扶贫开发工作上，有效发挥作用。”这个讲话为加强农村基层党建指明了方向。笔者的调研也发现，一个好班子是村子脱贫的组织保障。一个坏班子多少都存在权力腐败问题。针对目前“扶贫”工作中已经暴露出的腐败问题，要进一步加强扶贫系统党的建设和扶贫干部思想作风、廉政以及效能建设。

（二）做好农村青年人的职业培训和教育扶贫工作，提升青年人就业创业能力

在农村，培养一个能人，可以带动一个产业，解决一大批穷人脱贫的问题。2016 年，西安市提出的十项重点脱贫攻坚工作中，在提升农民就业能力方面，提出在贫困地区建立劳务培训基地，培训 1 万名农民使其取得职业技术资格证书；针对中学生实施的“雨露计划”培训，重点做好低收入家庭“两后生”（初、高中毕业生）及劳动力的就业技能、实用技术培训，力争每个低收入户掌握 1 ~2 项农业就业技能和实用技术；实施的教育扶贫项目，重点加大对农村低收入家庭大学生助学项目的实施力度，对每年应届考上本科院校的低收入家庭学生实现资助全覆盖。这些针对年轻人的培训必将为现代农业储备后备军。

（三）开展科技扶贫，以专业科技人才培训提升农民科学素养

当前，无论是果林业、苗木业，还是养殖业，科技含量很高，对农户的科技素养要求也很高。农业正在由传统向现代化发展，由提供初级农产品向延伸产业链条发展，由产业链条的低端向中高端发展。农户在整个产品生产过程中急需提高自身科技水平。许多县（市、区）已经整合市县（市、区）科技力量，组建科技扶贫队伍，以定点、巡回、技术承包等形式，为低收入村提供便捷有效的科技服务。一些地方正在探索鼓励科技人员以技术入股等形式领办创办专业合作社或农业企业。像户县和蓝田县等农业大县还选拔出一批优秀农民送到大学培训，为培养职业农民打基础。

（四）开展网络、电商下乡，以“电商扶贫”加强农村经营人才队伍建设

现代农业的发展不仅需要会种地的农民，更需要有知识、懂技术、善管

理、懂营销的新型农民。一是开展“电商扶贫”试点，积极引进网络销售平台，扶持低收入家庭进行网上销售。二是扶持建立一批电商服务站，支持相对优势特色农产品的开发、宣传与推广，可以培育一批“互联网＋特色农业”的知名品牌，可以拓展线上线下销售渠道，拉动生产，提高农业综合效益，提升农民的市场意识和风险抵御能力。三是加强农村通信、宽带网络建设，培训一批电商人才。

（五）开展产业扶贫，以“龙头企业（合作社）＋农户”“农业＋旅游业”的发展模式培养职业农民

推动乡村旅游业发展，推行“龙头企业（合作社）＋农户”合作模式，可以转移农村剩余劳动力，促进第一产业和第三产业的融合发展。鼓励公司与农户的股份制合作，对吸纳低收入户参股、带动增收效果好的企业和农业合作组织给予财政资金、信贷支持，鼓励农户尽快实行产业结构升级，提升现代企业管理水平。建立社会扶贫激励机制和社会扶贫载体，充分调动民营企业参与，为社会扶贫活动提供服务与支持。支持企业通过资源开发、产业培育、市场开拓、村企共建等多种形式，到相对贫困地区投资兴业、培训技能，发挥现代科技与管理的创新作用。

（六）坚持选派“第一书记”、大学生“村官”工作，加强扶贫干部的培训力度和制度建设

“第一书记”和大学生“村官”学历高、年纪轻、社会资源丰富、接受信息能力强。以“第一书记”、大学生“村官”为主要纽带，大量引进社会资本有利于推进“提升村、提高户”的扶贫工作。今后要加强扶贫干部的培训力度，每年有计划地组织选派扶贫干部学习研修、挂职锻炼，积极推动经济落后地区干部到发达地区学习、交流，对扶贫业绩突出的扶贫干部要优先提拔任用。

参考文献

〔印度〕阿马蒂亚·森：《贫困与饥荒》，王宇、王文玉译，商务印书馆，2001。

周文、李晓红：《社会资本与消除农村贫困：一个关系—认知分析框架》，《经济学动态》2008 年第 6 期。

《西安市年底前将实现贫困人口整体脱贫》，《西安日报》2015 年 10 月 18 日。

《中共中央办公厅国务院办公厅关于加强农村实用人才队伍建设和农村人力资源开发的意见》（中办发〔2007〕24 号）。

中共中央宣传部编《习近平总书记系列重要讲话读本》，人民出版社，2016。

陕西省扶贫办编《陕西省脱贫攻坚政策问答》，陕西省扶贫办印，2016。

B.24
陕南移民搬迁安置中的社区服务和治理实践*

张燕玲　张 涛　赵 娟**

摘　要： 陕南移民搬迁是一项重大的系统工程，不仅影响和改变了搬迁群众的生产生活方式，也从根本上改变着公共服务体系和社会治理结构。移民搬迁实施五年多，在创新城乡一体的新型社区治理体制和服务机制等方面取得了许多可借鉴、可推广的成功经验，成为动员搬迁群众、变被动搬迁为主动搬迁的有效手段。面对新形势、新目标，陕南移民搬迁还要在推动政府公共管理与社区自我治理的有效衔接等方面持续发力，为全省安置型社区建设奠定基础。

关键词： 移民搬迁　社区治理　公共服务

陕南移民搬迁是省委、省政府立足陕西实际、着眼“追赶超越”，于2011年启动实施的战略性民生工程和全局性发展工程。五年多来，共完成各类投资595亿元，撬动相关投资近700亿元，实现移民搬迁111.89万人，人均纯收入由2011年搬迁前的4151元增长到2015年的7954元。陕南移民搬迁在减灾扶贫、改善民生、促进城乡一体化、保护生态环境等方面取得良好成效。随着移民搬迁向深度延伸，越来越多的移民群众进城入镇，基层社会治理与公共服务

* 本课题为2014年陕西省社会科学基金一般项目“陕南地区移民搬迁安置中政府治理与社会参与的互动关系研究”阶段性研究成果（立项号：2014E01）。

** 张燕玲，陕西省社会科学院政治与法律研究所助理研究员；张涛，陕西省安全生产监督管理局；赵娟，西安市公安局地铁分局副局长。

问题凸显。陕南各地根据实际情况，围绕基层治理与服务，从不同角度开展了社区治理的探索工作，不断开拓创新，积累了丰富经验，为全省安置型社区建设奠定了坚实的实践基础。

一　陕南移民安置型社区的特点

（一）生产方式和生活方式的适应性

移民安置社区是规划性制度变迁的产物，与自然形成或者主要以历史传统、利益认同为基础的村落存在明显区别。安置社区作为社会的最基本组织单位，正在改变搬迁群众的物质生活和精神生活，使生产方式和生活方式呈现变化性、调整性和适应性的特点。一是生活环境的改变，居住由农家院搬到社区单元房，生产劳动的条件、对象、内容和方式等都发生根本性改变。二是城市生活观、现代职业观、政治参与意识等也发生转变，产业分化造成从事不同产业的人居住在同一个社区，即使仍然务农，也具有兼业的特点，现代性的业缘群体正在形成。三是职业转换带来身份认同的多样性，如务工、经商人员、教师等非农产业逐渐替代农业产业，使社区的异质性越来越突出。一部分移民由于缺乏必要的技术水平，职业转换面临困难，造成社会心理、精神文化等方面处于适应性的调整期。

（二）服务需求的多元性

陕南移民搬迁主要采用集中安置结合城镇化的方式，他们由于来自不同村落，存在着背景和生活习惯差异，因此搬迁群众对于社区服务的需求相应地呈现出多层次、多元化的特点。

1. 安置社区是帮助群众发展生产的“勤务兵”

按照“稳得住、能致富”的要求，社区要结合实际为广大搬迁群众的生产致富服务。通过发挥政府、市场和专业合作组织的作用，组织社会力量和搬迁群众开展互助服务、志愿服务，不断提高产业化发展水平。

2. 安置社区是促进社会和谐的“稳压器”

依托社会组织和社区志愿者，有效防范各类违法犯罪活动，及时排查化解各类矛盾纠纷，为搬迁群众维护自身合法权益提供途径。社区成为社会治理的最基础环节，承担越来越多的社会事务。据不完全统计，目前社区承担着综合治理、卫生、文化等100多项管理和服务工作，社区已成为社会治理的重要角色。

3. 安置社区是丰富群众文化生活的“大舞台”

通过完善社区基础设施建设，解决搬迁群众文体活动场所和设施缺乏的问题；通过开展各类政策法律法规宣传教育活动，促进搬迁群众形成健康文明的生活方式；通过开展喜闻乐见的文娱活动，丰富搬迁群众的精神文化生活。可以说，搬迁社区建设已经不单是管理和服务的问题，而是通过社区治理和服务体制的创新，增强搬迁群众对社区的认同感和归属感，构建新型社会生活共同体。

（三）治理方式的创新性

党的十八届三中全会提出：“要改进社会治理方式，激发社会组织活力，创新有效预防和化解社会矛盾体制。”因此，提升社会组织参与度，创新农村向社区转型中的治理方式，是移民搬迁社会治理面临的突出问题。从移民社区的职能运行来看，超过半数的社区治理主要通过“行政方式”展开，原本需要市场化运营的项目，难以按照市场化标准经营，仍依靠政府来承担。这种类型的社区治理体系不够健全，功能运行不够顺畅，自治能力比较薄弱。从搬迁群众的公共参与来看，参与治理的意愿和能力都有待提高。不少搬迁户对社区事务和活动缺乏热情，对社区治理还存在“等、靠、要”的思想，参与度也不高。面对这些问题，陕南各地正在通过转变治理结构、创新治理方式，不断提升社区功能。比如，石泉县饶峰镇光明村的“山上建园区、山下建社区”管理模式，池河镇西苑社区“三精”移民搬迁模式，镇安县云盖寺镇花园社区等，都在创新“政府主导＋社区自治”的治理方式上做出了积极探索。

（四）治理资源的不足

移民社区建设的资源属于配置型资源，主要涉及安置房建设、建房资金补助、安置社区公益性岗位、产业发展扶持等。一方面移民搬迁是一项资金需求量巨大的公共工程，项目建设主要靠政府投入，而财政资金紧缺与搬迁地区贫困落后、财力薄弱形成了矛盾。集中安置点公共基础设施负担严重，管护费用居高不下，文化教育、医疗卫生等社会保障事业投入巨大。同时，由于管理体制障碍和技术、人力等资源短缺，公共服务水平和质量也出现有限、低效、滞后等问题。另一方面搬迁群众经济条件较差，务工技能低，搬迁需要自筹大部分搬迁费用，这与陕南地区人均收入偏低、生活水平较差形成了矛盾。从移民搬迁规划来看，安置群众自筹资金共355亿元，占到资金总数的32.1%。2016年全省移民（脱贫）搬迁工作推进会上明确提出："集中安置按每户15万元标准筹措，分散安置按每户8万元标准筹措。"财政补助虽有所提高，但仍有近三成搬迁户无力承担自筹部分。即使搬入新的社区，由于失去自给自足的生产条件和搬迁负债，后续发展面临挑战。

二　陕南移民搬迁安置中的社区服务和治理成效

经过近几年的持续建设，陕南移民搬迁已经转入基层治理服务全覆盖的新阶段，初步形成了纵向到底、横向到边、规范有序、运转协调的治理体制，各地在推进移民社区治理和服务中积极探索，不断创新，成效斐然。

（一）加强移民搬迁社区建设的领导体制和工作机制

1. 加强顶层设计和部署，加强组织领导

2016年上半年，省委、省政府相继召开领导小组会、工作推进会、电视电话会和现场观摩会，通过并下发《全省移民（脱贫）搬迁工作实施细则》（以下简称《实施细则》），明确了移民搬迁涉及的易地扶贫、用地保障、项目规划选址等政策，并对资金管理使用、跟踪审计、规划编制等提出具体要求。省国土厅出台《关于做好移民（脱贫）搬迁用地保障的指导意见》，省级28个部门和系统陆续出台各自的支持推进政策。在搬迁类型上，明确提出以脱贫移民为重点，统筹推动脱贫、避灾、生态和其他四种类型的移民搬迁；在政策实施上，提出注重脱贫政策与搬迁政策的结合、新老政策之间的衔接和各搬迁政策之间的协调等；在完善配套方面，继续坚持基础设施与集中规划点同步规划、统筹建设，推动人口聚集与公共财政投入同步同向；在强化管理方面，实施居住证制度和户籍迁移自主。全省以《实施细则》为核心，同步配套若干支持政策的移民搬迁“1+X”系统化制度体系正在形成。

省委书记娄勤俭指出：陕南移民搬迁“要坚持集中安置，实现四化同步、五位一体。要以‘四个全面’‘五大发展理论’为统领，以‘两灾户’、贫困户搬迁为重点，核心是以搬促变，不能就搬迁抓搬迁，更不能简单复制农村”。省长胡和平也对移民搬迁工作进行了全面部署，要求全省各级各部门牢固树立和践行“五大发展理论”，坚定不移地把移民搬迁工作抓紧抓好。新起点的陕南移民搬迁，既坚持“挪穷窝”“拔穷根”，又着眼长远谋全局，体现了省委、省政府从全省发展大局出发，系统谋划、统筹兼顾的移民搬迁工作的科学实践。

2. 强化党委领导、分级负责、部门协同的工作机制

陕南三市按照省委、省政府的统一部署，把移民搬迁工作纳入各市“十三五”经济社会发展规划之中，放在全局工作的重中之重去推进落实。市委书记、市长、分管市长以及市级联县领导和县（区）委书记、县（区）长、分管县（区）长以及市、县国土局长、搬迁办主任分别包抓重点小区，用典型示范全面提升工作水平。安康市编制了《十三五移民（脱贫）搬迁规划》，构建了“51155”的空间布局规划体系；汉中市制定了“三避开、三靠近”规划布点原则，将移民搬迁与扶贫开发、新型城镇化、美丽乡村建设等工作有机融合；商洛市按照“城镇为主、园区承载、大点支撑、千户联建”的思路和“三靠”“三搬”原则，强势推进移民搬迁工作。陕南各地夯实县级在移民搬迁工作中的主体责任，建立“区县委书记担责、区县长挂帅、常务副区县长主抓”的推进机制，形成责任到位、任务明确、上下配合、相互协作的协调机制；实行“一个安置社区、一个项目主体、一个项目法人”的管理模式，从完善产业配套和创新社区治理两个方面实现“稳得住、能致富”；突出搬迁对象、规划、信息三个精准，夯实了移民搬迁的基层基础；做到资金监管、项目管理、设施配套三到位，全面推行精细化管理；强化政策、机制、组织三大保障，把安置社区建设作为领导干部政绩考核的一项重要内容，组建专项督查考核组，实行每月督查排名通报，对责任不实、进度不快、效果不明显的进行领导问责。

3. 建立健全移民社区的分类指导机制

（1）做好社区分类，实行分类指导、因区治理。推广“三避开”“三靠近”的选址办法，统筹规划社区规模。实现半数以上的移民安置点进入城镇规划区，75 万名搬迁群众进城入镇；实行安置社区与整合乡（镇）统一部署，明确三种类型：即村改社区、村中社区和村外社区。同时，按照搬迁安置点的大小，分别设立独立型、融合型、挂靠型等新的移民社区。根据安置点类别，采取城市社区模式、设立搬迁户居民小组、组建社区服务机构等多种管理服务体制。

（2）因社区设机构。对不同规模、不同建制的社区，采取不同的管理办法。每种类型社区都按照“一部三会”“四个平台”标准筹建。“一部”即社区党支部，负责社区党务和党员管理工作。“三会”即社区议事会、居委会和监事会。“四个平台”即社区公共服务平台、民意表达平台、资源共享平台和文化娱乐平台，为社区居民提供全方位的服务。

（3）加强配套服务。坚持“产城融合”，围绕安置社区规划建设工业园区、商业街区、农业园区等，为搬迁群众就业创业搭建平台。遵循“小型保基本、中型保功能、大型全覆盖”的思路，采取政府、市场、社会多元主体共治，实施安置社区政务、事务、载体等的服务管理。

（二）创新城乡一体的新型社区治理体制

社区治理不是简单的投钱投物，提高福利，而是一项系统工程，需要从政策、理念、制度、资源等多方面入手。如何让搬迁群众不仅居住在社区，而且在心理上回归社区、融入社区，并能够积极参与社区建设与社区管理，是搬迁安置社区面临的重大挑战。陕南各地在社区治理创新的过程中，坚持以社区为平台，以城乡融合为目标，在优化治理结构、社会组织培育、积极推进政府购买服务等方面下功夫，推动政府组织、群众组织和社会组织的分工协作、良性互动，创新城乡一体的基层治理体制。

1. 优化治理结构

移民社区治理是一个基层组织体制、基层治理结构的全方位重构过程，它是对原来乡政村治制度的创新和发展，也是农村社会发展到特定阶段的必然要求。陕南移民搬迁对“乡（镇）政府—办事处—村庄”组织体系产生了革命性变革，重构“乡（镇）政府—社区”的基层组织结构，使原来的自然村通过搬迁演化为一个以社区居民生活为基础的基层社会单元，更大程度地促进了社会流动和社会融合。安置社区建设的终极目标是基层群众性自治机构，使农村基层治理与城市基层治理有机衔接起来，实现城乡一体化。可以说，陕南搬迁社区建设，适应了陕南地区跨越发展、流动开放、集中集聚的现代化发展趋势，将政府管理和服务职能下放到社区，将基层治理单元提升到社区，在更大范围上提升了社会自治能力。同时以大型安置点为平台，构建适应开放性、流动性的社会治理与服务平台，逐步探索形成基层政府与基层社区之间的紧密联系，这就打破了城乡基层社区分治的结构。陕南移民安置管理的社区化，有力地促进了城乡基层治理一体化发展。

2. 培育多元社区治理主体

在当前全国开展的社区治理体制创新过程中，政府主导、社会参与依然是社区治理和服务的主要形式。因此，厘清多元主体、理顺关系、明确职责就成为社区治理的关键。陕南在移民搬迁过程中，实行社区党支部、居民委员会、社区服务中心三套机构协调运转，社区群团组织、社会组织和驻社区单位密切配合，社区居民广泛参与的新型社区治理体制。《关于加强和规范避灾扶贫搬迁安置社区管理工作的指导意见》中明确提出："要以全面提高搬迁群众生活质量和文明素养为根本，完善村（居）民自治与多元主体参与有机结合的新型社区共建共享机制。避灾扶贫搬迁社区党组织、居民自治组织、社区服务组织和各类社会组织各负其责，政府、社会组织、社区居民共同参与，实现政府行政功能和社会自治功能互补、互联、互动。"这一规定，将社区党组织、社区居委会、社区社会组织、社区服务中心和业主委员会等参与社区治理的重要力量，各自的角色和具体职能都做出清晰界定，明确分工形成合力，着力构建党委政府、社区组织、社区居民等为主体的多元社区治理共同体。比如，紫阳县焕古镇为适应社区多元合作治理的需要，建立了镇党委领导、镇政府负责、各部门指导、联村干部落实、社会广泛参与的社区管理体制，搭建了集劳动保障、福利救助、人民调解、治安保卫、公共卫生等为一体的"一站式服务平台"。

3. 推行网格化治理模式

社区网格化是近年来各地积极探索的一种新型社区管理模式，网格化在管理理念、运行机制、管理手段和方式等方面，都具有独特的创新优势。陕南各地在安置社区建设中推行网格化管理，取得了良好的效果。在社区建设上，以网格化为手段，以政府管理和服务为先导，以社区自治为基础，构建党委、政府与社会力量互联，政府工作与社会工作互补，政府管理与社会自治互动的运行机制；在工作方法上，按照一定标准把安置社区划分为若干网格单元，社区居委会根据责任划分，选派网格员负责各自网格内的信息采集、矛盾纠纷排查调解、社会治安防范、特殊人群管理等的管理及服务工作；在工作要求上，把民情走访、困难家庭帮扶、社区文化主题宣传等作为刚性要求，有效疏解利益矛盾、防范信访问题激化，取得了搬迁群众满意，社会和谐稳定的效果。比如，商洛市按照“任务相当、便于管理、四址清晰”的要求，将街道连片领导、社区民警、村居干部、协管员纳入网格体系，强化网格管理员对社区出租屋和流动人口信息的掌握。安康市通过搭建社区公共服务综合信息平台，把居委会与社区居民、社会组织、社工、社会服务机构等连接起来，实现“四社联动”的网格化管理。2016 年年底前，安康市将实现城镇社区网格化管理全覆盖、农村社区网格化管理覆盖率达到 80% 以上的目标。

（三）积极探索创新社区服务机制

1. 完善基本公共服务，加快社区后续发展

陕南移民社区是适应城乡一体化发展要求的新型社区，其最终目标是让不同性质的社区居民都可以在社区享受相应的公共服务，消除城乡居民之间的身份差距及待遇差距，以公共服务均等化促进城乡一体化。陕南移民社区使人口的集聚程度、社会流动大幅增强，有利于实现公共资源的合理配置和集中式投放，既能够节省公共财政成本，也有利于发挥规模效应。陕南移民社区治理突出了基础设施和公共服务配套，对符合条件的搬迁社区按照城市社区标准组建，落实社区办公场所、服务人员和工作经费。同时，推进服务设施社区化，普遍建立了警务室、医疗卫生室、放心超市、文体场所公共设施，初步建成了公共财政、市场主体、社会组织以及群众合力共办社区公共服务的格局。五年多来，全省已全部或基本建成 2027 个移民安置社区的基础设施和公共服务配套项目。例如，西乡县高土坝安置点整合教体、民政、卫生、美丽乡村等项目资金 1200 多万元，配建社区标准化幼儿园、休闲广场、妇女儿童之家、电子图书阅览室、老年人日间照料中心等公共服务设施，极大地改善了搬迁群众生产生活条件；丹凤县竹林关镇江北移民安置小区组建了集社区管理服务、社区日间照料、就业培训中心、劳务输出服务站等功能为一体的丹水社区，为搬迁群众提供一站式服务。

2. 推行市场化为民服务机制

实现搬迁群众稳得住、能致富，归根结底就是要建立起稳定的收入来源，实施开发性移民。陕南移民搬迁，坚持把安置社区建设与产业配套同步规划、同步建设，以市场为导向，以科技为支撑，以项目为载体，完善了市场化为民服务机制。一是大力推行“社区＋农业园区”“社区＋旅游景区”“社区＋小微企业”等模式，将移民搬迁产业发展与陕南循环产业发展进行多元化、多形式对接融合，提高移民群众的组织化程度，构建移民、社区、企业之间互利共赢的合作模式。安康市在全市10个搬迁安置社区开展了“一区一策，一户一法”增收试点项目，采取逐安置点规划配套产业、逐户落实创业就业方案，已建成融入省、市级工农业园区12个，搬迁安置社区成立农民专业合作社11个，建成或依托旅游景区增加劳动就业点6个，搬迁群众自主就业、创业、兴业6855人，实现户均年增收3万元以上。二是积极推行市场化服务管理方式，探索以县（区）为主体成立物业管理总公司，乡（镇）办成立物业分公司，专门负责社区的基本公共服务。物业公司按照市场化方式运作，收费项目由社区居民代表审核，并以法定程序审批。同时，鼓励支持社会组织、居委会、物业管理公司等民办机构进入社区服务运营领域，探索建立非行政化供给社区服务的新方式。

3. 用社区文化提升服务水平

在创新社区服务的过程中，社区文化在提升社区凝聚力和归属感方面发挥着重要的作用。随着社区基础设施、物质条件的“硬”实力达到一定水平，文化的“软”实力成为现代社区发展的必需。陕南在推动移民社区建设的过程中，以社区文化民生提升搬迁居民的幸福指数；鼓励和引导移民社区家庭和睦、仁爱奉献、助人为乐等的精神，塑造尊老爱幼、诚信友爱、邻里互助的社区新型人际关系；凡新建成的社区，积极创建法制管理星、创业致富星、文化特色星、环境优美星、服务保障星“五星”社区；建设文化广场、文体活动中心等，完善文化共享、社区书屋等文化惠民工程，对搬迁群众开展新社区、新农民、新技能、新风尚“四新”教育培训；开展扶贫济困活动，慰问低保困难户，落实下岗再就业政策和最低生活保障制度；挖掘具有群众基础的文化活动资源，打造具有地域特色的文化活动，推动搬迁群众文化展示交流。例如，安康市建设了“全国首座开放式移民生态博物馆”，充分展示移民文化；丹凤县丹水社区投资100多万元建成1500平方米的健身活动场所，成立了夕阳红老年协会，组建了文艺演出团队，定期开展广场舞、秧歌、花鼓、二胡、秦腔等文艺活动，丰富了搬迁群众文化业余生活。

（四）创新社区治理，打造陕南特色

2016年以来，陕南各地对创新安置社区治理体制进行了积极探索，一项项富有特色的工作在各个社区铺开，形成了一批理论创新和实践创新成果，树立了新阶段陕南移民搬迁社区治理的新坐标。

1. 创新信息化平台建设，助推社区治理精准化

实现社区治理信息化是陕南“数字城市”“无线城市”建设的必然要求。依托数字化管理技术，在社区建设各类信息平台，为社区群众和管理部门提供信息共享和信息联动，从而实现了管理流程的规范化、标准化、软件化和网络化，大大提高了社区治理效率。

（1）安康市以“互联网+政务服务”为抓手，全面推行一站式服务。建设“安康市政务服务云平台”，于2016年年底前实现10县（区）社区综合服务管理信息平台全覆盖，全面建立连接市、县（区）、社区三级综合性信息化管理服务系统，为搬迁社区提供高效便捷的大数据服务。同时，移民搬迁全过程坚持规范化、信息化思维，运用信息化服务平台、智慧社区大数据平台、微信平台、二维码平台等现代技术手段，加快移民社区的信息化服务体系建设。汉滨区在搬迁社区建立了与办事处数字化信息平台为一体的信息服务网络，并建立全员人口信息库、民情信息库，做到“楼不漏户、户不漏人、人不漏项”。镇坪县推出“一信通”综合服务信息平台，定期给广大农户发布畜牧业信息。

（2）汉中市“企业投资建网、政府购买服务”模式。汉中市通过实施“两个全覆盖”文化惠民工程，加快了移民社区有线数字广播电视和无线网络覆盖，解决了移民群众精神文化需求的问题。汉台区在全区建立了49个阳光服务站，以社区微博、QQ群为平台，开展信息化服务。西乡县率先启动为全县15个乡（镇）、2个街道办事处和122个移民安置小区约5万户家庭购买有线广播电视服务，其中有2万个贫困户由省市扶贫资金解决，还为215个自然行政村（社区）建设347个WiFi热点。略阳县与阿里巴巴签约合作，建立了农村淘宝服务中心，在各乡（镇）、安置社区建立了40个农村淘宝服务站，为带动贫困户农产品的网络销售创造了有利条件。西乡县在6个安置社区建成县—镇—社区—单元网格四级信息平台，包括“三位一体”外网、电子办公信息平台、网格员手机终端、视频监控、居民“爱社区”APP，实现了辖区内精细化、网格化管理。

（3）商洛市出台了《信息化项目建设管理暂行办法》，健全信息化管理机制。以完善社区信息服务设施为主要任务，推广集约化移动信息服务模式。丹凤县围绕“移民搬迁信息化、综合档案体系化、项目档案规范化、农户档案精准化”的目标，投资50万元建立了80平方米标准化多媒体移民搬迁信息中心；投入资金70万元，建成移民户、村、乡（镇）、县（区）四级标准化移民搬迁信息档案系统。商南县的精准扶贫信息平台实现了精准管理、精准指挥、精准考核、精准帮扶，对贫困群众进行动态管理，对他们的相关诉求实施一站式受理、交办、回复。县级平台与乡（镇）、村脱贫攻坚指挥部无缝对接，指挥部可以随时监测到任何一个扶贫点的工作现状。

2. 创新产业带动发展，推动社区治理长效化

陕南移民搬迁注重发挥市场机制的作用，大力推行“社区+农业园区”“社区+旅游景区”“社区+小微企业”等模式，多渠道增加搬迁群众收入，使他们有家业、有就业、有产业。

（1）“山上建园区、山下建社区”模式。该模式开创了移民搬迁就地产业化新范式。白河县仓上镇按照“山上建园区、山下建社区、农民变工人”的思路，鼓励工商企业下乡，山上连片流转山地建成现代农业示范园，山下规划建设农村新型社区，集中安置山上搬迁群众，建立统筹城乡发展综合试点，变农业资源为工商资本，变传统农业为现代农业、变农村居民为产业工人，探索和创造出一条自然条件较差的山区发展现代农业之路。

（2）社区性开发的“皇冠模式”。宁陕县皇冠镇按照“集镇建设旅游化、集镇管理社区化”的思路，将景区移民搬迁安置与推进农民进镇定居有机结合起来，探索出社区开发的“皇冠模式”。对于拆迁农户，由开发企业按照“拆一建一”的原则，为被征地农民建设安置社区，进镇居住的农户可享受生态移民和扶贫搬迁政策，并由县直部门长期帮扶。

（3）“社区＋产业园区”模式。柞水县依托小岭、盘龙等园区和工矿企业、旅游景点，先后投入6700多万元资金，扶持搬迁户发展种植业、养殖业及加工业。开展相关技术和技能培训，引导搬迁群众从事运输、旅游、商贸、餐饮等服务产业。五年来，有2000多名搬迁群众就近就地进入厂矿和产业园区务工实现转移安置，1万多人从事商贸餐饮、旅游运输等第二、第三产业，家庭收入稳步增长。

（4）“社区＋旅游景区”模式。宁陕县坚持以产业聚集搬迁，以搬迁推进产业，实现“搬一批人，建一个社区，兴一方产业，富一方群众”。结合“全域旅游”发展目标，积极推进市场化运作，引导企业合力建设移民安置小区。近年来，先后吸引海荣集团等6家旅游开发企业与政府合力建设了6个移民搬迁安置小区，实现了群众不出钱享受国家家电、家具补贴等方式住进安全适用新房的目标。同时，要求企业在项目建设中和建成后的就业岗位优先考虑移民户，使搬迁群众能就地增收致富。

3. 创新社区服务型党建，实现群众满意的目标

社区党建是密切党群关系、促进社区和谐的关键与核心。陕南移民搬迁充分考虑安置群众过渡转型的复杂性和渐进性，注重发挥基层党组织和党员在社区治理中的战斗堡垒作用，探索由村级治理向开放式、多元化城市社区治理的有效途径，推动基层服务型党组织的转型发展，实现了由组织优势向服务优势的加快转化。陕南各地不断细化社区党建活动载体，系统性推进移民社区党建工作，开展“升级晋档”“单位包村、干部包户”“结对帮扶”“第一书记”等活动，以党组织建设带动基层组织融合，以党员归属感带动居民对社区的认同。比如，宁强县扎实推进基层组织“全面过硬”工程，开展“全员对标全面合格”活动，抓好七项党建重点工作任务，严格执行“五个一”机制，建立健全基层组织。镇巴县创新实施“三抓三当一引领”活动，推进党员“创业致富计划”，推行“便民服务卡”，加强社区网格化管理，实现群众办事不出社区、不出村。西乡县将“一站式服务”向农村、社区延伸，杨河镇、沙河镇推行“镇会村开”、干部驻村制度，把办公室搬到群众家门口，让党员干部在走村串户中解决群众最现实的问题。汉台区实行社区党员干部“一帮一扶”“党员户挂牌”“党员责任进社区”以及驻地单位党员“自愿认领社区岗

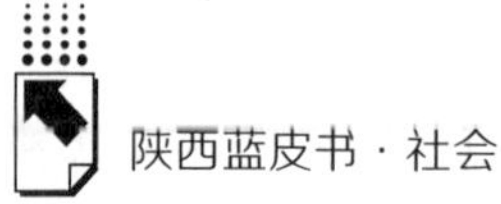

位”、在职党员回社区承诺等活动，助推社区管理和服务向纵深延伸。五年多的搬迁工程，全省党员干部付出了艰辛的努力，取得了一系列显著变化，也赢得了中央肯定、社会认同、群众拥护。

三　推进陕南移民搬迁安置社区服务和治理的主要任务

总体来看，陕南移民搬迁社区治理正在摆脱传统的管理手段和管理方式，按照协同化、精细化和扁平化的现代理念和党建引领、政府主导、社会治理、公共服务“四位一体”的创新模式逐步推进。移民搬迁与扶贫攻坚、城镇化建设和社会主义新农村建设有机融合，形成了适应当地的社区治理方式，取得了不少成功的经验。通过移民搬迁，陕南三市实现75万多名搬迁群众进城入镇，城镇化率较五年前提高7.2个百分点，从根本上改变了山区群众的生存和发展条件。但客观审视，陕南移民搬迁仍面临一些突出矛盾，如经济条件的相对落后与社区治理服务经济成本过高的矛盾，治理理念、内容的创新要求与方式手段相对传统的矛盾，基层治理能力创新的有限性与民众需求无限性的矛盾，社区治理法律法规相对滞后与搬迁群众维权意识与利益诉求提升的矛盾，等等。这些矛盾造成了当前社区治理的不足，如安置社区集中入住率不高、就业服务相对滞后、社区治理资源分散、职能交叉、资源共享程度低等，都是治理体制创新亟须解决的问题。

（一）进一步完善多方参与的社会治理体制

党的十八届三中全会指出：“全面深化改革的总目标是完善和发展中国特色社会主义制度，推进国家治理体系和治理能力的现代化”，这更加丰富了基层治理体制改革的内涵。社会治理体制的创新是自上而下的社会管理和自下而上的社区自治的结合。其内在价值理念在于多元参与主体的相互合作、多元社会利益的包容共享、政府及群众之间的相互尊重与信任，社会管理责任的法治化。陕南移民搬迁以改善民生、尊重民生为出发点和最终目的，这也决定了政府力量在社会治理中占据绝对主导地位，使社区治理与服务带有浓厚的行政化色彩。从社区治理的发展趋势来看，治理秩序的建立需要政府管理与群众自治的紧密结合，需要在统筹协调多元主体各项行为的同时，充分整合政府的管理职能，明确社会组织的服务功能，强化社区群众的监督作用，形成党委、政府、社会组织、公众相互协作的体制机制。搬迁群众作为社区生活的主体，以主体的角色广泛参与到社区组织的各项活动或社区事务的决策、管理和运行中，意味着社区范围内社会生活共同体的逐步完善，并形成休戚与共的协同关系。因此，搬迁社区的治理工作需要沿着改革方向，不断强化社区治理的精细化、动态化、亲情化，不断创新利益协调机制、共享机制以及社会治理责任的法治机制。

（二）进一步推动政府公共管理与社区自我治理的有效衔接

社区治理中政府与社会公共管理的互动机制，是通过政府与社区组织之间既相互协作又相互制衡的互动关系体现出来的。尤其是在快速城镇化的过程中，搬迁群众的民主意识显著增强，围绕搬迁的纠纷不断，迫切需要社区自我治理与政府公共管理有效衔接，共同为搬迁社区建设服务。政府部门除了加强事务性的行政管理外，还要负责为社区提供充足而优质的公共产品与服务，重点是提供市场不愿涉足的服务领域，如基础设施的建设与维护、良好的社会环境等。在管理方式上，除行政方式外，也要更多地运用经济、法律和教育等管理方式。多种治理方式的运用是社区治理体制创新的必然趋势，政府只有顺应这一趋势，充分引导和强化社区自治，才能促使政府管理与社区自治的有效衔接。在新形势下，增强社区自治功能，拓展社区服务领域，比以往任何时候都迫切。与一般社区相比，搬迁社区具有特殊性，更需要针对留守老人和儿童的专业社区照料机构；更需要提升搬迁群众的公共安全意识，增强对各项灾害的自身救治能力；更需要提升搬迁群众的公共参与意识，增强对社区事务的责任感；等等。因此，社区要加大扶持培育养老、维权、文体、社会救助等社会力量，逐步承接从政府剥离的部分事务性工作，重构搬迁群众对社区的归属感，促进社区治理向全方位、立体式、深层次推进发展。

（三）进一步促进搬迁群众形成价值共识与互信共利

省委书记娄勤俭强调，新阶段的移民搬迁不仅要把贫困群众搬出来，还要让他们融入“四化同步”的历史进程中。融入“四化同步”必然要求治理主体在合作共治中形成共同信念，达成价值共识。但在当前社区建设过程中，存在公共价值缺失的现象，公共文化呈现弱化的趋势。对移民搬迁群众来讲，离开原居住地迁入新社区不仅意味着居住环境和物理空间上的改变，更是对传统生活方式和社会结构的解体以及新的社会生活的重建，面临着生产、生活和社会交往方式的转变，也面临着村民向居民身份的转化；互联网的兴起，使人们的公共生活日益减少，人际关系日益疏远；社区文化作为社区生活共同体得以形成和维系的精神纽带也面临诸多问题。如何将社区治理中的信息技术融入人文关怀，在纠纷增加、矛盾重生的治理体制中产生集体共识，并增进信任机制和利益共享有待实践探索。因此，在创新社区治理体制中寻求不同主体间的价值共识，让搬迁群众真正在社区治理中实现安居乐业，成为现实中迫切需要解决的问题。

B.25

延安社会治理创新实践研究报告

陕西省社会科学院课题组*

摘　要： 近年来，延安市宝塔区社会治理创新工作成效显著。宝塔区提出以建设“有感社区”为目标，通过“普惠+精准”的服务形式推进社区治理创新，其中包括“创建圣地十个没有”传承延安红色基因，实施“一岗双助”服务聚焦特困人群等14种具体做法。调查数据显示，逾八成受访者对宝塔区近年来社区建设和服务工作表示肯定和认同。受访者认为区委、区政府加强社区建设与服务给个人带来积极影响，多数受访者认为社区在“社区环境”和“社区稳定”等方面变化明显，近半数受访者表示社区居民与社区之间的联系更加紧密。报告总结了宝塔区以“五大发展理念”指导顶层设计，推进治理思路清晰化等社会治理创新经验。同时，提出目前存在的问题与挑战。报告还阐释了宝塔区经验对社会治理创新实践带来的启示。

关键词： 延安市　社会治理创新　社区服务

为全面、系统梳理延安市宝塔区社会治理创新工作的做法、效果和社会影响，总结宝塔区开展社区建设、服务工作取得的经验，分析研判实践过程中存在

* 课题组组长：任宗哲，陕西省社会科学院党组书记、院长，教授、博士生导师；课题组成员：谢雨锋，陕西省社会科学院社会学研究所副研究员；杨红娟，陕西省社会科学院社会学研究所副研究员；聂翔，陕西省社会科学院社会学研究所助理研究员；吴南，陕西省社会科学院社会学研究所副研究员；江波，陕西省社会科学院社会学研究所研究员。

的问题和面临的挑战，提炼成功的经验，为宝塔区更好地做好今后社会治理工作提供帮助，更为延安市乃至全省贡献具有延安特色的社会治理创新知识和在地经验。受宝塔区委、区政府委托，陕西省社会科学院课题组采用问卷调查、焦点小组和关键人物访谈相结合的混合研究方法，对延安市宝塔区的社会治理创新工作进行了全景式、多角度、多面向的实地考察和调研。调查获得问卷调查有效样本966个，召开焦点小组访谈17组，深度访谈17人。本报告就是在对相关文献和实地调研资料进行统计分析、研读的基础上形成的。

一　对标：社区居民心目中的“理想社区”

社区建设不仅是一项综合性的改革工程，更是基层社会治理体制和机制的创新。这种创新在很大程度上既是社会建设的目标和方向，也是社区居民和工作人员对社区建设的期待。调查结果显示，在社区居民看来，理想的社区首先体现为“关爱弱势群体”，选择此项的提及率为42.4%；其次为“社区干部责任心强”，39.5%的受访居民选择这一项；受访居民比较看重的理想社区标准还有“管理规范细致”“服务周到人性化”“以社区居民为中心”，选择的比例分别为35.8%、35.5%和34.4%。这些既反映了社区居民对社会治理创新的期待，也成为延安市宝塔区社会治理创新的目标、取向和动力（见表1）。

表1　社区居民心目中的“理想社区”图景

单位：人，%

选　项	参与人数	占比	排序
关爱弱势群体	290	42.4	1
社区干部责任心强	270	39.5	2
治安良好	259	37.9	3
管理规范细致	245	35.8	4
服务周到人性化	243	35.5	5
以社区居民为中心	235	34.4	6
环境整洁	228	33.3	7

续表

选　项	参与人数	占比	排序
居民认同感高	161	23.5	8
公共服务设施完备	160	23.4	9
服务便捷高效	159	23.2	10
居民参与决策管理	149	21.8	11
文体活动丰富	142	20.8	12
弘扬延安精神	142	20.8	13
信息化、智能化	113	16.5	14
人际关系好	95	13.9	15
及时回应利益诉求	93	13.6	16
依法管理	85	12.4	17
实现共享共建	71	10.4	18
基层党组织强	45	6.6	19
社会组织多有活力	35	5.1	20

注：由于本题为多项选择设置，故百分比之和大于100%。

二　回应：社会治理创新的主要做法和理念

近年来，宝塔区加快从传统社会管理向现代社会治理转型。在转型发展的大格局中，打破“一放就乱、一管就死”的怪圈，着眼于维护最广大人民群众的根本利益，更新社会治理理念，创新社会治理体制，改进社会治理方式，最大限度激发社会活力，最大限度增加和谐因素，最大限度减少不和谐因素，打造用服务、改革和创新统揽社会治理的“金钥匙”，统筹管理和服务两项职能，便民和利民两个目标，内部和外部两种资源，民生和民意两个重点，自管和自治两种方式，形成了充满活力又和谐有序的局面。其主要做法包括：一是“创建圣地十个没有”。传承延安红色基因，全面提升社会治理综合干预能力和实施效果，构筑平安、平和的良性社会发展空间。二是“社会力量参与矛盾纠纷预防化解”。依托政府资源，倡导社会力量参与社会治理，推进矛盾纠纷的预防化解扁平化。三是“诉前人民调解委员会”。以化解矛盾为出发点和着力点，努力整合资源服务群众，实现人民调解的人性化、透明化和机制化。四是“一岗双助”服务。聚焦特困人群，做实民生筑底工作，调动社区优势资源，将精准扶贫帮困网织密织牢。五是“一站式便民服务/大厅”。阵地建设与服务升级联动，拉近居民与社区的互动距离，拓宽与深化社区服务的可及性。六是开设“社区微信公众号”。依托技术打造社区服务“互联网+”，适应新常态，推进信息化服务，营造便捷的公共服务空间。七是“全程代理零距离”便民服务。聚焦重点人群简化服务流程，变居民跑腿为主动上门，架起社区与居民间的“暖心桥”。八是社区志愿者服务。弘扬和强化志愿者精神，用人性化贴心服务重新演绎延安精神，展示不褪色的时代名片。九是“圣地先锋”在职党员进社区。党建统领社区建设，凸显党组织的堡垒作用，体现党员主体参与地位，用延安精神贯穿社区助人服务过程。十是兴办“文化墙”。娱乐活动与警示教育相呼应，实现传统文化、红色资源与现代文明对接，以厚实的资源构筑坚定的信念，实现社区认同的修复与再造。十一是社区“公益大讲堂”。关注眼前需求和利益，借助不同知识传递资源共享理念，激励社区参与，搭建实实在在的社区支持网络。十二是网格员进小区。强化社区服务功能，吸纳专业人才，孵化职业队伍，推进社区工作职业化进程，提振社区服务的质量与能力。十三是生命全程关爱“六送”活动。破解社区管理与服务困境，将服务融入对生命周期的系统管理，将管理寄予细致入微的日常服务之中，实现管理与服务的互补双赢。十四是“三官一律”进社区。主动化解矛盾纠纷，做实社区综合治理平台，将工作重心转向服务，将工作目标聚焦基层平安。

三　策略：强化社区服务知晓度

为进一步提升服务水平，提高群众满意度，宝塔区立足建设标准化、服务规范化、管理制度化、形式多样化，推进以便民利民和提升居民获得感的社区建设和服务工作。调查结果显示，受访居民对社区主要服务内容和活动表示“很了解”（18.3%）、“比较了解”（35.5%）和“基本了解”（28.2%）的比例达82.0%，表示“不了解”的人数仅占4.8%（见图1）。可见，宝塔区各项社区建设和服务工作获得了居民较高认同和支持，也从侧面说明宝塔区社区服务/活动拥有较高的覆盖率。

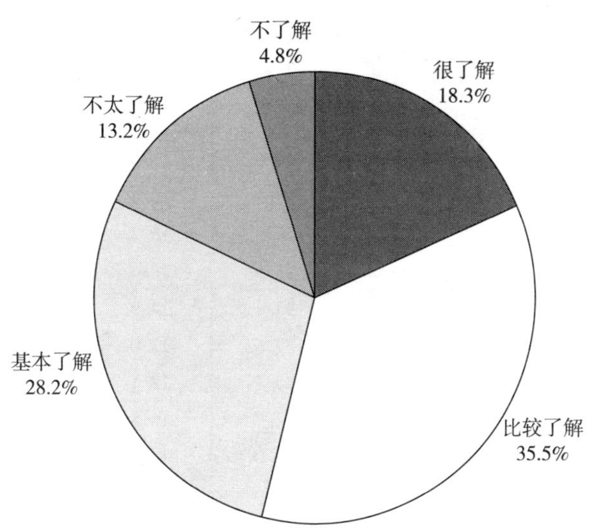

图1　居民对社区主要服务内容和活动的知晓度

具体来看，对于普惠型的社区服务和活动，由于其面向大众，居民接触最多，服务内容和活动覆盖的人群范围也比较广泛，所以居民对这些社区服务和活动均拥有较高的知晓度。其中，对“文化墙”和“一站式便民服务/大厅”的知晓度最高，表示“很了解”“比较了解”“基本了解”的受访居民的合计比例分别高达 88.2% 和 85.8%；超过 3/4 的受访居民表示，对社区组织的“健康体检进社区”活动和“社区志愿者服务队”也有较高的了解度，其三项合计比例分别为 77.0% 和 76.9%。对“便民服务册亲情卡”（74.6%）、“网格员进小区”（71.6%）和“消夏晚会”（71.5%）三项服务内容和活动表示了解的居民比例也超过了七成。调查还发现，在精准型服务中，尽管“全程代理零距离便民服务”“社区公益大讲堂”“‘圣地先锋’在职党员进社区”等开展的时间还不太长，也均有超过 60.0% 的居民表示了解。相比之下，对于“三官一律进社区”“‘多彩心’服务”“‘生命全程关爱’六送活动”“‘一岗双助’服务”等特色服务或个性化服务。由于服务对象更加聚焦，所以，一般居民知晓度相对较低（见表2）。

表 2 居民对社区具体服务内容和活动的知晓度

单位：%

具体服务内容和活动	很了解	比较了解	基本了解	不太了解	不了解
一站式便民服务/大厅	36.7	28.2	20.9	8.3	5.8
网格员进小区	29.1	24.7	17.8	14.3	14.0
建立网格党支部	18.3	17.7	19.6	16.8	27.6
社区微信公众号	23.0	20.6	13.5	10.8	32.2
社区志愿者服务队	35.4	29.1	12.4	10.8	12.3
健康体检进社区	36.1	25.7	15.2	9.4	13.6
社区公益大讲堂	24.4	25.6	16.4	13.5	20.2
消夏晚会	32.9	23.7	14.9	12.1	16.4
文化墙	42.7	32.5	13.0	6.7	5.1
便民服务册亲情卡	34.1	28.4	12.1	10.5	14.9
“圣地先锋”在职党员进社区	23.7	22.7	16.8	15.6	21.2
“生命全程关爱”六送活动	17.3	22.0	18.7	14.5	27.6
三官一律进社区	17.3	21.6	20.5	17.8	22.8
“一岗双助”服务	21.5	18.4	14.9	19.3	25.9
“多彩心”服务	17.7	26.6	15.2	13.9	26.6
日间照料居家养老服务	22.4	17.8	18.4	19.8	21.8
健康体检进社区	36.1	25.7	15.2	9.4	13.6
全程代理零距离便民服务	27.2	23.5	19.2	15.5	14.6

四 成效：提升社区服务满意度

调查数据显示，有84.0%的受访工作人员对宝塔区近年来的社区建设服务和做法持“很满意”（30.5%）或“较满意”（53.5%）的评价，表示“不太满意”的受访者比例仅占0.4%，无人表示“不满意”。有46.2%的居民对宝塔区近年来的社区建设服务和做法表示“很满意”，有34.1%的居民表示“较满意”，两者累计比例高达80.3%，仅有极少数受访者明确表示“不太满意”或“不满意”，所占比例分别为1.9%和1.3%。这一结果表现出，广大居民对宝塔区近年来社区建设工作的肯定和认同（见图2）。具体来看，社区居民对宝塔区社区服务的做法突出表现在“卫生环境状况”“人际关系良好”

“管理规范化、精细化”“党员干部责任心”“治安状况”“服务周到/人性化”等方面，对此表示“很满意”或“比较满意”的受访居民比例均超过七成，分别为76.8%、73.6%、73.4%、73.1%、71.7%和71.5%。此外，多数受访居民认为，宝塔区在社区服务和做法方面采取的“以居民为中心”（70.6%）、“关爱弱势群体”（69.4%）、“依法管理”（69.3%）和“服务高效便捷”（68.9%）等也做得不错，大大推进了社区治理创新，推动了和谐社区建设（见表3）。总体来说，社区居民与工作人员对社区建设和社区服务均持较为满意的评价，特别是对卫生环境状况持高度肯定的评价。但是，不同群体对社区评价有显著的差异。相比较而言，越是基层工作人员、弱势群体与老年人群等，对社区的正向、积极评价越高。

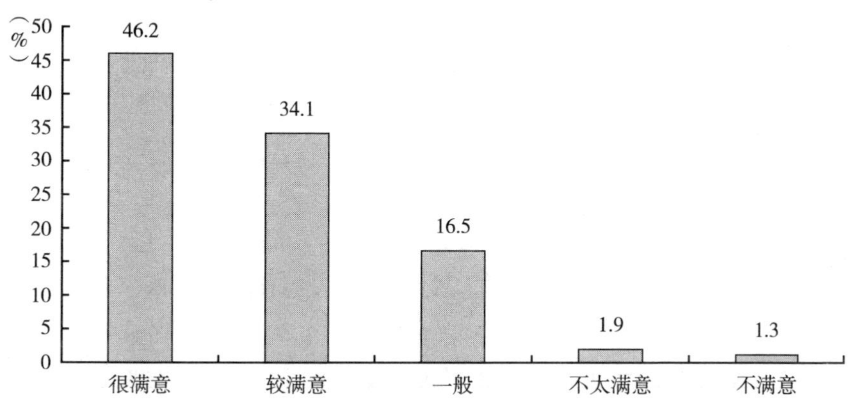

图2　社区居民对宝塔区当前社会建设状况的整体评价

表3　居民对宝塔区当前社区服务状况的满意度

单位：%

服务和做法	很满意	比较满意	一般	不太满意	不满意
管理规范化、精细化	33.8	39.6	22.4	3.4	0.9
注重居民参与社区事务决策	23.0	31.6	32.2	9.9	3.4
信息化/智能化建设	22.2	37.3	31.6	7.6	1.3
治安状况	37.1	34.6	21.9	4.8	1.5
基础/公共设施建设	23.0	32.0	33.9	7.7	3.4
文体活动丰富	23.8	29.5	32.6	10.2	3.8

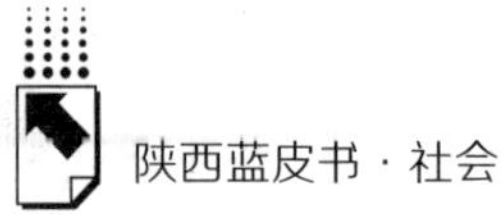

续表

服务和做法	很满意	比较满意	一般	不太满意	不满意
居民对社区的认同感	35.2	33.5	25.1	5.4	0.7
卫生环境状况	45.2	31.6	17.0	5.0	1.3
党员干部责任心	42.8	30.3	20.0	5.7	1.2
关爱弱势群体	36.7	32.7	22.4	6.7	1.5
服务高效便捷	36.7	32.2	24.6	6.1	0.4
依法管理	33.0	36.3	24.9	4.7	1.2
社会组织多有活力	24.6	34.9	27.3	10.5	2.6
服务周到/人性化	40.4	31.1	22.1	5.3	1.2
人际关系良好	39.0	34.6	21.1	4.5	0.7
以居民为中心	39.2	31.4	21.8	6.6	1.0
及时回应利益诉求	28.4	35.5	26.9	6.9	2.3
践行共享共建	24.3	35.2	31.3	7.3	1.9
基层党组织强	34.4	33.0	23.7	7.2	1.8

五　改变：社会治理创新带来的影响

社会治理创新归根结底就是要从传统的社会管理转向适应时代发展要求的社会治理。宝塔区发挥政府在社会治理中的主导作用，一切从基层实际出发、一切从群众需求出发，关注和回应群众的呼声，突出问题导向，破解社区建设瓶颈，解决社区建设难题，加强了基层社区建设，强化了社区服务功能，实现了社区治理的不断创新。正因此，宝塔区社会治理创新给居民、社区和社会都带来了积极变化，不仅增加了居民的信任感与生活幸福感，改善了社区环境，维护了社会稳定，还提升了社区管理与服务的能力和水平，呈现出以居民为中心的社区共建共享新局面。

（一）个体层面

调查结果显示，当问及“在您看来，区委、区政府加强社区建设与服务给您和家人带来的影响怎样”时，受访居民认为“很大”（26.2%）、“比较大”（30.8%）和“一般”（29.4%）的比例高达86.4%，明确认为“不大”的人仅占

6.6%（见图3）。工作人员对此更是表示深切认同，认为影响“很大”（36.9%）、“较大”（49.3%）和“一般”（11.0%）的比例高达97.2%。这表明，无论是居民还是工作人员对宝塔区的社会治理创新成效上均表示肯定和认同。

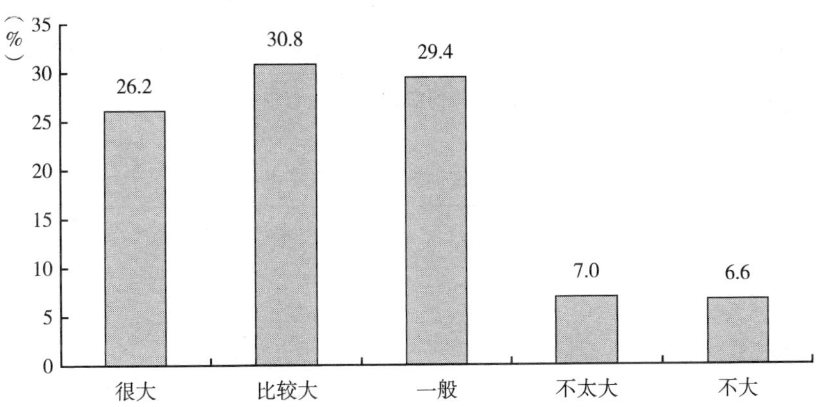

图3　居民对宝塔区社会建设给居民生活带来影响的整体评价

倘若将宝塔区社区建设的影响作用置于居民个体鲜活的生活中进行考量则发现，居民个人和家庭收获最多的是“信任感”，给予的分值为4.08分（5分最高），无论是对社区的印象抑或与社区其他人相处，受访居民表示“信任感”变得“很强”（44.0%）或“比较强”（28.4%）的比例为72.4%（见表4）；有七成的居民表示“生活幸福感”越来越高。与居民的看法不同，工作人员认为社区建设带给居民生活方面最大的变化是“安全感”，认为居民“安全感”的比例达八成。居民认为影响比较大的还有“生活自信心”的不断提升和“安全感”的日益增强，工作人员认为影响比较大的还有“参与感”愈加强烈、“生活自信心”越来越高。此外，社会治理创新还给居民带来了更多的正面影响（见表5）。

表4　居民对宝塔区社会治理创新给生活带来影响的具体评价

单位：%

选项	5	4	3	2	1
安全感	39.8	29.4	26.2	2.5	2.2
参与感	21.6	27.2	32.2	11.4	7.6
生活自信心	38.7	32.7	22.4	4.2	1.9
生活幸福感	41.7	29.1	21.8	5.6	1.9

续表

选项	5	4	3	2	1
信任感	44.0	28.4	21.2	5.0	1.5
归属感	33.8	32.3	23.2	7.9	2.8
获得感	31.1	27.2	27.9	9.9	3.8

注：表头中5、4、3、2、1分别表示各个选项的5个评价级别。

表5　社会治理创新给居民带来的变化

◆居民素质有所提升	◆归属感增强了
◆居民更了解社区,了解国家的政策	◆社区意识增强了,有事情找社区
◆邻里之间更和谐,吵架的少了	◆知道社区的重要性
◆邻里关系好了	◆有事找社区
◆对社区的依赖性比以前强了	◆百姓的事情有人管
◆居民更关注社区了	◆能及时解决当前面临困难
◆关心社区、支持社区工作	◆对特困户、残疾人、老人影响最大
◆找社区办事没负担,门好进,进门就能办	◆生活幸福,安居乐业
◆办事方便了	

（二）社区层面

调查结果显示，当问及“在您看来，区委、区政府加强社区建设与服务给社区带来的影响怎样?”时，有69.9%的受访居民认为“很大”(32.0%）或“较大”(37.9%)，明确认为“不大”的人仅占2.5%（见图4)；工作人员对此也非常认可，认为变化“很大”（36.5%）或“较大”（48.9%）的比例高达85.4%。居民认为“社区环境”和“社区稳定”变得“非常好”或“比较好”的比例分别为82.7%和79.9%（见表6)；工作人员认为“社区环境”变化最大，89.7%的受访者认为变得“非常好”(64.2%）或“比较好”（25.5%)。有85.1%的工作人员认为“社区服务”近年来变化较大，内容更加丰富，方式更加人性化，手段更加多元化。此外，区委、区政府加强社区建设与服务给社区带来其他正面影响(见表7)。

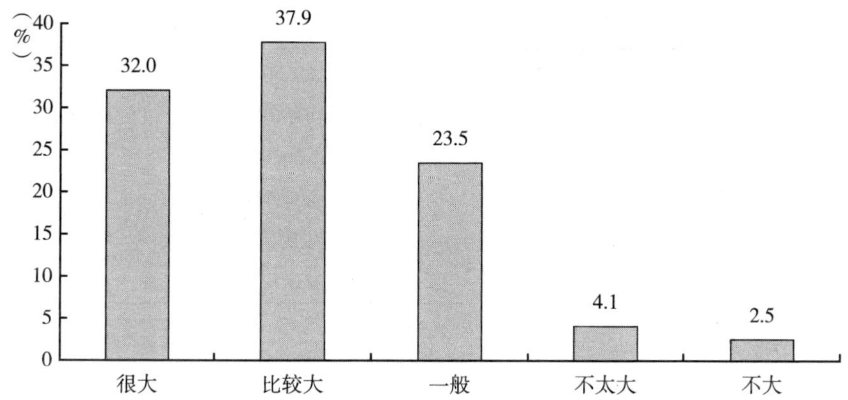

图 4　居民对宝塔区社会建设给社区带来影响的整体评价

表 6　居民对宝塔区社会建设给社区带来影响的具体评价

单位：%

选项	5	4	3	2	1
社区环境	58.9	23.8	12.6	2.6	2.0
生活状况	42.1	32.3	20.0	3.8	1.8
社区文化	37.1	31.0	24.4	4.2	3.2
社会治安	42.4	32.3	17.7	5.1	2.5
社区管理	45.3	31.1	18.3	3.7	1.6
社区服务	44.3	31.4	18.0	4.8	1.5
社区凝聚力	36.5	33.2	20.8	6.9	2.6
社区稳定	50.1	29.8	15.2	3.7	1.2

注：表头中 5、4、3、2、1 分别表示各个选择的 5 个评价级别。

表 7　社会治理创新给社区带来的变化

◆微信平台及时宣传政策，传播正能量	◆社区稳定了
◆社区服务越来越好	◆办公硬件、软件均有所提高
◆社会治安好了，小偷少了	◆环境变好了
◆上访减少了，有利于社会稳定	◆以前死气沉沉，现在活力青春

续表

◆凝聚力增强了,有利于开展工作	◆文化活动多了,气氛更活跃了
◆群众更了解社区工作	◆工作有秩序
◆社区环境变美了	◆人员配备在增加
◆基层政策更能准确落实	◆社区知名度提高了
◆工作人员多了	◆吸引更多年轻人加入
◆社区在居民中的影响提高,有地位了	◆社区建设工作稳步推进

（三）社会层面

调查结果显示，有44.2%的社区居民和48.2%的工作人员认为社区居民参与度有明显提升，表现在接触社区服务的居民数量明显增多了，也有越来越多的社区居民愿意向社区寻求帮助或提出意见建议，社区居民与社区之间的联系更加紧密了。此外，多数居民认为还体现在“保障百姓诉求”（37.1%）、“社区共建共享”（36.0%）和“维护社会稳定”（33.0%）（见表8）；工作人员则认为还包括：“保障百姓诉求”（38.3%）和“社区共建共享”（36.2%）和“化解社会矛盾”（35.8%）。这些都与社会治理创新更贴近群众、关心百姓民生分不开（见表9）。

表8　居民对宝塔区社会治理创新给社会带来影响的评价

单位：人，%

社会影响	人数	占比	排序
社区居民参与	302	44.2	1
保障百姓诉求	254	37.1	2
社区共建共享	246	36.0	3
维护社会稳定	226	33.0	4
弘扬延安精神	190	27.8	5
依法管理社区	177	25.9	6
化解社会矛盾	176	25.7	7
各方良性互动	106	15.5	8
政府主导社会协同	91	13.3	9
强化利益协调	86	12.6	10
发挥党员先锋作用	84	12.3	11
其他	13	1.9	12

注：由于本题为多项选择设置，故百分比之和大于100%。

表9 社会治理创新给社会带来的变化

◆社会管理方式灵活了	◆百姓的利益更有保障
◆实现了动态管理,随时掌握人口信息	◆群众说政府好、社区好、政策好
◆群众对政府的满意度提高	◆采集所有信息,方便市区工作
◆深入了解民意,及时掌握民情	◆促进了社会和谐
◆建立了便民服务阵地	◆夯实基层社会基础
◆实现了民情民意直通直达	◆居民参与社区建设的热情逐步提高
◆发展环境进一步得到优化	◆社会治理方式得到转变
◆调节社会矛盾,化解社会风险	◆社区建设理念在不断转变
◆社会风气越来越好	◆维护社会稳定

六 经验：社会治理创新的特点

宝塔区坚持源头治理、综合治理和共同治理，贯彻“民生优先、服务为先、基础在先”的原则，以网格化管理、社会化服务为方向，健全基层综合服务管理平台，及时反映和协调群众各方面各层次利益诉求，创造了社会治理创新的“延安经验”。

（一）以“五大发展理念”指导顶层设计，推进治理思路清晰化

社会治理创新目标是通过协调人与人、人与社会之间的关系，构建起全民共建共享的发展局面。宝塔区在此思想指导下，一是以“五大发展理念”为指导，理顺人与自然、人与人、人与社区、人与社会的关系定位，确定了“人居和谐共处”的社会治理思路。二是明确“三坚持”原则，坚持以党政为主导、以居民为中心的社会治理创新总原则；坚持改革创新、依法治理、社会协同、共享共建的实践原则；坚持精细化治理、公众参与、本地特色的策略原则。三是坚持以“党建促社建”，突出社区建设过程中加强党建工作的重要地位，以党的建设加强和丰富社会治理创新工作的思路。四是捋顺组织工作架构，建立以区综治委牵头，各级部门协同参与共建的格局，形成社区管总、网格分片包干的社区工作机制。五是掌握治理的制高点，通过顶层设计的清晰

化，落实在改变社区设施状况、完善社区服务，使得社区治理思路更加明确，社区良性运行机制更加健全。

（二）以互联网思维激发管理与服务创新，推进治理过程扁平化

宝塔区将“互联网+”、大数据等背景下诞生的互联网思维嵌入社区建设与服务，重塑社区服务“供给与需求”的关系，为推进社区建设与服务提供信息支撑。如此，不仅可以最大限度地把社区居民信息统一在社区管理平台上，缩短了中间的流程，推动了社会治理机制与服务的科学化、扁平化，而且有利优化基层政府和社区工作的服务流程，进一步强化信息共享、工作监督和居民的社区参与，促进社区治理的精准化。

（三）以“用户至上”“经营社区”，推进治理效果“有感化”

与原有社区管理不同，“经营社区”的思维更加彰显社区的“有感化服务”。一方面宝塔区建设了完善的网格员队伍，贴近了社区服务与居民之间的距离，让居民有实在的社区存在感。在每个网格、每栋楼的每个单元门口都悬挂了醒目的公示牌，公布了楼栋党员、社区领导和网格员的姓名、联系电话、服务承诺、服务项目等内容，使居民有问题就能想到、联系到社区。另一方面通过“一站式服务”“全程代理零距离”“亲情卡服务”，改善了过去“等着服务”的官衙作风，真正把社区居民的体验感放在了第一位，大力提升了社区居民的服务感受。特别是针对社区内一些重点弱势群体，如老年人、残疾人、贫困人群等，推出了“一岗双助”“‘圣地先锋’进社区”“日间照料养老服务”等活动，大大提高了社区成员的生活状况和幸福感、获得感。

（四）以协调共建整合社区管理与服务，推进治理结构系统化

宝塔区在社会治理实践中，一是积极协调政府与社区之间的角色，把社区治理从过去政府包揽向政府主导、共同治理积极转变，抛弃了传统上社区实为政府下属机构的定位。二是积极协调政府和其他治理主体之间的关系，充分调动社区驻地多元治理主体之间的参与性，整合他们的资源和力量，形成服务合

力。三是协调整合社区管理与服务之间的关系，把管理与服务融为一体，既解决了社区管理的难题，又满足了社区居民的个性化需求。四是协调整合社区的多样化服务内容，在服务对象上既有满足社区居民一般性服务，又有针对弱势群体的精准化服务；在服务内容上既有满足社区居民的基本生活需求服务，又有提高社区居民生活与发展的公共服务。

（五）以延安精神嵌入管理与服务全过程，推进治理策略本土化

在社区治理过程中，宝塔区一是积极挖掘自身的文化特质和潜质，如红色歌曲、陕北民歌、秧歌等，并在文化墙、公益大讲堂、演艺表演，以及广场舞等不同形式的活动中融入这种文化基因，既展现了本土文化、革命文化之美，又在“润物细无声”中传递了正能量，回应了居民对于延安精神的向往、期盼与回归。二是以延安精神为引领，开展“圣地先锋”进社区活动，通过党员的骨干、带头和桥梁作用，帮贫、扶贫、支持公益，影响和带动社区居民参与社区建设与服务。三是积极发掘、改造传统文化并赋予新时期的文化内涵，通过新时期社会治理创新的改造提升，使传统本土文化得到重新发掘，并呈现出大家喜闻乐见的表现形式，促进了社区居民的社区意识回归和社区归属感的形成。四是大力创造诠释新时代延安精神的红色文化、党员精神，充分体现了宝塔区作为延安精神诞生地的本土特色；尤其是近三年建立的网格员队伍，充分体现了延安精神中的“艰苦奋斗”和“为人民服务”精神，这些都构成了宝塔区社会治理创新的本土化特色。

（六）以匹配取向优化人、财、物与事，推进治理保障机制化

宝塔区一是把社区分成若干个网格，使社区建设和服务“上面有嘴、下面有腿”，社区政策的制定、工作部署和任务落实都有了体制保障，也使得社区治理呈现有序化的社会治理形态。二是为每个网格分派一名专职处理事务的网格员。同时，对网格员的任职条件有严格要求，通过面向社会公开招聘的形式在全区组建了一支高学历、年轻化的网格员队伍，不仅增强了社区工作的活力与创新力，也让居民因为网格员的存在开始重新认识社区。三是加强社会治理创新的阵地建设。一方面加强社区硬件建设，大大提高社区服务能力与水平；另一方面以平台整合促进社区服务水平提

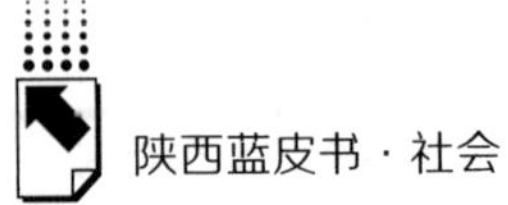

升，强化了社区服务的机制保障，特别是网格化平台管理，把当前社会治理困境与治理目标有机联系起来，促进社区的有序参与、有序管理和有序服务。

（七）以精细化意识丰富服务空间，推进治理手法艺术化

宝塔区本土化社会治理创新实践表明，社会治理创新是永无止境的，也体现了社会治理创新的艺术化，只要从细节入手俯身观察社区居民的需要，完全有可能设计出满足居民需要的实践模式，这种模式既可能是社会治理体制机制创新，也可以是方法模式的创新，而且随着“动态社区”发展的明显趋势，只有不断增强社会创新才能跟上社会发展需求的变化，这更需要社会治理创新从细节入手跟上社区动态变化。

七　判断：社会治理创新面临的问题与挑战

延安市宝塔区为加快社区建设步伐，提升居民的幸福感和获得感，将社会治理创新作为工作的主要议题和任务并予以落实，在社会治安、社区文化、社区服务、环境整治、计生服务、组织建设、服务网络等方面取得显著社会效益的同时也面临一些问题、困难和挑战。

（一）面对的主要问题和困难

调查结果显示，当问及“宝塔区当前在社区建设和服务方面面临的问题和困难”这一问题时，在社区居民看来，“居民参与度不高”“基础设施薄弱”“流动人口管理难”是宝塔区当前社区建设面临的三大主要问题，提及率分别为50.1%、48.0%和45.9%；“服务质量有待提高”（39.0%）和“居住形式多样，人员结构复杂”（36.7%）已越来越成为影响社区建设和服务的新问题、新困难；此外，“办事程序烦琐”（28.7%）、“服务活动宣传力度弱”（27.3%）和“监督检查力度不强”（24.9%）等问题也不容忽视，需要在今后的工作中予以关注并不断完善。相比之下，对“工作人员服务水平不高”（13.3%）、“举报投诉难”（11.1%）和“基层党组织涣散”（3.9%）等只有少数受访者提及（见表10）。

表10　社区居民对社区建设面临问题和困难的认定

单位：%

排序	问题与困难	占比
1	居民参与度不高	50.1
2	基础设施薄弱	48.0
3	流动人口管理难	45.9
4	服务质量有待提高	39.0
5	居住形式多样，人员结构复杂	36.7
6	办事程序烦琐	28.7
7	服务活动宣传力度弱	27.3
8	监督检查力度不强	24.9
9	社区活动没吸引力	21.1
10	工作人员短缺	18.6
11	行政化走形式现象严重	15.6
12	社会治安环境恶化	13.5
13	工作人员服务水平不高	13.3
14	举报投诉难	11.1
15	基层党组织涣散	3.9

注：由于本题为多项选择题，故百分比之和大于100%。

（二）面对的主要挑战

调查结果显示，当问及“您认为宝塔区当前社区建设面临的挑战主要是什么”这一问题时，“社区缺乏权力、资源和财政支撑与担负‘过载’责任的冲突”被受访者排在首位，有71.9%的受访工作人员选择该项内容；问及“社区自治组织的性质与其承担过多或额外的职责的错位”这一问题时，有64.1%的受访工作人员认为这是宝塔区社区建设面临的第二大挑战；“居民期待更多的社区公共服务与不愿积极参与公共事务的冲突”提及率为51.2%。有部分工作人员认为宝塔区社区建设面临的主要挑战是“社区事务属地管理与城镇化过程中流动人口管理的冲突”（40.9%）和“社区人员、情况的多样化与社区普适性服务供给之间的冲突”（39.9%）；还有部分工作人员提及“以自治为导向的社区治理创新与已有的法律或制度之间的冲突”（21.0%）和“社区治理创新与挖掘、传承传统文化之间的冲突”（20.3%）也对社区建设构成了挑战，不可掉以轻心。总体来看，宝塔区在今后社区建设实践中需正确处理以下10个关系，即社区治理的原则化与实践的操作化，社区治理的有序化与实践的碎片化，社区治理的法治化与实践的合法性，社会治理的整合性与实践的切割化，社区治理的认同性与实践的参与弱化，社区治理的整体性与实践的精细化，社区治理的文化传承与实践的异化，社区治理的规范化与实践的有感化，社区治理的行政化与实践的职业化、专业化和社区治理的开放性与实践的离散化。

八　展望：社会治理创新实践带来的启示

宝塔区社会治理创新的生动实践，赋予社会治理体系创新丰富的内涵，从理念到实践层面都带给我们一些值得关注的启示。

第一，创新社会治理体系，要以“四个全面”为坐标、民生建设为压舱石、依法治理为稳定剂、延安精神为黏合剂、基层党建为标杆，全面布局社会治理创新实践。

第二，社会治理创新实践需要理论武装，“五大发展理念”是指导新时期社区治理实践的旗帜，必须高举高扬，并贯彻到社会治理实践的全过程。

第三，“三社联动”是社会治理创新的“新常态”，把握社会治理创新实践的趋势、目标和方向，必须扭转政府大包大揽的“大政府行政管理”思维和工作范式。

第四，“党建促社建”是社区治理创新的关键，在发挥党政主导作用的同时要积极动员社会和市场资源，发挥整合协同的互补优势。

第五，社会组织是实现真正意义上社区治理创新不可或缺的重要力量，不同类型的社会组织将在社区治理创新中扮演不同的角色，发挥不同的作用。

第六，社区治理创新要体现本土化、在地化原则，有特色的传统文化是推动社区意识、培育和打造社区治理创新品牌的关键。

第七，社区治理创新对社区工作提出了更高的要求，通过不断的专业化、职业化进程，提升社区服务与管理的品质，增强民众获得感。

第八，社区治理创新要体现智能化管理的发展趋势，通过更新提升数字化、信息化管理平台，增强社区居民的管理与服务体验。

第九，社会治理创新要有服务周期管理的意识和能力，理念的创新重要，服务活动的设计和监测评估更为关键，效果和目标的实现依赖于管理的执行力和质量。

Abstract

Annual Report on Socity Development in Shaanxi (*2017*) is a combination research outcome mainly written by research fellow from Institute of Sociology, Shaanxi Academy of Social Sciences (SASS), Institute of Marxism Research, SASS, Institute of Politics and Law, SASS, and other institutions of universities and government research departments. Through reviewing and summarizing the results of first year in the thirteenth Five-Year Plan in Shaanxi, this book not only presents a series of achievements in various fields of social construction, but also analyzes and details many confronting problems and difficulties, thus seeks for countermeasure in developing process of Shaanxi. Meanwhile, this book also comprises the public attitudes and hope towards the state governance, cultural construction, development ideas, as well as the changes and trends of the social mentality under the New Normal society, which will be incorporated into the perspective of relevant decision-making.

This book is composed of general report, annual hot spot, survey on public opinion , special report and regional reports. Taking fully implement of the reform initiatives on the social construction of the overall deployment from the third, fourth, fifth Plenary Session of 18th CPC Central Committee, and law – based gwernance of the country as the main line, this book makes an analysis and a discussion around the hot spots and difficile issues on Construction of Shaanxi from different dimensions, and provides countermeasures, with systematic, forward-looking initiatives. Guided from the general report, this book not only highlights the topic of comprehensive construction of innovative Shaanxi, strictly strengthen Party self-discipline, Belt and Road Initiative and accurate poverty alleviation, but also covers topics of other fields, such as combination of medical treatment and elderly care service, service for the disabled, migrant workers injury insurance, poverty of rural children, and the implement of two – child policy, etc. Survey on public opinion concentrates on the social focus events of Shaanxi, social mentality and questionnaire of public cognition, evaluation and suggestion on Yan'an Spirit, Five Concepts of Development, obtains public opinion and perception on many issues of economic and social development in Shaanxi, and reflects the attitude and social response on the current party and government major decisions. Regional report respectively provides a deep investigation on cultural and recreational.activities in rural area of middle Shaanxi, relocation and resettlement of southern Shaanxi, innovation of social governance in Yan'an, which supply reference for social construction of Shaanxi in 2017 from the aspects of policy measures, work direction and strategies.

Contents

I General Report

Abstract: In 2016, the first year of the 13th Five-Year Plan, Shaanxi actively adapts to the new normal situation of economic development, insists on the concepts of development innovation, coordination, green, open and sharing. According to the 13th Five-Year Plan of Shaanxi province, the comprehensive development of social undertakes, the improvement of people's well-being continues and the social situation remains stable basically. Looking ahead to 2017, Shaanxi needs to confront directly to the problem, be bold and enterprising, carry out the "five solid" spirit, comprehensively deepen the social system reform, building a shared social governance configuration.

Keywords: Poverty Alleviation; Social Credit; Healthy Shaanxi; Equalization of Public Service

Ⅱ Annual Hotspots

B. 2 Research Report of Construction of Innovative Shaanxi

Tang Zhen / 015

Abstract: The construction of innovative province of Shaanxi has entered into a critical period. During the 13th Five-Year Plan period, Shaanxi Province takes a close combination of the leading role of building an innovative province and realization of provincial economic reconstruction. It not only becomes a major measure to deal with the new normal economy, but also a strong support for Shaanxi to maintain as a good development momentum at the beginning of becoming one of medium-developed provinces. Innovation leads as the first driving force to development , among the five development concepts. Shaanxi Province is a strong thrust of innovative provinces, with significant changes of technological innovation, management innovation, institutional innovation and other fields. In the countdown period of construction of innovative provinces, in particular, should pay attention to the government promoted, market-oriented conversion, focusing on the cultivation of the provincial market economic system, not only highlights the rapid development of developed regions and a comprehensive development of the province's innovation in the coordinated and shared realizations.

Keywords: Shaanxi Province; Construction of Innovate Province; Revolution of Economic System; Innovation of Science and Technology

B. 3 Research Report of Comprehensive Moves to Strengthen Party Self-discipline in Shaanxi

Guo Xingquan / 032

Abstract: Coordinating and promoting the Four Comprehensive strategic layout has become the biggest highlight of the new governance term of the CPCCC. The Shaanxi Provincial Party Committee has firmly established the Four

Consciousnesses and consistently maintained a high level of agreement with the CPCC in both ideological and political action. With the reality of the party building practice in Shaanxi, Shaanxi Provincal Party Committee regards Yan'an spirit as a spiritual, line and discipline, strives the strict management of cadres, unceasingly formulates policy of the Three Mechanisms to tighten up internal management party members in the grassroots level, promoting the comprehensive and strict party measures effective with remarkable results.

Keywords: Comprehensively Strengthen Party Discipline, Strictly Managing Cadres; High-Pressure on Anti-Corruption

Abstract: 2016 is the first year of the 13th Five-Year Plan with the government construction with rule of law in Shaanxi Province. Shaanxi Provincial Party Committee and Provincial Government has conscientiously carried out the spirit of the 4th Plenary Session of the 18th CCCPC, conscientiously implemented the Outline of the Construction of the Rule of Law Government (2015 – 2020), seriously developed the government with rule of law to fulfill the 13th Five-Year Plan, and effectively promoted the administrative legislation, administrative reconsideration, administrative response, the normative document review, publicity and law-based government administrative work, and further planning and concrete implementation of the next step Of the program of work, striving to achieve the basic completion of the goal of law-orientatedgovernmentby 2020.

Keywords: Government With the Rule of Law; Administrative Legislation; Administrative Reconsideration

Abstract: As the latest trend of international economic development, the open economy requires the improvement of trade facilitation and the free flow of capital as the fundamental sources to achieve a more efficient allocation of production factors in the international market efficiency. Silk Road economic zone is the pilot of the development of an open economy. Comparing Shaanxi with other five provinces and autonomous regions in central and western China, the author analyses that the degree of dependence on foreign investment, tourism, openness of Shaanxi is relatively close to the national average level, but the dependence on foreign trade indicators shows far apart. Through the quantitative comparison, it is found that the unbalanced trade structure of Shaanxi has existed for a long period, the use of foreign capital showed in a homogenized way, the cross-border business downturn, and the low proportion of clothing-trade, all of which leads to the low level of openness of foreign economic cooperation , the lack of further development issues, etc. In view of this, we can build a new pattern of opening to the outside world from the aspects of strengthening open awareness, constructing all-round opening new mechanism, integrating development carrier and accelerating the development of service trade.

Keywords: Open Economy Foreign Trade; Dependence Degree of Foreign Capital; Dependence Degree of Opening to the Outside World

Abstract: Take targeted measures to poverty alleviation is a new way to alleviate poverty, which reflects a new feature of poverty alleviation work under the new situation. Precise poverty alleviation work with high advancement, symbolizes the major adjustment of poverty alleviation strategy and ideas to Xi Jinping, the general secretary of the CPCC, marking China to achieve a comprehensive social results. In recent years, Shaanxi Provincial Party Committee and Provincial Government have thoroughly implemented the spirit of General Secretary Xi's important speech, attached great importance to poverty alleviation and development work, and brought poverty alleviation into overall economic and social reform and development in Shaanxi Province, making poverty alleviation and poverty alleviation effective. Meanwhile, the constraints and difficult issues need to be further improved with the changes of policy measures.

Keywords: Shaanxi Province; Take Targeted Measures to Poverty Alleviation; Out of Poverty

Abstract: Under the environment of new media, public opinion is active and complicated, so it is very important to strengthen the communication ability of the government and guide the public opinion effectively. The government of Shaanxi is trying to do the work of government communication effectively, and there are some problems such as the extensive operation mode of government new media and the lack of public opinion response as well. The author points out that from the aspects of institution construction, concept of upgrading and discourse systemtransformation, the government shouldenhance the efficiency, and expand the spread of government communication.

Keywords: Shaanxi Province; Dissemination; New Media

Ⅲ Survey on Public Opinion

Abstract: 2016 is the first year of 13th Five-Year Plan, also the key year of social development. This report collects and analyzes the hot and focus spot of public concern and discussion in Shaanxi province from the perspective of social public opinion. It collects and analyzes the annual popular words which reflects the public cognition and evaluation. Survey results show that the public attention to this year's various social events with significant differences. The Chinese female volleyball team won the Olympic champion, Hangzhou G20 summit, crackdown on telecommunications fraud crime and other social impact of the incident caused widespread concern. Popular words among the social community, the spirit of female volleyball, the Belt and Road Initiative run in the forefront. In the social impact of major social events / activities in Shaanxi, the implementation of the urban and rural residents serious illness insurance system came first. Thus, these hot spots / focus events reflect the Shaanxi public thinking on the future of social development, expectations and prospects.

Keywords: Shaanxi; Social Hotspots; Social Focus; Popular Words

Abstract: Social mentality is an important sign of public opinion and sentiment. This report investigates and analyzes the social mentality of the Shaanxi public in 2016. The survey results show that the majority of the public judgments, specifically, pride, social identity, social cohesion and so on get the public higher recognition. Most of the respondents are optimistic about their living conditions, which to a certain extent, reflect the public affirmation of the effectiveness on social and economic development of Shaanxi in recent years. In the self-evaluation of the overall state of mind, the majority of the public's mental state showed a more opeimistic trend, with more pleasure, fulfilled sense of life and self-confidence. In the future development evaluation and confidence, 80 percent public shows confidence in the social and economic development in Shaanxi. In the optimization of social mentality building, vigorously develop the economy and improve the actual income run at the forefront, at the same time, the public also make some other relevant recommendations.

Keywords: Social Mentality; Shaanxi Public; Positive Evaluation

Abstract: Yan'an spirit has played a great spiritual power in the past process of

Chinese revolution and construction. This report analyzes the understanding and cognition of Shaanxi public about the concept, core connotation and time value of Yan'an Spirit. The public mainly express their understanding and cognition situation of Yan'an spirit from the representative characters / groups of Yan'an Spirit, the symbolic regional and spiritual connotation. The survey results show that the public has a higher awareness of the spirit of Yan'an. The spirit of Bethune, the spirit of rectification and the spirit of Nanniwan are more familiar to the public. The self-reliance and hard struggle is the most popular core connotation of public acceptance. On the current propaganda Yan'an spirit meaning, the highest rate is to achieve the great rejuvenation of the Chinese nation. Most of the public believes that the adherence to seeking truth from facts is an important guarantee for practicing Yan'an spirit. At the same time, the public also puts forward targeted recommendations on the current carry-forward of Yan'an spirit.

Keywords: Yan'an Spirit; Time Value; Shaanxi Province

Abstract: The 15th Plenary Session of the 18th CPCCCe put forward the Five Development Concepts of innovation, coordination, green, openness and sharing. Around this theme, the research group investigated the cognitive state and the basic mentality of the public on that. The study found that 70% of the public gives a high degree of concern, more than 90% of the public clearly expresses full of confidence of the implementation of the five major development concepts.

Keywords: Five Development Concepts; Shaanxi Province

Ⅳ Particular Reports

Abstract: In recent years, China has established a new direction of combination of medical treatment and elderly care service, and Shaanxi has also explored the mode in practice. This paper analyzes the urgency of the development of Shaanxi combination of medical treatment and health care from the characteristics of population aging, the needs and wishes of the elderly and the current status of the old-age service system, and sums up the six practical mode and its characteristic, difficulties and challenges of Shaanxi, in order to provide countermeasures and suggestions to further promote the development of the medical service and the aged care service in Shaanxi province.

Keywords: Shaanxi; Combination of Medical Care and Elderly Care Service; Practice Mode; Social Capital Participation; Special Talents Construction

Abstract: With the development of aging issues, China's elderly care service system is facing severe challenges. In recent years, from the national to the local organizations could not fit to the reality. Thus, how to play the role of market mechanisms, introduce social capital into service system becomes more concentrated. This study describes the current situation of social capital participating in the elderly care service system of Shaanxi province, and puts forward the existing problems and some suggestions at the same time.

Keywords: Social Capital; Elderly Care Service; Elderly Care Organization

Abstract: Since the policy of promoting the development of private service organizations for disabled was introduced in Shaanxi in 2014, the overall situation has been improved, especially in fostering disabled social organizations, government purchasing services, and public and private enterprises. But in the institutional mechanisms, policy landing and the development of vitality, etc. there are many problems. Based on the field survey on the enterprise of disabled in Xi'an and Shangluo, this paper makes an in-depth analysis of the current situation, difficulties and challenges of the development of private service institutions for the disabled in our province. On this basis, it puts forward the suggestions to improve and strengthen the development of private institutions with policy suggestion as well.

Keywords: Disabled; Social Integration; Government Purchased; PPP

Abstract: Migrant workers refer to the agricultural account personnel who work in urban enterprises or local township enterprises. The relationship between migrant workers' occupational health and safety affects the migrant workers and their families stability of living conditions. It is of great significance of integration of urban and rural areas and the construction of a harmonious socialist society, and to improve the system of migrant workers' work injury insurance, not only will protect individual interests of migrant workers effectively, but also shows the effective solution to the problems of agriculture, rural areas and farmers. This paper focuses on the current situation and existing problems of the implementation of the industrial injury insurance for migrant workers in Shaanxi Province, and puts forward the countermeasures and suggestions.

Keywords: Shaanxi Province; Migrant Workers; Industrial Injury Insurance

B. 16 Research Report from Structured Data of Calamity Types in Shaanxi within Comparative Prospective

Yin Xiaojun / 217

Abstract: Based on the classification of disaster types, this paper chooses the natural disasters and accident disasters in Shaanxi as the object of data analysis. Based on the comparison, the paper summarizes the current situation of four kinds of natural disasters and two types of accidents in Shaanxi province. And the data are discussed and presented from the viewpoints of quantitative scale, specific time point, spatial distribution and structure proportion. On this basis, the corresponding conclusions are drawn around the disaster management strategy.

Keywords: Comparative Perspective; Natural Disaster; Accident Disaster

B. 17 Research Report of Living Condition of Rural Left-behind Population in Shaanxi

Wang Xurui, *Yang Hang* / 233

Abstract: With the development of industrialization and urbanization, the living problem of the elderly, women and children left-behind in rural areas has become a social problem which can not be neglected, which has aroused widespread concern of the central government and masses. As a large agricultural province in the west, a large numer of the rural population in Shaanxi left behind. Based on the relevant statistics and field investigation, this paper analyzes the living conditions and development dilemma of the different left-behind people in rural areas by summary the media's reports on the left-behind population, and makes a profound analysis on how to solve the problem of left-behind population in rural areas with detail countermeasures.

Keywords: Shaanxi Rural Area; Left-behind Elder; Left-behind Children; Left-behind Women

Abstract: In this paper, the author analyzes the survival and development of poor children in Shaanxi Provincefrom the aspects of external environment, family structure and family relationships, family members' physical and psychological quality, family material economic conditions, and social support environment, health, education and social security with in-depth research. The study finds that the main problems are the natural environment with phenomenon of orphans and health issues. In response to these problems, the paper puts forward the mechanism of improving poverty alleviation, improving the social security system and welfare policy, improving the level of medical and health care services, eliminating the poverty caused by education, strengthening education supervision, improving the family education ability, improving the social welfare of the poor children.

Keywords: Shaanxi Province; Poor Children

Abstract: Through the investigation and comparative analysis, it is found that the relationship between the party and the masses in the rural areas is generally better in the new situation. The survey found that the party's broad representation, a strong identity of the masses, people's satisfaction continues to increase. But there are also corruption, Guanxi and other problems affecting the relationship between the party and the masses. The analysis shows that the cognitive difference, the vanguard and exemplary role of the party, the frequency of direct contact between the rural cadres and the masses, the representation of interests, the ability to serve the masses and the cohesion of the grassroots party organizations are highly related. Therefore, further strengthening the relationship should be enhanced from the micro-party members and cadres to the bottom line awareness and improve the quality of the masses, and the concept of perfect mechanism and the progress of the cage on the macro level of the corresponding level of construction respectively.

Keywords: Shaanxi Province; Grassroots in Rural Area; Party-masses Relationship

Abstract: Universal Two children policy is a major adjustment and improvement of China's birth policy in the new period. This paper analyzes the implementation of comprehensive two-child policy in Shaanxi, the problems from the aspects of policy convergence, supporting service and family planning management reform, and puts forward relevant countermeasures and suggestions in order to makes a good job of the family planning work in the new situation and further improve the birth policy of great significance.

Keywords: Comprehensive Two-child Population Policy Family Planning Service

Abstract: Based on the survey data of migrant population health hygiene in

Shaanxi Province from 2011 to 2015, this paper summarizes the historical changes and regularities of the floating population and the new situation of population flow and distribution in Shaanxi Province, summarizes the problems and challenges of the survival and development of the floating population and service management, and then puts forward relevant policy suggestions to improve the service management level of the floating population.

Keywords: Shaanxi; Floating Population; Dynamic Monitoring

V Regional Reports

B. 22 Investigation Report of Public Cultural and Recreational Activities in Rural Area of Middle Shaanxi

Abstract: This paper investigates the development of cultural and recreational activities in the rural areas of middle Shaanxi Province by means of questionnaires and on-the-spot investigation. This paper analyzes the reasons for these problems, and puts forward the pertinent improvement measures in view of the characteristics. It is of great significance for the future development of the rural areas in Shaanxi with providing a certain example of cultural and recreational activities to be followed.

Keywords: Rural Area in Middle China; Cultural Construction; Recreation Activities

B. 23 Research on Practical Personnel Training in Rural Area in the Process of Poverty Alleviation of Xi'an

Abstract: Take targeted measures in poverty alleviation is the quintessence and highlight of the Party and the state's poverty alleviation work in the new period. The key to poverty alleviation and development is the word of supporting. To give people the money to fish, give money to things, can only solve the temporary difficulties, skills and ideas will enhance the transformation to restore the poor areas of the vitalized function in order to cut off the poor roots. Rural practical talent is the outstanding representative of the majority of farmers, rural practical personnel construction is the focus of rural human resources development. With training high-quality rural practical talent, can fundamentally solve the problem of the employment capacity of farmers fundamentally.

Keywords: Xi'an City; Take Targeted Measures in Poverty Alleviation; Rural Practical Personnel

Abstract: The relocation of immigrants in southern Shaanxi is a major systematic project, which not only affects and changes the way of production and life of the relocated people, but also fundamentally changes the public service system and the social governance structure. In the process of relocation , more than five years' experience has been gained in the innovation of urban and rural community governance system and service mechanism. It has become an effective means to enhance the relocation of the relocated people and to move from passive to active relocation. In the face of the new situation and the target, the relocation of the immigrants in southern Shaanxi will also contribute to the effective connection between the government public management and community self-governance, laying the foundation for the resettlement-type community construction.

Keywords: Resettlement; Relocation; Community Governance; Public Service

B. 25 Research Report of Social Governance Practice Innovation in Shaanxi

Project Research Group of Shaanxi Academy of Social Sciences / 351

Abstract: In recent years, the innovation of social governance in Baota District of Yan'an has made great achievements. Baota District proposed to build a sense of community as the goal, through the equalization + accurate form of service to promote community governance innovation. Survey data shows that more than 80% of the respondents thought it is with greater impact that the district government strengthens community building and services to individuals, the majority of respondents believe that the community environment, stability and other aspects of the changes are obvious, nearly half by Interviewees said that the community more closely linked. The report summarizes the experience of social governance innovation, such as guiding the top-level design, promoting the clear thinking of governance, and puts forward some problems and challenges, as well as the inspiration by the governance innovation practice in the Five Development Concepts.

Keywords: Yan'an City; Social Governance; Innovation Community

皮书起源

"皮书"起源于十七、十八世纪的英国，主要指官方或社会组织正式发表的重要文件或报告，多以"白皮书"命名。在中国，"皮书"这一概念被社会广泛接受，并被成功运作、发展成为一种全新的出版形态，则源于中国社会科学院社会科学文献出版社。

皮书定义

皮书是对中国与世界发展状况和热点问题进行年度监测，以专业的角度、专家的视野和实证研究方法，针对某一领域或区域现状与发展态势展开分析和预测，具备原创性、实证性、专业性、连续性、前沿性、时效性等特点的公开出版物，由一系列权威研究报告组成。

皮书作者

皮书系列的作者以中国社会科学院、著名高校、地方社会科学院的研究人员为主，多为国内一流研究机构的权威专家学者，他们的看法和观点代表了学界对中国与世界的现实和未来最高水平的解读与分析。

皮书荣誉

皮书系列已成为社会科学文献出版社的著名图书品牌和中国社会科学院的知名学术品牌。2016 年，皮书系列正式列入"十三五"国家重点出版规划项目；2012~2016 年，重点皮书列入中国社会科学院承担的国家哲学社会科学创新工程项目；2017 年，55 种院外皮书使用"中国社会科学院创新工程学术出版项目"标识。

中国皮书网

发布皮书研创资讯，传播皮书精彩内容
引领皮书出版潮流，打造皮书服务平台

栏目设置

关于皮书：何谓皮书、皮书分类、皮书大事记、皮书荣誉、皮书出版第一人、皮书编辑部

最新资讯：通知公告、新闻动态、媒体聚焦、网站专题、视频直播、下载专区

皮书研创：皮书规范、皮书选题、皮书出版、皮书研究、研创团队

皮书评奖评价：指标体系、皮书评价、皮书评奖

互动专区：皮书说、皮书智库、皮书微博、数据库微博

所获荣誉

2008 年、2011 年，中国皮书网均在全国新闻出版业网站荣誉评选中获得“最具商业价值网站”称号；

2012 年,获得“出版业网站百强”称号。

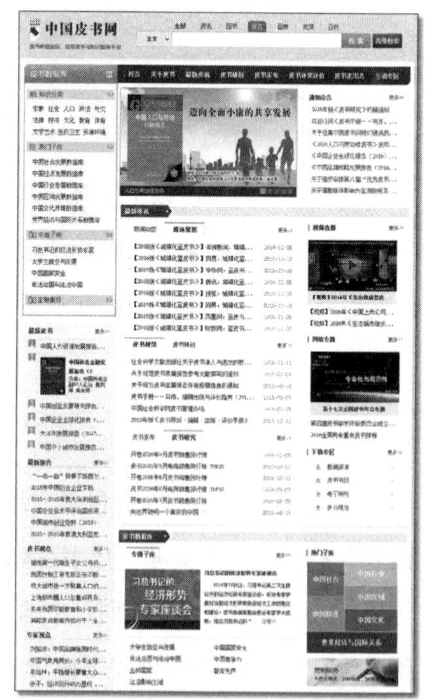

网库合一

2014 年，中国皮书网与皮书数据库端口合一，实现资源共享。更多详情请登录 www.pishu.cn。

S 子库介绍
Sub-Database Introduction

中国经济发展数据库

涵盖宏观经济、农业经济、工业经济、产业经济、财政金融、交通旅游、商业贸易、劳动经济、企业经济、房地产经济、城市经济、区域经济等领域，为用户实时了解经济运行态势、 把握经济发展规律、 洞察经济形势、 做出经济决策提供参考和依据。

中国社会发展数据库

全面整合国内外有关中国社会发展的统计数据、 深度分析报告、 专家解读和热点资讯构建而成的专业学术数据库。涉及宗教、社会、人口、政治、外交、法律、文化、教育、体育、文学艺术、医药卫生、资源环境等多个领域。

中国行业发展数据库

以中国国民经济行业分类为依据，跟踪分析国民经济各行业市场运行状况和政策导向，提供行业发展最前沿的资讯，为用户投资、从业及各种经济决策提供理论基础和实践指导。内容涵盖农业，能源与矿产业，交通运输业，制造业，金融业，房地产业，租赁和商务服务业，科学研究，环境和公共设施管理，居民服务业，教育，卫生和社会保障，文化、体育和娱乐业等 100 余个行业。

中国区域发展数据库

对特定区域内的经济、社会、文化、法治、资源环境等领域的现状与发展情况进行分析和预测。涵盖中部、西部、东北、西北等地区，长三角、珠三角、黄三角、京津冀、环渤海、合肥经济圈、长株潭城市群、关中—天水经济区、海峡经济区等区域经济体和城市圈，北京、上海、浙江、河南、陕西等 34 个省份及中国台湾地区 。

中国文化传媒数据库

包括文化事业、文化产业、宗教、群众文化、图书馆事业、博物馆事业、档案事业、语言文字、文学、历史地理、新闻传播、广播电视、出版事业、艺术、电影、娱乐等多个子库。

世界经济与国际关系数据库

以皮书系列中涉及世界经济与国际关系的研究成果为基础，全面整合国内外有关世界经济与国际关系的统计数据、深度分析报告、专家解读和热点资讯构建而成的专业学术数据库。包括世界经济、国际政治、世界文化与科技、全球性问题、国际组织与国际法、区域研究等多个子库。

法律声明